Utilize este código QR para se cadastrar de forma mais rápida:

Ou, se preferir, entre em:
www.santillanaespanol.com.br/ac/portal
e siga as instruções para ter acesso aos conteúdos exclusivos do
Portal.

CÓDIGO DE ACESSO:

A 00030 GRAPRA U 94905

Faça apenas um cadastro. Ele será válido para:

SANTILLANA EDUCAÇÃO · Richmond · SANTILLANA ESPAÑOL

6612094201 GRAM Y PRAT DE ESPANOL CON RESP ED3_430

De los árboles a los libros, sostenibilidad en todo el camino

Da semente ao livro, sustentabilidade por todo o caminho

Plantar bosques

La madera usada como materia prima para nuestro papel viene de plantaciones renovables, o sea, no es fruto de deforestación. Este tipo de plantación genera millares de empleos para los agricultores y ayuda a recuperar las áreas ambientales degradadas.

Plantar florestas

A madeira que serve de matéria--prima para nosso papel vem de plantio renovável, ou seja, não é fruto de desmatamento. Essa prática gera milhares de empregos para agricultores e ajuda a recuperar áreas ambientais degradadas.

Fabricar papel e imprimir libros

Toda la cadena de producción de papel, desde la fabricación de la celulosa hasta la encuadernación del libro, tiene los correspondientes certificados y cumple los patrones internacionales de procesamiento sostenible y las buenas prácticas ambientales.

Fabricar papel e imprimir livros

Toda a cadeia produtiva do papel, desde a produção de celulose até a encadernação do livro, é certificada, cumprindo padrões internacionais de processamento sustentável e boas práticas ambientais.

Crear contenido

Los profesionales involucrados en la elaboración de nuestras soluciones educativas tienen como objetivo una educación para la vida basada en la curaduría editorial, la diversidad de visiones y la responsabilidad socioambiental.

Criar conteúdo

Os profissionais envolvidos na elaboração de nossas soluções educacionais buscam uma educação para a vida pautada por curadoria editorial, diversidade de olhares e responsabilidade socioambiental.

Construir proyectos de vida

Ofrecer una solución educativa Santillana Español es un acto de compromiso con el futuro de las nuevas generaciones y posibilita una alianza entre las escuelas y las familias en la misión de educar.

Construir projetos de vida

Oferecer uma solução educacional Santillana Español é um ato de comprometimento com o futuro das novas gerações, possibilitando uma relação de parceria entre escolas e famílias na missão de educar.

SANTILLANA ESPAÑOL

Para saber más, escanea el código QR.
Accede a *http://mod.lk/sostenab*

Fotografe o código QR e conheça melhor esse caminho.
Saiba mais em ***http://mod.lk/sostenab***

Adrián Fanjul (org.)

Gramática y Práctica de Español

para brasileños

con **respuestas**

3.ª edición

SANTILLANA
ESPAÑOL

SANTILLANA ESPAÑOL

Dirección: Sandra Possas

Edición ejecutiva de español: Roberta Amendola
Gerencia de producción: Christiane Borin
Edición ejecutiva de contenidos digitales: Adriana Pedro de Almeida
Coordinación de arte: Raquel Buim

Edición: María Alicia Manzone Rossi
Asistencia editorial: Aline Araújo de Carvalho
Asistencia editorial de contenidos digitales: Priscila Oliveira Vieira
Revisión: Ariane Cardenuto, Camila Omena, Carol Gama, Cecília Floresta, Cristiane Silva, Dhyâna Ometto, Elaine Viacek, Elza Gasparotto, Jenifer Ianof, Manuel Quilarque, Marina de Andrade, Vinicius Oliveira
Proyecto gráfico: David Urbinatti Netto
Edición de arte: Fabiane Eugenio
Cubierta: Amanda Miyuki de Sá
Diseños especiales: Amanda Miyuki de Sá, Fabiane Eugenio, Selavi Conteúdo Criativo
Ilustración: Airon Barreto
Cartografía: Anderson de Andrade Pimentel, Fernando José Ferreira, Ericson Guilherme Luciano
Captura de fotos: Yan Imagens
Tratamiento de imágenes: Arleth Rodrigues, Bureau São Paulo, Marina M. Buzzinaro, Resolução Arte e Imagem
Maquetación: Figurattiva Editorial
Preimpresión: Alexandre Petreca, Everton L. de Oliveira Silva, Fabio N. Precendo, Hélio P. de Souza Filho, Marcio H. Kamoto, Rubens M. Rodrigues, Vitória Sousa
Impresión: A.S. Pereira Gráfica e Editora EIRELI LOTE: 796871 - Código: 12094201

Dados Internacionais de Catalogação na Publicação (CIP)
(Câmara Brasileira do Livro, SP, Brasil)

Gramática y práctica de español para brasileños / Adrián Fanjul, (Org.). — 3. ed. — São Paulo : Moderna, 2014.

1. Espanhol - Estudo e ensino - Brasileiros
2. Espanhol - Gramática I. Fanjul, Adrián.

14-03340 CDD-460.7

Índices para catálogo sistemático:
1. Espanhol : Estudo e ensino 460.7

ISBN 978-85-16-09420-1

SANTILLANA ESPAÑOL
SANTILLANA EDUCAÇÃO LTDA.
Rua Padre Adelino, 758, 3º andar – Belenzinho
São Paulo – SP – Brasil – CEP 03303-904
www.santillanaespanol.com.br
2024
Impresso no Brasil

Elaboración de originales:

Edición original:
Adrián Fanjul (org.)
Martín Russo
Neide Elias
Stella Baygorria

Esta edición:
Adrián Fanjul
María Alicia Manzone Rossi

CRÉDITOS DE LAS FOTOS

Thinkstock/Getty Images: pág. 14, abajo a la derecha; pág. 15, arriba a la derecha; pág. 17, arriba a la izquierda, primera columna, primera línea; pág. 17, arriba al centro, segunda columna, primera línea; pág. 17, arriba a la derecha, cuarta columna, primera línea; pág. 19, arriba a la derecha; pág. 21, arriba, foto 2; pág. 21, arriba, foto 3, superior; pág. 21, arriba, foto 3, inferior; pág. 21, arriba, foto 7; pág. 27, abajo a la derecha; pág. 33, al centro a la derecha; pág. 35, al centro a la derecha; pág. 36, abajo a la derecha; pág. 39, arriba al centro, segunda columna; pág. 39, arriba a la derecha, cuarta columna; pág. 41, al centro a la derecha; pág. 42, arriba a la izquierda; pág. 42, arriba a la derecha; pág. 51, al centro a la derecha; pág. 52, abajo a la derecha; pág. 58, arriba a la derecha; pág. 59, al centro a la derecha; pág. 61, abajo a la derecha; pág. 75, al centro a la derecha; pág. 88, abajo a la derecha; pág. 97, al centro a la derecha; pág. 99, arriba a la derecha; pág. 99, abajo a la izquierda; pág. 99, abajo al centro; pág. 99, abajo a la derecha; pág. 104, abajo a la izquierda; pág. 105, arriba, foto c; pág. 105, arriba, foto f; pág. 107, abajo, foto b; pág. 102, al centro a la derecha; pág. 113, abajo a la derecha; pág. 129, abajo a la izquierda; pág. 131, arriba a la derecha; pág. 133, abajo a la derecha; pág. 139, arriba a la derecha; pág. 140, abajo a la derecha; pág. 141, al centro a la derecha; pág. 153, al centro, primera columna; pág. 153, al centro, segunda columna; pág. 153, al centro, tercera columna; pág. 153, al centro, cuarta columna; pág. 155, arriba a la derecha; pág. 156, abajo a la izquierda; pág. 158, abajo, foto 2; pág. 158, abajo, foto 3, a la derecha; pág. 164, abajo a la izquierda; pág. 165, al centro a la izquierda; pág. 169, al centro, tercera columna; pág. 170, arriba a la derecha; pág. 172, al centro a la derecha; pág. 180, al centro a la izquierda; pág. 180, al centro a la derecha; pág. 183, arriba a la derecha; pág. 185, al centro, foto b; pág. 185, al centro, foto d; pág. 185, al centro, foto f; pág. 186, abajo a la derecha; pág. 188, abajo a la derecha; pág. 189, arriba a la derecha; pág. 198, arriba a la derecha; pág. 204, arriba a la izquierda; pág. 209, abajo a la izquierda.
Shutterstock: Jeanette Dietl, pág. 15, al centro a la derecha; Paul Drabot, pág. 17, arriba al centro, tercera columna, primera línea; Maxim Petrichuk, pág. 17, arriba a la izquierda, primera columna, segunda línea; Dean Drobot, pág. 17, arriba al centro, segunda columna, segunda línea; Vadim Petrakov, pág. 17, arriba al centro, tercera columna, segunda línea; Brickrena, pág. 17, arriba a la derecha, cuarta columna, segunda línea; Ksenia Raykova, pág. 18, arriba al centro; Darrin Henry, pág. 18, al centro a la derecha; Brigida Soriano, pág. 21, arriba, foto 1; Dmitry_Tsvetkov, pág. 21, arriba, foto 4; FooTToo, pág. 21, arriba, foto 5; Tyler Olson, pág. 21, arriba, foto 6; Paul Prescott, pág. 21, foto 8; Highviews, pág. 29, abajo a la derecha; Lucky Business, pág. 29, abajo a la derecha; Tinatin, pág. 31, arriba a la derecha; MaraZe, pág. 35, arriba a la derecha; Pressmaster, pág. 37, abajo a la derecha; Andresr, pág. 38, abajo a la derecha; Bikeriderlondon, pág. 39, arriba a la izquierda, primera columna; Monkey Business Images, pág. 39, arriba al centro, tercera columna; Karramba Production, pág. 40, arriba, primera línea; Viorel Sima, pág. 40, arriba, segunda línea; Rido, arriba, tercera línea; El Nariz, pág. 48, al centro; Stephen Coburn, pág. 62, arriba a la derecha; pág. 64, arriba a la derecha; pág. 66, al centro a la derecha; Joyfull, pág. 75, abajo a la derecha; Corepics VOF, pág. 83, al centro a la izquierda; Andrey_Popov, pág. 105, arriba, foto a; Jasminko Ibrakovic, pág. 105, arriba, foto b; Fotokostic, arriba, foto d; Robert Sarosiek, pág. 105, arriba, foto e; Deklofenak, pág. 107, abajo, foto a; 1000 Words, pág. 108, al centro a la derecha; Cowardlion, pág. 109, arriba a la derecha; Zurijeta, pág. 111, arriba a la derecha; Bikeriderlondon, pág. 111, abajo a la derecha; Monkey Business Images, pág. 114, abajo a la derecha; Tyler Olson, pág. 115, arriba a la izquierda; Alexander Image, pág. 115, arriba al centro; Anibal Trejo, pág. 117, abajo, primera línea; Emiliano Rodriguez, pág. 117, abajo, segunda línea; Anibal Trejo, pág. 117, abajo, tercera línea; Margouillat Photo, pág. 120, al centro a la izquierda; Msphotographic, pág. 120, al centro a la derecha; 1000 Words, pág. 143, abajo a la derecha; Lightpoet, pág. 147, arriba a la derecha; JuliusKielaitis, pág. 151, arriba a la derecha; TonyV3112, pág. 158, abajo, foto 1; Luchunyu, pág. 158, abajo, foto 3, a la izquierda; Pkchai, pág. 162, al centro a la derecha; Racorn, pág. 163, al centro a la derecha; Krechet, pág. 167, al centro a la derecha; Dragon Images, pág. 169, al centro, primera columna, primera línea; Yellowj, pág. 169, al centro, primera columna, segunda línea; Monkey Business Images, pág. 169, al centro, segunda columna; Vgstudio, pág. 173, arriba a la derecha; Kirill Smirnov, pág. 175, arriba a la derecha; Monkey Business Images, pág. 185, al centro, foto a; BlueSkyImage, pág. 185, al centro, foto c; Pressmaster, pág. 185, al centro, foto e; Malyugin, pág. 195, arriba a la derecha; Robert Kneschke, pág. 200, al centro a la derecha; StockLite, pág. 204, arriba a la derecha; Llightwavemedia, pág. 205, al centro a la derecha; G-stockstudio, pág. 210, arriba a la derecha.
Diomedia: Aflo RM/Yosuke Tanaka, pág. 43, abajo a la derecha.
Getty Images: Tim Boyle/Bloomberg, pág. 31, abajo a la derecha; Ethan Miller/Staff, pág. 81, abajo a la derecha; Sangfoto/E+, pág. 85, abajo a la derecha; Jean-Luc Manaud/Gamma-Rapho, pág. 101, al centro a la derecha; Ying Feng Johansson/iStock/360, pág. 199, al centro a la derecha.
AFP: Hugo Infante/Government of Chile, pág. 87, al centro a la derecha.
Reproducción: pág. 116, cubierta de la película *Diarios de motocicleta*.

SUMARIO

Presentación 10

1 **Alfabeto**
la **a**, la **be**, la **ce**, etc. 14

2 **Género I**
Masculino / femenino de los sustantivos
el **libro**, la **plaza**, el **hombre**, la **mujer**, la **cantante**, etc. 16

3 **Género II**
Masculino / femenino de los adjetivos
alt**o** / alt**a**, alem**án** / alem**ana**, dormil**ón** / dormil**ona**, etc. 18

4 **Número**
Singular / plural de los sustantivos y adjetivos
el **principal autobús** / los **principales autobuses**, etc. 20

5 **Pronombres personales sujeto + "ser" y "estar"**
(yo) **soy** / **estoy**, (tú) **eres** / **estás**, (él/ella) **es** / **está**, etc. 22

6 **Artículos definidos I**
Con sustantivos
el banco, **la** hermana, **los** trenes, **las** ciudades, etc. 24

7 **Artículos definidos II**
Con expresiones de tiempo; contracciones
el sábado, **la** semana pasada, **los** lunes, **las** ocho de la mañana, etc.; **al** y **del** 26

8 **Presente de indicativo I**
Verbos regulares; uso
(yo) practic**o**, com**o**, part**o**, etc. 28

9 **Presente de indicativo II**
Verbos irregulares con diptongos "-ie-" / "-ue-"
(yo) com**ie**nzo, qu**ie**ro, alm**ue**rzo, v**ue**lvo, etc. 30

10 **Presente de indicativo III**
Verbos irregulares que agregan "-g-" en 1.ª persona
(yo) pon**g**o, trai**g**o, ha**g**o, ten**g**o, di**g**o, oi**g**o, etc. 32

11 **Presente de indicativo IV**
Otras irregularidades
(yo) p**i**do, corr**ij**o, s**ig**o, hu**y**o, cono**zc**o, dir**ij**o, d**oy**, etc. 34

12 **Verbos pronominales**
(yo) **me** llamo, **me** pierdo, **me** reúno, etc. 36

13 **Demostrativos**
este, **ese**, **aquel**, **esto**, etc. 38

14 **Adverbios de lugar**
aquí / **acá**, **ahí**, **allí** / **allá** + expresiones 40

15 **Posesivos I**
Determinativos
mi, **tu**, **su**, **nuestro**, **vuestro**, etc. 42

16 **Posesivos II**

Pronominales

mío, **tuyo**, **suyo**, **nuestro**, **vuestro**, etc. **44**

17 **Numerales I**

Cardinales

cero, **uno**, **dos**... **mil**, **un millón**, **mil millones**, **un billón** **46**

18 **Numerales II**

Ordinales y partitivos

Primero, **segundo**, etc.; **medio**, **un tercio**, etc. **48**

19 **"Muy" versus "mucho/-a/-os/as"**

muy inteligente, trabajo **mucho**, **mucho** tiempo, **muchos** amigos, etc. **50**

20 **Indefinidos**

Uno, alguno, ninguno y sus apócopes

un día, **alguno** vendrá, **ningún** amigo vendrá, etc. **52**

21 **Identificadores**

Todo, algo, nada, alguien, nadie, mismo

todo está listo; me falta **algo**; no veo **nada**; etc. **54**

22 **Acentuación I**

Agudas, graves, esdrújulas y sobresdrújulas

so**fá**, **ár**bol, **ré**gimen, **mán**danoslo, etc. **56**

23 **Acentuación II**

Acento diacrítico

de / **dé**, **el** / **él**, **mas** / **más**, etc. **58**

24 **Acentuación III**

Pronombres interrogativos y exclamativos; hiato

¿**qué**...? / ¡**qué**...!, ¿**quién**...? / ¡**quién**...!, fr**ío**, confiter**ía** **60**

25 **Pronombres complemento I**

Objeto directo (OD)

lo compré ayer; no **la** detengan; síganme **62**

26 **Pronombres complemento II**

Objeto indirecto (OI)

te doy mi correo electrónico; **me** mandaron la invitación; cuénta**le** todo a tu padre **64**

27 **Construcciones especiales con OI**

Verbos gustar, encantar, parecer, doler

me **gusta** ir a la playa; te **duele(n)** la(s) pierna(s); no nos **pareces** bien **66**

28 **Pretérito imperfecto de indicativo**

Verbos regulares e irregulares; usos

(yo) d**aba**, cre**ía**, re**ía**, **era**, etc. **68**

29 **Marcadores de tiempo I**

Frecuencia, repetición y duración

nunca, **rara vez**, **a veces**, **todos los días**, **siempre**, etc. **70**

30 **Marcadores de tiempo II**

Indicadores de simultaneidad y de permanencia

cuando, **mientras** (**tanto**), **todavía** (**no**), **aún** (**no**), etc. **72**

31 **Coordinantes**

y / **e**, **también**, **ni**, **tampoco**, **o** / **u**, **pero** **74**

32 **Aumentativos y diminutivos**
cuchar**ón**, ric**azo**, cafec**ito**, amigu**ete**, habich**uela**, etc. 76

33 **"Hablar" versus "decir"**
hablar con alguien / alto / lentamente; **decir** algo a alguien; etc. 78

34 **Pretérito indefinido o perfecto simple I**
Verbos regulares; usos
(yo) salt**é**, defend**í**, insist**í**, etc. 80

35 **Pretérito indefinido II**
Verbos con irregularidades significativas
(yo) **tuve**, **quise**, **dije**, **traje**, etc. 82

36 **Pretérito indefinido III**
Ser, ir, dar y haber; otras irregularidades
(yo) **fui**, **di**, etc.; h**ubo**; (él / ella / usted) m**i**ntió, etc. 84

37 **Contraste I**
Pretéritos indefinido e imperfecto
(yo) **estuve** / **estaba**, **pude** / **podía**, **salí** / **salía**, etc. 86

38 **Futuro imperfecto de indicativo**
Verbos regulares; usos
(yo) avisar**é**, encender**é**, decidir**é**, etc. 88

39 **Futuro imperfecto de indicativo II**
Verbos irregulares
(yo) ca**br**é, ha**br**é, po**dr**é, que**rr**é, sa**br**é, etc. 90

40 **Perífrasis verbales I**
Ir + a + infinitivo
hoy **vamos a ver** una película; la verdad es que **iba a estudiar** 92

41 **Participio**
Regulares e irregulares; usos
gan**ado**, pod**ido**, produc**ido**, ab**ierto**, d**icho**, escr**ito**, etc. 94

42 **Tiempos compuesto del indicativo**
(yo) **he** / **había** / **habré** / **habría hablado**, etc. 96

43 **Contraste II**
Pretéritos indefinido y perfecto
(yo) **estuve** / **he estado**, **puse** / **he puesto**, **trabajé** / **he trabajado**, etc. 98

44 **Pretérito pluscuamperfecto de indicativo**
Formación; usos con otros tiempos de verbos
(yo) **había terminado**, **había aprendido**, **había ido**, etc. 100

45 **Gerundio**
Regulares e irregulares; usos
envi**ando**, estudi**ando**, perd**iendo**, s**iendo**, conviv**iendo**, etc. 102

46 **Perífrasis verbales II**
Andar / estar / ir / venir / llevar / seguir + gerundio
ando buscando una nueva casa; **estoy estudiando** español 104

47 **Apócope de adjetivos**
buen, **mal**, **primer**, **tercer**, **cualquier**, **gran**, **san** 106

48 **Comparaciones I**
Inferioridad y superioridad; superlativo de adjetivos
más inteligente **que**, **menos** peligroso **que**; **lindísimo** 108

49 **Comparaciones II**
Igualdad
tan interesante **como**, **tantas** personas **como** **110**

50 **Preposiciones de transcurso**
a / **hacia** / **hasta** **112**

51 **Preposiciones de transcurso II**
a / **en** / **para** / **por** **114**

52 **Preposiciones de transcurso III**
a / **de** / **desde** / **en** / **hasta** **116**

53 **Artículo neutro "lo" I**
lo positivo, **lo del** asalto, **lo más** importante, **de lo más** lindo **118**

54 **Artículo neutro "lo" II**
Contraste "el… que" y "lo… que"
el mejor **que**, **lo** mejor **que**, etc. **120**

55 **Localización espacial I**
en, **entre**, (**a**)**dentro** (de), (**a**)**fuera** (de), **cerca** (de), **lejos** (de) **122**

56 **Localización espacial II**
arriba (de), **abajo** (de), **bajo**, **debajo** (de), **encima** (de), **sobre** **124**

57 **Localización espacial III**
adelante (de), **atrás** (de), **delante** (de), **detrás** (de), **tras** **126**

58 **Verbos descriptivos I**
Tener y haber
tiene buenos reflejos; **hay** algunos problemas **128**

59 **Verbos descriptivos II**
Haber, estar y tener
no **había** nadie; ya **están** todos; **estoy** hambriento; **tengo** calor **130**

60 **Pronombres complemento III**
Combinación de varios pronombres; duplicación
¿**me lo** das?; **a mí** no **me** pidieron nada; ¡**me** comí una *pizza*! **132**

61 **Presente de subjuntivo I**
Verbos regulares; algunos usos
(que yo) visit**e**, tem**a**, abr**a**, etc. **134**

62 **Presente de subjuntivo II**
Verbos irregulares
(que yo) p**ie**nse, p**i**da, pon**g**a, etc. **136**

63 **Imperativo afirmativo I**
Formación y usos
am**a**, vend**e**, viv**e** (tú), etc. **138**

64 **Imperativo afirmativo II**
Empleo de los pronombres
pon**te**, sígue**lo**, escríbe**me**, tráiga**melas**, etc. **140**

65 **Imperativo negativo**
Formación, usos y empleo de los pronombres
no cant**es**, no **te** prepar**es**, no **la** esper**es**, etc. **142**

66 Pretérito imperfecto de subjuntivo
Formación, usos y contraste con presente de subjuntivo
(si yo) llega**ra**/-**se**, rompie**ra**/-**se**, vinie**ra**/-**se**, etc. 144

67 Pretérito perfecto de subjuntivo
(que yo) **haya celebrado** / **retenido** / **rendido**, etc. 146

68 Regímenes preposicionales I
Uso exclusivo de "a"
acceder **a**, ir **a**, jugar **a**, llegar **a**, etc. 148

69 Regímenes preposicionales II
Uso exclusivo de "con", "de" y "en"
estar de novio/-a **con**, acordarse **de**, ir **en**, estar **en** contra **de**, etc. 150

70 Regímenes preposicionales III
Uso exclusivo de "por"; usos alternativos; expresiones
votar **por**, amenazar (**con**), disculparse **de** / **por**, etc. 152

71 Regímenes preposicionales IV
Preposición "a" delante del OD
¿has visto **a** Juan? 154

72 Marcadores de tiempo III
cuando, **en cuanto**, **apenas**, **no bien** 156

73 Expresiones de extrañeza y posibilidad
Presente o pretérito perfecto (subjuntivo) / futuros (indicativo)
qué raro que no **venga**; **tendrá** / **habrá tenido** problemas 158

74 Perífrasis verbales III
Acabar / dejar de, echarse a + infinitivo
acabo de oír una noticia urgente; **dejaste de trabajar** con tu hermano, etc. 160

75 Perífrasis verbales IV
Haber que / tener que / deber + infinitivo
hay que estudiar para la prueba; **tengo que ayudar** a mi madre, etc. 162

76 Expresiones de finalidad
Con infinitivo o subjuntivo
para ir, **para que vayas**, etc. 164

77 Marcadores de tiempo IV
antes de (que), **después de** (que), **hasta** (que) 166

78 Condicional de indicativo I
Formas simple y compuesta; usos y verbos regulares
(yo) tardar**ía**, encender**ía**, seguir**ía**; **habría tardado** / **encendido** / **seguido** 168

79 Condicional de indicativo II
Verbos irregulares
(yo) ca**br**ía, ha**br**ía, po**dr**ía, que**rr**ía, sa**br**ía, etc. 170

80 Oraciones condicionales I
si **llego** temprano, te **llamo**; si **llegara**/-**se** temprano, te **llamaría** 172

81 Verbos de cambio
Convertirse, hacerse, ponerse, quedarse, transformarse, volverse
me puse muy contento; **nos hicimos** muy amigos 174

82 Quedar(se)
los cuadros **quedarán** en esta pared; **me quedé** dormida 176

83 Formas interrogativas y exclamativas
¿**quiénes** ya han firmado el contrato?; ¡**qué** lío se ha armado! 178

84 Discurso indirecto I
Cambios de persona y lugar
Amanda **dice que** nunca **puede** ver el programa que **quiere** 180

85 Discurso indirecto II
Cambios de tiempo y verbo
dijo que **habla** / **hablaba** inglés; **recibió** / **había recibido** una carta aquel día, etc. 182

86 Discurso indirecto III
Transmisión de pedidos, órdenes y consejos
pide que **abra** los ojos; **pidió** que **abriera**/**-se** los ojos 184

87 Verbos de actitud I
Preferencias, deseos, expectativas
espero llegar a tiempo; **espero que llegues** a tiempo, etc. 186

88 Verbos de actitud II
Gusto, disgusto, favores, permisos, propuestas
no **me gusta** llegar tarde a las reuniones; **le molesta** que lo tuteen 188

89 Expresiones de creencia y de duda
Creer / pensar que, dudar / desconfiar (de) que
creo que es mejor; **no creo que sea** mejor, etc. 190

90 Expresiones de constatación
Estar claro (que), ser / parecer verdad / obvio (que), etc.
está claro que no sabe; **no es verdad que** sabe / sepa; etc. 192

91 Verbos de percepción
Ver / oír / sentir / escuchar que
vi que terminaste el trabajo; **no vimos que estabas** / **estuvieras** ahí; etc. 194

92 Formas pasivas e impersonales
Generalizadores
la iglesia **fue construida**, la iglesia **se construyó**, etc. 196

93 Involuntariedad
se me olvidó llamarte; **se te perdieron** los anteojos, etc. 198

94 Expresiones de pertenencia sin posesivos
me corté **el** pelo; **me** lavo **las** manos, etc. 200

95 Oraciones con conectores relativos
el supermercado al **que** voy; el lugar **donde** está; la chica con **quien** vivo; etc. 202

96 Oraciones causales y consecutivas
voy **porque** quiero; no tengo plata, **así que** no voy, etc. 204

97 Oraciones condicionales II
Pretérito pluscuamperfecto de subjuntivo
si hubiera / **hubiese sabido** que no querían, no **habría organizado** la fiesta 206

98 Oraciones condicionales III
Otras conjunciones
en (el) caso de que vengas; **mientras** / **siempre que** estés aquí, etc. 208

99 Oraciones concesivas
Aunque y a pesar de (que)
aunque / **a pesar de que** nos pide que no, vamos;
aunque / **a pesar de que** nos pida que no, vamos 210

100 Marcadores argumentativos
aunque, **sin embargo**, **no (solo)...**, **sino (que) (también)** etc. 212

Apéndices comparativos

1 Heterogenéricos 214
2 Homónimos de géneros diferentes 215
3 Heterotónicos 216
4 Género neutro 217
5 Contracciones posibles 218
6 Oraciones interrogativas y exclamativas 219
7 Valores de algunas formas verbales 220
8 Formas verbales ausentes en español 221
9 Combinaciones de pronombres y determinantes 222
10 Uso de demostrativos 223
11 Valores de algunos conectores I 224
12 Valores de algunos conectores II 225
13 Algunos usos de preposiciones 226
14 Algunas referencias sobre pronunciación y separación de sílabas 227
15 Pronombres personales sujeto 228
16 Pronombres personales complemento 229
17 Algunas referencias sobre tecnología 230

Conjugación verbal 231
Remisiones – Verbos regulares 248
Remisiones – Verbos irregulares 254

Glosario 262

Índice remisivo 267

Bibliografía 272

Clave de respuestas 273

PRESENTACIÓN

La **Gramática de Español Paso a Paso** combina la presentación de 100 temas gramaticales en forma clara y esquematizada con sus respectivos ejercicios de práctica en tres niveles de dificultad y clave de respuestas. Está dirigida tanto a estudiantes brasileños de la enseñanza reglada y de academias de idiomas como a autodidactas.

Unidades cortas redactadas en español

- Recursos visuales coloridos como complemento
- Explicaciones claras y esquematizadas
- Ejemplos de los casos presentados
- Notas especiales para los hablantes de portugués

15 Posesivos I
Determinativos
mi, tu, su, nuestro, vuestro, etc.

	Poseedores	Un objeto poseído: Masculino	Un objeto poseído: Femenino	Varios objetos poseídos: Masculino	Varios objetos poseídos: Femenino
un solo poseedor	yo	mi	mi	mis	mis
	tú	tu	tu	tus	tus
más de un poseedor	nosotros/-as	nuestro	nuestra	nuestros	nuestras
	vosotros/-as	vuestro	vuestra	vuestros	vuestras
un solo poseedor o varios	él / ella / usted / ellos / ellas / ustedes	su	su	sus	sus

Importante

1. Las formas **su** y **sus** pueden referirse a varios poseedores diferentes. Para evitar confusiones, a veces se aclara la referencia indicando el poseedor: **sus** fichas >> las fichas **de él**.
2. Las formas **mi(s)**, **tu(s)** y **su(s)** no presentan variación de género. Así, solo establecen con el sustantivo que acompañan una concordancia en número:

Un objeto poseído: Masculino	Un objeto poseído: Femenino	Varios objetos poseídos: Masculino	Varios objetos poseídos: Femenino
***mi** mensaje* ***tu** teléfono* ***su** compañero*	***mi** llamada* ***tu** compra* ***su** reunión*	***mis** mensajes* ***tus** teléfonos* ***sus** compañeros*	***mis** llamadas* ***tus** compras* ***sus** reuniones*

3. Los posesivos átonos **nunca** van antecedidos por artículo.

42

Ejercicios de práctica de los contenidos

Práctica de nivel iniciante de dificultad

I Relaciona las columnas. Algunas alternativas tienen más de una posibilidad de respuesta.

a Ay, no me aguanto por el calor que — [ ] mucha hambre.
b Estoy con — [ ] gripe.
c Tengo — [ ] mis amigos. ¿Pasa algo?
d Ya se ve lo preocupado que — [ ] tengo.
e Por la noche hace mucho — [ ] frío.
f Con la dieta, he tenido — [ ] está.

Práctica de nivel medio de dificultad

II Organiza en las columnas los ítems de la caja y descubre cómo fue la fiesta de cumpleaños de Ana María.

	Había...	Estaba(n)...
a		
b		
c		
d		
e		
f		
g		

algunos vecinos — Andrés — bocadillos deliciosos — dónde charlar tranquilamente — el jefe de Andrés — dos camareros — los caseros de la finca — mis abuelos — mis hermanos — mucho *champagne* — todas las compañeras del curso — torta de limón — unos primos de Andrés — Vilma y Eduardo

Práctica de nivel avanzado de dificultad

III Teniendo en cuenta esta unidad y la anterior (58) sobre verbos de descripción, completa la columna derecha del siguiente cuadro con los verbos "tener", "haber", "estar" y "hacer" en presente de indicativo manteniendo el sentido de las frases de la columna de la izquierda.

Escanea el código QR para ver la videoclase sobre este contenido.
http://mod.lk/gr_es131

Código QR de acceso a videoclases

	Portugués	Español
a	*Estou com vontade de sair.*	_______ ganas de salir.
b	*O México tem muitas cidades históricas. Puebla, por exemplo, fica perto da capital.*	México _______ muchas ciudades históricas. Puebla, por ejemplo, _______ cerca de la capital.
c	*Logo ali tem uma padaria.*	Ahí cerquita _______ una panadería.
d	*O posto de gasolina fica longe daqui.*	La gasolinera _______ lejos de aquí.
e	*Está sol. Vamos à praia?*	_______ sol. ¿Vamos a la playa?
f	*No parque só há nós três.*	En el parque solo _______ nosotros tres.

Texto relevante para los estudiantes

131

Clave de acceso al Portal Santillana actividades interactivas, simulaciones de exámenes DELE y otros recursos extras

Tablas de conjugación organizadas a partir de cada modo y tiempo verbal, con todos los tipos y listas alfabéticas de los verbos, con remisión al modelo al que pertenecen

Apéndices comparativos entre el español y el portugués seguidos de ejercicios

Apéndices comparativos

9 COMBINACIONES DE PRONOMBRES Y DETERMINANTES

Formas	Português	Español
ambos / ambas	• vai seguido de artigo definido ambas as posições / ambos os diretores	• no va seguido por artículo ambas perspectivas / ambos centros
posesivo determinativo	• pode ir precedido por artigo a minha leitura / o seu casaco	• nunca puede ir precedido por artículo mi lectura / tu abrigo (Ver unidad 15, sobre posesivos)
outro / otro	• outro/-a pode ir precedido por artigo indefinido, um/-a, ou indefinido, algum/-a um outro tema / uma outra raça algum outro caso / alguma outra lei	• otro/-a puede ir precedido por algún / alguna pero no por un / una algún otro sonido / alguna otra voz
mais / más combinado con indefinidos (Ver unidades 20 y 21, sobre indefinidos e identificadores)	• mais pode, e em alguns casos deve, ir antes do indefinido Você quer mais um? Chegaram mais três pessoas. Mais alguma coisa? Não quero mais nada. Procura mais alguém. Não tem mais ninguém.	• más va siempre después del indefinido y de los sustantivos o adjetivos que lo acompañen Te daré uno más. Aquí hay cinco bolsas más. ¡Algo más? No quiero nada más. Busca a alguien más. No hay nadie más.

I En los casos en que sea posible, inserta la palabra entre paréntesis en el hueco que corresponda.

a Debemos elegir ________ otro ________ camino. (un)
b Preferí no aceptar ningún ________ encargo ________. (más)
c Si estas empanadas no son suficientes, trae ________ una ________ docena ________. (más)
d ¿Queda ________ otra ________ opción? (alguna)

II Completa con las palabras necesarias la traducción al español de las siguientes expresiones.

a ambas as pernas: ________ piernas.
b as nossas lembranças: ________ recuerdos.
c vimos mais dois: vimos ________.
d ambos os países: ________ países.
e um outro carro: ________ coche.
f o teu trabalho: ________ trabajo.
g sem mais ninguém: sin ________.
h mais outro: otro ________.

222

Conjugación verbal

I. Imperativo negativo (Ver unidad 65)

Regulares			
195. -ar Llorar	196. -er Vender	197. -ir Punir	
no llores	no vendas	no punas	(tú)
no llorés	no vendás	no punás	(vos)
no llore	no venda	no puna	(usted)
no lloremos	no vendamos	no punamos	(nosotros/-as)
no lloréis	no vendáis	no punáis	(vosotros/-as)
no lloren	no vendan	no punan	(ustedes)

Cambio en todas las personas (excepto nosotros/-as y vosotros/-as)

198. -e- ⇨ -ie- Pensar	198. Perder	199. -i- ⇨ -ie- Adquirir	200. -o- ⇨ -ue- Volar	200. Volver	201. -o- ⇨ -hue- Oler
no pienses	no pierdas	no adquieras	no vueles	no vuelvas	no huelas
no pensés	no perdás	no adquirás	no volés	no volvás	no olás
no piense	no pierda	no adquiera	no vuele	no vuelva	no huela
no pensemos	no perdamos	no adquiramos	no volemos	no volvamos	no olamos
no penséis	no perdáis	no adquiráis	no voléis	no volváis	no oláis
no piensen	no pierdan	no adquieran	no vuelen	no vuelvan	no huelan

Cambios en todas las personas

202. -e- ⇨ -ie- + -z- ⇨ -c- (todas) Empezar	203. -o- ⇨ -ue- + -g- ⇨ -gu- (todas) Rogar	204. -o- ⇨ -ue- + -c- ⇨ -z- (todas) Torcer	205. -o- ⇨ -ue- + -z- ⇨ -c- (todas) Forzar	206. -e- ⇨ -ie- + -g- ⇨ -gu- (todas) Cegar
no empieces	no ruegues	no tuerzas	no fuerces	no ciegues
no empecés	no roguésl	no torzás	no forcés	no cegués
no empiece	no ruegue	no tuerza	no fuerce	no ciegue
no empecemos	no roguemos	no torzamos	no forcemos	no ceguemos
no empecéis	no roguéis	no torzáis	no forcéis	no ceguéis
no empiecen	no rueguen	no tuerzan	no fuercen	no cieguen

207. Semivocal acentuada (en todas las personas excepto nosotros/-as y vosotros/-as)

Enviar	Prohibir	Actuar	Reunir
no envíes	no prohíbas	no actúes	no reúnas
no enviés	no prohibás	no actués	no reunás
no envíe	no prohíba	no actúe	no reúna
no enviemos	no prohibamos	no actuemos	no reunamos
no enviéis	no prohibáis	no actuéis	no reunáis
no envíen	no prohíban	no actúen	no reúnan

244

Índice de remisión organizado por temas, clases de palabras y palabras referido a todas las partes de la obra

Glosario lingüístico de apoyo

Glosario

A

abreviación: acción o efecto de reducir una palabra o varias palabras por la supresión de determinadas letras o sílabas. Existen varias formas de abreviación, entre ellas la abreviatura (ej.: *suj.* = sujeto) y la sigla, formada por las iniciales (ej.: *OMS* = Organización Mundial de la Salud).

acento diacrítico: es el acento gráfico o tilde que sirve para diferenciar dos palabras con la misma grafía, pero significado diferente (ej.: adverbio comparativo *más* ≠ conjunción *mas*).

acentuación: es la pronunciación con mayor intensidad de una de las sílabas de una palabra; esa sílaba recibe el nombre de "sílaba tónica" (ej.: costa).

acentuación gráfica: colocación de acento gráfico o tilde en la sílaba que se pronuncia con mayor intensidad, según las reglas ortográficas (ej.: *calefacción, árbol, témpano*).

adjetivo: clase de palabra que cumple la función de modificar o complementar a un sustantivo (ej.: ropa *moderna*).

adverbio: clase de palabra invariable en género y número que cumple la función de modificar o complementar a un verbo (ej.: comer *rápidamente*), a un adjetivo (ej.: *más* interesante) o a otro adverbio (ej.: *muy* tarde). Se clasifican según su significado en adverbios de lugar (ej.: *cerca*), de tiempo (ej.: *ahora*), de modo (ej.: *elegantemente*), de duda (ej.: *quizá*), etc.

artículo: clase de palabra que precede a sustantivos identificando, además de su género y número, si los elementos que designan son identificables por quien lee o escucha el mensaje (artículos definidos o determinados; ej.: *el* auto, *la* farmacia) o si no lo son (artículos indefinidos o indeterminados; ej.: *un* hombre, *una* mujer).

artículo neutro: clase de artículo que, entre otros usos, precede a adjetivos sustantivándolos y generalizando un aspecto de un todo (ej.: *lo* gracioso de la situación), o formando construcciones seguido de la preposición "de" (ej.: *lo del* accidente, *lo de* mamá) o de la conjunción "que" (ej.: *lo que* va a pasar).

átono/-na: vocal o sílaba sin fuerza prosódica dentro de la palabra (ej.: llave, acción), o palabra sin fuerza prosódica dentro de la frase (ej.: *la* niña traviesa, *el* regalo *para* mamá). Su antónimo es **tónico/-ca**.

aumentativo: sufijo o palabra formada por la adición de este dando una connotación de mayor intensidad (ej.: *fortachón, elegantona*), tamaño (ej.: *corpazo, grandote*) o valor despectivo (ej.: muchachote, cabezón).

C

coherencia: combinación y sucesión adecuada de temas en un texto que crea un efecto de consistencia en su significado.

cohesión: relación de significado entre segmentos de un texto.

colectivo: sustantivo cuyo significado se refiere a un conjunto de cosas o individuos (ej.: *jauría* = grupo de perros, *gente* = conjunto de personas).

coloquial: se refiere al estilo propio de la conversación cotidiana, que no reviste los requisitos sociales de formalidad.

coma (,): signo ortográfico que indica una pausa corta entre frases o elementos de la oración (ej.: Fue un día largo, difícil de olvidar.).

comillas dobles (" ", « »): signo ortográfico que encierra palabras, expresiones, oraciones o párrafos para destacarlos (ej.: El nombre del espectáculo es "Olas de mar".) o indicar que reproducen literalmente las palabras de otros, dichas por escrito u oralmente (ej.: Me advirtió: «no molestes».).

comillas simples (' '): signo ortográfico que encierra el significado de palabras (ej.: "Venerable" significa 'digno de veneración y respeto'.) o se usa dentro de frases enmarcadas por comillas dobles (ej.: Me dijo textualmente: "no uses la palabra 'cursi' delante de mí".).

conector: palabra o locución que se usa para establecer una relación de unión, oposición, causa, consecuencia, reformulación u otras entre dos palabras, partes de una oración, oraciones o párrafos de un texto (ej.: Llegamos temprano para ver el juego; *sin embargo*, el estadio ya estaba lleno.).

conjugación: variación que sufre el verbo según la persona, el número, el tiempo, el modo, etc. (ej.: [yo] *hablo*, [tú] *hablas*, [él] *habla*, etc.).

conjunción: clase de palabra que sirve de nexo

262

Índice remisivo

A
'a', 92, 112, 114, 116, 148, 152, 154, 160, 226
'a cada rato', 70
'a causa de', 204
'a fin de (que)', 164
'a menudo', 70
'a no ser que', 208
'a pesar de que', 210
'abajo (de)', 124
'acá', 38
'acabar de' + infinitivo, 160
acentuación
acento diacrítico, 58
cambios de 2010, 58
de palabras agudas, 56
de demostrativos, 38
de palabras esdrújulas, 56
de palabras graves / llanas, 56
de hiatos, 60
de palabras monosilábicas, 56
de pronombres interrogativos y exclamativos, 60
de palabras sobresdrújulas, 56
heterotónicos, 216
tilde, 56
'adelante (de)', 126
'adentro (de)', 122
adjetivos
'acepto', 'pago', 'suelto', 'frito' y 'salvo', 94
apócope, 106
demostrativos, 38
género, 16, 18
gentilicios, 18
invariables en género, 18
número, 20
superlativos, 108
uso con 'muy', 50
adverbios de lugar
'aquí' / 'acá', 'ahí', 'allí' / 'allá', 40
con identificadores, 54
expresiones, 40
usos, 40
adverbios y locuciones adverbiales
de cantidad, 50
de duda, 134, 144
de lugar, 40, 122, 124, 126
de negación, 74
de tiempo, 70, 72, 98, 156, 166
de tiempo con identificadores, 54
'afuera (de)', 122
agudas (palabras), 56
'ahí', 40
'al', 26
alfabeto, 14
pronunciación, 227
'algo', 54
'alguien', 54, 130
'algún', 52, 130, 222
'alguno/-a/-os/-as', 52, 54, 130, 222
'allá', 40
'allí', 40
'ambos/-as', 222
'andar' + gerundio, 104
'anoche', 98
'ante', 126
'anteayer', 98
'antes de (que)', 166
'antes', 50
'apenas', 156, 224
apócope
de adjetivos, 106
de indefinidos, 52
de numerales, 48
'aquel/-lla/-llos/-llas', 38
'aquello', 38, 217
'aquí', 40
'arriba (de)', 124
artículo neutro 'lo', 118, 120
artículos
con identificadores, 54
contracciones, 26
definidos, 24, 26
definidos con expresiones de tiempo, 26
definidos con preposiciones, 26
definidos con sustantivos comunes, 24
definidos con sustantivos femeninos empezados por '(h)a' tónica, 24
definidos con sustantivos propios, 24
indefinidos, 52
'así que', 204
'atrás (de)', 126
aumentativos, 76
'aun', 58, 225
'aún', 58, 72, 98
'aunque', 210, 212, 225
'ayer', 98

B
'bajo', 124
'buen', 106

C
'casi nunca', 70
'casi siempre', 70
'cerca (de)', 122
'cierto', 192
'como', 110, 202, 204
'cómo', 58
comparaciones
de igualdad, 110
de inferioridad, 108
de superioridad, 108
'con', 150, 152
'con el fin de (que)', 164
'con el objetivo de (que)', 164
'con tal de que', 208
condicional compuesto de indicativo
formación, 96
usos, 168
condicional simple de indicativo
formación, 168
usos, 168
verbos irregulares, 170
verbos regulares, 168
conjunciones
adversativas, 74
causales, 204
concesivas, 210
condicionales, 172, 206, 208
consecutivas, 204
copulativas, 74
disyuntivas, 74
finales, 164
temporales, 72, 156
'constantemente', 70
construcciones especiales con OI
'doler', 66
'encantar', 66
'gustar', 66, 188
'importar', 188
'molestar', 188
'parecer', 66, 190
contracciones, 26, 218
contrastes
'antes' vs. 'ahora', 68
'cuando' vs. 'en cuanto', 156
'cuando' vs. 'apenas', 156
'cuando' vs. 'no bien', 156
'el' vs. 'lo', 118
'haber' vs. 'estar' vs. 'tener', 130
'haber' vs. 'tener', 128, 162
'hablar' vs. 'decir', 78
'hacia' vs. 'hasta', 112
personas diferentes, 22, 66
pretérito indefinido e imperfecto, 86
pretérito indefinido y perfecto, 98
pretérito pluscuamperfecto e indefinido, 100
pretérito pluscuamperfecto e imperfecto, 100
pretérito imperfecto de subjuntivo vs. presente de subjuntivo, 144
'convertirse', 174
coordinantes
de adición afirmativa, 74
de adición negativa, 74
de alternancia, 74
de negación, 74
de oposición, 74
'correcto', 192
'creer que', 190
'cual/-es', 202

267

Sobre la lengua española

En la segunda mitad del siglo XV, el reino de España terminó de constituirse con las dimensiones que hoy tiene el estado del mismo nombre. Hacia el final de ese mismo siglo, comenzó la colonización española en América. En el estado nacional que acababa de surgir, se fue imponiendo como principal lengua de uso la denominada "lengua castellana", que en esa misma época (1492) tuvo su primera gramática. El idioma llegó inmediatamente a las colonias americanas y es la base de lo que hoy conocemos como "español" o "castellano".

Actualmente, el español es lengua oficial o cooficial en 21 países, en varios de los cuales coexiste con otras lenguas. Es el segundo idioma del mundo en número de hablantes y uno de los más demandados para su aprendizaje como lengua extranjera.

El español es extremadamente variado, inclusive para lo que se pueden considerar como sus modalidades cultas o escolarizadas. Desde el siglo XIX, diversos estados nacionales que lo tienen como lengua oficial y de uso generalizado han debido crear todo tipo de instrumentos para la educación lingüística de sus habitantes, y en todos ellos se han desarrollado estudios universitarios y una literatura de prestigio, además de prensa y medios de comunicación locales. Por eso, no es viable ubicar un centro único de normatización de la lengua. Inclusive la Real Academia Española y la Asociación de Academias de la Lengua Española, instituciones que producen importantes obras de referencia para todo el ámbito de habla hispana, reconocen el carácter policéntrico del español, cada vez más visible en el hecho de que, en las últimas décadas, varias gramáticas y diccionarios de alcance general se han elaborado en diversos países.

La ortografía es el ámbito normativo en el que, sin duda, hay una mayor tendencia a la unidad del español, sostenida en ese aspecto por un amplio mercado editorial fuertemente mundializado y por la aceptación en los diversos países. La última reforma ortográfica se acordó en 2010, con pequeños cambios en relación con la norma vigente, y esta obra ha sido adecuada a ese cambio.

Lecturas recomendadas

Presentamos en esta sección indicaciones de obras que pueden ayudar a profundizar temas abordados en este libro o emplearse como referencia en estudios gramaticales.

En 2009 la Real Academia Española y la Asociación de Academias de la Lengua Española publicaron una obra de referencia, la *Nueva gramática de la lengua española*, en tres formatos, todos por Editorial Espasa. El más simple, la *Gramática básica*, es una edición de bolsillo destinada a escolares o a estudiantes adultos muy iniciales y se trata de una publicación marcadamente normativa. El formato intermedio, llamado *Manual*, es un volumen amplio, muy adecuado para estudiantes universitarios y profesores. La obra integral, en tres volúmenes, se dirige a profesores que quieran profundizar el estudio de determinados temas y prioriza la descripción y el registro de la variación por sobre la prescripción, adoptando un criterio de norma policéntrica.

El *Manual de gramática del español*, de Ángela Di Tullio (Buenos Aires, Editorial Wadhuter, 2010), es un estudio descriptivo conceptualmente muy actualizado y comprensible para profesores con formación inicial. Para una visión más profunda y detallada de temas específicos, sugerimos la lectura de los trabajos incluidos en la *Gramática descriptiva de la lengua española*, organizada por Ignacio Bosque y Violeta Demonte (Madrid, Editorial Edelsa, 1999). Se trata de una obra en tres volúmenes que contiene capítulos temáticos que pueden leerse independientemente unos de los otros, cada uno elaborado por un especialista en el tema respectivo. Si bien es de gran utilidad para la investigación exhaustiva de un tema, aclaramos que se trata de una lectura que requiere una buena base de conocimientos gramaticales previos.

En Brasil se producen abundantes estudios e investigaciones acerca de la lengua española, varios de ellos en un enfoque comparativo con el portugués brasileño. Parte importante de ese material se encuentra en línea. Una publicación dirigida específicamente a estudiantes de grado y profesores con formación inicial es el *dossier* organizado en 2008 por María Teresa Celada y Neide Maia González, publicado en la revista electrónica *Signos ELE*, n.º 2 (disponible en <http://p3.usal.edu.ar/index.php/ele/article/view/1375>, acceso el 14 feb. 2014), con el nombre de Gestos que trazan distinciones entre la lengua española y el portugués brasileño". Incluye artículos comparativos bastante sintéticos y didácticos elaborados por diversos autores sobre temas como pronombres personales, voz pasiva, impersonalidad, verbos de existencia y construcciones condicionales. Otro material en línea muy útil para profesores es la publicación del Ministério da Educação en la colección *Explorando o ensino*, cuyo volumen 16 está dedicado al español, organizado por Elzimar Costa y Cristiano Barros. El volumen trae capítulos elaborados por diversos especialistas, inclusive uno de nuestra autoría, sobre práctica gramatical.

Los congresos de la Associação Brasileira de Hispanistas han dado lugar, también, a la exposición de diversos estudios realizados en Brasil. En el sitio de dicha asociación (disponible en <www.hispanistas.org.br>, acceso el 14 feb. 2014), se encuentran los anales de esos congresos, donde pueden encontrarse, entre otras temáticas, artículos sobre descripción y enseñanza de la lengua. La revista en línea *Intersecciones* (disponible en <www.apeesp.com.br/web/?page_id=756>, acceso el 01 sept. 2014), de la Associação de Professores de Espanhol do Estado de São Paulo, está completamente dedicada a estudios lingüísticos y pedagógicos para el profesor de español.

1 Alfabeto

la **a**, la **be**, la **ce**, etc.

Ver apéndice 14, sobre pronunciación y separación de sílabas

Las **letras** del alfabeto son las veintisiete que siguen.

Letra	Nombre	Letra	Nombre	Letra	Nombre
A	la a	J	la jota	R	la erre
B	la be*	K	la ka	S	la ese
C	la ce	L	la ele	T	la te
D	la de	M	la eme	U	la u
E	la e	N	la ene	V	la uve**
F	la efe	Ñ	la eñe	W	la uve doble***
G	la ge	O	la o	X	la equis
H	la hache	P	la pe	Y	la ye****
I	la i	Q	la cu	Z	la zeta

* Se admiten también los nombres **be larga**, **be grande** o **be alta** para la **b**.
** Se admiten también los nombres **ve corta**, **ve chica** o **ve baja** para la **v**.
*** Se admiten también los nombres **doble ve** para la **w**.
**** Se admite también el nombre **i griega** para la **y**.

Hay cinco **dígrafos** (signos gráficos representados por dos letras y que corresponden a un sonido):

CH – ce hache **GU** – ge u **LL** – doble ele **QU** – cu u **RR** – doble erre

Importante

1. Los dígrafos **ch** y **ll** se insertan en diccionarios y otras listas alfabéticas en los lugares que les corresponden dentro de las letras **c** y **l**, respectivamente. Desde 2010, estos dígrafos dejaron de ser considerados letras. El dígrafo **rr** nunca se consideró una letra del alfabeto porque su sonido es el mismo de la **r** a comienzo de palabra (*Roma*, *rana*) o después de **l**, **n** o **s** (*enredo*, *alrededor*, *Israel*).
2. No se usa **ss** en español.
3. Pocas palabras en español se escriben con "-m" final (y tienen origen en otras lenguas): *álbum*, *currículum*, *ídem*, *ítem*, *ultimátum*. Las demás se escriben con "-n" final. Por ejemplo: *también*, *bombón*, *regalarán*, *trajeron*, *corazón*, *común*, *algún*, *un*, etc.

I **Llena el diálogo con el nombre completo de las letras.**

a Agente de viajes: Su código de reserva para el vuelo São Paulo-Milán es SWQHJG.

Cliente: ¿Efe de "fácil"?

Agente de viajes: No. Se lo deletreo: .... de "sapo", ... de "web", ... de "queso", ... de "hada", ... de "jardín", ... de "gato".

b Gerente del banco: ¿Su correo electrónico, por favor?

Cliente: robayer@che.com.

Gerente del banco: ¿Podría deletrearlo, por favor?

Cliente: .... – .... – .... – .... – .... – .... – .... arroba .... – .... – .... punto com.

II **Copia en orden alfabético las siguientes palabras de la lista que está a continuación.**

soberbia ficción quechua libro xenofobia gallina nube extraño uña orgullo kilómetro yo mandarina bendecir halcón truco inca carro *walkman* dato joven ñoqui paloma receta vecina

1. *acordeón*	10.	19. ....
2.	11.	20. ....
3.	12.	21. ....
4.	13.	22. ....
5.	14.	23. ....
6.	15.	24. ....
7.	16.	25. ....
8.	17.	26. ....
9.	18.	27. *zapatero*

III **Encuentra, en cada línea, cuál palabra no sigue el orden alfabético y reescribe toda la serie en el orden correcto.**

a chalé cara comercial cubismo cine cuyo ....

b chico cerveza carburador cinturón ciego chocante ....

c lácteo laboral llamada lechera libre lectura ....

d locomotora lluvia llegada legumbre lujuria lucha ....

2 Género I
Masculino / femenino de los sustantivos

el libro, la plaza, el hombre, la mujer, la cantante, etc.

El género suele estar marcado por la terminación del sustantivo.

Sustantivos que se refieren a seres inanimados y sustantivos abstractos			
Masculinos	**Ejemplos**	**Femeninos**	**Ejemplos**
-o	*el libro, el cuaderno* algunas excepciones: *la foto, la mano, la radio, la moto*	-a	*la plaza, la mesa* algunas excepciones: *el día, el mapa, el planeta, el yoga*
-or	*el calor, el furor* algunas excepciones: *la flor, la labor*	-dad -tad -tud	*la solidaridad, la felicidad* *la libertad, la facultad* *la juventud, la virtud*
-aje	*el viaje, el paisaje, el garaje*	-umbre	*la legumbre, la costumbre*
-ma	*el panorama, el problema* *el clima, el idioma* algunas excepciones: *la crema, la yema*	-ez	*la vejez, la niñez* algunas excepciones: *el pez, el juez*
-an -án -ón	*el pan, el plan* *el azafrán, el imán* *el balón, el corazón*	-ción -sión	*la vocación, la concentración* *la ocasión, la desilusión*

Ver unidad 3, sobre género de los adjetivos
Ver apéndice 1, sobre heterogenéricos

En casos especiales, es el artículo que permitirá diferenciar el género.

Sustantivos que se refieren a seres animados		
Masculinos	**Femeninos**	**Ejemplos**
-o, -e	-a	*el niño / la niña, el jefe / la jefa*
-or, -ón, -án	-ora, -ona, -ana	*el director / la directora, el león / la leona, el catalán / la catalana*
varía	-esa, -isa, -ina, -triz	*el príncipe / la princesa, el sacerdote / la sacerdotisa,* *el héroe / la heroína, el actor / la actriz*
coincide (especialmente -ista y -nte)	coincide (especialmente -ista y -nte)	*el / la pianista, el / la periodista, el / la estudiante,* *el / la cantante, el / la joven, el / la homicida,* *el / la testigo, el / la mártir* excepción: *presidente*, que también admite el femenino *presidenta*
forma propia	forma propia	*el padre / la madre, el hombre / la mujer, el caballo / la yegua,* *el yerno / la nuera*

I Escribe en cada palabra si es del género femenino (F) o masculino (M).

[ ] amistad	[ ] televisión	[ ] aterrizaje	[ ] computadora

[ ] sofá	[ ] foto	[ ] cumbre	[ ] yoga

II Reescribe las frases en femenino según el modelo.

Modelo: El chico actuó como príncipe. *La chica actuó como princesa.*

a El actor era señor de la escena. ....

b El joven era presidente del club. ....

c El doctor había sido pintor. ....

d El padre es artista. ....

III Subraya en cada serie la única palabra que no coincide en género con las demás.

a zapato – dado – moto – temor – diploma

b niña – silla – cabeza – juventud – pijama

c jarrón – televisión – portón – ratón – melón

d lumbre – masaje – heroína – salud – moto

e labor – ordenador – bombón – calor – color

f habitación – certidumbre actitud – teorema – vida

IV Distribuye adecuadamente estos artículos entre los ítems de abajo y completa con "-a" o con "-o" cada palabra final.

el	la	las	los	un	una

a .... cumbres alt........s

b .... pasaje car........

c .... dolor agud........

d .... radio nuev........

e .... utilización gratuit........

f .... diagramas clar........s

3 Género II
Masculino / femenino de los adjetivos

alto / alta, alemán / alemana, dormilón / dormilona, etc.

Ver unidad 4, sobre singular y plural de sustantivos y adjetivos

Los adjetivos concuerdan en género y número con el nombre o pronombre que califican.

Cachito es negro y juguetón.

	Casos	Masculino	Femenino
	masculino en -o y femenino en -a (inclusive los adjetivos compuestos)	*edificio alto* *sordomudo*	*torre alta* *sordomuda*
Gentilicios	masculino en -o y femenino en -a	*coche brasileño*	*fruta brasileña*
Gentilicios	masculino y femenino en -a, -e, -í, -ú	*estadio carioca* *maestro nicaragüense* *hombre iraní* *restaurante hindú*	*belleza carioca* *maestra nicaragüense* *mujer iraní* *filosofía hindú*
Gentilicios	masculino en consonante y femenino en consonante + a	*abuelo español* *soldado alemán* *jugador francés*	*almendra española* *población alemana* *actriz francesa*
Otros	masculino en -án, -ín, -ón y femenino en -ana, -ina, -ona	*chico haragán* *niño saltarín* *perrito dormilón*	*chica haragana* *niña saltarina* *gatita dormilona*
Otros	masculino en -ete, -ote y femenino en -eta, -ota	*niño regordete* *enfermero grandote*	*niña regordeta* *enfermera grandota*
Invariables	los terminados en -a	*muchacho egoísta*	*muchacha egoísta*
Invariables	los terminados en -al	*día especial*	*tarde especial*
Invariables	los terminados en -ante, -ente	*anillo brillante* *amigo valiente*	*pulsera brillante* *amiga valiente*
Invariables	los terminados en -az, -iz, -oz	*auto veloz* *hombre feliz y capaz*	*liebre veloz* *mujer feliz y capaz*
Invariables	los terminados en -ble	*vendedor amable*	*vendedora amable*
Invariables	los terminados en -or	*el chico mayor* *el mejor programa*	*la mayor oportunidad* *la mejor profesora*

I Completa los huecos con la palabra correspondiente en masculino o en femenino.

a	.... / bengalí	**f**	alemán / ....
b	voraz /	**g**	.... / andaluza
c	.... / generosa	**h**	peor / ....
d	.... / narigona	**i**	persa / ....
e	confiable /	**j**	.... / virtual

II Completa la siguiente descripción con las palabras de la caja.

alto	amable	contento	francés
delgado	guapo	inteligente	nuevo

Tengo un .... compañero en la facultad. Se llama Gerard y es .... Las chicas lo miran mucho porque es muy .... Es ...., ... y siempre se muestra .... Parece muy .... y es bastante ....

III Pasa al femenino los adjetivos del ejercicio anterior para hablar de esta chica.

Tengo una .... compañera en la facultad. Se llama Dominique y es .... Los chicos la miran mucho porque es muy .... Es ...., ... y siempre se muestra .... Parece muy .... y es bastante ....

IV Imagínate que llega a la redacción de un periódico la siguiente información: "Joven entra para robar y se hace pasar por maniquí para escapar de la Policía". ¿Cómo redactar la noticia? Aquí tienes la versión basada en que se trata de un hombre. Encuentra las palabras que deberías cambiar en la versión referida a una mujer y pásalas al femenino.

Joven entra para robar y se hace pasar por maniquí para escapar de la Policía

Un ladrón que había entrado a robar en una óptica de la ciudad argentina de Rosario se hizo pasar por un maniquí cuando, tras sonar la alarma, la Policía irrumpió en el local. Con gran sangre fría, el delincuente se mantuvo impasible cuando los agentes le apuntaron con las linternas, e incluso le preguntaron si era un muñeco o una persona. [...] El hombre había entrado a robar pese a que, nada más forzar la puerta, se activó la alarma de seguridad. A los pocos minutos llegó al lugar una patrulla de la Policía, que comenzó a inspeccionar todo el local. Ante la imposibilidad de escapar, el ladrón se puso unas gafas oscuras y se quedó, inmóvil, en un rincón.

Disponible en <www.larazon.es/detalle_hemeroteca/noticias/LA_RAZON_467516/9199-un-ladron-se-hace-pasar-por-maniqui-para-no-ser-detenido#.UsYvavRDvoE>. Acceso el 2 en. 2014.

4 Número
Singular / plural de los sustantivos y adjetivos

el **principal autobús** / los **principales autobuses**, etc.

Palabras terminadas en	Forman plural	Ejemplos
vocales	agregando -s al final	*la carta perdida – las cartas perdidas* *esta calle – estas calles* *inmensa metrópoli – inmensas metrópolis* *un auto viejo – unos autos viejos* *el espíritu – los espíritus*
i o u tónicas	agregando -s o -es al final	*el maní – los manís / maníes* *hindú – hindús / hindúes*
consonantes	agregando -es al final	*la ciudad gris – las ciudades grises* *el sándwich – los sándwiches* *el reloj principal – los relojes principales* *el mantel azul – los manteles azules* *el joven alemán – los jóvenes alemanes* *el mayor autobús – los mayores autobuses* *la ley común – las leyes comunes*
z	cambiando z ⇨ c y agregando -es	*la actriz – las actrices* *la vez – las veces*

Importante

1. Las palabras acentuadas cuya sílaba fuerte (tónica) es la última (*alemán*, *autobús*, *francés*) pierden el acento en la formación del plural (*alemanes*, *autobuses*, *franceses*).
2. Hay sustantivos que se utilizan más en plural. Por ejemplo: *las tijeras*, *los anteojos*. La forma plural puede referirse a uno o más objetos.
3. Hay sustantivos que son invariables; es a través del artículo que identificamos si están en singular o plural: *el atlas – los atlas*, *la crisis – las crisis*, *el paraguas – los paraguas*, *el lunes – los lunes* (y los demás días de la semana, a excepción de *sábado* y *domingo*). Los sustantivos terminados en "-x" también son invariables (el tórax – los tórax).

1 Llena cada hueco colocando el plural o el singular de la palabra dada.

a rey: ....

b ....: pájaros

c árbol: ....

d ....: japoneses

e jarrón: ....

f viaje: ....

g ....: rubíes

h color: ....

i ....: raíces

j pastel: ....

k mar: ....

l ....: narices

m taxi: ....

n ....: canciones

ñ bambú: ....

II Completa el crucigrama a partir de las imágenes y de las letras ya dadas. Observa que las palabras están numeradas en orden alfabético.

1

2

3

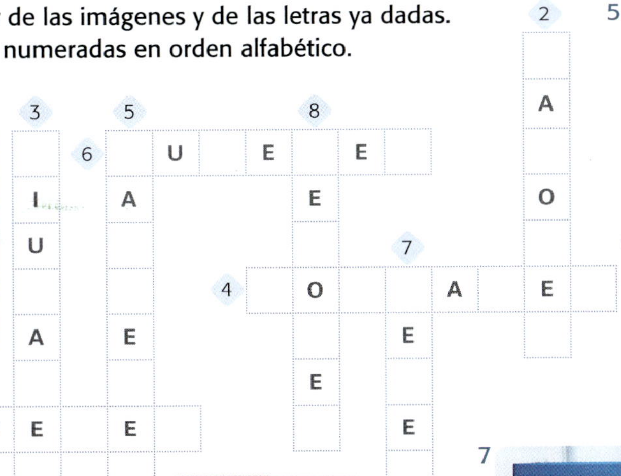

4
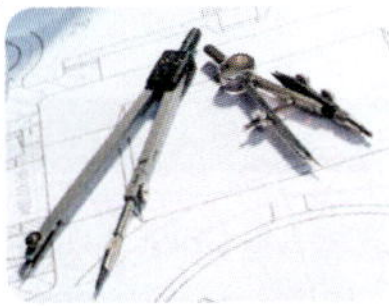

5

6

7

8

III Completa los huecos del cuadro con la palabra correspondiente en el singular o en el plural. Luego utiliza las formas correctas para completar el texto.

color /	sector /	.... / atenciones
diseñador /	consumidor /	.... / procesos
predicción /	potente /	.... / tendencias

Predicción de tendencias del color en moda

Kate Scully, Debra Johnston Cobb

El ______________ es una ______________ herramienta de venta. Es el primer elemento que llama la ______________ del consumidor desde el escaparate. ¿Cómo deciden una marca o una tienda la paleta de colores más adecuados para sus productos? ¿Cuál es el ______________ por el que los ______________, los equipos de desarrollo de productos y los responsables de compras eligen los colores? ¿Y de dónde proceden esos colores? La respuesta está en la ______________ del color que consiste en el proceso de anticipar las orientaciones de color y ______________ para todo el espectro de productos de moda y ______________ afines. La función de la predicción del color es investigar, anticipar y, finalmente, interpretar el color, de forma que ayude a diseñadores, desarrolladores de productos y vendedores a elegir colores que resulten atractivos al ______________ y potencien las ventas de un producto.

Disponible en <http://ggili.com/es/tienda/productos/prediccion-de-tendencias-del-color-en-moda>. Acceso el 3. en. 2014.

5 Pronombres personales sujeto + "ser" y "estar"

(yo) **soy / estoy**, (tú) **eres / estás**, (él/ella) **es / está**, etc.

Pronombres personales sujeto		
Personas	**Singular**	**Plural**
primera	**yo**	**nosotros** / **nosotras**
segunda	**tú** **vos** **usted** (**Ud.**)	**vosotros** / **vosotras** **ustedes** (**Uds.**) **ustedes** (**Uds.**)
tercera	**él** / **ella**	**ellos** / **ellas**

Tratamiento	Pronombre	Expresa
al hablar con una persona	**tú**	informalidad en España y en la mayoría de los países de Hispanoamérica
	vos	informalidad en algunos países de Hispanoamérica, como en la región del Río de la Plata (Argentina y Uruguay) y en algunos países centroamericanos (Nicaragua, Costa Rica, etc.)
	usted	formalidad tanto en España como en Hispanoamérica
al hablar con más de una persona	**vosotros**/**-as**	informalidad en España; no se usa en Hispanoamérica
	ustedes	formalidad en España; formalidad e informalidad en toda Hispanoamérica

	Ser	Estar
(yo)	**soy**	**estoy**
(tú / vos)	**eres** / **sos**	**estás** / **estás**
(él / ella / usted)	**es**	**está**
(nosotros/-as)	**somos**	**estamos**
(vosotros/-as)	**sois**	**estáis**
(ellos / ellas / ustedes)	**son**	**están**

Importante

1. Los pronombres están entre paréntesis porque en español **no acostumbran aparecer en la frase**, excepto en los casos en que es necesario establecer **contraste** entre personas diferentes.

Ver apéndice 15, sobre uso de los pronombres personales sujeto

2. Al enumerar personas incluyéndose a la primera persona, singular o plural, estos pronombres se mencionan al final. *Tú y **yo** somos como hermanos. Ustedes y **nosotros** estamos de acuerdo.*
3. Ningún pronombre personal forma contracción con otras palabras.

   ***De ellos**, no quiero nada.*

Ver apéndice 5, sobre contracciones

4. El uso del pronombre **vos** en lugar de **tú** recibe el nombre de **voseo** y afecta la conjugación de **tú** solo en el presente de indicativo y en imperativo afirmativo. La forma **vos** se refiere siempre a una sola persona y no corresponde a **vosotros**.

I Coloca entre los corchetes el pronombre personal a que se refiere cada frase.

a [..................................] ¿Sois colombianas?
b [..................................] Eres muy amable.
c [..................................] Soy portugués.
d [..................................] Es un poco tímido.
e [..................................] Sos argentino.
f [..................................] ¿Está despierta?

II Identifica la forma de tratamiento formal (F) o informal (I) y el respectivo pronombre usados en cada frase. Luego pasa las frases a la otra forma, según se indica en el modelo.

Modelo: [*I*] ¿De dónde eres? [*tú*] *¿De dónde es? (usted)*
a [ ] ¿Sois brasileños? [..................] .... [..................]
b [ ] ¿Sos abogado? [..................] .... [..................]
c [ ] ¿Estás en la lista de espera? [..................] .... [..................]
d [ ] ¿Es de Buenos Aires? [..................] .... [..................]

III Susana le enseña a su amiga Rosa las fotos de su viaje a Brasil. Completa el diálogo con "es" o "eres" según corresponda.

Susana: Rodrigo, el muchacho que conocí, ... uruguayo, pero vive en Brasil hace mucho. Estas fotos las sacamos cuando estuvimos en el carnaval de Ouro Preto con mi hermana y la hermana de él.
Rosa: ¡Qué fantástico! Pero estáis todos disfrazados. ¿Cuál ...., Susana?
Susana: ¿Puedes adivinarlo?
Rosa: A ver... Tú .... Gatúbela, y tu hermana .... Cleopatra.
Susana: No... Yo soy Madonna, Laura .... Gatúbela y la hermana de Rodrigo .... Cleopatra.

IV Completa cada hueco con un pronombre personal cuando sea necesario.

a Manuela conoce a los adolescentes precisamente porque .... es profesora de adolescentes.
b Estoy ocupado todo el día. En cambio, ... estás libre desde el mediodía.
c Decidiremos las reformas de la casa porque .... somos los dueños, no ustedes.
d ¡Ay, ... estoy en duda: no sé si .... soy capaz de asumir ese trabajo!
e Raúl no puede estar sin música: escucha música incluso cuando .... maneja.

6 Artículos definidos I

Con sustantivos

el banco, **la** hermana, **los** trenes, **las** ciudades, etc.

Ver unidades 53 y 54, sobre el artículo neutro "lo"

	Masculino	Femenino
singular	**el**	**la**
plural	**los**	**las**

Con nombres comunes	
Función	**Ejemplos**
anteceden sustantivos que se refieren a lo que es conocido por los que hablan, o que se supone que existe	***La*** *hermana de Pepe trabaja en* ***el*** *banco.* ***Los*** *trenes circulan por* ***las*** *vías férreas.*
identifican el género de los sustantivos	*¿Vas a comprar* ***el*** *pasaje?* *Antes tengo que lavarme* ***las*** *manos.*
la forma **el** sustituye la forma **la** solamente delante de sustantivos singulares que empiezan con **a**- o **ha**- tónicas, manteniendo el género femenino	***el a****gua fría /* ***la*** *fría* ***a****gua /* ***las a****guas frías* ***el ha****da madrina /* ***la*** *bella* ***ha****da madrina /* ***las ha****das madrinas* Ver apéndice 1, sobre heterogenéricos

	Con nombres propios	
	geográficos	**de personas**
sí	delante de nombres de mares, océanos, ríos, cadenas de montañas, grupos de islas y puntos cardinales ***el*** *mar Mediterráneo /* ***las*** *islas Canarias*	con apodos ***el*** *Gordo /* ***la*** *Negra /* ***el*** *Alemán*
no	delante de nombres de países, continentes, regiones, ciudades, estados, provincias, salvo en casos especiales	delante de nombres de persona, salvo en algunas regiones

1 **Reparte las palabras de la caja entre las columnas de acuerdo con los artículos que les corresponden.**

alma almuerzo Andes Baleares mujer personas profesora zapatos

el	los	la	las

II Transforma cada expresión al singular o al plural.

a .... / las barajas de tarot

b el maquillaje de moda / ....

c .... / los árboles de Navidad

d la hora de marchar / ....

e .... / los panes de queso

f el área de finanzas / ....

g .... / las hamburguesas de pollo

h el ama de casa / ....

III Completa cada hueco con "el", "la", "los" o "las", según el texto.

.... leyenda de ".......... amazonas" es una de .... primeras creaciones de .... imaginación de .... europeos en América. .... remoto origen de ese relato se encuentra en .... mitología griega. .... descubrimiento de América revivió, en .... alma de .... conquistadores, esa y otras antiguas fantasías, como .... Ciudad de Oro, ... Fuente de .... Juventud, ... Rey Blanco con sus montañas de plata, y .... propio Paraíso Terrenal. .... selvas imponentes, ... espacios interminables, ... ríos inmensos hicieron de aquel "Nuevo Mundo" un terreno para .... sueños, ... miedos y .... emoción de .... hombres de aquella época.

IV Completa cada hueco con el artículo correspondiente cuando sea necesario.

En 2013, con ______ Marisa y ______ Jorge, hicimos un viaje por ______ sur de ______ España, recorriendo dos de sus regiones: ______ Castilla-La Mancha y ______ Andalucía. Fue un paseo entre dos ríos: ______ Tajo y ______ Guadalquivir, por una meseta bastante árida, con algunas elevaciones como ______ Montes de Toledo o ______ Sierra Morena. Salimos de Madrid en autobús y llegamos a ______ Toledo, ciudad que yo ya había visitado en 2005, pero que quería rever. Era lunes; por eso, varios sitios interesantes estaban cerrados y tuvimos que esperar hasta ______ día siguiente para visitarlos. El jueves salimos camino a ______ Ciudad Real, y ______ otra semana ya estábamos en ______ Sevilla, sin duda, ______ ciudad más apasionante de ______ región. Como era agosto, ______ calor era, por momentos, bastante pesado. A pesar de eso, organizando bien ______ horarios, se podía disfrutar de todas ______ bellezas que ______ lugar ofrece: ______ torres, ______ calles estrechas, ______ restos de ______ ocupación árabe y de un tiempo en que, en aquella región, pueblos de ______ más variadas creencias convivían en armonía y respeto.

7 Artículos definidos II
Con expresiones de tiempo; contracciones

el sábado, **la** semana pasada, **los** lunes, **las** ocho de la mañana, etc.; **al** y **del**

Usos con	Llevan artículo	No llevan artículo
días de la semana, fechas	no se antepone la preposición "en" delante del artículo **el** seguido del día ***el sábado** próximo* ***el 16** de septiembre*	cuando indican qué día es / era / será *Hoy es **domingo**.*
las palabras **mes**, **semana**, **año**	***la semana** pasada / **la** próxima **semana*** ***el mes** que viene / **el** otro **mes*** ***el** segundo **año** / **el año** entrante*	los nombres de meses *En **mayo** tengo vacaciones.* *Volveremos en **agosto**.*
otras palabras de ubicación en el tiempo	***al** / en **el comienzo**, a / en **la mitad**,* ***al** / en **el final*** *El gol vino en **el final** del partido.* *En **la mitad** de la fiesta quiso irse.*	*a **principios** / **mediados** / **fines*** *Volvemos de Grecia a **fines** del mes.* *Terminó a **mediados** del siglo XX.*
ordinales	*Es **la segunda** vez que vengo.* *Vivo en **el sexto** piso.*	*Vengo por **primera** vez.* *Llegó en **décimo** lugar.*
años	los años 2000 y posteriores *Terminó la carrera en **el 2003**.*	los años anteriores al 2000 *Alemania fue campeón en **1990**.*
	los años 2010 en adelante se pueden usar con y sin artículo *Se fue a vivir al exterior en (**el**) **2013**.*	
festividades (en otros casos es opcional)	en el comienzo de oración ***La Pascua** tiene carácter religioso.*	en congratulaciones *¡Felices **Pascuas**!*
décadas y años "abreviados"	*En **los 70** actuaron las Madres de la Plaza de Mayo.* *Nació en **el 79**.*	
horas	*Son **las nueve** horas.* *Es **la una** de la tarde.* *Nos vemos a **las diez y media**.*	

Las preposiciones **a** y **de** se unen con el artículo **el** formando las únicas contracciones que hay en español.

Ver apéndice 5, sobre contracciones

Preposición		Artículo		Contracción	Ejemplos
a	+	el	=	**al**	*Vamos **al** teatro.*
a	+	la / las / los	=	–	***a la** calle, **a las** exposiciones, **a los** colegas*
de	+	el	=	**del**	*Esperen en la entrada **del** edificio.*
de	+	la / las / los	=	–	***de la** carrera, **de las** calles, **de los** diarios*

I Completa cada hueco con el artículo correspondiente cuando sea necesario.

LA ERA DE KENNEDY: A 50 AÑOS DE SU ASESINATO

Onésimo Flores Rodríguez

Hace unas semanas, ______ 22 de noviembre pasado, se cumplieron ______ 50 años del asesinato de Kennedy. Y es que la breve presidencia de Kennedy de apenas ______ mil días sacudió la conciencia de la generación norteamericana de los *baby boomers* nacidos a fines de ______ años 40.

Las nuevas generaciones, la de ______ 80 y 90, la de los jóvenes de hoy, ignoran totalmente estos hechos sucedidos antes de su nacimiento y las consecuencias históricas y políticas que tuvieron.

Si el asesinato de Kennedy ______ 1963 y el movimiento estudiantil de ______ 1968 fueron las efemérides con las que se forjó una generación, ¿cuál será el referente histórico que marque las vidas de los jóvenes de la generación del milenio?

Disponible en <www.eldiariodecoahuila.com.mx/notas/2013/12/6/kennedy-anos-asesinato-402635.asp>. Acceso el 4 en. 2014. (Adaptado).

II Emplea cada preposición de las que están entre paréntesis junto con el artículo correspondiente, formando una contracción cuando sea necesario, como en el modelo.

Modelo: Convocaron ___al___ mayor ___de los___ vendedores. (a – de)

a El ruido ______ teléfono despertó ______ vecinas. (de – a)

b ¿Cuál es el mayor ______ planetas ______ Sistema Solar? (de – de)

c Hay muchas versiones ______ historia conocida como "El Fantasma ______ Ópera". (de – de)

d ______ llegar ______ límite ______ ciudad, se entra en los primeros tramos ______ bosque. (a – a – de – de)

e El tren ______ siete horas lleva más gente que el ______ una ______ mañana. (de – de – de)

III Completa los huecos con un artículo, una preposición seguida o no de artículo, o una contracción.

Metro extenderá ______ horario de funcionamiento ______ fin de semana por eventos masivos

SANTIAGO. Para facilitar el desplazamiento de miles de personas que asistirán ______ eventos masivos de este fin de semana, Metro de Santiago dispuso el reforzamiento de su servicio y una extensión horaria para las Líneas 1 y 2. Con motivo ______ festival Lollapalooza que se realizará en el Parque O'Higgins, ______ sábado 31 ______ marzo las Líneas 1 y 2 cerrarán una hora más tarde de lo habitual, es decir, cerca ______ 00.00 horas. [...]

______ domingo 1 de abril, en tanto, para facilitar el traslado de los miles de quienes participarán en la Maratón de Santiago, la Línea 1 del tren subterráneo abrirá ______ 6.30 horas.

Disponible en <www.emol.com/noticias/nacional/2012/03/27/533004/metro-extendera-horario-de-funcionamiento-el-fin-de-semana-por-eventos-masivos.html>. Acceso el 13 en. 2014.

8 Presente de indicativo I

Verbos regulares; usos

(yo) practic**o**, com**o**, part**o**, etc.

	1.ª conjugación	2.ª conjugación	3.ª conjugación
	Practicar	**Comer**	**Vivir**
(yo) (tú / vos) (él / ella / usted) (nosotros/-as) (vosotros/-as) (ellos / ellas / ustedes)	practic**o** practic**as** / practic**ás** practic**a** practic**amos** practic**áis** practic**an**	com**o** com**es** / com**és** com**e** com**emos** com**éis** com**en**	viv**o** viv**es** / viv**ís** viv**e** viv**imos** viv**ís** viv**en**
otros verbos regulares en presente y de uso muy frecuente	afirmar, bailar, charlar, circular, cocinar, comprar, conmemorar, estudiar, ganar, limpiar, llamar, llenar, marcar, plantar, realizar, tirar	aprender, arder, beber, comer, cometer, creer, depender, leer, pretender, prometer, suspender, temer, vender	abrir, acudir, añadir, compartir, escribir, imprimir, partir, permitir, recibir, residir

Importante

1. Las terminaciones de 2.ª y 3.ª conjugación coinciden en todas las personas, salvo en "nosotros/-as": com**e**mos, viv**i**mos, y "vosotros/-as": com**éis**, viv**ís**.
2. Las formas de "vosotros/-as" llevan acento: practic**á**is, com**é**is, viv**í**s.
3. En el presente de indicativo el verbo en "vos" se forma a partir de "vosotros" quitándole la "i" en la 1.ª y 2.ª conjugación. En la 3.ª conjugación la forma es la misma. Siempre se mantiene la acentuación: (vosotros) **cantáis** / **sabéis** / **vivís** > (vos) **cantás** / **sabés** / **vivís**.

Usos del presente de indicativo	
Valores	**Ejemplos**
acciones habituales	***Miramos*** *la tele solo a la noche.*
lo que sucede en el momento en que se habla	*Te* ***noto*** *un poco preocupado.*
acciones que se realizan con frecuencia	*Siempre que* ***estudia***, ***escucha*** *música.*
hechos considerados verdades universales	*La Tierra* ***gira*** *alrededor del Sol.*
el futuro próximo	*Mañana te* ***llamo*** *y* ***quedamos*** *en algo.*
hechos en una narración (presente histórico)	*En 1878 José Martí* ***vuelve*** *a Cuba, y ese mismo año* ***nace*** *su hijo.*

I Escribe al lado de cada verbo la persona en que está conjugado, como en los dos ejemplos dados. En algunos casos, como en la letra "h", hay más de una respuesta posible.

a compramos ....
b recibís ....
c hablas *tú* ....
d bebe ....
e reciben ....
f leemos ....
g limpio ....
h teme *él / ella / usted* ....
i bailáis ....
j imprimes ....

II Completa el siguiente texto conjugando en presente de indicativo los verbos de la caja.

abrir	cambiar	coincidir	estar	ofrecer	organizar	permanecer	ser

Biblioteca Tomás Navarro Tomás

Preguntas frecuentes

¿Qué días ______ la biblioteca?	La biblioteca ______ abierta todos los días laborables del calendario de la Comunidad de Madrid.
¿Cuál ______ el horario de la biblioteca?	De 9.00 a 18.00 horas de lunes a viernes
¿Dónde ______ la biblioteca?	Centro de Ciencias Humanas y Sociales del CSIC. Calle Albasanz 26-28 Madrid 28037
¿La biblioteca ______ conexión a Internet?	Sí. Las claves se entregan en el mostrador principal de la biblioteca y ______ cada 15 días por seguridad.
¿Se puede visitar la biblioteca?	Sí. La biblioteca ofrece un servicio de visita guiada, previa petición y sujeto a una normativa. Para el público en general, la biblioteca ______ Jornadas de Puertas Abiertas, que ______ con determinados acontecimientos como la Semana de la Ciencia (noviembre) o el Día del Libro (23 de abril).

Disponible en< http://biblioteca.cchs.csic.es/faqs_generales.php#uno>. Acceso el 9 mzo 2014. (Adaptado).

III Ordena los elementos en frases y transcríbelas al lado conjugando los verbos en presente de indicativo.

Modelo: noches / cocinar / algunas / (yo) / no *Algunas noches no cocino.*

a nunca / Susana / frituras / comer
....

b ¿trabajar / (vosotros) / estudiar / y ?
....

c creer / el / (nosotras) / futuro / en
....

d sobre / escribir / Carolina / ecología
....

9 Presente de indicativo II
Verbos irregulares con diptongos "-ie-" / "-ue-"

(yo) comienzo, quiero, almuerzo, vuelvo, etc.

Muchos verbos presentan diptongación: la vocal de la raíz, al conjugarse en determinadas personas y tiempos, se transforma en dos vocales.

	Verbos que cambian e ⇨ ie			Verbos que cambian o ⇨ ue		
	Comenzar	**Querer**	**Preferir**	**Almorzar**	**Volver**	**Dormir**
(yo)	comienzo	quiero	prefiero	almuerzo	vuelvo	duermo
(tú / vos)	comienzas / comenzás	quieres / querés	prefieres / preferís	almuerzas / almorzás	vuelves / volvés	duermes / dormís
(él / ella / usted)	comienza	quiere	prefiere	almuerza	vuelve	duerme
(nosotros/-as)	comenzamos	queremos	preferimos	almorzamos	volvemos	dormimos
(vosotros/-as)	comenzáis	queréis	preferís	almorzáis	volvéis	dormís
(ellos / ellas / ustedes)	comienzan	quieren	prefieren	almuerzan	vuelven	duermen

Otros verbos que diptongan	
e ⇨ ie	**o ⇨ ue**
-ar: apretar, atravesar, calentar, confesar, despertar, gobernar, pensar, regar, tropezar	**-ar**: apostar, colgar, contar, encontrar, mostrar, probar, rodar, rogar, soltar, soñar, volar
-er: atender, defender, encender, entender, perder, tender	**-er**: devolver, envolver, mover, poder, resolver, soler, torcer
-ir: advertir, convertir, digerir, divertir, herir, invertir, mentir, sentir, sugerir	**-ir**: morir
y sus derivados: extender, presentir, etc.	y sus derivados: descolgar, comprobar, etc.
i ⇨ ie	**u ⇨ ue**
adqu**i**rir: adquiero, adquieres / adquirís, etc.	j**u**gar: juego, juegas / jugás, etc.

Importante

1. Los verbos nunca diptongan en "nosotros/-as", "vosotros/-as" ni en las formas de "voseo". Eso se debe a que la sílaba fuerte, en esas personas, está en la terminación y no en la raíz: a**pues**to vs. apos**ta**mos, **mien**to vs. men**tís**. Lo mismo ocurre con los infinitivos, que tampoco diptongan: com**enzar**, qu**erer**, ap**ostar**, etc.
2. Estos verbos **no** diptongan:
   pret**e**nder: pret**e**ndo, pret**e**ndes / pretendés, etc.
   dep**e**nder: dep**e**ndo, dep**e**ndes / dependés, etc.
   apr**e**nder: apr**e**ndo, apr**e**ndes / aprendés, etc.
   compr**e**nder: compr**e**ndo, compr**e**ndes / comprendés, etc.

I Completa el crucigrama a partir de las informaciones que están a la izquierda.

perder – tú					D					
~~sentir – yo~~				S	I	E	N	T	O	
tropezar – él / ella / usted					P					
mostrar – ellos / ellas / ustedes					T					
mover – vosotros/-as					O					
confesar – yo					N					
rogar – tú					G					
soñar – nosotros/-as					O					

II Relaciona tres elementos, uno de cada columna, para formar frases con el verbo conjugado en el presente de indicativo, según el modelo (M), y escríbelas en la línea destinada al efecto.

Modelo: Los domingos *juego al fútbol con mis amigos*.

[M] Los domingos	[ ] cerrar	[ ] más de 8 horas por día.
a Nuestra próxima clase	[ ] dormir	[ ] a las 4 de la tarde.
b Los bancos	[ ] comenzar	[M] al fútbol con mis amigos.
c ¡Nunca	[M] jugar	[ ] en 15 minutos.
d Como no trabajo,	[ ] recordar	[ ] aprecio por Ana.
e Tú y yo	[ ] sentir	[ ] tus compromisos!

a Nuestra próxima clase ....

b Los bancos ....

c ¡Nunca ....

d Como no trabajo, ...

e Tú y yo ....

III Completa las formas verbales del texto formando diptongos cuando sea necesario.

¿Cómo se inv__rte en fondos mutuos?

El aporte que se realice al fondo es convertido en cuotas de participación que t____nen un valor que se inf____rma diariamente y que es variable, es decir, p____de aumentar o disminuir por las fluctuaciones de precios de los instrumentos que comp____nen la cartera de inversión del fondo mutuo. Una vez que se ha hecho la inversión, se p____de revisar frecuentemente el valor de la cuota y, de esta manera, con____cer la rentabilidad que va alcanzando la inversión realizada.

Al momento de inv____rtir en un fondo mutuo, se d____be firmar un contrato de suscripción de cuotas y la sociedad administradora d____be informar acerca del reglamento interno del fondo [...]

Disponible en <www.bancafacil.cl/bancafacil/servlet/Contenido?indice=1.2&idPublicacion=3000000000000088&idCategoria=4>. Acceso el 14 en. 2014.

10 Presente de indicativo III

Verbos irregulares que agregan "-g-" en 1.ª persona

(yo) pongo, traigo, hago, tengo, digo, oigo, etc.

Irregularidad solamente en la 1.ª persona del singular	
Formación	**Modelos de conjugación**
raíz + -**g**- + desinencia	poner: pon**g**o, pones / ponés, pone, ponemos, ponéis, ponen valer: val**g**o, vales / valés, vale, valemos, valéis, valen salir: sal**g**o, sales / salís, sale, salimos, salís, salen
raíz + -**ig**- + desinencia	caer: ca**ig**o, caes / caés, cae, caemos, caéis, caen traer: tra**ig**o, traes / traés, trae, traemos, traéis, traen roer: ro**ig**o, roes / roés, roe, roemos, roéis, roen
-**c**- ⇨ -**g**- en la raíz + desinencia	ha**c**er: ha**g**o, haces / hacés, hace, hacemos, hacéis, hacen satisfa**c**er: satisfa**g**o, satisfaces / satisfacés, satisface, satisfacemos, satisfacéis, satisfacen

Doble irregularidad a) 1.ª persona del singular b) 2.ª y 3.ª personas del singular y 3.ª persona del plural		
	Formación	**Modelos de conjugación**
a **b**	raíz + -**g**- + desinencia -**e**- ⇨ -**ie**- en la raíz + desinencia	tener: ten**g**o, t**ie**nes / tenés, t**ie**ne, tenemos, tenéis, t**ie**nen venir: ven**g**o, v**ie**nes / venís, v**ie**ne, venimos, venís, v**ie**nen Ver unidad 9, sobre verbos irregulares con diptongo
a **b**	-**e**- ⇨ -**i**- en la raíz + -**g**- + desinencia -**e**- ⇨ -**i**- en la raíz + desinencia	decir: d**ig**o, d**i**ces / decís, d**i**ce, decimos, decís, d**i**cen
a **b**	raíz + -**ig**- + desinencia raíz + -**y**- + desinencia	oír: o**ig**o, o**y**es / oís, o**y**e, oímos, oís, o**y**en Ver unidad 11, sobre otras irregularidades en presente de indicativo

Importante

Algunos verbos derivados de los anteriores sufren las mismas irregularidades:
poner > disponer, imponer, proponer, suponer; **salir** > sobresalir; **caer** > decaer, recaer; **traer** > contraer, distraer; **hacer** > deshacer, rehacer; **tener** > contener, detener, entretener, mantener, obtener, retener, sostener; **venir** > convenir, devenir, intervenir, prevenir, provenir; **decir** > bendecir, desdecir, maldecir, predecir; **oír** > desoír.

I Escribe, delante de cada forma conjugada, el infinitivo correspondiente.

a	propongo:	**f**	obtenemos:	**k**	sostengo: ....
b	roigo:	**g**	bendigo:	**l**	predispongo: ....
c	roen:	**h**	oyen:	**m**	caigo: ....
d	traen:	**i**	distraigo:	**n**	sobresalgo: ....
e	satisfago:	**j**	rehago:	**ñ**	suponéis: ....

II Completa las siguientes frases eligiendo, de los tres verbos que están entre paréntesis, el que tenga sentido y conjugándolo en 1.ª persona de singular.

a Cada vez que .... un lugar para ir, a ti no te parece bien. (venir / proponer / contraer)

b Mañana me voy a quedar en casa. Es que el lunes .... examen de Física. (salir / tener / roer)

c Cuando .... a Río, lo .... en avión. (decir / retener / venir – hacer / poner / valer)

d Siempre que .... música, ... el volumen al máximo. (deshacer / oír / reponer – poner / caer / decir)

e Si .... que voy a salir, ... (tener / reponer / decir – oír / salir / distraer)

III Sustituye cada forma señalada del diálogo por uno de los siguientes verbos debidamente conjugado.

contraer	mantener	oír	proponer	suponer	tener	valer

Raúl: ¿**Posee** usted un coche de uso exclusivamente personal?

Ángel: Sí.

Raúl: ¿Cuánto imagina usted que **cuesta** su coche actualmente?

Ángel: Vea... lo **conservo** bien y no es tan viejo. **Imagino** que unos 18 000 pesos.

Raúl: Nuestra compañía le **sugiere** un tipo de seguro bastante innovador...

Ángel: La verdad, en este momento no **escucho** propuestas ni **adquiero** deudas porque estoy sin dinero extra.

IV Completa cada verbo con la(s) letra(s) que le falta(n), como en el modelo.

Modelo: A Luis no le conv*ie*ne ir hasta Londres en tren. El avión le sal *e* más barato.

a Si me tr.....s ese compacto que tanto me gusta, lo po.....o en el auto y así lo o.....mos juntos, ¿vale?

b Mañana v.....nen unos parientes para pasar las fiestas y, como t.....n.....o un cuarto libre, dormirán allí.

c ¿No o.....es lo que te d.....o? Si v.....n.....s más cerca, me escucharás mejor.

d Cecilia es una niña encantadora: se entret.....ne con cualquier cosa; y cuando le prop.....nes algo, te d.....ce que sí al instante.

e Os propo.....o una cosa: vosotros ven.....s hasta aquí y después sal.....os todos juntos.

11 Presente de indicativo IV

Otras irregularidades

(yo) pido, corrijo, sigo, huyo, conozco, dirijo, doy, etc.

Irregularidades en todas las personas, excepto "nosotros/-as" y "vosotros/-as"

Irregularidad	Modelos	Otros verbos
-e- ⇨ -i-	pedir: pido, pides / pedís, pide, pedimos, pedís, piden	medir, reír, repetir, servir, vestir, etc.; y derivados: impedir, sonreír, etc.
-e- ⇨ -i- + -g- ⇨ -j- (en "yo")	corregir: corrijo, corriges / corregís, corrige, corregimos, corregís, corrigen	colegir, elegir, regir, etc.; y derivados: recolegir, reelegir, etc.
-e- ⇨ -i- + -gu- ⇨ -g- (en "yo")	seguir: sigo, sigues / seguís, sigue, seguimos, seguís, siguen	derivados de seguir: conseguir, perseguir, proseguir, reseguir, subseguir, etc.
-i- intervocálica ⇨ -y- (infinitivo terminado en -**uir**)	huir: huyo, huyes / huis, huye, huimos, huis, huyen	atribuir, construir, concluir, constituir, destruir, disminuir, distribuir, excluir, retribuir, sustituir, etc.; y derivados

Irregularidad solo en la 1.ª persona del singular

Irregularidad	Modelos	Otros verbos
-cer / -cir ⇨ -zco (infinitivos terminados en -**acer**, -**ecer**, -**ocer** y -**ucir**)	nacer: nazco, naces / nacés, nace, nacemos, nacéis, nacen crecer: crezco, creces / crecés, crece, crecemos, crecéis, crecen conocer: conozco, conoces / conocés, conoce, conocemos, conocéis, conocen producir: produzco, produces / producís, produce, producimos, producís, producen	agradecer, aparecer, conducir, deducir, empobrecer, envejecer, establecer, favorecer, inducir, introducir, obedecer, ofrecer, padecer, parecer, permanecer, pertenecer, seducir, etc.; y derivados
-ger / -gir ⇨ -jo	proteger: protejo, proteges / protegés, protege, protegemos, protegéis, protegen dirigir: dirijo, diriges / dirigís, dirige, dirigimos, dirigís, dirigen	coger, emerger, exigir, fingir, restringir, rugir, sumergir, ungir, urgir, etc.; y derivados
desinencia -oy	dar: doy, das / das, da, damos, dais, dan	ser, estar, ir

Ver unidad 5, sobre verbos "ser" y "estar"

Ver cuadro siguiente, sobre verbo "ir"

Otros verbos irregulares en presente de indicativo

ver: veo, ves / ves, ve, vemos, veis, ven saber: **sé**, sabes / sabés, sabe, sabemos, sabéis, saben caber: **quepo**, cabes / cabés, cabe, cabemos, cabéis, caben	ir: **voy**, **vas**/**vas**, **va**, **vamos**, **vais**, **van** haber: **he**, **has**/**has**, **ha**, **hemos**, habéis, **han** (**hay** es una forma impersonal)

Ver unidad 58, sobre el uso de "haber"

I Corrige las formas verbales destacadas agregándoles la letra que les falta.

a Una vez por mes, **e x c l u o** archivos de la computadora para ganar espacio.

b Todavía no **c o n o c o** el norte de Brasil.

c Mi hijo **c o n s t r u e** unos juguetes lindísimos en madera.

d Nunca **c o n d u c o** por la noche.

e ¿Qué te ocurre? Parece que **h u e s** cuando **a p a r e c o**.

II Completa el crucigrama conjugando los verbos de la lista en las personas indicadas en el presente de indicativo. Ayúdate con las letras que ya aparecen.

dar – yo

excluir – vosotros

destruir – ella

saber – ellos

~~medir – tú~~

caber – él

servir – ellas

crecer – yo

seguir – yo

					Í		
				V			
	M	I	D	E	S		
				I			
	C						
							N

III Reescribe las frases conjugando los verbos señalados en las personas indicadas.

a El sofá es grande. **Cabéis** todos.

(Ustedes) ....

b **Perseguimos** ideales que no siempre **conseguimos** alcanzar.

(Usted) ....

c Si **eliges** otro plato, lo **pides** y lo traen sin cargo.

(Yo) ....

d Antes de la versión final, **repito** el texto varias veces, **sigo** la grabación y **corrijo** los errores.

(Vosotros) ....

....

e Ya **sabes** por dónde podemos ir.

(Yo) ....

12 Verbos pronominales

(yo) **me** llamo, **me** pierdo, **me** reúno, etc.

Los verbos de este tipo van siempre acompañados por un pronombre átono (**me**, **te**, **se**, **nos**, **os**).

	1.ª conjugación	2.ª conjugación	3.ª conjugación
	Llamarse	**Perderse**	**Reunirse**
(yo)	**me** llamo	**me** pierdo	**me** reúno
(tú / vos)	**te** llamas / **te** llamás	**te** pierdes / **te** perdés	**te** reúnes / **te** reunís
(él / ella / usted)	**se** llama	**se** pierde	**se** reúne
(nosotros/-as)	**nos** llamamos	**nos** perdemos	**nos** reunimos
(vosotros/-as)	**os** llamáis	**os** perdéis	**os** reunís
(ellos / ellas / ustedes)	**se** llaman	**se** pierden	**se** reúnen

La presencia del pronombre cambia el significado del verbo.

Con pronombre	Sin pronombre
acordar**se**: recordar *No **me acuerdo** de esa charla contigo.*	acordar: llegar a un acuerdo *Las partes **acordaron** la forma de pago.*
echar**se**: recostarse, tenderse a descansar *Mi padre **se echa** una hora por las tardes.*	echar: expulsar; arrojar ***Echamos** los papeles en este cesto.* *¿No sabías que **echaron** a Pepe del trabajo?*
ir**se**: abandonar un lugar, retirarse *¿Ya **te vas**? Aún es temprano.*	ir: dirigirse a un lugar *Después de la clase **vamos** al teatro.*
llamar**se**: tener un nombre ***Me llamo** Raúl.*	llamar: pedir la atención de alguien; telefonear ***Llamaré** al camarero. / ¡No **llames** a la policía!*
arreglar**se**: cuidar de la apariencia personal y vestirse bien ***Se arregla** durante horas antes de salir.*	arreglar: reparar algo roto o que no funciona *He llevado el DVD a **arreglar**.*

Otros verbos pronominales muy comunes son: acostarse, caerse, distraerse, dormirse, enfadarse, levantarse, reírse, sentarse, vestirse.

Importante

1. Hay verbos que son exclusivamente pronominales, o sea, que no tienen ningún significado sin pronombre. Por ejemplo: arrepenti**rse**, queja**rse**, esmera**rse**.
2. También son pronominales los llamados "verbos de cambio" (hacer**se**, poner**se**, quedar**se**, volver**se**, convertir**se**).
3. La regla de colocación de los pronombres reflexivos es la misma que la de los pronombres complemento.

Ver unidad 81, sobre verbos de cambio

Ver unidades 25 y 26, sobre colocación pronominal

I Coloca los pronombres que faltan en cada una de las frases.

a Noto que .... visto más informalmente que otras vendedoras.

b ¿A qué hora .... acuestas?

c Silvia y Andrés .... enfadaron en la mitad de la fiesta y .... fueron cada uno por su lado.

d ¿.......... acordáis dónde queda el bar al que fuimos el sábado?

e ¡No me digas que .... duermes en la mitad de la clase!

f Carla y yo .... arrepentimos de haber comprado aquel departamento.

II Completa los huecos con las formas verbales que están en la caja, agregándoles el pronombre correspondiente, según el modelo.

levantamos	olvidaste	ríe	siento	fui	~~enfada~~	quejáis

Modelo: **Cuando no le gusta lo que le digo, mi hermano** *se enfada* **conmigo.**

a Llegué temprano a la reunión, pero, como no había nadie, ... enseguida.

b ¿Quieres decir que no pudiste sacar dinero del banco porque .... de la contraseña?

c No entiendo por qué .... de vuestro empleo: tenéis privilegios que pocos tienen.

d Hoy .... más tarde porque es domingo y no tenemos ningún compromiso.

e .... de cualquier cosa. Es muy alegre.

f Prefiero estar de pie. Si ...., me canso más.

III Antecede con los pronombres correspondientes los cuatro verbos que, por su significado, son pronominales.

Andrés: Hoy .... voy a la coordinación, a hablar con Martínez.

Bea: ¿De qué .... vas a quejar esta vez?

Andrés: Del horario que me dieron, todo cortado.
Le diré: "O .... arreglamos mi horario o .... voy".

Bea: Piénsalo; mira si .... enfada y después .... arrepientes...

Andrés: ¡Qué va! Ellos quieren que yo me quede, y en esta época del año no .... echan a nadie. Verás que seguro .... acordamos un horario mejor.

13 Demostrativos

este, **ese**, **aquel**, **esto**, etc.

	1.er grupo			2.º grupo			3.er grupo		
	Masc.	**Fem.**	**Neutro**	**Masc.**	**Fem.**	**Neutro**	**Masc.**	**Fem.**	**Neutro**
singular	**este**	**esta**	**esto**	**ese**	**esa**	**eso**	**aquel**	**aquella**	**aquello**
plural	**estos**	**estas**		**esos**	**esas**		**aquellos**	**aquellas**	

	Usos – Para referirse a...			
	Cosas, personas	**Lugares**	**Tiempos**	**Cosas dichas / Textos**
1.er grupo	cerca del que habla o relacionadas con él ***Esta*** *camisa que tengo puesta.*	donde está el que habla ***Este*** *barrio en que vivo.*	el momento actual *Te escribo* ***esta*** *semana, sin falta.*	lo que se ha dicho / el propio texto *Al leer* ***esta*** *carta, contáctenos.* *¡**Esto** es una mentira!*
2.º grupo	cerca del interlocutor o relacionadas con él ***Esa*** *moto que estás usando.* ***Esos*** *tus amigos.*	donde **no** está el que habla o cercanos al interlocutor *¿Volveremos a* ***ese*** *parque?*	pasado o futuro ***Esos*** *primeros meses fueron difíciles; después me acostumbré.* ***Ese*** *día llegará.*	algo dicho por otra persona / en otro texto *¡No me digas* ***eso****!* ***Ese*** *artículo nos ayudó a escribir este trabajo.*
3.er grupo	lejos del que habla y de su interlocutor ***Aquella*** *alameda junto al puente.*	lugares lejanos *Hace años no paso por* ***aquel*** *edificio.*	el pasado, visto como muy distante *Me gusta recordar* ***aquellos*** *tiempos.*	comentario antiguo / texto que data de mucho tiempo ***Aquellas*** palabras...

Importante

1. A partir de la *Ortografía de la lengua española* difundida en el 2010, no es más necesario colocar tilde a los demostrativos cuando actúan como pronombre: *Ese camino es más peligroso que* ***este****.*
2. Los neutros (**esto**, **eso**, **aquello**) nunca llevan acento y tienen un sentido generalizador de "cosa" o "asunto": ***Aquello*** *impide que nos encontremos. (**aquel problema**)*
3. Los demostrativos nunca forman contracción con otra palabra. Ver apéndice 5, sobre contracciones

   De este *modo no llegas a lugar ningún.*
   En estos *asuntos no me meto.*

I Observa las imágenes y completa cada hueco con el demostrativo correspondiente.

II Pasa las siguientes frases al plural o al singular, según el caso.

Modelo: ¿Esta es la nueva fregona? — *¿Estas son las nuevas fregonas?*

a	Este cliente está esperando hace mucho.	....
b	....	Aquellos cuadros no estaban en venta.
c	Esa ropa no es adecuada.	....
d	....	Estos problemas son muy importantes.
e	Ni ese adaptador ni aquel otro funcionan.	....
f	....	Aquellas antenas son de telefonía móvil.

III Completa esta carta con los demostrativos más adecuados.

Señores Cía. Pelayo S.A.
Av. Eugenio Matienzo, s/n – Parque Industrial – Río Cuarto – Córdoba
Estimados señores:

En su última entrega detectamos averías en algunos artículos. Sabemos que .... problemas no son frecuentes; sin embargo, esperamos que consideren con urgencia .... reclamación. Ya hemos enviado una relación por escrito. En .... lista constan todos los problemas detectados.

Necesitamos la reposición de los artículos antes de que termine .... mes. El contrato que firmamos el año pasado contemplaba situaciones como .... que ahora se presenta. Según .... documento, los costos de reenvío correrían por cuenta de ustedes.

En espera de su remesa, los saluda atentamente,

Rafael Quiñones

14 Adverbios de lugar

aquí / acá, ahí, allí / allá + expresiones

Demostrativos		Referencias	Ejemplos
aquí / **acá**		el lugar donde está el que habla	*Desde **aquí** no se ve bien...* ***Acá** está tu entrada.*
ahí		el lugar donde está el oyente y/o un lugar cercano al hablante y al oyente	*¿Qué escondes **ahí** en tu bolsillo, Miguel?*
allí / **allá**		un lugar lejos del hablante y del oyente o el lugar donde está el oyente, sobre todo conversando por teléfono o por Internet	*¿Vamos al centro? **Allá** / **Allí** seguro que encontramos algo abierto.* *Espérame en la puerta donde estás, que en cinco minutos paso por **allí** / **allá** a buscarte.*

Los pares aquí / acá y allí / allá suelen usarse indistintamente. En algunas regiones de habla hispana se usan más frecuentemente aquí / allí; en otras, acá / allá; pero en todas se entienden y se consideran correctas ambas formas en cualquier tipo de texto.

	Valores	Ejemplos
Expresiones con "acá" y "allá"	**allá por**: indica época o período de tiempo imprecisos	*No recuerdo el año de la elección... Creo que fue **allá por** el 82.*
	más acá / **allá**: indica aproximación o alejamiento respecto del hablante o de un punto de referencia; el adverbio **más** nunca se emplea con **allí** o **aquí**	*¡No te sientes tan lejos! ¡Siéntate **más acá**, hace frío!* *La estación está un poco **más allá** del monumento, ¿la ves?*
	el más allá: es una expresión que significa "el mundo de los muertos"	*No creo en **el más allá**.*
Expresiones con "ahí"	**ahí** también funciona como marcador temporal e indica inminencia; puede sustituirse por **ya**; también se usa en un relato para indicar el momento en que algo sucede	***Ahí** viene José.* *Estábamos todos cenando y **ahí** aparece de pronto José.*
	ir / estar **por ahí**: indica imprecisión	*Se fueron **por ahí** a pasear.* *Están **por ahí**.*
	no estar **ni ahí**: indica indiferencia	*No estoy **ni ahí**.*

I Completa cada frase con "aquí", "ahí" o "allí".

II Ha caído café sobre la postal. Así que para leerla tienes que completarla usando las palabras de la caja.

ahí	allí	aquí	aquí	por ahí

Paraty
Estado de Río de Janeiro

Querida Marina:
Estamos pasando unas vacaciones estupendas.
¿Ves qué lugar maravilloso? ¡.................... no hay tránsito ni preocupaciones!
Desayunamos .... mismo, en el hotel, almorzamos en la playa y a la noche nos vamos .... a tomar algo.

La semana que viene nos vamos a Trindade porque .... hacer *snorkel* es más barato.
El 15 te vamos a llamar del aeropuerto para que nos vayas a buscar; entonces, no te muevas de ....
Un beso grande,
Natalia

Paraty, Estado de Río de Janeiro.

III Relaciona las columnas para formar diálogos y luego completa cada hueco con el demostrativo correspondiente.

a ¿Por qué llegas tan tarde al trabajo? [ ] Sí, ... no aceptan pesos argentinos.
b ¡Hola! ¿Dónde estáis? [ ] No, es un poco más ....
c ¿Para ir a Chile, llevamos dólares? [ ] Estamos ...., en la despensa.
d ¿Tiene tarjetas para celular? [ ] No me importa, no estoy ni ....
e ¿Esta es la entrada a Camaguey? [ ] No, ... solo vendemos para teléfono público.

15 Posesivos I
Determinativos

mi, tu, su, nuestro, vuestro, etc.

		Un objeto poseído		Varios objetos poseídos	
	Poseedores	**Masculino**	**Femenino**	**Masculino**	**Femenino**
un solo poseedor	yo	**mi**	**mi**	**mis**	**mis**
	tú	**tu**	**tu**	**tus**	**tus**
más de un poseedor	nosotros/-as	**nuestro**	**nuestra**	**nuestros**	**nuestras**
	vosotros/-as	**vuestro**	**vuestra**	**vuestros**	**vuestras**
un solo poseedor o varios	él / ella / usted / ellos / ellas / ustedes	**su**	**su**	**sus**	**sus**

Importante

1. Las formas **su** y **sus** pueden referirse a varios poseedores diferentes. Para evitar confusiones, a veces se aclara la referencia indicando el poseedor: **sus** fichas >> las fichas **de él**.
2. Las formas **mi(s)**, **tu(s)** y **su(s)** no presentan variación de género. Así, solo establecen con el sustantivo que acompañan una concordancia en número:

Un objeto poseído		Varios objetos poseídos	
Masculino	**Femenino**	**Masculino**	**Femenino**
***mi** mensaje* ***tu** teléfono* ***su** compañero*	***mi** llamada* ***tu** compra* ***su** reunión*	***mis** mensajes* ***tus** teléfonos* ***sus** compañeros*	***mis** llamadas* ***tus** compras* ***sus** reuniones*

3. Los posesivos átonos **nunca** van antecedidos por artículo.

I **Elige, entre las formas que están entre paréntesis, la más adecuada y cópiala en el hueco.**

a Para ir a reuniones importantes, Carlos siempre viste .... mejor corbata. (su / mis)

b Si te portas bien, cambiaremos .... computadora. (vuestra / tu)

c Cada vez más empresas tienen mujeres entre .... socios. (sus / tus)

d Niños, necesito .... ayuda para levantar los platos de la mesa. (vuestra / nuestra)

e Andrés y Roberto tienen que presentar .... proyecto mañana por la tarde. (nuestros / su)

f Señores pasajeros, abróchense .... cinturón de seguridad, por favor. (nuestro / su)

II **Relaciona las columnas para formar enunciados completos, colocando el posesivo adecuado en cada hueco de la segunda columna.**

a Queremos hacer una queja al *maître*.

b Muchos comparecerán a la inauguración.

c Atención: los niños entre 7 y 8 años, aguardad un rato.

d No puedo comprarlo ahora.

e ¿Por qué no sigues la carrera de Matemáticas?

f Iván trató de convencerme.

[ ] En .... cuenta no hay dinero suficiente.

[ ] .... habilidad con los números es sorprendente.

[ ] Pero .... argumentos no fueron suficientes.

[ ] Confirmaron .... presencia la semana pasada.

[ ] .... comida está muy salada.

[ ] .... monitores os acompañarán al parque.

III **Completa cada hueco con el posesivo correcto teniendo en cuenta el nivel de formalidad o informalidad.**

a Pedro, ¿cuál es .... equipo de fútbol?

b Sra. González, aquí está .... tarjeta de embarque. Buen viaje.

c Atención: todos los alumnos del Colegio Alcalá de Henares, ... profesores os esperan a la salida del zoo.

d Ustedes también podrían guardar .... pertenencias en la caja fuerte.

IV **Completa con posesivos las indicaciones que da la guía turística a los participantes de un paseo por el centro de la ciudad.**

Señoras y señores, ruego .... atención, por favor. Soy Marina Sugimoto y tengo mucho gusto en enseñarles la ciudad. Hoy visitaremos el centro y .... alrededores. Como el grupo es demasiado grande, lo dividiremos en dos. Cuando bajemos, el primer grupo visitará el Museo Nacional con .... compañera de trabajo, Paula Cobos. El segundo grupo vendrá conmigo y seguirá .... indicaciones. .... primera visita será a la casa del pintor más ilustre del país y allí veremos .... pintura más famosa. Luego rotamos, para que todos puedan conocer el museo y la casa antes del almuerzo. Aparcaremos .... autobús en la calle que está detrás del museo.

16 Posesivos II
Pronominales

mío, tuyo, suyo, nuestro, vuestro, etc.

		Un objeto poseído		Varios objetos poseídos	
	Poseedores	**Masculino**	**Femenino**	**Masculino**	**Femenino**
un solo poseedor	yo	**mío**	**mía**	**míos**	**mías**
	tú	**tuyo**	**tuya**	**tuyos**	**tuyas**
más de un poseedor	nosotros/-as	**nuestro**	**nuestra**	**nuestros**	**nuestras**
	vosotros/-as	**vuestro**	**vuestra**	**vuestros**	**vuestras**
un solo poseedor o varios	él / ella / usted / ellos / ellas / ustedes	**suyo**	**suya**	**suyos**	**suyas**

Nunca anteceden el objeto poseído. Pueden aparecer pospuestos:	Ejemplos
a un sustantivo	*Un **amigo mío** está en el paro.*
a un verbo / a una conjunción	*El turno no **es mío**, **sino tuyo**.*
a los artículos y otros determinantes	*¿Ese autobús es **el nuestro**?* *Esa propuesta es **la suya**; preferimos crear **alguna nuestra**.*
a los adverbios **más**, **menos**, **muy**	*Esa victoria es **más tuya** que **mía**.*
al artículo **lo** (la expresión **lo** + posesivo pronominal tiene valor enfático o particularizante)	*Esa gente trabaja **lo suyo**.* (mucho) ***Lo mío** es la informática.* (mi especialidad)

Importante

Los posesivos pronominales también pueden aparecer solos, formando una frase:
*¿De quién es el dinero? **Mío**.* *¿De quiénes son las victorias? **Nuestras**.*

I Completa cada frase con el posesivo pronominal correspondiente, conforme el modelo.

Modelo: Esta es mi forma de trabajo. **Esta forma de trabajo es** *mía*.

a Estas son mis explicaciones. Estas explicaciones son ....

b Esta es tu bufanda. Esta bufanda es ....

c Esta es su mesa. Esta mesa es ....

d Estos son mis campos. Estos campos son ....

e Esta es nuestra idea. Esta idea es ....

II **Completa la tabla teniendo en cuenta esta unidad y la anterior, y señala, en las frases que están a continuación, si las informaciones dadas son verdaderas (V) o falsas (F).**

		Un objeto poseído		Varios objetos poseídos	
	Poseedores	**Determ.**	**Pronom.**	**Determ.**	**Pronom.**
un solo poseedor	yo	mi			
	tú				tuyos/-as
más de un poseedor	nosotros/-as			nuestros/-as	
	vosotros/-as		vuestro/-a		
un solo poseedor o varios	él / ella / usted / ellos / ellas / ustedes	su		sus	

a [ ] **Mi**, **tu** y **su** no varían en género.

b [ ] Los posesivos pronominales no pueden anteceder el objeto poseído.

c [ ] Los posesivos determinativos pueden ir antecedidos por artículo.

III **Estás en un albergue de vacaciones con cuatro amigos. Mira la tabla de poseedores y objetos poseídos y completa el diálogo que está a continuación con los posesivos (determinativos o pronominales) que corresponden.**

	Tú	Héctor	Manuel	Rosa y Mario
camisa	roja	verde	azul	amarilla
chinelas	azules	blancas	verdes	blancas
teléfono móvil	ninguno	98814-2506	sin batería	99322-2511

Ver unidad 15, sobre posesivos determinativos

Tú: Manuel, ¿es .... esta camisa verde?

Manuel: No. La .... es azul...

Héctor: ¡Es ....!

Manuel: Verdes son .... chinelas. Y vosotros, Rosa y Mario, ¿cuáles son las ....?

Rosa y Mario: Las .... son blancas.

Héctor: ¡Las .... también! Me gusta el blanco.

Tú: Manuel ya ha salido, y .... móvil está sin batería... A propósito, por si nos desencontramos, dejadme vosotros todos los números de .... móviles.

Héctor: El .... es el 98814-2506.

Rosa y Mario: El .... es el 99322-2511.

17 Numerales I
Cardinales

cero, uno, dos... mil, un millón, mil millones, un billón

0 **cero**	10 **diez**	20 **veinte**	30 **treinta**	101 **ciento uno/-a**
1 **uno/-a**	11 **once**	21 **veintiuno/-a**	31 **treinta y uno/-a**	200 **doscientos/-as**
2 **dos**	12 **doce**	22 **veintidós**	32 **treinta y dos**	300 **trescientos/-as**
3 **tres**	13 **trece**	23 **veintitrés**	40 **cuarenta**	400 **cuatrocientos/-as**
4 **cuatro**	14 **catorce**	24 **veinticuatro**	50 **cincuenta**	500 **quinientos/-as**
5 **cinco**	15 **quince**	25 **veinticinco**	60 **sesenta**	600 **seiscientos/-as**
6 **seis**	16 **dieciséis**	26 **veintiséis**	70 **setenta**	700 **setecientos/-as**
7 **siete**	17 **diecisiete**	27 **veintisiete**	80 **ochenta**	800 **ochocientos/-as**
8 **ocho**	18 **dieciocho**	28 **veintiocho**	90 **noventa**	900 **novecientos/-as**
9 **nueve**	19 **diecinueve**	29 **veintinueve**	100 **cien**	1 000 **mil**

Importante

El 1 y otros terminados en 1 (excepto el 11)	a) Pierden la **-o** final si están delante de un sustantivo masculino: *Debo al banco $ 41021. (cuarenta y **un** mil veinti**ún** **pesos**). De todos mis amigos, solo 1 (**uno**) es mayor que yo.* b) Concuerdan solo en género con el sustantivo que cuantifican: *En la lista hay 21 (veinti**una**) mujeres y hombres, solo 1 (**uno**).*
El 2	No sufre variación de género: ***dos** amigos, **dos** amigas.*
Hasta el 30	Al escribirlos en letras, forman una única palabra.
Del 31 al 99	Si están compuestos por decena y unidad, se escriben separados por **y**: *47* (*cuarenta **y** siete*).
Cien / Ciento	**Cien** se emplea solo o delante de sustantivos: *Más de **cien** personas han sido invitadas, pero solo hay lugar para **cien**.* **Ciento** se combina con las decenas y unidades: ***ciento** veinte, **ciento** tres.*
A partir del 100	La **y** se coloca solamente entre las decenas y las unidades: *62187 (sesenta **y** dos mil ciento ochenta **y** siete), 2003 (dos mil tres).*
Formación de diptongo	70, 700, 90 y 900 no sufren diptongación como los guarismos 7 y 9: *S**ie**te* >> *s**e**tenta, s**e**tecientos; n**ue**ve* >> *n**o**venta, n**o**vecientos.* 100 = *c**ie**n*; 150 = *c**ie**nto cincuenta*
Centenas	200, 300, 400, 500, 600, 700, 800, 900: todos terminan en -**ientos**
Mayores que 999 000	1 000 000 = **un millón** / 1 000 000 000 = **mil millones** / 1 000 000 000 000 = **un billón**
Expresiones	**Cientos de**, **miles de** y **cientos de miles de** pueden expresar imprecisión o exageración: ***Cientos de miles de** personas protestan la decisión del tribunal.* *Ya te lo he dicho **miles de** veces.*

I Escribe los siguientes números en letras.

a 59: ....

b 112: ....

c 2022: ....

d 19 500: ....

e 6909: ....

II Escribe los números de la tabla en letras, siguiendo las columnas. En la columna "y", tienes que analizar si corresponde poner la conjunción o no.

		Millar	Centena	Decena	"y"	Unidad
a	2005					
b	15 561					
c	1999					
d	407					
e	20 085					

III Completa con "-o" los numerales que lo necesiten.

a Junio tiene treinta días y julio tiene treinta y un......... .

b Hace un......... mes hice un......... cheque por exactos doscientos un......... pesos.

c Según datos de la revista *Ciento un*........., en esa isla hay más de cuarenta y un......... mil habitantes.

d Voy a comprar más cuadros para casa, solo tengo un......... en mi salón. ¡Y me gustan tanto!

e En verdad, el siglo veintiun......... comenzó en el año dos mil un......... .

IV Completa cada frase con uno de estos números escrito en letras. En cada caso te indicamos entre paréntesis la cantidad de guarismos que tiene cada número.

1	2	11	91	206
400	1969	2004		

a El cuerpo humano tiene más músculos que huesos: .... contra .... (nnn / nnn)

b Los .... primeros hombres en alunizar lo hicieron en .... (n / nnnn)

c Fueron .... las víctimas del atentado terrorista a .... tren en España, el .... de marzo de .... (nn / n / nn / nnnn)

18 Numerales II
Ordinales y partitivos

primero, segundo, etc.; **medio, un tercio**, etc.

Ordinales

1.er/1.º	**primer(o)/-a/-os/-as**	21.er/o - 29.º	**vigésimo/-a primer(o)/-a/-os/-as**, **vigésimo/-a segundo/-a/-os/-as**, etc.
2.º	**segundo/-a/-os/-as**		
3.er/3.º	**tercer(o)/-a/-os/-as**	30.º	**trigésimo/-a/-os/-as**
4.º	**cuarto/-a/-os/-as**	40.º	**cuadragésimo/-a/-os/-as**
5.º	**quinto/-a/-os/-as**	50.º	**quincuagésimo/-a/-os/-as**
6.º	**sexto/-a/-os/-as**	60.º	**sexagésimo/-a/-os/-as**
7.º	**sé(p)timo/-a/-os/-as**	70.º	**septuagésimo/-a/-os/-as**
8.º	**octavo/-a/-os/-as**	80.º	**octogésimo/-a/-os/-as**
9.º	**noveno/-a/-os/-as**	90.º	**nonagésimo/-a/-os/-as**
10.º	**décimo/-a/-os/-as**	100.º	**centésimo/-a/-os/-as**
11.er/o	**décimo(a) primer(o)/-a/-os/-as** **undécimo/-a/-os/-as**	1000.º	**milésimo/-a/-os/-as**
		2000.º	**dos milésimos/-as**
12.º	**décimo(a) segundo/-a/-os/-as** **duodécimo/-a/-os/-as**	1000000.º	**millonésimo/-a/-os/-as**
13.er/o	**décimo(a) tercer(o)/-a/-os/-as**		
14.º - 19.º	**décimo(a) cuarto/-a/-os/-as**, **décimo(a) quinto/-a/-os/-as**, etc.		
20.º	**vigésimo/-a/-os/-as**		

Cada uno va a comer un sexto de la pizza.

Partitivos

/2	**medio**	/4	**cuarto/-os**	/6	**sexto/-os**	/8	**octavo/-os**	/10	**décimo/-os**	/100	**centésimo/-os**
/3	**tercio/-os**	/5	**quinto/-os**	/7	**sé(p)timo/-os**	/9	**noveno/-os**	/11	**onceavo/-os**	/1000	**milésimo/-os**

Importante

1. Los ordinales **primero** y **tercero** (y todos los ordinales terminados en 1 y 3) se transforman en **primer** y **tercer** delante de un sustantivo masculino singular.

Ver unidad 47, sobre formas apocopadas

2. A partir del 11, los partitivos llevan la terminación -**avo**/-**os**. Por ejemplo: (1/20) un veinte**avo**, (5/15) cinco quince**avos**, (19/20) diecinueve veinte**avos**, etc.

3. Otra forma de expresar los partitivos es usando -**a**/-**as parte**/-**es**. Por ejemplo: (2/5) dos quint**as partes**, (4/13) cuatro treceav**as partes**, etc.

I **Rellena cada hueco con una de las expresiones de la caja. Escribe el numeral en letras.**

~~el 5.º día hábil~~	la 8.ª	12.º
juntas en 9.º lugar	los 29.os	la 3.ª vez

Modelo: **Generalmente los sueldos se cobran** *el quinto día hábil* **de cada mes.**

a Las dos atletas terminaron la competencia con el mismo tiempo y llegaron ....

b El refrán dice que .... es la vencida.

c Los .... Juegos Olímpicos se disputaron en Pekín.

d Todos los años voy a Río para el Carnaval. Esta será .... vez.

e Mi equipo se clasificó .... en el campeonato.

II **Elige la opción correcta entre las que se te dan entre paréntesis al final de cada frase, y después transcríbela en el hueco.**

Modelo: **Estoy ansioso por hacer mi** *primer* **viaje en avión. (primera / primero / primer)**

a Enero es el .... mes del año y marzo es el .... (primero – tercer / primer – tercero / primero – tercero)

b Del libro que te presté, tienes que leer dos capítulos con atención: el .... y el .... (tercero – décimo primero / tercer – décimo primer / tercero – décimo primer)

c En esa escuela se hace un trabajo interesante con los alumnos de .... a .... grado. (primer – tercero / primero – tercer / primero – tercero)

d El equipo ganó el partido con un gol hecho en el .... minuto del .... tiempo. (vigésimo primer – primer / vigésimo primero – primero / vigésimo primero – primer)

e Karina y yo vivimos en el mismo edificio. Ella vive en el .... piso y yo en el .... (tercero – décimo tercer / tercer – décimo tercer / tercer – décimo tercero)

III **Completa las siguientes afirmaciones con partitivos escritos en letras.**

Modelo: **15 minutos es lo mismo que** *un cuarto* **de hora.**

a 750 gramos es lo mismo que .... de kilo.

b Cada mes representa la .... parte de un año.

c Dos metros son las .... partes de un kilómetro.

d Las medias femeninas que alcanzan el muslo, pero no lo cubren todo, se llaman ....

e Un centavo es la .... parte de un peso.

19 “Muy” versus “mucho/-a/-os/-as”

muy inteligente, trabajo **mucho**,
mucho tiempo, **muchos** amigos, etc.

	Se usa(n) con	Ejemplos
muy	adjetivos	*Andrés es **muy** **fuerte**.*
	adverbios	*El café le hace **muy** **mal**.* *Escribe **muy** **bien**.* *Anoche llegaron **muy** **tarde**.*
mucho	verbos	*Papá **trabaja** **mucho**.* *No **pienses** **mucho**, cómpratelo.*
	adjetivos **mayor**, **menor**, **mejor** y **peor** adverbios **antes** y **después**	*Venía a una velocidad **mucho** **mayor** que la autorizada.* ***Mucho** **después** de tomadas las medidas, la economía muestra un crecimiento **mucho** **menor** que el esperado.* *Este valor es **mucho** **mejor** que el de la competencia.* *Ese fue un escándalo **mucho** **peor** que el de la practicante.*
	más / **menos** + adjetivos o adverbios	*Luisa es **mucho** **más** alta que Josefina.* *Hoy hemos llegado **mucho** **más** tarde.* *Mi comida está **mucho** **menos** salada que la tuya.*
mucho **muchos** **mucha** **muchas**	sustantivos, concordando con estos en género y número	*Tengo **mucho** **sueño**.* *Hay **muchos** **invitados** para esa fiesta.* *No tomes **mucha** **cerveza**.* *Tráiganos **muchas** **toallas**.*
	más / **menos** + sustantivos, concordando con estos en género y número	*Este diario tiene **mucha** **más** información que el otro.* *Con la crisis ahora hay **muchos** **menos** puestos de trabajo.*

I Coloca cada palabra de la caja en la columna correspondiente, según la forma que las precede.

inmuebles calor lluvia blusas cuidado
mensajes buena chicas amor importante
depósitos distancia pintura salidas segura

Escanea el código QR para ver la videoclase sobre este contenido.

http://mod.lk/gr_es50

Muy	Mucho	Muchos	Mucha	Muchas

II Relaciona las columnas, según corresponda.

a	Mi hijo lee muy	[ ]	chocolate. Es inevitable que engordes.
b	Comes mucho	[ ]	mucho.
c	Ir a un hotel es mucho	[ ]	mejor que ir a la casa de parientes.
d	Es tu falta de atención que ocasiona muchos	[ ]	bien en francés.
e	El perfume importado aumentó	[ ]	de los problemas que tienes.

III Introduce en las frases "muy", "mucho", "muchos", "mucha" y "muchas" en relación con las palabras señaladas.

a Dejé la conexión telefónica porque perdía **tiempo**. La banda ancha es **más rápida**.

b **Antes** que tú, Lucía supo cosas **peores** sobre esas personas.

c Estamos **acostumbrados** a recibir **material** en español.

d Hay que hablarle **suavemente** o **se irrita**.

e ¿Te faltan **páginas** para terminar el libro?

f Quiero quedarme **más días** en esa ciudad. ¡Es **grande** como para conocerla en dos días!

IV Sandra apenas ha visto el proyecto de reforma de la casa que su marido hizo con un arquitecto, y tiene algunas diferencias de opinión. Completa sus observaciones usando los fragmentos de la caja.

mucha más	muchas más
mucho	mucho
mucho más	muchos más
muchos menos	muy

Así, la sala quedó .... reducida; estaba .... mejor antes. La cocina necesita .... ventilación y .... armarios: aquí veo uno solo.
Es .... práctico tener un baño para visitas que uno en cada cuarto.
Si cubrimos las paredes del baño solo hasta un punto, necesitaremos .... azulejos.
Quiero colocar .... lámparas que las que había antes. Me gusta iluminar .... los ambientes.

20 Indefinidos
Uno, alguno, ninguno y sus apócopes

un día, **alguno** vendrá, **ningún** amigo vendrá, etc.

	Masculino	Femenino	Masculino	Femenino	Masculino	Femenino
singular	**uno** / **un**	**una**	**alguno** / **algún**	**alguna**	**ninguno** / **ningún**	**ninguna**
plural	**unos**	**unas**	**algunos**	**algunas**	**ningunos**	**ningunas**

Apócope

Las formas de masculino singular de estos indefinidos pierden la "o" final antes de un sustantivo, precedido o no por un adjetivo. Eso recibe el nombre de "apócope".

Hay apócope		
	uno / **alguno** / **ninguno** + **sustantivo** masculino singular precedido o no por un adjetivo	***Un día*** *de estos te llamo.* *Tengo* ***un serio*** *problema.* *¿Tienes* ***algún libro*** *de Borges?* *¿Me recomiendas* ***algún buen*** *hostal? No conozco ninguno bueno.* *No tengo* ***ningún día*** *libre este mes.* *No encontré* ***ningún viejo*** *amigo en el barrio.*

No sufren apócope cuando están al final de una frase o antes de la preposición "de".

No hay apócope		
	uno / **alguno** / **ninguno** al final de una frase o antes de la preposición **de**	*No, no necesito varios lugares... Quiero solo* ***uno****.* *No hay problema* ***alguno****.* *No, no he cobrado* ***ninguno de*** *los cheques.*

Las formas femeninas y los plurales nunca sufren apócope.

No hay apócope		
	una / **alguna** / **ninguna**	*¿Vamos a* ***una*** *disco?* *Debe haber* ***alguna*** *forma más fácil de llegar.* *No ha llegado* ***ninguna*** *de las chicas.*
	unos/**unas** / **algunos**/**algunas**	*Quiero* ***unos*** *pantalones blancos.* *Tienes* ***unas*** *marcas en la cara.* *Miguel tiene* ***algunos*** *problemas de salud.* *Voy al dentista* ***algunas*** *veces por año.*

Importante

Ningunos y **ningunas** solo se usan con adjetivos para negar la cualidad correspondiente.
Mis compañeras ***no*** *son* ***ningunas*** *bobas.*

I Completa los diálogos usando una sola vez cada palabra de la caja.

algún	alguno	un	uno
una	ningún	ninguno	

a —¿Tomamos .... té? —Yo prefiero .... gaseosa.

b —¿Cuántos panes le pongo, señora? —Quiero solo ....

c —¿Qué te pasa? ¿Tienes .... problema? —No, ... Es que estoy cansado.

d —¿No hay .... médico aún? —Veré si ya ha llegado ....

II Completa cada hueco con una palabra de la caja. En algunos casos caben dos posibilidades.

algunos	algunas	ningún	ninguna	
ninguno	un	una	unas	unos

______ consejos para tu blog

En el último año le he dedicado bastante tiempo al seguimiento de ______ blogs. Y mi blog es, para mí, ______ interesante ejercicio de escritura, que disfruto muchísimo.

Quiero compartir ______ consejos que pueden ser útiles para personas que manejan ______ blog. Los consejos no siguen ______ orden específico:

- Es interesante poner ______ enlaces a blogs relacionados con temas que te interesan.
- Coloca ______ imágenes, pero no pongas ______ que pueda ser ofensiva.
- Lee los comentarios que te mandan y no dejes de responder ______. ______ sola línea es suficiente.

III Ordena las palabras para formar frases. En las palabras que aparecen con un hueco al final, agrega, cuando sea necesario, "-o", "-a", "-os", "-as".

a bar / Ese / tiene / no / baño / ningún_ / . ...

b es / Claudio / un_ / el / clase / la / número / de / . ...

c un_ / secretaria / un_ / y / cadete / Necesito / . ...

d ¿ / un_ / Tienes / para / el / autobús / monedas / ? ....

e no / amigos / ningún_ / son / Tus / ingenuos / . ...

21 Identificadores

Todo, algo, nada, alguien, nadie, mismo

todo está listo; me falta **algo**; no veo **nada**; etc.

	Totalidad	Particularidad	Ausencia
cosas inespecíficas	**Todo (invariable)**	**Algo**	**Nada**
	Todo *está arreglado para la venta.*	***Algo*** *en el cuadro produce angustia.*	*No puedo ver* ***nada*** *desde aquí.*
personas inespecíficas	**Todos/-as**	**Alguien**	**Nadie**
	Todos *le advirtieron de los riesgos.*	***Alguien*** *se destaca en el grupo.*	***Nadie*** *habla sobre el asunto.*
cosas o personas específicas	**Todo/-a/-os/-as + (artículos definidos / demostrativos)**	**Alguno/-a/-os/-as**	**Ninguno/-a/-os/-as**
	Toda aquella *gente esperaba que* ***todos los*** *problemas acabaran de una vez.*	***Algunas*** *de las medidas tomadas eran inadecuadas.* Ver unidad 20, sobre indefinidos	***Ninguno*** *de los presentes aprobó la decisión.* Ver unidad 20, sobre indefinidos
cualidades, características, modos	**Totalmente**	**Algo**	**Nada**
	Esta conclusión está ***totalmente*** *equivocada.*	en este caso, significa 'un poco' *Llegaron* ***algo*** *tarde.*	*Este tema no es* ***nada*** *simple.*

Importante

Todo/-a + sustantivo singular sin determinante equivale a **todos/-as los/-as** + sustantivo plural:
Todo *conflicto genera cambio de actitudes.* ***Toda*** *ciencia exige estudio y dedicación.*

Mismo/-a/-os/-as	Formas	Significados	Ejemplos
con artículos y demostrativos	el / un / este / ese / aquel **mismo** la / una / esta / esa / aquella **misma** los / estos / esos / aquellos **mismos** las / estas / esas / aquellas **mismas**	identidad entre personas o cosas	*Las dos películas tienen* ***el mismo*** *actor como protagonista.*
	lo / esto / eso / aquello **mismo** (no antecede un sustantivo)	'la misma cosa'	***Lo mismo*** *me pasó ayer.*
con pronombres personales	yo / tú / él / ella / usted **mismo/-a** nosotros/-as / vosotros/-as / ellos / ellas / ustedes **mismos/-as**	'yo / tú / nosotros, etc. personalmente'	***Ella misma*** *se ocupó de los detalles.*
con adverbios de tiempo y lugar	adverbio + **mismo** (invariable)	'exactamente'	*Me despido aquí* ***mismo****.* *Hoy* ***mismo*** *te llamo.*

I **Elige entre las formas subrayadas la más adecuada y tacha la otra.**

a Intenté explicarlo, pero nada / nadie me dio oídos.
b Algo / alguien no funciona bien en la lavadora.
c Nada / Nadie me oye.
d Hoy no hay nada / nadie para hacer en la ciudad.
e Tu promesa no significa nada / nadie para mí.
f Nada / Nadie tengo para opinar sobre su conducta.
g Nada / Nadie puede aspirar a su puesto.
h ¿Le interesa a algo / alguien visitar el museo?
i La próxima clase traigan algo / alguien escrito.
j ¿Algo / Alguien se inscribió para el curso?
k No hay nada / nadie de nuevo sobre la guerra.
l Hay algo / alguien raro en tu pelo.

II **Completa cada frase con uno de los elementos de la caja.**

el mismo	esta misma	las mismas	lo mismo	mismo	yo misma

a Voy a beber .... de siempre.
b Hay un supermercado a tres cuadras, en .... calle.
c Te envío los contratos para análisis hoy .... por correo electrónico.
d ¡Qué bien que te gustó la comida! .... la preparé.
e Sí que has cambiado... Ya no eres .... tipo malhumorado de antes.
f .... personas de siempre vinieron a la fiesta.

III **Completa con los elementos del cuadro a continuación el correo electrónico que Eduardo le envía a Alejandro, contándole detalles de un altercado que tuvo con un compañero de trabajo.**

todo	algo	nada
todos/-as	alguien	nadie
todo/-a/-os/-as + determinante	alguno/-a/-os/-as	ninguno/-a/-os/-as
totalmente	algo	nada

Para: alejandro.garcia@trabajo.com
Asunto: El problema con Felipe

¡Hola, Alejandro! Se está hablando mucho en la oficina hoy, y debes haber escuchado ...., pero no .... es como se dice. Lo único verdadero en .... historia es lo que .... departamento ya sabe: Felipe es muy inestable, y no me llevo bien con él. No se da cuenta de que molesta a .... con su comportamiento inmaduro. Ayer pasé .... tarde intentando mantenerme equilibrado, pero .... paciencia tiene un límite, así que le dije .... cosas que jamás me había animado a decirle. Se puso .... alterado y casi nos peleamos. No me gusta .... tener que soportar esta situación en mi ambiente de trabajo, así que voy a proponer una charla definitiva.
Un abrazo,
Eduardo

22 Acentuación I

Agudas, graves, esdrújulas y sobresdrújulas

sofá, árbol, **ré**gimen, **mán**danoslo, etc.

En todas las palabras formadas por dos o más sílabas, hay una que presenta mayor intensidad: la **sílaba fuerte** o **sílaba tónica** (**cas**co – estu**diar** – **u**no – us**ted**).

Clases	Sílaba tónica	Ejemplos
agudas	última	*can**dor**, pas**tel**, per**diz**, ciu**dad**, insis**tir***
graves o llanas	penúltima	*es**tu**che, foto**co**pia, **can**san, me**lli**zos, a**dor**no*
esdrújulas	antepenúltima	*pi**rá**mide, **cás**cara, **sá**quenlos, **á**tomo, **pér**dida*
sobresdrújulas	anterior a la antepenúltima	***dí**ganselo, com**prán**domelas*

En español solo existe un tipo de acento gráfico: el **acento agudo** o **tilde** (´). La tilde no indica que la pronunciación de la vocal es abierta como en portugués (la **e** en caf**é** tiene el mismo sonido que en ust**e**d), sino que simplemente señala la sílaba tónica.

Palabras	Llevan acento	Ejemplos
agudas	cuando terminan en **n**, **s** o **vocal**	*predic**ción**, vi**vís**, so**fá**, ca**fé**, a**sí**, conquis**tó**, i**glú***
graves o llanas	cuando terminan en letra diferente de **n**, **s** o **vocal**	***cés**ped, **fá**cil, **ál**bum, **crá**ter, **tó**rax, **cá**liz*
esdrújulas	siempre	*eco**nó**mica, levan**tán**dose, me**tró**poli, es**cán**dalo, es**pí**ritu, **mié**rcoles*
sobresdrújulas	siempre	***cóm**pratelo*
monosilábicas	en general no llevan acento gráfico	*paz, fe, sol, gas, tras*

Ver unidad 23, sobre las excepciones a las reglas de los monosílabos y de las graves

Importante

Los adverbios terminados en "-mente" llevan acento siempre que los adjetivos que los forman ya lo lleven.
Ejemplos: **fácil**mente, **económica**mente.

1 Acentúa (o no) estas palabras según las reglas anteriores.

	Agudas	Graves	Esdrújulas
a	termino	termino	termino
b	limite	limite	limite
c	practico	practico	practico

Escanea el código QR para ver la videoclase sobre este contenido.

http://mod.lk/gr_es57

II Escribe al lado de cada palabra si es aguda, grave, esdrújula o sobresdrújula. En negrita te damos la sílaba tónica.

a es**tan**te ....

b televi**sión** ....

c epi**de**mia ....

d **úl**timo ....

e telgo**por** ....

f **pí**deselo ....

g **ár**bol ....

h pa**red** ....

i re**loj** ....

j **mé**dula ....

k per**dí** ....

l ana**ná** ....

m **cóm**pramelas ....

n **a**gua ....

III Pon el acento a algunas de las palabras de las siguientes frases. Te indicamos entre paréntesis cuántas palabras debes acentuar en cada una de ellas.

a El presidente de la Nacion salio a desmentir la informacion sobre el aumento del combustible. (3)

b Cayeron varios arboles en la region central y, por eso, la situacion del transito es caotica. (5)

c Ya han inaugurado la nueva temporada de opera. Habra presentaciones fantasticas e imperdibles. (3)

d En America del Sur, las aguas del Pacifico bañan las costas de Chile, Peru, Ecuador y Colombia. (3)

IV Coloca los acentos que están faltando en el siguiente texto (12 en total) y luego escribe, en el cuadro lateral, las palabras que acentuaste en la clasificación que les corresponde según su sílaba tónica.

¿De dónde sale el látex?

El latex se obtiene a partir de la savia lechosa del arbol del caucho, originario de los bosques tropicales de Centroamerica y America del Sur. Tambien se extrae de otras especies arbóreas de Asia y Africa, pero la mayoría de la produccion se lleva a cabo en el Nuevo Continente.

Aunque por su aspecto y textura podría confundirse con un derivado del plastico, se trata en origen de un polímero natural empleado por los pueblos mesoamericanos desde hace más de 3000 años.

Durante la I Guerra Mundial, químicos alemanes comenzaron a fabricarlo de forma sintetica a partir de productos derivados del petróleo, que desde entonces se convirtio en la principal materia prima para la obtencion del caucho.

Disponible en <www.muyinteresante.es/ciencia/preguntas-respuestas/ide-donde-sale-el-latex>. Acceso el 9 mar. 2014. (Adaptado).

Agudas

....

Graves

....

Esdrújulas

....

23 Acentuación II
Acento diacrítico

de / dé, el / él, mas / más, etc.

Algunos monosílabos se escriben igual, pero tienen significados diferentes; para diferenciarlos, uno de ellos lleva tilde. Este fenómeno recibe el nombre de **acento diacrítico.**

	Sin acento	Con acento
de / dé	preposición *Me encanta la ropa **de** seda.*	forma del presente de subjuntivo e imperativo del verbo **dar** *Espero que esta solución **dé** resultado.*
el / él	artículo *Necesito **el** auto para ir al mercado.*	pronombre personal sujeto *Yo me llamo Luis y **él**, Carlos.*
mas / más	conjunción (equivale a 'pero'; tiene uso literario) *Se fue, **mas** antes se despidió de todos.*	adverbio comparativo *Hay que tener **más** sensibilidad social.*
mi / mí	nota musical / posesivo *En **mi** ciudad hay pocos cines.*	pronombre complemento *A **mí** me gustan las verduras.*
se / sé	pronombre personal reflexivo *Ana **se** baña dos veces por día.*	formas del presente de indicativo del verbo **saber** y del imperativo del verbo **ser** *Ya **sé** lo que quiero para mi cumpleaños.* *Vayas donde vayas, **sé** espontáneo.*
si / sí	nota musical / conjunción condicional ***Si** tienes tiempo, llama a tus padres.*	pronombre complemento *Alberto solo piensa en **sí** mismo.* adverbio de afirmación *Pedí aumento y me dijeron que **sí**.*
te / té	nombre de la letra **t** / pronombre personal reflexivo *¿**Te** vas a perfumar de nuevo?*	sustantivo (equivale a 'infusión') *Siempre tomo un **té** con limón antes de acostarme.*
tu / tú	posesivo ***Tu** opinión es bastante interesante.*	pronombre personal sujeto *¡**Tú** siempre quieres ir al ballet!*

Ese fenómeno también ocurre con algunas palabras que no son monosílabas.

aun / aún	conjunción (equivale a 'incluso, inclusive') *Esa tienda abre siempre, **aun** los domingos.*	adverbio de tiempo (equivale a 'todavía') ***Aún** no han instalado el nuevo programa.*

Importante

A partir de la *Ortografía de la lengua española* publicada en el 2010, dejaron de llevar acento varias palabras porque se las consideró monosílabos. Fueron los sustantivos comunes **guion**, **ion** y **truhan**; las formas verbales **crie**, **crio**, **criais**, **crieis**, **crias**, **cria** (de **criar**); **fie**, **fio**, **fiais**, **fieis**, **fias**, **fia** (de **fiar**); **flui**, **fluis** (de **fluir**), **frio**, **friais** (de **freír**); **frui**, **fruis** (de **fruir**); **guie**, **guio**, **guiais**, **guieis**, **guias**, **guia** (de **guiar**); **hui**, **huis** (de **huir**); **lie**, **lio**, **liais**, **lieis**, **lias**, **lia** (de **liar**); **pie**, **pio**, **piais**, **pieis**, **pias**, **pia** (de **piar**); **rio**, **riais** (de **reír**).

I **Relaciona las frases de la primera columna con las explicaciones de la segunda sobre por qué lleva o no acento el monosílabo destacado en cada una.**

a **Él** llega hoy.
b ¿Es **tu** hermano?
c **Sé** que vienes mañana.
d La carta es para **mí**.
e **Sí**, es verdad.
f Nuestro preferido eres **tú**.
g **Si** te queda largo, acórtalo.
h Traje cuatro vinos **de** España.

[ ] Porque es una forma del verbo **saber**.
[ ] Porque es pronombre personal sujeto.
[ ] Porque es pronombre personal sujeto.
[ ] Porque es preposición.
[ ] Porque es posesivo.
[ ] Porque es adverbio de afirmación.
[ ] Porque es conjunción condicional.
[ ] Porque es pronombre complemento.

II **Identifica a cuál de los dos monosílabos señalados le falta acento escrito y colócaselo.**

a Espero que Cecilia me **de** el libro **de** Borges.
b ¿Qué **te** parece si tomamos un **te**?
c Sinceramente, no **se** cómo **se** usa ese programa.
d **Si** mi jefe me dice que **si**, podremos viajar el viernes.
e **Tu** te olvidaste **tu** llave y yo, la mía. ¿Cómo entramos ahora?
f **Mi** marido hace cualquier cosa por **mi**.

III **A diez palabras del siguiente correo electrónico les falta el acento. Encuéntralas y acentúalas.**

Para: silviofernandez@correo.com
Asunto: Noticias

Silvio:

No tengo noticias de ti y, aun mandándote muchos mensajes electrónicos, nunca me respondes. Me dirás que estás ocupado, ¡ya lo se! Pero lo mas probable es que hayas salido de vacaciones.

Te llamé ayer, pero solo escuché tu voz en el contestador. Dejé un pequeño mensaje y espero que no se borre. Me gustaría mucho poder contarte un problema que tengo, aunque, como tu dices, yo siempre hago una tormenta en un vaso de agua, pero esta vez la tormenta se creó sola. No se si te has enterado, pero estuve unos días en el hospital. Nada grave, un problema en la vesícula, pero aun estoy bajo tratamiento. Para mi, se debe al estrés. También le escribí a Diego, para que me de su opinión y aun estoy esperando su respuesta. ¿Qué te parece si nos juntamos los tres, el, tu y yo? Me encantaría reverlos.

Bueno, respóndeme rápido.

Un beso de tu amiga María

24 Acentuación III

Pronombres interrogativos y exclamativos; hiato

¿qué...? / ¡qué...!, ¿quién...? / ¡quién...!, frío, confitería

Los **pronombres interrogativos y exclamativos** siempre llevan acento. Son estos: **qué**, **quién(es)**, **cómo**, **cuánto/-a/-os/-as**, **cuál(es)**, **dónde**, **cuándo**, **por qué**.

Interrogativas y exclamativas directas	Interrogativas y exclamativas indirectas
frases que contienen pronombres y llevan los signos de interrogación y exclamación *¿A* ***qué*** *hora quedamos?* *¿****Cuándo*** *vas a entregar los informes?* *¡****Qué*** *lindo día!* *¿****Cómo*** *te va?* *¡****Cuánto*** *trabajo debéis haber tenido!* *¡****Quién*** *lo hubiera dicho!* *¿****Quiénes*** *vinieron?*	frases que contienen pronombres con tono interrogativo o exclamativo, pero no traen los signos correspondientes; aisladas, pueden funcionar como pregunta o exclamación *No sabemos* ***dónde*** *queda esa plaza. >>* *¿****Dónde*** *queda esa plaza?* *No te imaginas* ***qué*** *linda es. >> ¡****Qué*** *linda es!* *Déjame contarte* ***cómo*** *creció la ciudad. >>* *¡****Cómo*** *creció la ciudad!*
nota que, aunque las frases de abajo lleven los signos de exclamación / interrogación, las palabras señaladas no son pronombres, por lo que no llevan acento *¿Te dijo* ***que*** *venía?* *¡No voy* ***porque*** *no quiero!* *¡Ríe* ***como*** *su padre!* *¿No lo has visto* ***cuando*** *pasó por aquí?* *¡La persona con* ***quien*** *hablé no era el responsable!*	el pronombre suele estar precedido por verbos de conocimiento (acordarse, comprender, conocer, creer, entender, opinar, pensar, plantearse, recordar, saber, etc.), de percepción (darse cuenta, distinguir, escuchar, fijarse, notar, ver, mirar, etc.), de dicción (comentar, contar, decir, explicar, preguntar, etc.) ***Explícame*** ***por qué*** *no vas. >> ¿****Por qué*** *no vas?* *No* ***recuerdo*** ***quién*** *vino. >> ¿****Quién*** *vino?*

El **hiato** es la separación de sílabas resultante del encuentro de una vocal cerrada (**i** / **u**) tónica con una vocal abierta átona (**a** / **e** / **o**): *le-í-do, flo-re-rí-a, re-ú-nan, o-í-as, im-pí-o, dú-o.*

Importante

1. Algunas palabras parecen idénticas, pero presentan sílabas tónicas distintas: con**ti**nua / conti**nú**a, **ha**cia / ha**cí**a, va**ció** / va**cí**o, **sa**bia / sa**bí**a, secre**ta**ria / secreta**rí**a.
2. Los verbos terminados en **-er** y en **-ir** (excepto "ser" e "ir") tienen hiato en **-ía** cuando se los conjuga en pretérito imperfecto de indicativo: beb**ía**, ment**ía**s, etc. Ver unidad 28, sobre pretérito imperfecto
3. Conjugados en condicional de indicativo, todos los verbos en todas las personas presentan hiato en **-ía**: empezar**ía**, perder**ía**s, reir**ía**n, etc. Ver unidades 78 y 79, sobre condicional
4. Conservan el acento las palabras que llevan **-h-** entre una vocal cerrada tónica y una abierta: b**úho**, pr**ohí**bo, ve**hí**culo, etc.
5. Dos vocales cerradas juntas no producen hiato y, por lo tanto, **no** llevan acento: c**ui**da, f**ui**, d**iu**rno.

I **En cada grupo de palabras, solo una lleva acento gráfico. Encuéntrala y ponle la tilde.**

a caigan – leo – salias – vuela – siempre

b cofia – aire – desvio – ¿puedes? – crean

c colegio – cuello – estancia – farmacia – merecia

d pierde – cohibes – cohete – alcohol – fuimos

e estudiaria – paritaria – sexagenaria – millonario – malaria

f ¿Vienes? – ¿Tienes? – ¿Sientes? – ¿Fuiste? – ¿Quienes?

II **Completa cada palabra con la cantidad de letras faltante, colocando acento cuando sea necesario.**

a Hace unos d........ ....s me dijiste que te comprar........ ....s un ....t o, pero no c........ ....ndo te lo entregaban.

b ¿D........ nde se r........ .... ne tu familia para las fiestas? La m........ .... se junta en la casa de mi t........ .... Mar........ ....

c ¿Qu........ .... n dejó este informe aquí? Entiendan c........ mo puede perjudicarlos un desc........ ....do así.

d Ah........ en la esquina hay una panader........ .... que vende cosas riquísimas. ¿Qu........ .... ren qu........ compremos algo? Después me cuentan qu........ les pareció.

e No sé a d........nde vas, pero ¡qu........ la pases bien!

III **A diez palabras del siguiente texto les falta el acento. Aplica también las reglas vistas en unidades anteriores. Encuéntralas y ponles la tilde.**

DIEZ PASTELERIAS:
de la tradicion a la modernidad

[...]

Mam Framboise. Abrio a mediados del pasado julio en Madrid de la mano de Alejandro Montes y Angel Sanchez-Infantes. Este negocio mezcla el estilo de una pasteleria francesa con dulces expuestos en vitrinas con un interiorismo que, por que no, podria encuadrarse como un coqueto local muy *british*. Situado en el madrileño barrio de Las Salesas, Mam Framboise opta por un formato de alta pasteleria mas o menos asequible. [...] Tambien dispone de cierta oferta salada [...]

Disponible en <www.gastroeconomy.com/2011/10/diez-pastelerias-de-la-tradicion-a-la-modernidad>. Acceso el 26 en. 2014. (Adaptado).

25

Pronombres complemento I
Objeto directo (OD)

lo compré ayer; no **la** detengan; síguan**me**

Pronombres sujeto	Pronombres OD
(yo)	**me**
(tú / vos)	**te**
(él / ella / usted)	**lo** / **la**
(nosotros/-as)	**nos**
(vosotros/-as)	**os**
(ellos / ellas / ustedes)	**los** / **las**

	Sirven para hacer referencia a alguien / algo ya mencionado	Ejemplos	¡Ojo!
lo **la** **los** **las**	seres vivos (humanos o no) o cosas	*Tenemos* ***tres técnicos*** *para la nueva planta.* ***Los*** *conoceremos pasado mañana.*	**tres técnicos** >> **los**
		Como ***estas plantas*** *necesitan mucha agua,* ***las*** *riego todos los días.*	**estas plantas** >> **las**
		Antonio cuida mucho ***su coche****.* ***Lo*** *lava todos los días,* ***lo*** *revisa con frecuencia y nunca* ***lo*** *aparca en la calle.*	**su coche** >> **lo**

Importante

Lo, **la**, **los**, **las** no pueden omitirse cuando hay que retomar, como objeto del verbo, algo específico ya mencionado. En ninguno de los ejemplos mostrados antes podrían faltar.
Se omiten solo cuando lo que retoman es genérico: *Me gustan los dulces, pero no como para no engordar.* No se retoma "los como" porque la referencia es a "dulces" en general.

Colocación de los pronombres complemento			
regla general	van **antes** del verbo, incluso al comienzo de la oración *El director* ***nos*** *felicitó por el nuevo proyecto.* ***La*** *encuentro muy simpática.*		
excepciones	**imperativo afirmativo** *Síguan****me****, por favor.* *Deténga****lo****.*	**gerundio** *Leyéndo****lo*** *me aburrí.*	**infinitivo** *Recordar****te*** *es una alegría.* *Aceptar****lo*** *es la mejor solución.*
varios verbos juntos	cuando hay varios verbos seguidos, los pronombres complemento pueden juntarse con cualquiera de ellos, en la posición que corresponda a la **regla general** y a las **excepciones** presentadas *Tengo que encontrar****lo****.* >> ***Lo*** *tengo que encontrar.* *Vengo a saludar****te****.* >> ***Te*** *vengo a saludar.* *Deja de hacer****lo****.* >> *Déja****lo*** *de hacer.* *Están tratándo****te*** *muy bien.* >> ***Te*** *están tratando muy bien.*		

I Relaciona cada frase con uno de los elementos de la caja, según corresponda.

(1) los niños	(2) el suelo	(3) el regalo	(4) las llaves	(5) los remedios	(6) la oportunidad

[ ] **a** Lo barro y lo friego con agua.
[ ] **b** Mejor que los tome a diario.
[ ] **c** No la desperdicies.
[ ] **d** ¿Con qué papel lo puedo envolver?
[ ] **e** ¿Las llevas contigo?
[ ] **f** Los llevo todos los días al parque.

II Ordena los segmentos entre paréntesis y agrega el pronombre complemento que corresponde para retomar algo ya mencionado.

Modelo: Jorge fue mi primer novio. (ocho años / no / veo / hace) *No lo veo hace ocho años.*

a Los ladrones robaron y fueron descubiertos. (a la cárcel / llevaron) ....
b Tardará un poco la comida. (estoy / todavía / preparando) ....
c Niños, las plantas están secas. (con más frecuencia / rieguen) ....
d Ese perro quiere estar suelto. (sus / siempre / dueños / atan) ....

III Al texto que sigue le faltan partes que están identificadas con letras en la caja. Teniendo en cuenta los pronombres complemento y a qué se refieren en cada caso, llena cada hueco con la letra que corresponda.

a las encuentra, averigüe su origen
b si usted los tiene, ese permiso podrá ser un factor decisivo
c pruébelos enchufando algún aparato eléctrico
d ¿Dónde consultarlo? Los periódicos lo informan en los clasificados
e lo dejarán o si usted debe traer otro
f hágalas funcionar al visitar el inmueble
g ¿quién los pagará?
h téngala en cuenta para determinar si el barrio es seguro y si hay oferta suficiente de medios de transporte.

Al elegir un inmueble para alquilar, hay que tener en cuenta cuatro factores principales: espacio, localización [( )], iluminación y alquiler mensual. El costo debe ser acorde al del mercado. ( ).

Otros aspectos importantes antes de alquilar una casa o departamento:

1. Cañerías: las canillas deben tener un buen chorro de agua; por eso, ( ). Asegúrese también de que en las paredes o techos no haya manchas de humedad. Si ( ).
2. Accesorios y pintura: los tomacorrientes deben estar en buen estado; ( ). Si hacen falta arreglos en la pintura, ( ) Acuerdos sobre quién paga qué deben hacerse antes de que usted se mude.
3. Cocina: si hay armario, pregunte si ( ).
4. Reglas: pregunte si se permiten animales domésticos, pues ( ).

26 Pronombres complemento II
Objeto indirecto (OI)

te doy mi correo electrónico; **me** mandaron la invitación; cuénta**le** todo a tu padre

Pronombres sujeto	Pronombres OI
(yo)	**me**
(tú / vos)	**te**
(él / ella / usted)	**le** / **se**
(nosotros/-as)	**nos**
(vosotros/-as)	**os**
(ellos / ellas / ustedes)	**les** / **se**

	Función / Comportamiento		Ejemplos
le **les**	denominan	seres vivos (humanos o no) o cosas	*__Roberta__ está enferma. __Le__ conviene internarse.* *Como el __perro__ anda triste, __le__ traje un hueso.* *La empresa tiene __deudas__, pero sus socios no __les__ dan mucha importancia.*
	se convierten en **se** cuando van seguidos por los pronombres complemento directo **lo**, **la**, **los**, **las**		*Entrega __a Maite__ / __a ellos__ __el periódico__.* *Entréga__le(s)__ __el periódico__.* *Entréga__selo__.*
	le sustituye a **lo** – complemento directo de persona, singular y masculino (*leísmo*)		*A __Pedro__, que es muy amigo mío, __le__ conocí en la universidad.*

Importante

El *leísmo* (uso de **le** cuando corresponde **lo**) es un fenómeno más frecuente en España.

Colocación de los pronombres complemento			
regla general	van **antes** del verbo, incluso al comienzo de la oración; cuando en la frase hay un pronombre complemento de OI (persona) y uno de OD (cosa), el **OI** va siempre **primero** *Toma mis llaves y mañana __me las__ devuelves.* cuando los dos se refieren a personas, siguen este orden: 1.º **se**, 2.º **te**, 3.º **me**, 4.º **le**, **les**, **lo**, **los**, **la**, **las** *No __te les__ entregues. Es un buen empleado; yo __se lo__ recomiendo.*		
excepciones	imperativo afirmativo *Cuénta__le__ todo.*	gerundio *Terminarás contándo__le__ todo.*	infinitivo *Será mejor contar__le__ todo.*
varios verbos juntos	cuando hay dos verbos que forman una unidad de sentido, la colocación de los pronombres sigue las reglas anteriores, con las mismas excepciones *Tenemos que contar__les__ todo. / __Les__ tenemos que contar todo.* *Están pidiéndo__me__ los papeles. / __Me__ están pidiendo los papeles.*		

Ver unidades 25 y 60, sobre pronombres complemento

I Relaciona las dos columnas teniendo en cuenta los pronombres OI.

a	A mi sobrino	[ ]	nos compraron un departamento.
b	A la comida	[ ]	os pido silencio.
c	A las habladurías	[ ]	debemos dedicarle mucha atención.
d	A nosotros	[ ]	le regalé un videojuego.
e	A la salud	[ ]	no les doy importancia.
f	A vosotros	[ ]	le falta sal.

II Al siguiente correo le faltan los pronombres "nos" y "les" (tres veces cada uno). Ponlos en el lugar que corresponde, antes o después de cada verbo.

Archivo Edición Ver Favoritos Herramientas Ayuda

Para: rtfgarcia@midias.com

Asunto: Presupuesto

Distinguidores:

Acusamos el pedido ref. 7041, que ______ remitieron ______ el último 15. ______ damos ______ las gracias por el interés en nuestros productos. Con agrado, ______ enviamos ______ el presupuesto que ______ solicitaron ______ .
______ permitimos ______ , dado el interés por nuestros productos, ______ adjuntar ______ un boletín semanal de informes.

Cordiales saludos,

Rodrigo Molina

Gerente de ventas

III Transforma las frases sustituyendo el segmento señalado por un pronombre OI en la posición adecuada, según el modelo.

Modelo: Enviamos los informes **a nuestros proveedores**. *Les enviamos los informes.*

- **a** Siempre informamos las reglas **a los nuevos empleados**. ....
- **b** Van a presentar más presupuestos **a vosotros**. ....
- **c** Papá siempre lee cuentos **a mi hermana y a mí**. ....
- **d** Enseñaré **a tus amigos** todos los lugares que conozco. ....
- **e** El concejal no prestó **a nuestro problema** el interés necesario. ....

27 Construcciones especiales con OI
Verbos gustar, encantar, parecer, doler

me **gusta** ir a la playa; te **duele(n)** la(s) pierna(s); no nos **pareces** bien

concuerda con

A quien se provoca la sensación o reacción (forma tónica / forma átona del OI)		La sensación o reacción (verbo conjugado)	la cosa, el ser o la actividad que causa la sensación o reacción
(a mí)	**Me**	*gust**a***	*est**a** play**a**.*
(a mí)	**Me**	*gust**as***	*(**tú**) como amigo.*
(a ti / vos)	**Te**	*gust**o***	*(**yo**) como profesional.*
(a él) / (a ella) / (a usted)	**Le**	*parec**emos** educados*	*(**nosotros**).*
(a Mirta) / (a mi primo)	**Le**	*duel**e***	***el estómago**.*
(al gato) / (a la yegua)	**Le**	*duel**en***	***las patas**.*
(a nosotros/-as)	**Nos**	*gust**a***	***ver** golpear las olas.*
(a vosotros/-as)	**Os**	*parec**e** muy interesante*	*(**él** / **ella**) / **el plan**.*
(a ellos) / (a ellas) / (a ustedes)	**Les**	*gust**an***	*alguna**s** **danzas** populare**s**.*
(a tus hijos) / (a los alumnos)	**Les**	*encant**a***	*nuestr**a** **chacra**.*
(a los empleados de la oficina)	**Les**	*encant**áis***	***vosotros** como colegas de trabajo.*

Importante

1. Cuando lo que causa la sensación o reacción es una acción o acontecimiento, el verbo va en tercera persona singular: *¿**Te** gust**a** **pescar**?*
2. El orden de las partes puede variar, pero según un criterio que mantiene segmentos.

(A mí)	***Me** encanta**n***	*los **desafíos**.*
(A mí)	*Los **desafíos***	***me** encanta**n**.*
*Los **desafíos***	***me** encanta**n***	*(a mí).*
*Los **desafíos***	*(a mí)*	***me** encanta**n**.*
Me** encanta**n	*(a mí)*	*los **desafíos**.*
Me** encanta**n	*los **desafíos***	*(a mí).*

3. Las formas con preposición **a** que se dan entre paréntesis en los ejemplos de arriba solo se explicitan cuando hace falta especificar el ser que siente o diferenciarlo de otros posibles: ***A mí me** parece correcto, **a ellos** tal vez no.* Pero los verbos conjugados **siempre** estarán antecedidos por una forma pronominal átona de OI (**me**, **te**, **le**, **nos**, **os**, **les**).

Ejemplos

Expresión	Significado
*(**A ti**) **Te** gust**o** **yo**.*	(**Tú**) **Sientes** atracción por **mí**.
*(**A mí**) **Me** gust**as** **tú**.*	(**Yo**) **Siento** atracción por **ti**.
*(**A Ernesto**) **Le** duel**e** **la** cabez**a**.*	**Ernesto siente** dolor en **la** cabez**a**.
*(**A ellos**) **Les** gust**áis** **vosotros*** (como amigos / colegas).	(**Ellos**) **Sienten** agrado / cariño / simpatía por **vosotros**.

I **Entre las formas señaladas, elige la más adecuada y tacha la otra.**

- **a** A ti te gusta / gustas el *rock* duro.
- **b** Le duele / duelen una muela.
- **c** ¿Les parecemos / parece inoportunos?
- **d** Al vendedor le parece / parecen falsos los billetes.
- **e** Nos gusta / gustamos beber un buen vino.
- **f** Os gusta / gustáis el baloncesto.

II **Completa cada frase a partir de las columnas A, B o C. En el caso de utilizar los verbos de la columna B, conjúgalos haciendo la concordancia con la columna C. Y al aprovechar la columna A, utiliza una forma pronominal átona en vez de lo que está entre paréntesis.**

Escanea el código QR para ver la videoclase sobre este contenido.

http://mod.lk/gr_es67

		A. A quien se provoca sensación o reacción	B. La sensación o reacción	C. La cosa, el ser o la actividad que causa la sensación o reacción
a	A mis hijos les	a mis hijos	encantar	viajar
b	¿No le .... a Virgilio?	a Virgilio	gustar	el café
c	¿Les ....?	(a ellos / ellas / ustedes)	gustar	las tabletas
d	.... parezco arrogante.	(a vosotros/-as)	parecer	(yo)
e	Nos .... la espalda.	(a nosotros/-as)	doler	la espalda
f	¿Cómo saber si .... gusto?	(a él / ella / usted)	gustar	(yo)
g	.... gusta hacer gimnasia.	(a ti)	gustar	hacer gimnasia
h	Me .... manejar.	(a mí)	gustar	manejar
i	.... no le gustan los recitales.	a su público	gustar	los recitales

III **Llena cada hueco con una palabra, manteniendo el sentido de la frase anterior y empleando el verbo "gustar".**

Modelo: Creo que Marcelo prefiere comer afuera que en casa. /
Creo que a Marcelo *le* *gusta* **más comer afuera que en casa.**

- **a** ¿Te atrae esa chica? / ¿............. .... esa chica?
- **b** Me parece que tu hermano se fija en mí. / Me parece que a tu hermano (yo) ....
- **c** Vosotros contáis con el afecto del público. / Al público .... (vosotros).
- **d** Como amigo, te prefiero a ti antes que a ellos. / Como amigo, ... (tú) más que ellos.
- **e** ¿Sentís simpatía por ese cantante? / ¿(A ....) .... ese cantante?
- **f** Tú aprecias la culinaria francesa. / (A ....) .... la culinaria francesa.
- **g** ¿Sientes dolor en la pierna? / ¿ .... la pierna?

28 Pretérito imperfecto de indicativo
Verbos regulares e irregulares; usos

(yo) **daba**, **creía**, **reía**, **era**, etc.

	Formas regulares			Verbos irregulares		
	Dar	**Creer**	**Reír**	**Ser**	**Ir**	**Ver**
(yo)	daba	creía	reía	era	iba	veía
(tú / vos)	dabas / dabas	creías / creías	reías / reías	eras / eras	ibas / ibas	veías / veías
(él / ella / usted)	daba	creía	reía	era	iba	veía
(nosotros/-as)	dábamos	creíamos	reíamos	éramos	íbamos	veíamos
(vosotros/-as)	dabais	creíais	reíais	erais	ibais	veíais
(ellos / ellas / ustedes)	daban	creían	reían	era	iban	veían

Usos del pretérito imperfecto	
Valores	**Ejemplos**
describe procesos o acontecimientos pasados repetidos o habituales	*Todos los fines de semana* ***andábamos*** *en bici.* 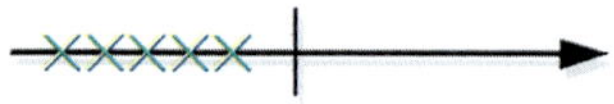
describe personas, cosas, panoramas, circunstancias o escenas pasadas	*Cuando* ***éramos*** *chicos,* ***teníamos*** *una bici.* 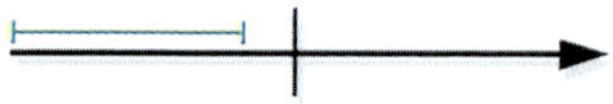
expresa circunstancias, procesos o acciones pasados sin definir inicio ni final	*Sus contemporáneos lo* ***criticaban*** *mucho.*
establece contraste entre antes y ahora	*Antes* ***pasábamos*** *horas cocinando; ahora hay alimentos precocinados y congelados.*
expresa pedido o disposición, especialmente con los verbos **querer** y **venir**	***Quería*** *pedirte que me dejes tu coche.* ***Venía*** *a ayudarte.*

Importante

1. La terminación de 1.ª conjugación **no** lleva acento en "vosotros/-as": comprabais, llevabais, etc.
2. Las terminaciones de 1.ª conjugación se escriben siempre con **b**.
3. Las terminaciones de 2.ª y 3.ª conjugación llevan acento en la **i** en todas las personas: pedía, querías, etc.
4. **Ser**, **ir** y **ver** son los únicos verbos que presentan conjugación irregular en este tiempo.
5. Debido a los usos anteriormente presentados, el **imperfecto** frente al **indefinido** tiene la función de describir la(s) **circunstancia(s)** en que se produjo un **acontecimiento**.

   *La autopista est****aba*** *mojada, el camión* ***iba*** *a gran velocidad y* ***chocó*** *con el autobús.*

   ↳ circunstancias (imperfecto) ↲ ↳ acontecimiento (indefinido)

Ver unidad 37, sobre contraste indefinido e imperfecto

I Establece un contraste entre antes y ahora, llenando los huecos.

a Cuando ______ 20 años, ______ delgado y ______ barba. Ahora que tiene 40, es un poco gordito y lleva bigote.

b Antes ______ lo que ______ mis jefes cuando les ______ mejor. No ______ decir "no". Ahora hago lo que yo quiero cuando a mí me parece mejor. Aprendí a decir que no a un pedido.

c Antes ______ tarde porque ______ en coche. Ahora salimos más temprano porque vamos en ómnibus.

d Cuando ______ tranquilidad, ______ con los amigos, ______ toda la noche y ______ tarde a casa. Hoy día, con la violencia que hay, me encuentro con ellos, conversamos un rato y luego vuelvo a casa.

II Identifica y señala con una X las palabras que son formas verbales en el pretérito imperfecto.

[ ] **a** vía	[ ] **d** sabía	[ ] **g** eras	[ ] **j** seria	[ ] **m** cumplíais
[ ] **b** llovía	[ ] **e** viña	[ ] **h** daban	[ ] **k** ibais	[ ] **n** tiñamos
[ ] **c** saliva	[ ] **f** tenía	[ ] **i** nieva	[ ] **l** leía	[ ] **ñ** podríamos

III Copia abajo cada forma que has señalado en el ejercicio II y escribe el infinitivo correspondiente.

Modelo: *eras* / *ser* **b** ______ / ______ **d** ______ / ______ **f** ______ / ______

a ______ / ______ **c** ______ / ______ **e** ______ / ______ **g** ______ / ______

IV Completa este texto sobre Don Quijote conjugando los verbos de la caja en pretérito imperfecto.

amar	buscar	enfrentar	hacer	soñar	tener	vivir

a Alonso Quijano ______ leyendo novelas sobre caballeros.

b Y ______ con ser caballero andante, tanto que enloqueció.

c Se ______ llamar "Don Quijote" y ______ un escudero.

d Los dos ______ aventuras por toda la llanura manchega.

e ______ a enemigos imaginarios.

f ______ a una doncella inventada.

29 Marcadores de tiempo I

Frecuencia, repetición y duración

nunca, rara vez, a veces, todos los días, siempre, etc.

Frecuencia

Expresan la frecuencia de los acontecimientos							
Nunca *llegaba tarde a las reuniones.*							
Rara vez */* ***Pocas veces*** */* ***Casi nunca*** *nos vemos.*							
A veces *los niños pasean en el parque.*							
Casi siempre */* ***A menudo*** *cenaban fuera.*							
Siempre: ***Todos los días*** *voy en coche al trabajo.*							
Todos los meses *iba a la playa.*							
Todos los años *visito otro país.*							
Todas las semanas *llamo a mi mamá.*							
Todas las mañanas *voy al gimnasio.*							
Todas las tardes *dormía la siesta.*							
Todas las noches *me acuesto temprano.*							

Repetición

Expresan, con tiempos del indicativo, repetición de los acontecimientos en el tiempo

Ninguna de las veces que *he venido, he podido visitar los lugares de mi infancia.*
Cada vez que *sale, da un portazo.*
Siempre que *lo veía, me temblaban las piernas.*
Todas las veces que *necesité de su ayuda, me atendió inmediatamente.*

Duración

Expresan que el acontecimiento duró toda la extensión del período mencionado

Ayer no salimos ***en todo el día****.*
Trabajamos en eso ***todo el mes****.*
En aquella ciudad hace calor ***todo el año****.*
Conversamos y habló de ti ***todo el tiempo****.*
No comí bien ningún día ***en toda la semana****.*
Llevé ***toda la mañana*** *pagando cuentas.*
La nena durmió ***toda la tarde*** *y lloró* ***toda la noche****.*

Importante

1. Los marcadores con **todo/-a** se estructuran según un orden fijo: **todo/-a** + "artículo" + "período", tanto al expresar frecuencia como duración.
2. En frases como *Habló de ti* ***todo el tiempo*** y *La nena lloró* ***toda la noche***, **todo/-a** expresa más bien exageración o énfasis que duración ininterrumpida.
3. **A cada rato** es una expresión coloquial de frecuencia. Equivaldría a **constantemente**.

I Escribe una forma equivalente con "todo/-a/-os/-as" en cada ítem.

a cada mañana: ____________

b del comienzo al fin de la tarde: ____________

c de enero a diciembre: ____________

d cada año: ____________

e del 1.º al 31 de enero: ____________

f de lunes a domingo: ____________

II Llena cada hueco con marcadores relativos a frecuencia, según los diagramas dados a la derecha.

a ____________ me levanto a las 6 de la mañana.

b Ana ____________ va al teatro, pero lee el periódico ____________.

c En el hospital ____________ se debe fumar.

d Guillermo ____________ le regala flores a su novia.

e Mi papá ____________ va al trabajo en ómnibus.

f Alberto ____________ viaja en avión.

a b c d e f

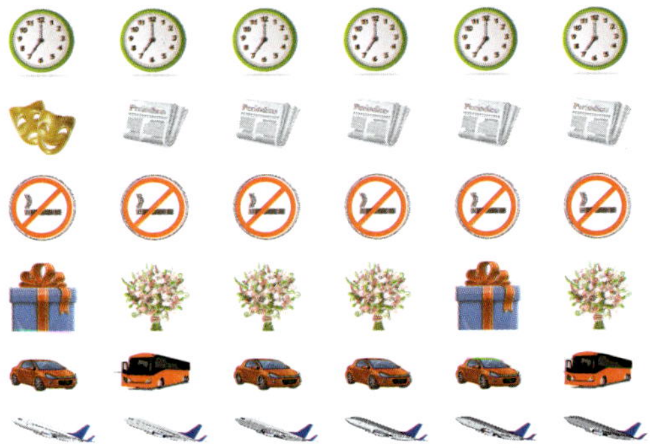

III Llena cada hueco con una palabra para formar marcadores temporales.

a No puede leer el periódico _ _ _ _ _   _ _ _ días, pero lo lee _   _ _ _ _ _ _.

b Hacía gimnasia _ _ _ _ todos _ _ _ días. Y _   _ _ _ _ _ nadaba los fines de semana.

c _ _ _ _ _ le ha gustado mucho salir de casa. Por eso, _ _ _ _   _ _ _ va al cine.

d Está muy atento a las fechas. _ _ _ _ _ se olvida de mi cumpleaños.

e Es muy divertido. _ _ _ _   _ _ _ _ _ _ _ cuenta un chiste o encuentra un modo de hacernos reír.

f Ana tiene una vida muy sana. _ _ _ _ _ _ _ come frutas y verduras y _ _ _ _   _ _ _ _ _ bebe o fuma.

IV Completa los huecos en los casos en que sea necesario, teniendo en cuenta si se trata de marcadores de frecuencia o de duración.

a Toda___ ________ mañana___ preparaba el desayuno escuchando una sinfonía.

b Acaban de empezar la reparación del techo, así que esta semana habrá ruido toda___ ________ tarde___.

c Enero fue muy tormentoso: llovió realmente todo___ ________ mes___.

d Los eslóganes de las grandes marcas se renuevan todo___ ________ año___.

e Estaré de viaje toda___ ________ semana___.

f Hoy he estado resolviendo problemas todo___ ________ día___.

30 Marcadores de tiempo II
Indicadores de simultaneidad y de permanencia

cuando, mientras (tanto), todavía (no), aún (no), etc.

Marcador	Expresa	Ejemplos
mientras	simultaneidad entre acontecimientos **durativos**	*Suele escuchar música **mientras** trabaja en la computadora.*
	simultaneidad entre un acontecimiento **durativo** y otro **puntual**	***Mientras** esperaba el autobús, me abrieron la cartera.*
mientras tanto	simultaneidad entre acontecimientos **durativos**, retomando el primero	*Puedes poner la mesa, que estamos muy atrasados. **Mientras tanto**, preparo el café.*
todavía (**no**) **aún** (**no**)	permanencia de la realización o no de algo	***Todavía** (**no**) tiene muchos amigos en Berlín. A los 43 años, **aún** juega al fútbol.* Ver unidad 23, sobre acentuación
cuando + indicativo	relaciona un acontecimiento con otros **habituales** o **durativos**, actuales o pasados	***Se pone** contento **cuando** está bailando.* ***Cuando** viajaba, siempre nos **traía** regalos.* ***Cuando** me casé, **había** mucha gente en contra.*
	relaciona un acontecimiento con otros **puntuales**, pasados	*Los niños rieron mucho **cuando** **actuó** el payaso.*

Importante

Todavía no es un conector adversativo (como en el portugués), sino temporal, así que **no** equivale a **pero**.

1 Roberto y Jorge son hermanos, pero tienen rutinas muy diferentes. Observa las imágenes y completa las afirmaciones de abajo con una palabra por hueco.

a Por la mañana, ______________ trabaja mientras Jorge ______________.

b Sobre las 16, Roberto vuelve a casa ______________ ______________ almuerza.

c Por la noche, ______________ ______________ conduce un autobús, ______________ descansa.

II **Completa las frases con "mientras", "mientras tanto" o "todavía".**

a .... hay pacientes esperando. .... el médico atiende a algunos, anotamos los datos de los otros.

b Tú le cuentas a Julio lo que nos pasó el sábado. ...., yo me baño.

c La tarde de ayer, ... trabajaba, había mucho ruido en la calle. A la noche, ... continuaba.

d Como .... tenemos tiempo para salir, voy a ver tele. ...., podrías acostarte un rato.

e ¿Por qué .... algunas personas hablan por teléfono .... manejan el coche?

III **Relaciona cada trecho señalado con un marcador equivalente de la caja.**

[ ] aún	[ ] [ ] cuando	[ ] [ ] mientras	[ ] mientras tanto	[ ] [ ] todavía

Inmigración europea a América a comienzos del siglo XIX

(1) **Al mismo tiempo** que en Europa crecía la pobreza, algunos países de América ofrecían oportunidades de progreso. Los inmigrantes debían trabajar todo el día. (2) **Durante ese período**, sus hijos adquirían el idioma y las costumbres de la nueva patria. En algunos lugares donde los destinaban (3) **aún** no había siquiera caminos; por eso, los colonos tuvieron que construir todo (4) **en el momento en que** llegaron. (5) **En la ocasión en que** dejaban sus tierras, algunos (6) **todavía** eran niños. Muchos venían sin saber, (7) **hasta entonces**, dónde permanecerían. Sus familias esperaban en Europa (8) **al mismo tiempo que** ellos se establecían.

IV **Para contar qué pasó en el cumpleaños de Octavio, enumera los segmentos llenando cada hueco con "cuando" (dos veces), "mientras" (una vez) o "todavía" (dos veces).**

a Quisimos hacerle una fiesta sorpresa, pero Octavio apareció justo .... estábamos preparando todo.

b Algunos lo distrajimos .... otros arreglaban la sala, que .... estaba en desorden.

c Todo parecía solucionado, pero .... llegó el muchacho con la torta, Octavio fue a atender.

31 Coordinantes

y / e, también, ni, tampoco, o / u, pero

Los coordinantes establecen relaciones entre palabras o frases según la clasificación que sigue.

Tipo	Coordinante	Ejemplos
adición afirmativa	**y / e**	*Cantó **y** bailó mucho.* *Estudiamos Arte **e I**nglés y luego Geografía **e Hi**storia.* *Condimentó el pollo con ají **y hie**rbas.*
	también	*El esfuerzo del equipo fue fundamental en la victoria; el apoyo de la hinchada **también**.*
adición negativa	**ni**	***No** tiene ganas de comer **ni** de salir a la calle.*
	tampoco	***No** viene hoy, **tampoco** mañana.*
alternancia	**o / u**	*Los camarones son deliciosos fritos **o** en salsas.* ***O** se reduce el número de participantes **o** tendremos que cancelar la actividad.*
		*Tras la operación se recomienda descanso de siete **u o**cho días, sea mujer **u ho**mbre.*
oposición	**pero**	*Come mucho, **pero** no engorda.*

Importante

1. **E** sustituye **y** cuando la palabra que la sigue empieza por **i**- o **hi**- (excepto diptongos **hia**-, **hie**-, **hio**-).
2. **También** nunca va seguido de **no**.
3. **Ni** y **tampoco** refuerzan una idea negada, por lo que suelen aparecer en frases que contienen **no**, **nunca**, **jamás**.
4. **U** sustituye **o** cuando la palabra que la sigue empieza por **o**- u **ho**-.
5. A partir de la *Ortografía de la lengua española* publicada en el 2010, la conjunción **o** dejó de llevar acento entre numerales (**ó**).
6. **Pero** no suele aparecer al comienzo de la frase.

I Llena cada hueco con "y" o "e".

a Me pidió que comprase pan, leche .... el periódico.

b Hay artesanías hechas de arcilla, cuero .... hierro.

c Carolina .... Irene son prevenidas; llevan siempre aguja .... hilo en el bolso.

d Camarero, tráigame una gaseosa con limón .... hielo, por favor.

e Carlos .... Ignacio están en el centro.

II Llena cada hueco con "o" o "u".

a Allá, en invierno, la temperatura es de 1 .... 2 °C.

b ¿Prefieres el frío .... el calor?

c ¿Has estado en Estocolmo .... Oslo?

d El proceso de infección es irregular: puede llevar días .... horas.

e Podíamos nadar en la playa .... en el río.

f ¿Prefieres películas de ciencia ficción .... suspenso?

III Entre las formas señaladas, elige la correcta y tacha la otra.

a —Nunca vi un ovni.
—Yo también / tampoco.

b —¿Qué hizo Víctor el fin de semana?
—No viajó ni / también estuvo con nosotros.

c —Voy a tomar un vaso de agua.
—Yo también / tampoco.

d —No me gusta nada esperar.
—A mí ni / tampoco.

IV Llena cada hueco con el coordinante que exprese la relación dada entre paréntesis.

Modelo: Quiero salir, *pero* llueve mucho. (oposición)

a Viajó por muchos lugares: Australia, Canadá .... India. Solo en India estuvo unas tres .... cuatro veces, ... nunca ha visitado Brasil. (adición – alternancia – oposición)

b Debería haber analizado las formas de venta .... las de pago ...., ... no hizo .... una cosa .... otra. (adición – adición – oposición – adición – adición)

c Le envío uno .... otro mensaje a veces, ... nunca me contesta. (alternancia – oposición)

d El Gobierno no ha superado las dificultades anteriores; las actuales .... (adición)

e Puedes pagar en efectivo .... con tarjeta de crédito. (alternancia)

f Después de tanto caminar, no tenía fuerza .... para respirar. (adición)

32 Aumentativos y diminutivos

cucharón, ricazo, cafecito, amiguete, habichuela, etc.

Sufijos

De aumentativo	Expresan	Ejemplos
-ón/-ona, **-azo/-a**, **-ote/-a**	en general, mayor tamaño o intensidad, pero en algunos contextos, tienen un valor despectivo	*cuchar**ón**, ric**azo**, mach**ote**, cabez**ota***
De diminutivo	**Expresan**	**Ejemplos**
-ito/-a, **-illo/-a**, **-ín/-ina**, **-ico/-a**	menor tamaño o intensidad; afectividad; pero en algunos contextos, indican poca importancia	*cafe**cito**, cuchar**illa** hombre**cillo**, chiquit**ín***
-ete/-a	humor o burla	*vej**ete**, amig**uete***
-uelo/-a	menor tamaño o intensidad; pero en algunos contextos, indican menosprecio	*habi**chuela**, moz**uelo**, ladron**zuelo**, port**ezuela***

Formación del aumentativo de palabras terminadas en...		
Vocales átonas	**Vocales acentuadas (no usual)**	**Consonantes**
pérdida de la vocal final + sufijo	+ -**z**- + sufijo	+ sufijo
*perr**o** >> perr**azo**, robl**e** >> robl**ote**, cas**a** >> cas**ona***	*pap**á** >> papa**zote**, bamb**ú** >> bambu**zón***	*relo**j** >> reloj**azo**, jardí**n** >> jardin**ote**, lu**z** >> luz**ota***

Formación del diminutivo de palabras terminadas en...				
Vocales		**Consonantes**		
-**a** y -**o** átonas	-**e** átona y vocales acentuadas	-**n** y -**r** finales	-**z** (monosílabos)	las demás
pérdida de esa vocal + sufijo	+ -**c**- + sufijo + -**z**- + -**uelo**/-**a**	+ -**c**- / -**z**- + sufijo	-**z** ⇨ -**cec**- + sufijo	+ sufijo
*sol**o** >> sol**ito*** *lengu**a** >> lengu**illa***	*cofr**e** >> cofre**cillo*** *mam**á** >> mama**cita*** *carn**é** >> carne**cito*** *puent**e** >> puente**zuelo***	*olo**r** >> olor**cito*** *galá**n** >> galan**zuelo***	*vo**z** >> vo**cecita***	*anima**l** >> animal**ito***

Importante

1. El sufijo **-azo** también expresa idea de un golpe dado con algo: *manot**azo** < mano, cod**azo** < codo, port**azo** < puerta, cabez**azo** < cabeza.*
2. Los sufijos de diminutivo también **intensifican** adverbios: *ahor**ita*** (ahora mismo), *cerqu**ita*** (muy cerca), *abaj**ito*** (exactamente abajo), y diversos pronombres: *tant**ito**, tod**ito**, tuy**ito**, otr**ita**.*
3. Las palabras femeninas que reciben el sufijo **-ón** se transforman en masculinas: ***la** caja > **el** caj**ón**; **la** cuchara > **el** cuchar**ón**; **la** jarra > **el** jarr**ón**; **la** sala > **el** sal**ón**.*

I Completa los huecos con el diminutivo terminado en "-ito/-a" o con la palabra de la cual este deriva, según corresponda.

a .... / oscurito
b despacio / ....
c caballero / ....
d .... / propinita
e balón / ....
f flor / ....
g .... / sofacito
h caracol / ....
i .... / cerquita
j menú / ....
k canapé / ....
l .... / padrecito
m deprisa / ....
n .... / momentito
ñ luz / ....

II Ordena las sílabas, escribe las palabras y cópialas más abajo, en la línea correspondiente.

Modelo: tón / por: *portón*
a rón / te / sol: ....
b ti / con / ten / ta: ....
c je / mu / ro / na: ....
d tue / lo / ton: ....
e do / gran / ta: ....
f qui / po / tín: ....
g na / bue / zo: ....
h ci / fuen / te / lla: ....
i ma / ci / ta / ma: ....
j ta / por / zo: ....
k za / ma / na: ....
l qui / llo / fres: ....
m te / gor / de / re: ....
n te / bro / hom: ....

Aumentativos *portón,* ....
Diminutivos ....

III Completa el cuadro con el aumentativo o el diminutivo de cada palabra. Luego, con las palabras formadas, llena los huecos del chiste que está a continuación.

Aumentativo (-ota)	joroba /	pestañas /	patas / ....
Diminutivo (-ito/-a)	amor /	camello /	hijo / ....

El .... pregunta a su madre:
—Mami, ¿por qué tenemos estas ....?
—Ay, querido ...., pues muy sencillo: son para no hundirnos en la arena del desierto.
—¡Aaah! Oye, ¿y por qué tenemos estas ....?
—Ay, ..., pues para proteger nuestros ojos del fuerte sol y de la arena del desierto.
—¡Aaah! Mami, mami, ¿por qué tenemos esta ....?
—Oh, bebé, pues en la joroba acumulamos grasa y líquidos para soportar muchos días en el desierto sin agua ni comida, así podemos tener grandes jornadas de trabajo; para eso nos sirve.
—¡Aaah! Oye, mami, ¿y entonces, qué rayos hacemos tú y yo en un zoológico?

Disponible en <http://yoexpreso.com/edicionimpresa/20110726/1/4.pdf>. Acceso el 16 feb. 2014. (Adaptado).

33 "Hablar" versus "decir"

hablar con alguien / alto / lentamente; **decir** algo a alguien; etc.

	Hablar	Decir
Significado	conversar, comunicarse, hacer uso del lenguaje	afirmar, opinar, relatar algo
Referente	no hay referencia al contenido *Alguien **habla**.*	hay referencia al contenido *Alguien **dice** **algo**.*
Regencia	puede no tener complemento *Alina **habló**.*	siempre tiene **complemento** *Alina **dijo*** **muchas cosas / la verdad, etc.** **"Te quiero mucho"**, *siempre **decía**.*
	antecede **preposiciones** *¡Qué cotilla! ¡Siempre **hablas** **de** alguien!* *No le entiendo; está **hablando** **en** inglés.* *Ayer mis alumnos **hablaron** **por** los codos. No pude enseñarles el tema del día.* *Por favor, **hable** **con** mi abogado.*	antecede **palabras** o **frases** que podemos reemplazar por pronombres, como **algo**, **todo**, **nada**, **esto**, **eso**, **aquello** *No estés callado. ¡**Dime** **algo**, por favor!* *No me **dijo** **nada** de lo que quería saber.* *Le **diremos** **lo que pensamos**.* >> *Le **diremos** **todo**.* *Le **dicen** a la coordinadora **que el domingo no trabajarán**.* >> *Le **dicen** **eso** a la coordinadora.* *Mi jefe siempre **dice** **"permítame una pregunta..."**.* >> *Mi jefe siempre **dice** **eso**.* ***¿Qué cosa** **dices**?* >> *¿**Dices** **algo**?*
	antecede **adverbios** *Aunque estudian hace ya cuatro años, **hablan** **lentamente** en español.* ***Hablamos** tan **bien** que nos han puesto en el nivel avanzado.* *¿Puedes **hablar** más **despacio** / **alto**?*	

I Entre las formas señaladas, elige la correcta y tacha la otra.

- **a** ¿Qué te dijo / habló el jefe sobre el aumento?
- **b** Quiero decir / hablar contigo sobre la cuenta del teléfono.
- **c** ¿No vas a decirle / hablarle nada? ¡Se está portando mal!
- **d** Soy muy sincera con mi hija; siempre le digo / hablo la verdad.
- **e** Cuando estamos en Lima, decimos / hablamos en español.

II Llena cada hueco con "hablar" o "decir", según corresponda.

- **a** .... malas palabras
- **b** .... por teléfono
- **c** .... eso
- **d** .... en francés
- **e** .... lo que pienso
- **f** .... cosas increíbles
- **g** .... de mi primo
- **h** .... tonterías
- **i** .... en voz alta
- **j** .... lentamente
- **k** .... a los gritos
- **l** .... la verdad
- **m** .... con Marcos
- **n** .... mentiras
- **ñ** .... entre sí
- **o** .... otros idiomas

III Llena los huecos con los segmentos de la caja.

a quiénes	decir	de lo tratado	de qué tema	en público	"gracias"
habla	hablar	que la presencia	solo de lo indispensable	te dicen	todo lo que

PARA HABLAR __________ CON SEGURIDAD

La primera reflexión se basa en dos interrogantes: ¿ __________ tengo que hablar? ¿ __________ voy a hablar? Después de pensar eso, si tienes tiempo, planea previamente __________ vas a decir. Si la situación te exige __________ improvisadamente, haz al menos un esquema previo y habla __________. Evita, siempre, __________ obviedades. Al ubicarte ante el público, busca ajustar tu postura. Primero ponte cómodo, después __________. Si hay interacción con el público, muestra que pones atención a lo que __________. Di __________ después de cada intervención de los otros. Al final, habla resumidamente __________ y di __________ de cada uno ha sido indispensable.

34 Pretérito indefinido o perfecto simple I – Verbos regulares; usos

(yo) salt**é**, defend**í**, insist**í**, etc.

	1.ª conjugación	2.ª conjugación	3.ª conjugación
	Saltar	**Defender**	**Insistir**
(yo)	salt**é**	defend**í**	insist**í**
(tú / vos)	salt**aste** / salt**aste**	defend**iste** / defend**iste**	insist**iste** / insist**iste**
(él / ella / usted)	salt**ó**	defend**ió**	insist**ió**
(nosotros/-as)	salt**amos**	defend**imos**	insist**imos**
(vosotros/-as)	salt**asteis**	defend**isteis**	insist**isteis**
(ellos / ellas / ustedes)	salt**aron**	defend**ieron**	insist**ieron**

Importante

1. El verbo **ver** no lleva acento, ni en la primera persona ni en la tercera: (yo) **vi**, (él) **vio**, pues son formas monosílabas.
2. Todas las terminaciones de 2.ª y 3.ª conjugaciones coinciden y contienen una **i**. Ver otros casos en la unidad 23, sobre acentuación
3. La 1.ª persona de plural (nosotros/-as) de los verbos de 2.ª conjugación no coincide con la forma de presente en esa persona. Por ejemplo: defend**e**mos (presente) / defend**i**mos (pretérito indefinido).
4. La 2.ª persona de singular (tú) **nunca** termina en -**s**. Y la 3.ª persona de plural (ellos) **siempre** termina en **-ron** (y no -**ran**). Ver unidad 66, sobre el pretérito imperfecto de subjuntivo
5. Los verbos que forman diptongo en presente **no** diptongan en pretérito indefinido:

   (ellos) p**ie**nsan / (ellos) p**e**nsaron   (yo) v**ue**lvo / (yo) v**o**lví

Usos del pretérito indefinido o perfecto simple

Valores	Ejemplos
expresa acontecimientos puntuales en el pasado, en un momento indicado o que se da por conocido; ese momento se inserta en un período de tiempo finalizado, es decir, que no incluye el momento en que se está hablando	***En julio del 96*** *la constructora* ***instaló*** *una sucursal en Bogotá.* ***Entonces****, le* ***pregunté*** *por su familia y ella no me* ***respondió*** *nada.* 
narra o **relata**, oralmente o por escrito, acontecimientos pasados, en un marco descrito por otros tiempos verbales	***Preparaba*** *el almuerzo cuando* ***sonó*** *el teléfono. Cuando* ***llegué*** *a casa, el programa ya* ***había terminado****.*

Ver unidades 37, 43 y 44, sobre las relaciones entre el indefinido y otros tiempos pasados

I Indica las personas a que corresponde cada una de las conjugaciones.

a fundimos / ....

b prometieron / ....

c pintaste / ....

d escuché / ....

e practicasteis / ....

f redactaste / ....

g entendió / ....

h juró / ....

i recibisteis / ....

j escribí / ....

k elaboraron / ....

l vivimos / ....

II Identifica y señala con una X las formas del pretérito indefinido.

[ ] **a** consideraran

[ ] **b** comparaste

[ ] **c** alpistes

[ ] **d** descubristeis

[ ] **e** vieran

[ ] **f** vino

[ ] **g** compareciste

[ ] **h** cumplieron

[ ] **i** chistes

[ ] **j** embustes

[ ] **k** recibimos

[ ] **l** huestes

[ ] **m** residí

[ ] **n** varón

[ ] **ñ** dividieran

III Completa los verbos del siguiente trecho de una entrevista al músico uruguayo Jorge Drexler con las terminaciones que corresponden en el pretérito indefinido.

En 1995, una invitación del músico español Joaquín Sabina en las altas noches de bohemia montevideana, donde la efusión es más bien hija de la madrugada o el alcohol, lo llev ______ a España. "Era una de esas invitaciones de boliche de Joaquín a las 7 de la mañana, pasado de todo; pero me lo repiti ______ tanto, tanto, tanto, que me fui para allá, le to ______ el timbre. Me dijo: 'Vente porque todos te van a querer grabar canciones y Víctor Manuel y Ana Belén'. Yo pens ______ 'y este tipo, ¿de qué me está hablando?'. Yo estaba en Uruguay y con US$1500 me pagaba mis propios casetes". Y como en un cuento, a las dos semanas los célebres de la escena musical española le habían encargado canciones. A los dos meses de haber llegado a Madrid, cuatro composiciones suyas circulaban por los *charts* de las radios de la península. Drexler ya era una celebridad en España cuando recibi ______ el Oscar a la mejor canción por "Al otro lado del río" en 2005.

Disponible en <http://news.bbc.co.uk/hi/spanish/misc/newsid_6191000/6191866.stm>. Acceso el 18 feb. 2014.

35 Pretérito indefinido II
Verbos con irregularidades significativas

(yo) **tuve, quise, dije, traje**, etc.

	Tener	Estar	Andar	Querer	Decir	Traer
(yo)	**tuve**	**estuve**	**anduve**	**quise**	**dije**	**traje**
(tú / vos)	**tuv**iste / **tuv**iste	**estuv**iste / **estuv**iste	**anduv**iste / **anduv**iste	**quis**iste / **quis**iste	**dij**iste / **dij**iste	**traj**iste / **traj**iste
(él / ella / usted)	**tuvo**	**estuvo**	**anduvo**	**quiso**	**dijo**	**trajo**
(nosotros/-as)	**tuv**imos	**estuv**imos	**anduv**imos	**quis**imos	**dij**imos	**traj**imos
(vosotros/-as)	**tuv**isteis	**estuv**isteis	**anduv**isteis	**quis**isteis	**dij**isteis	**traj**isteis
(ellos / ellas / ustedes)	**tuv**ieron	**estuv**ieron	**anduv**ieron	**quis**ieron	**dij**eron	**traj**eron

	Caber	Saber	Poner	Poder	Hacer	Venir
(yo)	**cupe**	**supe**	**puse**	**pude**	**hice**	**vine**
(tú / vos)	**cup**iste / **cup**iste	**sup**iste / **sup**iste	**pus**iste / **pus**iste	**pud**iste / **pud**iste	**hic**iste / **hic**iste	**vin**iste / **vin**iste
(él / ella / usted)	**cupo**	**supo**	**puso**	**pudo**	**hizo**	**vino**
(nosotros/-as)	**cup**imos	**sup**imos	**pus**imos	**pud**imos	**hic**imos	**vin**imos
(vosotros/-as)	**cup**isteis	**sup**isteis	**pus**isteis	**pud**isteis	**hic**isteis	**vin**isteis
(ellos / ellas / ustedes)	**cup**ieron	**sup**ieron	**pus**ieron	**pud**ieron	**hic**ieron	**vin**ieron

Conducir (y otros verbos terminados en "-ducir")					
(yo)	(tú / vos)	(él / ella / usted)	(nosotros/-as)	(vosotros/-as)	(ellos / ellas / ustedes)
conduje	**conduj**iste / **conduj**iste	**condujo**	**conduj**imos	**conduj**isteis	**conduj**eron

Importante

1. Todos los verbos presentados son muy usuales y comparten las siguientes particularidades:
   a) la 1.ª persona termina en -**e**;
   b) la 3.ª persona termina en -**o**;
   c) en ambos casos (a y b), son formas graves o llanas, o sea, la sílaba fuerte es la penúltima;
   d) las raíces sufren cambios importantes: **quer**er ⇨ **quis**e; **dec**ir ⇨ **dij**e; **sab**er ⇨ **sup**e.
2. Los derivados de todos esos verbos siguen la misma conjugación que el verbo del cual derivan.
3. **Decir** y **traer**, igual que los verbos terminados en -**ducir** (conducir, deducir, inducir, producir, reducir, traducir, etc.), presentan la 3.ª persona de plural (ellos / ellas / ustedes) terminada en -**jeron**, sin la -**i**-, al contrario de los demás, que presentan el diptongo -**ie**-.

I **Completa con letras la conjugación de los verbos indicados al final de cada frase.**

a P___ ___mos los muebles de todas las maneras posibles, pero no c___ ___ ___ ___ron en el camión. (poner – caber)

b Joaquín e___ ___ ___ ___o un mes en Europa y no me t___ ___ ___o nada. Estoy enfurecida con él. (estar – traer)

c ¿Yo no te d___ ___e cómo quería el texto? Lo tr___ ___ ___ ___ ___ ___te como q___ ___ ___ ___ ___te y no quedó nada bien. (decir – traducir – querer)

d El técnico h___ ___o varias pruebas en la computadora y, finalmente, p___ ___o arreglarla. (hacer – poder)

II **Completa el siguiente relato sobre el comienzo de un viaje con los verbos que están en las cajas conjugados en pretérito indefinido. Cada caja corresponde al párrafo que está a continuación.**

a vuelta a Cuba en bicicleta

llamar empezar coger emprender

Nuestra aventura ________ el 24 de enero, cuando ________ al timbre mi compañero Paco con su bicicleta y ________ yo la mía y los dos ________ viaje hacia Cuba.

comprar poner llegar

Sobre las 20.00 ________ al aeropuerto de Cuba, ________ un mapa y nos ________ a montar las bicis (después de esperar hora y media en la cinta de las maletas y llegar las bicis con algún desperfecto).

hacer empezar decir terminar preferir

________ de montar las bicis sobre las 12 de la noche y la historia era cómo llegar a La Habana (todo el mundo nos ________ que cogiéramos un taxi, pero nosotros, cabezotas, ________ irnos en bicicleta); mientras montábamos las bicicletas un chaval que se llamaba Osmel nos ________ el ofrecimiento de acompañarnos hasta La Habana y así ________ nuestra particular vuelta a Cuba en bicicleta...

Disponible en <www.viajeros.com/diarios/la-habana/la-vuelta-a-cuba-en-bicicleta-primera-parte>. Acceso el 18 feb. 2014. (Adaptado).

III **Completa las siguientes oraciones con los verbos indicados entre paréntesis, a partir de la información del texto del ejercicio anterior.**

a Los dos jóvenes ________ (querer) conocer Cuba en bicicleta.

b El autor del texto y Paco ________ (traer) sus bicicletas en avión.

c Osmel los ________ (conducir) a La Habana porque ________ (deducir) que eran extranjeros.

d Todos ________ (ponerse) a camino después de medianoche.

e Los tres muchachos ________ (andar) en bicicleta por la carretera hacia la capital.

f ________ (hacer) un buen viaje pese a la distancia.

36 Pretérito indefinido III
Ser, ir, dar y haber; otras irregularidades

(yo) fui, di, etc.; hubo; (él / ella / usted) mintió, etc.

Cambio vocálico solo en la 3.ª persona (singular y plural)		
Cambio	**Ejemplos**	**Otros verbos con igual irregularidad**
-e- ⇨ -i- en la raíz	mentí, mentiste, mintió, mentimos, mentisteis, mintieron	competir, convertir, elegir, medir, pedir, preferir, seguir, sentir, vestir, etc., y sus derivados
-o- ⇨ -u- en la raíz	dormí, dormiste, durmió, dormimos, dormisteis, durmieron	morir
-i- ⇨ -y- en la terminación	caí, caíste, cayó, caímos, caísteis, cayeron	leer, oír, etc., y sus derivados (releer, desoír, recaer, etc.); también los que terminan en **-uir** (construir, destruir, huir, etc.) y sus derivados

Cambio consonántico solo en la 1.ª persona de singular, delante de la terminación "-é"		
Cambio	**Ejemplos**	**Otros verbos con igual irregularidad**
-z- ⇨ -c- en la raíz de verbos terminados en "-ar"	adelgacé, adelgazaste, adelgazó, adelgazamos, adelgazasteis, adelgazaron	abrazar, alcanzar, cruzar, empezar, emplazar, encabezar, enlazar, realizar, rechazar, rezar, tropezar, etc., y sus derivados
-c- ⇨ -qu- en la raíz	aparqué, aparcaste, aparcó, aparcamos, aparcasteis, aparcaron	abanicar, buscar, chocar, destacar, explicar, invocar, practicar, sacar, tocar, trocar, etc., y sus derivados
-g- ⇨ -gu- en la raíz	apagué, apagaste, apagó, apagamos, apagasteis, apagaron	abrigar, ahogar, catalogar, dialogar, embriagar, fatigar, halagar, jugar, llegar, pagar, rogar, tragar, etc., y sus derivados

	Irregularidades especiales					
	(yo)	**(tú / vos)**	**(él / ella / usted)**	**(nosotros/-as)**	**(vosotros/-as)**	**(ellos / ellas / ustedes)**
dar	**di**	**diste**	**dio**	**dimos**	**disteis**	**dieron**
ir / ser	**fui**	**fuiste**	**fue**	**fuimos**	**fuisteis**	**fueron**

Importante

1. En las formas de **ir** y **ser** se producen diptongos (-**ui**- y -**ue**-). La separación de sílabas es la siguiente: **fui** / **fue** (monosílabos) / **fuis**-te / **fui**-mos / **fuis**-teis / **fue**-ron.
2. Ninguna de las formas de pretérito indefinido de **ir**, **ser** y **dar** se acentúa. Ver unidad 22, sobre acentuación
3. Los verbos **reír** y **freír** pierden la **e** en la 3.ª persona del singular y del plural: r-**i**-o, r-**i**-eron, fr-**i**-o, fr-**i**-eron.
4. El verbo impersonal **haber** solo se usa en la 3.ª persona del singular (**hubo**).
   Hubo *mucho tumulto en el estadio.* Ver unidad 58, sobre el uso impersonal de "haber"

I Escribe antes de cada frase si la forma señalada corresponde a "ir" o "ser".

[____] **a** Siempre **fuimos** buenos amigos.

[____] **b** No **fue** necesario gastar un centavo: cubrieron todos nuestros gastos.

[____] **c** Me dijeron que querías salir pronto de la escuela; por eso, **fui** a buscarte.

[____] **d** **Fuisteis** los primeros en aparecer en la reunión.

[____] **e** ¿A dónde **fueron** de luna de miel?

II Llena los huecos con la parte de la conjugación en el pretérito indefinido que falta. Ayúdate con la terminación dada.

a presentir / ....ó

b leer / ....mos

c dar / ....te

d huir / ....ron

e disecar / ....é

f encargar / ....é

g vestir / ....te

h proseguir / ....teis

i constituir / ....ron

j pedir / ....í

k morir / ....ó

l diluir / ....mos

m ser / ....te

n divertirse / se ....ron

ñ oír / ....ó

o recaer / ....teis

p realzar / ....é

q reír / ....ron

III Completa las frases con los verbos de la caja conjugados en pretérito indefinido en la persona correspondiente.

acercar apagar comenzar conseguir dar
desvestir dormir haber ir morir
pedir preferir regar sentir

a Ayer Andrea y yo .... varias vueltas hasta encontrar el bar. Una vez allí .... dos jugos.

b De todos los corredores que .... en la maratón, apenas la mitad .... terminarla.

c Vi en el diario que en China .... una anciana de 127 años.

d El nuevo delantero .... un fuerte dolor y .... dejar el campo de juego.

e Oí un ruido extraño, ... el coche a la acera y .... el motor.

f Llegó tan cansado que fue a su cuarto, se .... y se .... en menos de cinco minutos.

g El jueves me desperté alegre y .... bien mi día: .... las plantas y .... a caminar por el barrio.

Contraste I
Pretéritos indefinido e imperfecto

(yo) estuve / estaba, pude / podía, salí / salía, etc.

Cuando se narra en pasado, estos dos tiempos pueden combinarse como sigue.

Pretérito imperfecto	Pretérito indefinido
Circunstancia(s) o escenario	**Acontecimiento(s) puntual(es)**
Estaba *en la oficina, no* ***podía*** *concentrarme*	*y* ***salí*** *a tomar un café.*

Pretérito imperfecto	Pretérito indefinido
Circunstancia(s) o escenario	**Acontecimiento(s) puntual(es)**
Preparaba *el almuerzo*	*cuando* ***sonó*** *el teléfono.*

1 Llena los huecos con la forma conjugada de los infinitivos que están entre paréntesis. Utiliza el pretérito imperfecto para hablar de las circunstancias y el indefinido para el acontecimiento.

Modelo: ¿ *Dejaste* tu empleo porque no *aguantabas* la presión de tu jefe? (dejar – aguantar)

a Como esa noche .... mucho frío, ... quedarnos en el hotel. (hacer – decidir)

b El recital .... con tranquilidad hasta que en un momento .... la luz. (desarrollarse – cortarse)

c Muchas personas que .... en ese banco .... el dinero por precaución. (invertir – retirar)

d .... muchísimo mientras el avión .... la tormenta. (asustarme – atravesar)

e La última vez que me .... con vuestro hijo aún .... en Barcelona. (visitar – vivir)

II **Llena los huecos usando las formas verbales de la caja.**

dejó	era	vivían	comencé	empezó	decidieron	fumaba
quedó	tuvimos	quería	sentía	cambié	internaron	

a La noche .... calma y estrellada, pero de repente .... a llover y .... que refugiarnos en una parada de autobús.

b Alfredo .... mucho y .... fuertes dolores en el pecho. Un día lo .... y .... de fumar.

c Cuando .... la facultad, ... ser veterinario, pero después .... de carrera.

d Carlos y Ana .... juntos. Ana .... embarazada y .... casarse.

III **Entre las formas señaladas, elige la más adecuada y tacha la otra.**

Conozca la triste realidad que enfrentan los 33 mineros rescatados en Chile

En el tercer aniversario del rescate de los 33 mineros atrapados en la mina San José, que se celebra este domingo, la mayoría presenta problemas psicológicos por el involuntario encierro, y económicos porque no han encontrado trabajo. El derrumbe interior del yacimiento, ubicado a unos 50 kilómetros de la ciudad de Copiapó, ocurrió / ocurría el 5 de agosto del 2010 y fueron / eran rescatados 69 días después, el 13 de octubre.

Todos están disgustados por la decisión de la Fiscalía de Copiapó de no presentar su demanda ante el tribunal regional, argumentando que no existían elementos causales suficientes para culpar a los dueños de la mina por la inseguridad en que laboraron / laboraban los trabajadores. La tragedia de la mina San José hizo / hacía que el gobierno actualizara la ley que regula la seguridad en los yacimientos, pero la fiscalización estatal es insuficiente en el país.

En este aniversario no habrá la misma atención de los medios de prensa internacionales, los cuales hacían / hicieron que el proceso de rescate, que se inició / iniciaba el 22 de agosto de ese año cuando se confirmaba / confirmó que los 33 mineros estaban / estuvieron vivos, se convirtiera en un acontecimiento noticioso mundial.

Actualmente, la mina está cerrada mientras las autoridades regionales lo han declarado destino turístico de la región de Atacama. En la entrada de la mina están 32 banderas chilenas y una boliviana, que recuerdan la tragedia que vivieron / vivían hace tres años. En la base del monumento hay una placa donde se lee: “Estamos bien en el refugio los 33”, la famosa frase que los mineros escribían / escribieron en un papel desde las profundidades de la tierra hasta el exterior para avisar que, a pesar de que habían pasado 17 días, aún estuvieron / estaban vivos.

Disponible en <www.americaeconomia.com/node/102855>. Acceso el 23 feb. 2014. (Adaptado).

38 Futuro imperfecto de indicativo I
Verbos regulares; usos

(yo) avisaré, encenderé, decidiré, etc.

	1.ª conjugación	2.ª conjugación	3.ª conjugación
	Avisar	**Encender**	**Decidir**
(yo)	avisar**é**	encender**é**	decidir**é**
(tú / vos)	avisar**ás** / avisar**ás**	encender**ás** / encender**ás**	decidir**ás** / decidir**ás**
(él / ella / usted)	avisar**á**	encender**á**	decidir**á**
(nosotros/-as)	avisar**emos**	encender**emos**	decidir**emos**
(vosotros/-as)	avisar**éis**	encender**éis**	decidir**éis**
(ellos/ ellas / ustedes)	avisar**án**	encender**án**	decidir**án**

Usos del futuro imperfecto	
Valores	**Ejemplos**
acontecimientos futuros	*El próximo Congreso* ***será*** *en el 2008.*
planes	***Terminaré*** *el empapelado en julio de este año.*
órdenes	*No* ***faltarás****.*
hipótesis	*Juan parece de mal humor.* ***Estará*** *cansado.*
posibilidad o duda	*No sé si* ***lloverá*** *mañana.*

Futuro imperfecto / Futuro con "ir + a + infinitivo"

la perífrasis "ir + a + infinitivo" suele usarse con valores semejantes a los del futuro imperfecto e incluso con más frecuencia

Prepararemos *un riquísimo almuerzo.* >>
Vamos a preparar *un riquísimo almuerzo.*

la perífrasis tiende a predominar para expresar planes o acontecimientos futuros, pero no se usa para expresar hipótesis

Ver unidad 40, sobre la perífrasis "ir + a + infinitivo"

I **Llena los huecos con la forma de futuro imperfecto equivalente a lo señalado en cada caso.**

Modelo: El año que viene **voy a volver** a estudiar. — El año que viene *volveré* a estudiar.

a ¿**Vais a traer** frutas de la granja? — ¿................ frutas de la granja?

b ¿**Quieres subir** por el ascensor? — ¿................ por el ascensor?

c **Se proponen cambiar** el coche. — .... el coche.

d Yo misma **pienso asumir** todos los riesgos. — Yo misma .... todos los riesgos.

e **Queremos aprovechar** la oportunidad. — .... la oportunidad.

f ¿**Vas a transmitir** seguridad con tu discurso? — ¿................ seguridad con tu discurso?

g **Voy a analizar** su currículo. — .... su currículo.

II **Forma frases relacionando un elemento de cada columna. En la tercera, los verbos están en infinitivo. Conjúgalos en futuro en la persona correspondiente.**

a Ahora no tiene plata	[...] en la oficina ahora, pero	[...] .... (buscar)
b Hoy me rechazas,	[...] para un coche nuevo, pero	[...] .... a un gimnasio. (entrar)
c Bueno, te perdonamos la deuda,	[...] pero el año que viene	[...] al volver lo .... (pedir)
d Este año estudiaré nomás,	[...] pero alguna vez me	[...] te la .... (cobrar)
e No puedo pedir un ascenso	[...] pero la semana que viene	[...] luego lo .... (comprar)

III **Completa los titulares de noticias conjugando en futuro imperfecto los verbos de la caja.**

abrir	cobrar	correr	lograr	seguir	solucionar	vender

Los maestros de grado en inicio de carrera .... 693 euros

Básquetbol. No .... alcohol en la NBA, que .... con sus medidas de seguridad

Los funcionarios públicos prometen: "................ su petición a la brevedad"

La cumbre no .... que los países signatarios cambien su documento

Unos 30 000 jóvenes .... el domingo en apoyo a Unicef

Juanes .... la primera noche del Festival de Viña del Mar

39 Futuro imperfecto de indicativo II
Verbos irregulares

(yo) cabré, habré, podré, querré, sabré, etc.

Ver unidad 79, sobre irregularidades en el condicional

	Pérdida de la vocal de la terminación del infinitivo				
	Caber	**Haber**	**Poder**	**Querer**	**Saber**
(yo)	cabré	habré	podré	querré	sabré
(tú / vos)	cabrás / cabrás	habrás / habrás	podrás / podrás	querrás / querrás	sabrás / sabrás
(él / ella / usted)	cabrá	habrá	podrá	querrá	sabrá
(nosotros/-as)	cabremos	habremos	podremos	querremos	sabremos
(vosotros/-as)	cabréis	habréis	podréis	querréis	sabréis
(ellos / ellas / ustedes)	cabrán	habrán	podrán	querrán	sabrán

	Sustitución de la vocal de la terminación del infinitivo por una "d"				
	Poner	**Salir**	**Tener**	**Valer**	**Venir**
(yo)	pondré	saldré	tendré	valdré	vendré
(tú / vos)	pondrás / pondrás	saldrás / saldrás	tendrás / tendrás	valdrás / valdrás	vendrás / vendrás
(él / ella / usted)	pondrá	saldrá	tendrá	valdrá	vendrá
(nosotros/-as)	pondremos	saldremos	tendremos	valdremos	vendremos
(vosotros/-as)	pondréis	saldréis	tendréis	valdréis	vendréis
(ellos / ellas / ustedes)	pondrán	saldrán	tendrán	valdrán	vendrán

Pérdida de la vocal y de la consonante del infinitivo: "decir" y "hacer"					
(yo)	**(tú / vos)**	**(él / ella / usted)**	**(nosotros/-as)**	**(vosotros/-as)**	**(ellos / ellas / ustedes)**
diré	dirás / dirás	dirá	diremos	diréis	dirán
haré	harás / harás	hará	haremos	haréis	harán

Importante

1. Algunos verbos que derivan de los anteriores y que sufren las mismas irregularidades son:
   Decir > desdecir; **hacer** > deshacer, rehacer, satisfacer; **poner** > componer, disponer, imponer, proponer, suponer; **salir** > sobresalir; **tener** > contener, detener, entretener, mantener, obtener, retener, sostener; **venir** > convenir, devenir, intervenir, prevenir, provenir.
2. Los verbos **bendecir** y **maldecir** se conjugan regularmente. **Predecir** admite ambas formas: irregular (*prediré*) o regular (*predeciré*).

I En cada caso, elige y copia la opción que completa correctamente cada promesa que se hace.

- **a** ¡__________ profundas reformas! (Habremos / Haremos)
- **b** ¡Vuestros hijos __________ la mejor enseñanza y __________ mucho más! (harán / tendrán – querrán / sabrán)
- **c** ¡Vosotros __________ sin miedo a la calle! (saldréis / vendréis)
- **d** ¡No __________ más gente sin techo! (habrá / hará)
- **e** ¡__________ todas las enfermedades! (Prevendremos / Tendremos)
- **f** Si me votan, ¡__________ hacer todo lo que os he prometido y más! (diré / podré)

II Llena con una o más letras cada hueco para componer formas del futuro imperfecto.

- **a** Viajando siempre por la misma compañía aérea, obten____emos más millas de premio.
- **b** ¡Si la directora no firma los cheques, no po____é pagar a los proveedores! Y si no les pagamos, desha____án los contratos y nos impon____án condiciones peores.
- **c** Me avisó el corredor que no reten____án la mercancía; entonces, dispon____emos de ella en dos días.
- **d** Señor, pon____án su charla para el cierre del congreso porque su tema es el más importante.
- **e** Sé que al final te desd____ás de eso que ahora afirmas.
- **f** Niños, ¿sal____éis más temprano el viernes de la escuela?

III Completa el horóscopo ubicando cada verbo de la caja donde corresponda y conjugándolo en futuro imperfecto.

poder (2 veces)	poner	saber	salir	tener	venir

Aries (del 21/03 al 20/04)

Período en el que __________ sentirte indecisa sobre qué camino seguir. Aprovecha para descansar y las ideas te __________ naturalmente.

Géminis (del 21/05 al 20/06)

El momento no es propicio para interferir en las medidas de funcionamiento del trabajo. __________ trabas a tus propuestas. Espera.

Tauro (del 21/04 al 20/05)

__________ una nueva pasión o se intensificarán los lazos afectivos con la persona con la que estás ahora. Amplía tus conocimientos y prepárate para lo que __________.

Cáncer (del 21/06 al 21/07)

Las desilusiones __________ provocar carencias aún más profundas. Prepárate. Intenta ver la realidad y __________ qué hacer.

40 Perífrasis verbales I
Ir + a + infinitivo

hoy vamos a ver una película;
la verdad es que iba a estudiar

Viernes	Domingo

	Ir en presente + a + infinitivo			Ir en imperfecto + a + infinitivo		
(yo)	voy			iba		
(tú / vos)	vas / vas		terminar	ibas / ibas		terminar
(él / ella / usted)	va	a	ver	iba	a	ver
(nosotros/-as)	vamos		salir	íbamos		salir
(vosotros/-as)	vais			ibais		
(ellos / ellas / ustedes)	van			iban		

Formación de la perífrasis	Expresa	Ejemplos
ir en presente + preposición a + infinitivo del verbo principal (equivale a algunos usos del futuro imperfecto) Ver unidad 38, sobre el futuro imperfecto	un futuro presentado como inmediato	*Voy a salir un rato.*
	un futuro más lejano	*Va a terminar la carrera dentro de tres años.*
ir en pretérito imperfecto + preposición a + infinitivo del verbo principal (equivale a algunos usos del condicional simple) Ver unidad 78, sobre el condicional simple	la intención de hacer algo que no se hizo o la inminencia de que algo ocurriese	*Iba a salir un rato, pero empezó a llover.* *Cuando el florero iba a caer, lo sostuve.*

Importante

El uso de la preposición **a** es obligatorio en la perífrasis **ir + a + infinitivo**.

I **Forma frases utilizando todas las palabras y grupos de palabras en el orden más adecuado.**

a a / llover. / no / Pienso que / va ……

b a / cenar afuera? / ¿Vamos ……

c a / En octubre / la / lanzar / revista. / van ……

d a / cambiar / el coche. / El próximo año / voy ……

e a / ahorrar / dinero? / ¿Vais ……

II **Observa las imágenes y llena los huecos formando perífrasis que indiquen intención con los verbos de la caja, según corresponda.**

atrasarse	**comprar**	**despertarse**	**lavarse el pelo**

a

b

c

d

a …… más temprano, pero el despertador no sonó.

b No ……, pero se le pinchó un neumático.

c No …… nada, pero no resistieron a la liquidación.

d …… cuando sonó el teléfono.

III **Completa las frases con la perífrasis "ir + a + infinitivo". Ayúdate con el sentido de los trechos dados entre paréntesis.**

a ¿ …… los dólares que tienes? (venderás)

b Dijeron que el precio del dólar …… bajando. (seguiría)

c …… toda la noche, pero preferimos algo más calmo. (nos proponíamos bailar)

d ¿ …… al lugar donde nos conocimos? (¿Qué tal si volvemos?)

e …… a mi hijo de escuela, pero ya no …….

(planeaba cambiar – no lo haré)

41 Participio
Regulares e irregulares; usos

gan*ado*, pod*ido*, produc*ido*, ab*ierto*, d*icho*, escr*ito*, etc.

Formación de participios regulares		
1.ª conjugación -**ar**	radical del verbo + **ado**	gan**ar** – gan**ado**
2.ª conjugación -**er**	radical del verbo + **ido**	pod**er** – pod**ido**
3.ª conjugación -**ir**		produc**ir** – produc**ido**

Participios irregulares

Verbo	Participio	Otros verbos de formación similar
abrir	ab**ierto**	cubrir y derivados: entreabrir, reabrir, encubrir, recubrir
decir	d**icho**	derivados: contradecir, desdecir, predecir excepciones: maldec**ido** / maldito, bendec**ido** / bendito
escribir	escr**ito**	adscribir, inscribir, prescribir, proscribir, suscribir, transcribir y derivados: describir, manuscribir, reinscribir, reescribir
hacer	h**echo**	satisfacer y derivados: deshacer, rehacer
morir	m**uerto**	–
poner	p**uesto**	derivados: disponer, imponer, posponer, proponer, suponer
pudrir	p**o**dr**ido**	–
romper	**roto**	–
ver	v**isto**	derivados: antever, prever
volver	v**uelto**	absolver, disolver, resolver y derivados: desenvolver, envolver, revolver

Importante

1. Se acentúa la **i** cuando la raíz del verbo termina en vocal: c**a**er – ca**ído**, r**e**ír – re**ído**, salvo cuando el verbo termina en -**uir**: atribu**ido**, conclu**ido**, constru**ido**.
2. Los verbos **aceptar**, **pagar**, **soltar**, **freír** y **salvar** tienen los respectivos participios regulares: acept**ado**, pag**ado**, solt**ado**, fre**ído** y salv**ado**. Las formas irregulares **acepto**, **pago**, **suelto, frito** y **salvo** son adjetivos. Lo mismo ocurre con verbos como confundir, despertar, expresar, imprimir, proveer.

Usos del participio

Valores	Ejemplos
después del verbo **haber** en los tiempos compuestos; en estos casos, no varía ni en género ni en número	***Habíamos esperado*** *dos meses.*
después del verbo **ser** en las oraciones con voz pasiva	*La noticia **fue recibida** con entusiasmo.*
después de **llevar**, indicando un punto determinado de un proceso que continúa	***Llevo redactadas*** *diez páginas. >> He redactado diez páginas y sigo redactando.*

Ver unidades 42, 44, 67 y 97, sobre tiempos compuestos del indicativo y del subjuntivo

I Establece una relación infinitivo / participio en cada caso.

a determinar / ....
b desenvolver / ....
c convertir / ....
d entregar / ....
e concluir / ....
f rehacer / ....
g prever / ....
h pegar / ....
i distraer / ....
j perder / ....
k encubrir / ....
l predecir / ....
m proponer / ....
n reír / ....
ñ resolver / ....

II Completa la tabla con el infinitivo y el participio.

	Infinitivo	Participio	Adjetivo
a			impreso
b			confuso
c			pago
d			despierto
e			manifiesto
f			expreso
g			salvo

III Completa las frases con una de las formas de participio o adjetivo que están a la derecha, según corresponda.

a Fueron .... nuevas normas.

b La dirección no está .... a cambios.

c La policía ha .... a dos sospechosos.

d Mejor que no lleves el pelo ....

e La mercancía estaba .... por una cuerda.

f El dinero ya acabó y no llevan .... ni la mitad de las cuentas.

g Había .... mucho dinero durante toda su vida.

fijado/-a/-os/-as	**fijo/-a/-os/-as**
juntado/-a/-os/-as	**junto/-a/-os/-as**
sujetado/-a/-os/-as	**sujeto/-a/-os/-as**
soltado/-a/-os/-as	**suelto/-a/-os/-as**
prendido/-a/-os/-as	**preso/-a/-os/-as**
pagado/-a/-os/-as	**pago/-a/-os/-as**
propendido/-a/-os/-as	**propenso/-a/-os/-as**

42 Tiempos compuestos del indicativo

(yo) **he / había / habré / habría hablado**, etc.

Ver unidades 8, 9, 10, 11, 28, 34, 35, 36, 37, 38, 39, 78 y 79, sobre tiempos simples del indicativo

Ver unidad 41, sobre participios

Formación de tiempos compuestos del indicativo

verbo auxiliar **haber** conjugado + verbo principal en **participio**

	Pretérito perfecto		Pretérito pluscuamperfecto	
	Presente de haber + participio		**Pretérito imperfecto de haber + participio**	
(yo)	**he**	habl**ado**	**había**	encontr**ado**
(tú / vos)	**has** / **has**	com**ido**	**habías** / **habías**	ofrec**ido**
(él / ella / usted)	**ha**	cumpl**ido**	**había**	sal**ido**
(nosotros/-as)	**hemos**	entreg**ado**	**habíamos**	sac**ado**
(vosotros/-as)	**habéis**	merec**ido**	**habíais**	coc**ido**
(ellos / ellas / ustedes)	**han**	sonre**ído**	**habían**	resist**ido**

	Futuro perfecto		Condicional compuesto	
	Futuro imperfecto de haber + participio		**Condicional simple de haber + participio**	
(yo)	**habré**	salv**ado**	**habría**	ayud**ado**
(tú / vos)	**habrás** / **habrás**	atend**ido**	**habrías** / **habrías**	establec**ido**
(él / ella / usted)	**habrá**	constru**ido**	**habría**	percib**ido**
(nosotros/-as)	**habremos**	gan**ado**	**habríamos**	qued**ado**
(vosotros/-as)	**habréis**	sorprend**ido**	**habríais**	sosten**ido**
(ellos / ellas / ustedes)	**habrán**	exhib**ido**	**habrían**	prosegu**ido**

1 **Transforma las frases conjugando las formas señaladas en pretérito perfecto.**

Modelo: Entregaste casi todos los informes. *Has entregado casi todos los informes.*

a No **pagaron** todas las cuentas. ....

b **Salí** del país dos veces. ....

c ¿**Visteis** una ópera? ....

d ¿**Leyó** usted el periódico (ayer)? ....

e **Recibimos** mensajes electrónicos de varios países. ....

f No **pensaste** en las consecuencias. ....

II **Completa las frases con las formas del pretérito pluscuamperfecto en la persona indicada entre paréntesis.**

a Cuando empezó a llover, ya .... a casa. (llegar – nosotros)

b Lo .... un poco preocupado; por eso, le pregunté cómo estaba. (notar – yo)

c ¿........................ en ir al cine? (quedar – vosotros)

d Cuando llegamos, ya .... (comenzar – la película)

e ¿ .... algo parecido antes? (ver – tú)

f Cuando se dio cuenta, ya .... todos los competidores. (volver – ellos)

III **Llena los huecos con las formas de futuro perfecto de la caja.**

habrás encontrado	**habrán conocido**	**habrá llamado**	**habré conseguido**	**habremos concluido**

a Dentro de dos años .... concluir mi curso.

b Son muy jóvenes. ¿........................ los discos de vinilo?

c A lo mejor me .... por la tarde, cuando salí a comprar pan.

d Hemos trabajado mucho hoy. Seguro que mañana por la tarde .... el balance.

e No te preocupes. Antes de las cinco .... una solución.

IV **Completa la conversación combinando, en cada caso, un auxiliar con un participio de los que se dan en las cajas, según corresponda.**

Auxiliares	Participios
habéis habías habría habrán habríamos	concluido dicho estado gustado ido

Rita: ¿........................ a la playa este fin de semana?

Carmen: Nos ...., pero la casa está en reformas. Así que Felipe y yo decidimos quedarnos en casa.

Rita: Me .... la semana pasada que estaba casi todo terminado. ¿Por qué no me avisaste? Podrían haberse quedado en mi casa, ¿no te parece?

Carmen: Sí, creo que .... muy a gusto. Pero no quisimos molestarte.

Rita: ¿Cuándo tendréis lista la casa?

Carmen: Pienso que antes de que termine la semana los albañiles .... el trabajo.

43 Contraste II
Pretéritos indefinido y perfecto

(yo) **estuve / he estado, puse / he puesto, trabajé / he trabajado**, etc.

Ambos tiempos expresan acontecimientos **pasados** y **terminados**. Cada uno de ellos suele combinarse con diferentes marcadores temporales.

Marcadores temporales			
Pretérito indefinido		**Pretérito perfecto**	
momentos especificados de un período de tiempo finalizado en el momento del habla	**ayer**, **anoche**, **anteayer** **la** semana / primavera / década **pasada** **el** lunes / martes (y los otros días) / fin de semana / mes / semestre / año / siglo **pasado** **hace** 10 minutos / horas / días / meses / años, etc. **en** 1998 (y otros años pasados) **en** enero / febrero / marzo (y los otros meses) **el** 5 **de** junio **de** 1970	momentos especificados de un período de tiempo no acabado en el momento del habla	**hoy** **esta** mañana / semana / década, etc. **este** fin de semana / mes / semestre / año / siglo, etc. **estos** (últimos) días / meses / años, etc. **ya** aún / todavía **no**
		momentos no especificados	**siempre**, **nunca** / **jamás** alguna / una **vez** algunas / varias / muchas **veces**

Ayer ***trabajé*** *hasta las 21 horas.*
(el hablante no dice la frase el mismo día en que trabajó)

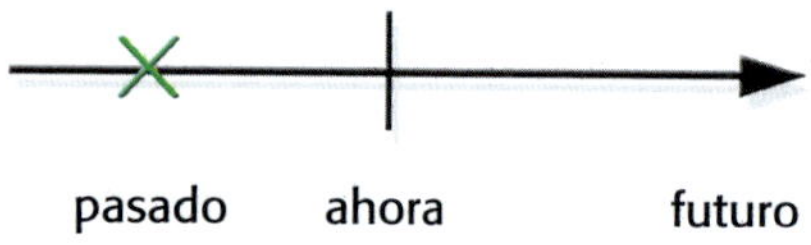

Hoy ***he trabajado*** *hasta las 21 horas.*
(el hablante ya dejó de trabajar, pero cuando dice la frase el período **hoy** no ha finalizado aún)

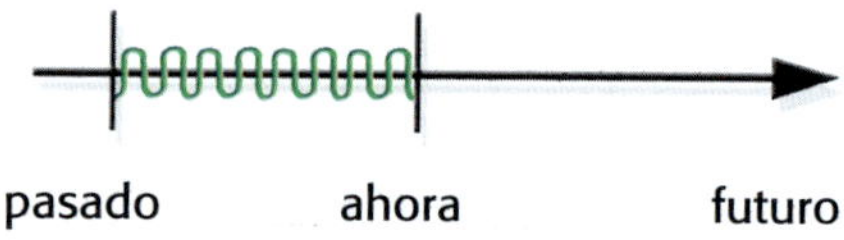

Importante

1. Se puede referir un mismo acontecimiento con cualquiera de los dos tiempos, y la elección suele estar relacionada con el marcador que se utilizará. Por ejemplo, el hecho es: *Hubo el **4 de marzo** una reunión de directorio.* Posibilidades: ***La semana pasada*** *el directorio se* ***reunió****.* >> ***Este mes*** *el directorio* ***ya*** *se* ***ha reunido****.*
2. El uso del pretérito perfecto sin marcador temporal expresa que los efectos del acontecimiento pasado se perciben o se manifiestan en el momento del habla: ***He puesto*** *mucha energía en esta obra.*
3. El uso del pretérito indefinido sin marcador temporal refuerza la distancia entre el momento del habla y el acontecimiento: ***Puse*** *mucha energía en esta obra.*
4. Las orientaciones presentadas son generales y responden a recomendaciones de estilo, pero tanto en regiones de España como de América varía mucho el uso de ambos tiempos, independientemente del marcador utilizado.

I Entre las formas señaladas, elige la más adecuada y tacha la otra. Presta atención al marcador temporal.

LLEGAN LOS PRIMEROS CHÁRTERS A BARILOCHE

Este fin de semana han llegado / llegaron ocho vuelos chárter provenientes de Brasil. La semana pasada arribaron / han arribado numerosos vuelos locales.

El primero de los vuelos que ha llegado / llegó fue el de Aerolíneas Argentinas, directo desde São Paulo, el día sábado.

Durante la tarde del sábado otros seis vuelos procedentes de Brasil han aterrizado / aterrizaron en la ciudad cordillerana y hoy, domingo, lo hicieron / han hecho dos más.

Según las estadísticas, el 2010 ha sido / fue el año con mayor cantidad de arribos (unos 63 567 pasajeros) por la vía aérea.

Disponible en <www.pulsoturistico.com/mas_informacion.asp?id=1633&titulo=Llegan-los-primeros-charters-a-Bariloche>. Acceso el 24 feb. 2014. (Adaptado).

II **Completa las oraciones colocando el verbo en indefinido o perfecto, según corresponda, conjugado en la persona que se indica.**

a Como el lunes .... hasta las cinco, hoy .... a las dos. Así descanso. (trabajar – salir)

b Este año en nuestras clases de literatura .... varias novelas. El año pasado lo .... a la poesía. (leer – dedicar)

c Antonio .... por Europa hace dos años y .... varios países. (viajar – visitar)

d Aún no .... tiempo de terminar el informe: ayer .... durante cuatro horas. (tener – escribir)

III **Completa las historias usando las formas verbales de la caja.**

nos conocimos	estudió	dejé	se inscribió	empezamos
he comenzado	ha tenido	he salido	hemos decidido	

a El año pasado Luis .... en un curso de idiomas. .... hasta noviembre, pero este año .... que parar por cuestiones de trabajo.

b Carla y yo .... en el 2012. Tres meses después .... a noviar. Y ahora .... casarnos.

c Hoy .... una nueva vida: .... a caminar 1 km. Es que hace dos días que .... de fumar.

44 Pretérito pluscuamperfecto de indicativo – Formación; usos con otros tiempos

(yo) **había terminado, había aprendido, había ido**, etc.

Pretérito pluscuamperfecto	Pretérito imperfecto
Primer acontecimiento pasado	**Acontecimiento pasado, puntual, posterior al otro**
*Ya se **habían ido*** **1a**	*cuando **llegamos**.* **1b**

Pretérito pluscuamperfecto	Pretérito imperfecto
Primer acontecimiento pasado	**Acontecimiento pasado, durativo o habitual, posterior**
*Marcelo **había aprendido** a conducir,* **2a**	*pero siempre **iba** en bicicleta.* **2b**

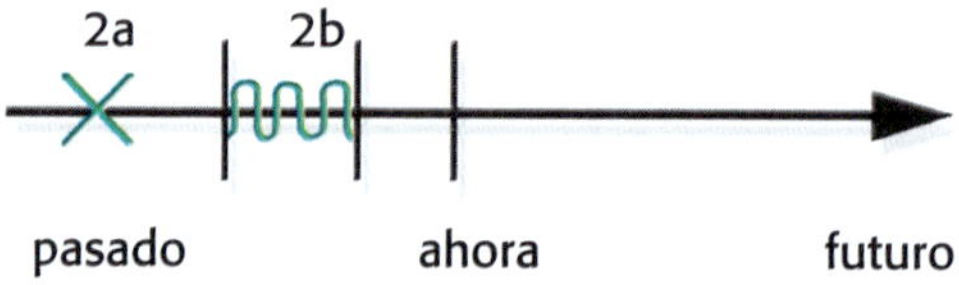

1 Arma las frases uniendo lo que sucedió "primero" con lo que sucedió "después". Guíate con el modelo.

Ver unidades 25 y 26, sobre colocación pronominal

Verbos		Primero	Después
Modelo: visitar / ir		Ya *había* *visitado* otros países	cuando *fui* a Brasil.
acostarme / sonar	**a**	Ya	cuando .... el teléfono.
salir (ellos / ellas / ustedes) / recordar	**b**	Ya .... del trabajo	cuando .... la reunión.
empezar / cortarse	**c**	Ya .... el partido	cuando .... la luz.
ir (vosotros/-as) / llamar	**d**	Ya .... a casa	cuando .... vuestra madre.
leer (nosotros/-as) / avisar	**e**	Ya .... la noticia	cuando tú nos ....

II Llena cada hueco con uno de los verbos de la caja debidamente conjugado.

aconsejar caminar comprar conversar despertarse
dormirse oír pedir regresar saber ser

a Yo no .... nada para comer porque .... que tú ya .... *pizza*.

b Leandro y yo .... tranquilos porque el niño ya .... , pero de pronto .... un quejido: ....

c Ya .... de día y mis hijos no .... de la fiesta.

d Andrés no .... nunca, pero el médico le .... lo contrario.

III Aquí tienes una breve biografía de Carlos Gardel. Completa las afirmaciones que están abajo basándote en la información del texto y conjugando correctamente los verbos de la caja.

Carlos Gardel nació el jueves 11 de diciembre de 1890 en la ciudad de Toulouse, al sur de Francia. En 1892 llegó a Buenos Aires. En 1911 conoció a José Razzano, "El Oriental", con quien formó un dúo. En 1917 fue el primer cantor oficial de tangos, al estrenar el tango-canción "Mi noche triste", ya que, hasta entonces, el tango era solo música sin letra. Ese mismo año inició su etapa discográfica. En los años 20 llevó el tango a Europa. En 1925 se separó amistosamente de José Razzano. En los años 30 ya era una figura célebre en el mundo, y la Paramount Pictures lo convocó para películas musicales. En 1935 hizo una gira por Puerto Rico, Venezuela y Colombia, donde murió en un accidente aéreo.

contratar formar iniciar llegar llevar morir nacer
realizar separarse ser tener trabajar

a Carlos Gardel .... a Buenos Aires en 1892; pero .... dos años antes, en Toulouse, Francia.

b En 1917 .... el primer cantor oficial de tangos, seis años después de que .... el dúo con Razzano. Hasta entonces, los tangos no .... letras.

c En los años 20 Gardel .... el tango a Europa, y ya hacía algún tiempo que .... su etapa de producción de discos.

d En los años 30 lo .... la Paramount Pictures. En esa época, ya no .... más con "El Oriental", de quien .... en 1925.

e Carlos Gardel .... en Colombia en 1935, año en que .... una gira por varios países.

45 Gerundio
Regulares e irregulares; usos

enviando, estudiando, perdiendo, siendo, conviviendo, etc.

Verbos de 1.ª conjugación		Verbos de 2.ª y 3.ª conjugaciones	
Formación regular	**Ejemplos**	**Formación regular**	**Ejemplos**
raíz + -**ando**	*envi**ar** ⇨ envi**ando*** *estudi**ar** ⇨ estudi**ando*** *naveg**ar** ⇨ naveg**ando***	raíz + -**iendo**	*perd**er** ⇨ perd**iendo*** *s**er** ⇨ s**iendo*** *conviv**ir** ⇨ conviv**iendo***

Gerundios irregulares

Raíz	Terminación	Ejemplos
terminada en -**ñ**, sin cambios	-**endo**	*ta**ñer** ⇨ ta**ñendo**; bru**ñir** ⇨ bru**ñendo***
terminada en **vocal**, sin cambios	-**yendo**	*c**a**er ⇨ ca**yendo***
terminada en **vocal** y que la pierde	-**iendo**	*r**e**ír ⇨ r**iendo**; fr**e**ír ⇨ fr**iendo***
cambia -**e**- ⇨ -**i**-	-**iendo**	*s**e**guir ⇨ s**i**g**uiendo***
terminada en -**ñ** y cambia -**e**- ⇨ -**i**-	-**endo**	*t**eñ**ir ⇨ t**iñendo**; r**eñ**ir ⇨ r**iñendo***
cambia -**o**- ⇨ -**u**-	-**iendo**	*p**o**der ⇨ p**u**d**iendo***
–	-**yendo**	*ir ⇨ **yendo***

Usos del gerundio simple

Valores	Ejemplos
condición	*No **habiendo** problemas, firmamos hoy el contrato.*
simultaneidad	***Viendo** la tele, me dormí.*
modo	*Habló **llorando**.*
concesión (tras **aun**)	***Aun estudiando** noche y día, no lo aprobaron en el examen.*
causa o anterioridad	***Dándose** cuenta de que se había equivocado, volvió.*

Usos del gerundio compuesto (habiendo + participio del verbo principal)

Valor	Ejemplo
anterioridad	***Habiendo acordado** los detalles, se tranquilizó.*

Ver unidad 46, sobre usos perifrásticos del gerundio

Ver unidades 25 y 26, sobre colocación pronominal

Importante

1. Otros verbos que cambian -**e**- ⇨ -**i**- y agregan -**iendo**: corregir, decir, erguir, invertir, mentir, pedir, preferir, sentir, venir, vestir.
2. Otros verbos que cambian -**o**- ⇨ -**u**- y agregan -**iendo**: dormir, morir.
3. Otros verbos que agregan -**yendo**: creer, leer, oír, poseer, roer, traer y todos los verbos terminados en -**uir**.
4. No hay diptongación de la raíz en gerundio: p**e**nsando, c**o**ntando, conv**i**rtiendo.
5. El gerundio en español no expresa acontecimientos posteriores, efecto ni consecuencia en relación con otro acontecimiento. **No** se diría *Hubo un motín huyendo varios presos* sino *Hubo un motín y **huyeron** varios presos.*

I Escribe, después de cada infinitivo, la forma del gerundio correspondiente.

a	caminar:	**f**	comprender:	**k**	leer: ....
b	sufrir:	**g**	jugar:	**l**	pedir: ....
c	distribuir:	**h**	morir:	**m**	partir: ....
d	invertir:	**i**	venir:	**n**	tañer: ....
e	oír:	**j**	traer:	**ñ**	poder: ....

II Transforma en estructuras con gerundio los trechos dados entre paréntesis y escribe después qué expresan.

		Valor
Modelo:	*Conversando Pepa y yo*, llegó Paco. (mientras conversaba con Pepa)	*simultaneidad*
a	...................., me pidió disculpas. (una vez que reconoció su error)	....
b	...................., no te resistirás a comprar algo. (si llevas la tarjeta)	....
c	Todo lo que quiere, nos lo pide .... (con gritos)	....
d	...................., se unen. (si tienen los mismos intereses)	....
e	Aun ...., no desiste de su intento. (aunque conoce los peligros)	....
f	...................., sonó el teléfono. (mientras pensaba en llamarte)	....

III Completa los huecos con los verbos de la caja en gerundio.

ver   hablar   estar   andar   salir   llevar   entrar   sujetar

.... de casa, debes estar atento a cualquier movimiento extraño en los alrededores.

.... a algún desconocido cuya actitud sea sospechosa, entra nuevamente en casa y espera.

Si sales a pie, no andes por la calle .... por el celular. Te tornas blanco de un posible ladrón y te distrae de lo que está pasando en torno de ti.

Si llevas una mochila, bolsa o cartera, camina .... delante de ti y .... fuertemente. Haz lo mismo .... en ómnibus.

.... a una tienda, permanece atento a las personas que se acerquen a ti y no dejes tus pertenencias en ningún lugar.

Aun .... en lugares donde hay un control de seguridad, como bancos, aeropuertos, edificios públicos o centros comerciales, no te descuides. Los oportunistas están en todas partes.

46 Perífrasis verbales II
Andar / estar / ir / venir / llevar / seguir + gerundio

ando buscando una nueva casa; **estoy estudiando** español

Ver unidad 45, sobre gerundio

Formación de perífrasis verbales con gerundio		
verbo auxiliar conjugado **andar** / **estar** / **ir** / **llevar** / **venir** / **seguir**	+	verbo principal en **gerundio**

Perífrasis con	Expresa	Ejemplos
andar	un acontecimiento reiterado	***Andan*** *busc**ando** otras formas de pago.*
estar	un acontecimiento simultáneo con un momento de referencia, explícito o conocido	***Está*** *habl**ando** por otra línea (en este momento).* ***Estuvo*** *trabaj**ando** todo el fin de semana.*
ir	un acontecimiento enfocado en su comienzo o en su progresión	***Vas*** *hac**iendo** los deberes mientras recojo la cocina.* *A lo largo del tiempo **fuimos** hac**iendo** nuestra propia experiencia.*
llevar **venir**	un acontecimiento enfocado como anterior a un momento de referencia, poniendo énfasis en su duración	***Lleva*** *trabaj**ando** en la empresa muchos años.* ***Venían*** *viv**iendo** en el mismo barrio desde el último verano.*
seguir	continuidad	***Siguieron*** *tom**ando** actitudes arbitrarias.*

Importante

1. Hay dos formas de expresar acontecimientos que ocurren en el momento del habla:

Perífrasis de gerundio	**Presente de indicativo**
*—¿Qué **está haciendo** Marcelo ahora?*	*—¿Qué **hace** Marcelo ahora?*
*—**Está terminando** la pintura.*	*—**Termina** la pintura.*

2. Los verbos **andar**, **ir**, **llevar** y **venir** pueden combinarse con gerundio manteniendo su significado original. En esos casos, no hay perífrasis y el gerundio expresa el modo en que se realizó el acontecimiento.
*Vine **caminando** porque mi coche se estropeó.*

I Transforma cada forma señalada en una perífrasis de gerundio con "estar".

a Los taxistas **eluden** las calles congestionadas. ....

b **Repartimos** a todos un nuevo proyecto. ....

c **Escucho** la radio. ....

d Andrés **vuelve** tarde todos los días. ....

e **Escribo** el informe. ....

f ¿**Hacéis** el balance? ....

II **Observa las imágenes y llena los huecos con la perífrasis de "estar + gerundio". Usa el verbo indicado en cada caso.**

ver

a .... la tele.

pasear

b .... a los perros.

subir

c .... al autobús.

jugar

d .... al fútbol.

amanecer

e ....

discutir

f ....

III **Señala con una X las frases que presenten perífrasis verbales.**

[ ] **a** La ceniza iba cubriendo poco a poco el cielo.

[ ] **b** Estoy llamándote otra vez.

[ ] **c** Venía saltando de alegría.

[ ] **d** Anda diciendo que nadie le dio una oportunidad.

[ ] **e** Nunca va caminando al trabajo.

[ ] **f** Vengo diciéndole a mi mujer que tenemos que salir de vacaciones.

[ ] **g** Estas modelos andan levantando las rodillas.

IV **Completa este fragmento de un mensaje instantáneo con los verbos de la caja, para formar la perífrasis más adecuada en cada caso.**

Jorge:
Me preocupa Pedro. .... peleándose bastante con sus colegas. Hace tiempo que .... diciendo palabrotas a cada rato. Le pedí que no lo hiciera, pero .... hablando así. Sus compañeros .... perdiendo confianza en él. Sin duda, nuestro amigo .... complicándose la vida. Contéstame pronto.

Carlos:
Yo .... viendo lo mismo. .... tratando de hablar con él hace unos días. Esta semana sin falta converso con él.

está
sigue
estoy
viene
van
anda
vengo

47 Apócope de adjetivos

buen, mal, primer, tercer, cualquier, gran, san

Formas plenas	Masculino singular	Femenino singular	Masculino plural	Femenino plural
	bueno	buena	buenos	buenas
	malo	mala	malos	malas
	primero	primera	primeros	primeras
	tercero	tercera	terceros	terceras
	cualquiera	cualquiera	cualesquiera	cualesquiera
	grande	grande	grandes	grandes
	santo	santa	santos	santas

Esos adjetivos sufren **apócope** (reducción) cuando anteceden a determinadas palabras.

Apócope	Usos	Ejemplos
buen	antes de **sustantivos masculinos singulares**	*Un* ***buen deportista*** *sabe perder.*
mal	antes de **sustantivos masculinos singulares** como **adverbio** (antónimo: *bien*) como **sustantivo** (plural: *males*)	*El miedo es un* ***mal consejero****.* *La puerta* ***está mal*** *cerrada.* *Más allá del bien y d****el mal****.*
primer **tercer**	antes de **sustantivos masculinos singulares**	*Cómo encontrar el* ***primer empleo****.* *Marzo es el* ***tercer mes*** *del año.*
	antes de **adjetivos masculinos singulares**	*Será el* ***primer nuevo*** *espacio pero el* ***tercer gran*** *evento del año.*
	antes de **adverbios**	*Veamos al* ***tercer recién*** *nacido.*
cualquier	antes de **adjetivos** o **sustantivos masculinos** o **femeninos singulares**	*Quiero* ***cualquier buena*** *comida.* *En* ***cualquier momento*** *te llamo.*
gran	antes de **sustantivos masculinos** o **femeninos singulares**	*Hoy puede ser un* ***gran día****.* *Mariela es una* ***gran madre****.*
san	antes de la mayoría de los **nombres masculinos de santos** (excepto Domingo, Tomás, Tomé y Toribio)	*En Madrid se festeja* ***San Isidro****;* *en Pamplona,* ***San Fermín****.*

Importante

1. **Gran** / **grandes**, antes del sustantivo, puede indicar una **valoración positiva**, sobre todo referido a personas: ***gran(des)*** *hombre(s)* >> distinguido(s) / *hombre(s)* ***grande(s)*** >> corpulentos o adultos.
2. En todos los otros casos **no hay apócope**: ***buena*** *cosecha*, ***mala*** *memoria*, ***grandes*** *silencios*, ***grandes*** *esperanzas*, ***santo*** *remedio*, ***primera*** *división*, ***tercera*** *firma*, ***cualesquiera*** *opciones*.

I Entre las formas señaladas, elige la correcta y tacha la otra.

a Con Felipe siempre se puede contar. Es un gran amigo grande.

b Hay escritores muy jóvenes, pero otros comienzan su carrera siendo grandes hombres grandes.

c El Premio Nobel se otorga a grandes personalidades grandes que contribuyen a la paz.

d Mi hijo ya es un gran chico grande; no es necesario controlar tanto su higiene.

e John Lennon fue, a su manera, un gran luchador grande.

II Completa las columnas transformando los elementos según se indica.

	Masculino	Femenino
a	gran muchacho	
b		tercera esposa
c	buen abuelo	
d		mala compañera
e	cualquier vecino	
f		niña santa

	Singular	Plural
g	primer tiempo	
h		males necesarios
i	cualquier chico	
j		grandes verdades
k	mal antecedente	
l		buenos pronósticos

III Completa los huecos con las formas dadas o sus equivalentes plenas, cambiando el género y el número cuando sea necesario.

Escanea el código QR para ver la videoclase sobre este contenido.
http://mod.lk/gr_es107

a

A la hora de decidirse por un coche...

Debes considerar, __________, tus posibilidades económicas. El gasto de mantenimiento y de seguros (contra accidentes, robo y __________) será bastante __________, y no permite __________ otro gasto significante. Elige un __________ coche, a la medida de tu bolsillo.

buen
cualquier
gran
primer
tercer

b

El __________ del trabajo

En el barrio de Liniers, en Buenos Aires, se realizan __________ peregrinaciones a __________ Cayetano, patrono del trabajo. Los fieles lo consideran un protector contra varios __________ de la vida laboral, como accidentes y desempleo. Le hacen ofrendas por salud, protección y otros pedidos __________.

cualquier
gran
mal
san
san

48 Comparaciones I

Inferioridad y superioridad; superlativo de adjetivos

más inteligente **que**, **menos** peligroso **que**; **lindísimo**

Construcciones comparativas	Formación	Ejemplos
de superioridad	**más** + **sustantivo** + **que**	*Recibe **más elogios que** nosotros.*
	más + **adjetivo** + **que**	*Este bar es **más caro que** el de anoche.*
	verbo + **más que**	*Este mes **hemos dormido más que** el pasado.*
de inferioridad	**menos** + **sustantivo** + **que**	*Tienes **menos zapatos que** yo.*
	menos + **adjetivo** + **que**	*El centro es **menos peligroso que** el barrio.*
	verbo + **menos que**	*Ahora **lo veo menos que** cuando éramos vecinos.*
irregulares	bueno/-a: **mejor que**	*Trabajar 6 horas es **mejor que** trabajar 8. Puedo estudiar.*
	malo/-a: **peor que**	*A veces el remedio es **peor que** la enfermedad.*
	grande: **mayor** / **más grande que**	*El grupo de la tarde es **mayor** / **más grande que** el de la mañana.*
	pequeño/-a: **menor** / **más pequeño/-a que**	*La habitación de arriba es **menor** / **más pequeña que** la de abajo.*

Importante

Para cosas abstractas, se prefieren **mayor** y **menor** (a **más grande** / **pequeño**).
*El movimiento turístico ya es **mayor que** el del año pasado porque los precios ahora también están **menores que** los de entonces.*

Superlativos de adjetivos			
Adjetivos	**Formación**	**Ejemplos**	
terminados en vocal	se sustituye la última vocal por **-ísimo/-a**	alt**a** car**o** torp**e**	*La modelo es alt**ísima**.* *Ese hotel es car**ísimo**.* *El arquero era torp**ísimo**.*
terminados en **-ble**	**-ble** cambia por **-bil** y se agrega **-ísimo/-a**	ama**ble**	*El nuevo jefe es ama**bilísimo**.*
terminados en consonante	se agrega **-ísimo/-a**	fáci**l**	*Es facil**ísimo** este camino.*
	-z cambia por **-c** y se agrega **-ísimo/-a**	feli**z**	*Cuando supo el resultado, se puso feli**císima**.*

I **Relaciona cada adjetivo con una frase. Luego complétala con la forma superlativa de tal adjetivo.**

bajo	respetable	difícil	fea	sutil	veloz

a El tren bala es ....

b El índice de desocupación en Texas es ....

c La casa está muy descuidada. Está ....

d Manuel es un hombre serio y ....

e El humor de los escritores de esa época era ....

f Es .... encontrar a alguien que piense exactamente como tú.

II **Forma frases comparativas de inferioridad o de superioridad, según tu opinión y utilizando los adjetivos que están entre paréntesis.**

a Vivir en el campo es .... vivir en la ciudad. (seguro)

b Salir de vacaciones con amigos es .... salir con la familia. (divertido)

c Dormir en una hamaca es .... dormir en una cama. (cómodo)

d Pagar con tarjeta es .... pagar con dinero. (práctico)

e Jugar al ajedrez es .... jugar a las cartas. (aburrido)

III **Transforma las frases en comparaciones de superioridad o inferioridad, manteniendo el sentido original.**

Modelo: **Estudiar Geografía no es tan interesante como estudiar Historia.**

Estudiar Geografía *es menos interesante que / no es más interesante que* **estudiar Historia.**

a Ir al trabajo en autobús no es tan bueno como ir en auto.

Ir al trabajo en autobús .... ir en auto.

b Leer un diario no es tan rápido como leer una revista.

Leer un diario .... leer una revista.

c Ver un partido de fútbol por la tele no es tan emocionante como en el estadio.

Ver un partido de fútbol por la tele .... en el estadio.

d Su amor por mí no es tan grande como el mío por él.

Su amor por mí .... el mío por él.

49 Comparaciones II
Igualdad

tan interesante **como**, **tantas** personas **como**

	Formación de las construcciones comparativas de igualdad		
	1.er elemento	**2.º elemento**	**3.er elemento**
con sustantivos	**tanto/-a/-os/-as**	**sustantivo**	**como**
con adjetivos / adverbios	**tan**	**adjetivo / adverbio**	**como**
con verbos	**verbo**	**tanto**	**como**

	Ejemplos
con sustantivos	*Los ancianos hoy tienen* ***tantos gastos como*** *los adultos.* *En São Paulo hay* ***tanta contaminación como*** *en México.* *Tenemos* ***tantas alumnas mujeres como*** *hombres.*
con adjetivos / adverbios	*Enrique es* ***tan rico como*** *Pablo.* *Mañana saldremos* ***tan temprano como*** *hoy.*
con verbos	*Organizar su trabajo le* ***cuesta tanto como*** *organizar sus horarios.*

Importante

1. El orden de formación presentado arriba en el primer cuadro es fijo.
2. **Como** es la única conjunción que se usa en estas formas comparativas.

1 Pon "tan" / "tanto" / "tanta" / "tantos" / "tantas" en la columna que le corresponde a cada uno.

apoyo esfuerzo	felicidad calma	miedos intentos	muchachas veces	tarde pequeños	sabes me gustan

II Forma construcciones comparativas de igualdad, llenando los huecos.

- **a** De niño, tenía .... coches .... muñecos.
- **b** Tu hermana no se queja .... tú. ¿Qué te pasa?
- **c** Te explicaré mi posición .... veces .... sea necesario.
- **d** Nunca sentí .... falta de una asistente .... ahora.
- **e** Para ese puesto, piden .... entusiasmo .... disponibilidad.
- **f** La fiesta de cierre fue .... divertida .... la del año pasado.

III Ordena los segmentos dados y forma frases.

- **a** No esperaba / fuerte / un frío / tan / como este.

  ....

- **b** Mi equipo / goles / ha hecho / tantos / como la campaña pasada.

  ....

- **c** No conozco / tan / bueno / ningún hombre / como él.

  ....

- **d** No tengo / suerte / tanta / como tú.

  ....

- **e** me va / tan / Este pantalón / como ridículo. / grande

  ....

- **f** tanto / una nadadora profesional. / nada / Julia / como

  ....

IV Llena cada hueco con la forma correspondiente.

- **a** Los blogs me aburren .... como los artículos de economía.
- **b** Para ese puesto piden .... experiencia como para aquel.
- **c** No es normal que tengamos .... problemas con las cuentas como cuando ganábamos menos.
- **d** El alcohol provoca casi .... enfermedades como el tabaco.
- **e** Los sueldos de nuestro sector nunca habían sido .... bajos como ahora.

V Transforma las frases a comparaciones de igualdad, manteniendo la idea inicial.

Modelo: El vestido negro es más caro que el azul. *El vestido azul no es tan caro como el negro.*

- **a** Chile está más cerca de aquí que México. ....
- **b** Las películas de acción son más movidas que las de terror. ....
- **c** Un coche usado dura menos que uno nuevo. ....
- **d** El piso se dañó menos que las paredes. ....
- **e** Argentina tiene menos trenes que España. ....

50 Preposiciones de transcurso I

a / hacia / hasta

Con estas preposiciones indicamos varios aspectos del movimiento en el espacio y en el tiempo.

Hacia	Hasta
indica la **dirección** de un movimiento o acción *Las aguas del riacho bajan **hacia** el valle.* *Me dirijo **hacia** la realización de mis sueños.*	indica con precisión el **destino** o la **finalidad** *El fuego llegó **hasta** el segundo piso.* *Voy a luchar **hasta** conseguir lo que quiero.*
indica un **momento aproximado** y equivale, en esos casos, a "aproximadamente en" ***Hacia** 1980 la economía mundial comenzó a entrar en un nuevo ciclo.*	indica un **momento preciso**, un límite en el tiempo *La esclavitud en Brasil duró **hasta** 1888.*
introduce el **objeto** de una **actitud** o **sentimiento** *Rosa tiene simpatía **hacia** ti.* *Es desagradable mostrar envidia **hacia** los colegas.*	expresa **inclusión** de personas, objetos; puede ser equivalente a "incluso" ***Hasta** los ancianos salieron a festejar.*

A
entre otros, puede tener el mismo valor de las dos anteriores; por ello, resulta menos precisa *Gire **a** la derecha.* (dirección) *Voy **a** la farmacia.* (destino) *Llegaremos **a** las ocho.* (momento preciso)

*Salimos de Punta del Este **hacia** el norte y llegamos **hasta** la ciudad de Chuy, en la frontera con Brasil.*

I **Sustituye en el texto cada uso de la preposición "a" por "hacia" o "hasta", según corresponda, y escribe tu respuesta en la siguiente caja.**

(1) .... (2) .... (3) .... el (4) .... el (5) ....

El camino más seguro para ir de tu casa (**1**) **a** la escuela en bici es el siguiente. Al salir, tomas (**2**) **a** la derecha por Corrientes hasta Velazco. Después, por Velazco llegas (**3**) **a**l Parque Centenario. Allí tomas Díaz Velez y luego alguna calle que vaya (**4**) **a**l Sur. Cuando llegas a la avenida Rivadavia, ya casi has llegado (**5**) **a** la escuela.

II **Entre las formas señaladas, elige la más correcta y tacha la otra. Guíate con el diagrama de la línea Mitre del tren metropolitano de Buenos Aires.**

a Si estás en la estación Bmé. Mitre y quieres ir hacia / hasta San Andrés, toma el tren hacia / hasta Retiro y baja en la estación Belgrano R. Allí, toma el que va hacia / hasta J. L. Suárez y ve hacia / hasta San Andrés.

b En Retiro, hay trenes directos hacia / hasta Tigre y Bmé. Mitre.

c Para llegar hacia / hasta Chilavert habiendo partido de Retiro, toma el tren hacia / hasta Bmé. Mitre y sigue hacia / hasta Belgrano R. Allí, baja y toma el que va hacia / hasta J. L. Suárez y baja en la novena parada.

d Si estás en Cetrángolo y necesitas ir hacia / hasta Virreyes, toma el tren hacia / hasta Retiro. Allí, baja y toma otro tren hacia / hasta Tigre.

e Hacia / Hasta el mediodía, el mayor movimiento es de la gente que va hacia / hasta Retiro. Al final del día, es lo contrario: están más llenos los trenes que van hacia / hasta Tigre, Bmé. Mitre y J. L. Suárez.

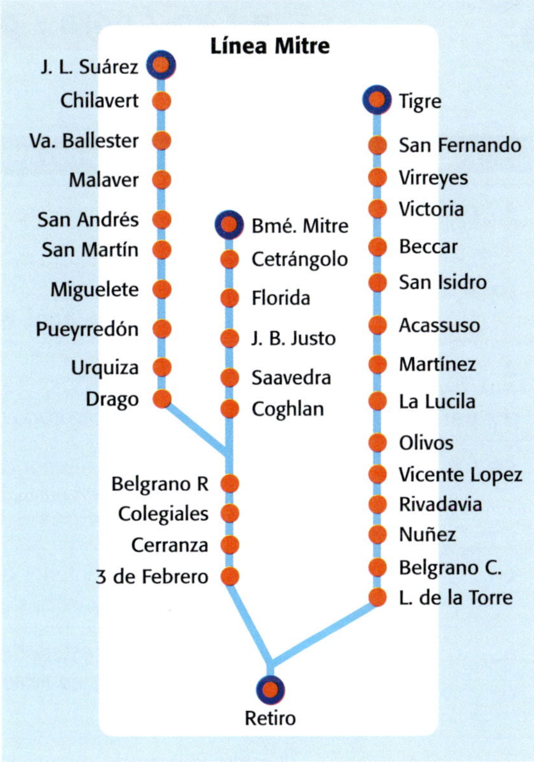

III **Completa con "hacia" o "hasta", según corresponda.**

GLOBALIZACIÓN VERSUS PARTICULARISMOS

A la vez que se hablaba como nunca antes de integración y globalización, ________ fines del siglo XX, el mundo comenzó a vivir un nuevo auge de los particularismos que, ________ hoy, no ha dejado de intensificarse. Identidades étnicas e idiomáticas son reivindicadas ________ en regiones en que los antiguos dialectos que ahora se resucitan ya habían casi desaparecido.

En un proceso análogo, la desconfianza de la gente ________ las estructuras políticas ha contribuido a la expansión de la actividad religiosa, ________ la de sectores fundamentalistas que no disimulan su aversión ________ quienes no comparten su fe.

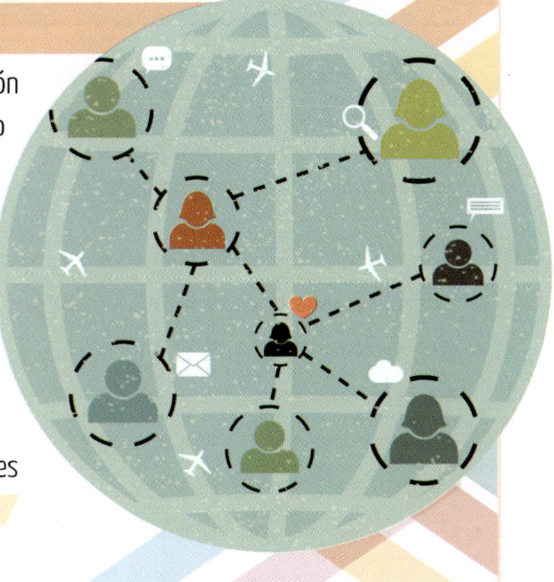

51 Preposiciones de transcurso II

a / en / para / por

Preposiciones	Aspecto del movimiento	Ejemplos
a / **para**	dirección	*En la esquina, dobla* ***a*** */* ***para*** *la derecha.* *Voy* ***a*** */* ***para*** *la facultad.*
para	dirección (con demostrativos **aquí**, **acá**, **allí**, **allá**, **ahí**)	*Camina* ***para aquí****, no* ***para ahí****.* *Emigraron* ***para allá*** *en noviembre.*
a	destino	*Llegaremos mañana* ***a*** *San Juan.*
a / **para**	propósito (uso obligatorio de preposición)	*Venimos* ***a*** */* ***para*** *festejar tu cumpleaños.*
en / **a**	dirección hacia el interior de un espacio (con **entrar** y verbos equivalentes)	***Entró en*** */* ***a*** *la segunda habitación.* *Todas las mujeres que* ***han ingresado en*** */* ***a*** *la casa de acogida eran inmigrantes.*
en	dirección hacia el interior de un espacio (con **introducir** y verbos equivalentes)	*El empleado me* ***introdujo en*** *el salón.* *Le* ***inyectaron*** *el calmante* ***en*** *la arteria.*
a	dirección hacia el exterior de un espacio (con **salir** y verbos equivalentes)	***Salimos a****l jardín y aún lloviznaba.* *La señora López se va. Por favor, acompáñela* ***a*** *la salida.*
por	punto intermedio, recorrido o medio de llegar a un lugar	***Por*** *este camino llegaremos más rápido.* *Antes de ir a casa, paso* ***por*** *el supermecado.*

Importante

1. Con el verbo **pasar**, cuando equivale a "entrar", se usa la preposición **a**.
   Señores, tengan la gentileza de ***pasar a*** *la sala.*
2. Cuando equivale a "ir" o a "atravesar", se usa **por**.
   Pase por *la otra puerta, por favor.*

I Completa cada hueco con "a", "en" o "por".

a Nos vamos a caminar .... el parque.

b El presidente acaba de llegar ...... la ciudad.

c Si nos damos prisa, tendremos tiempo de pasar .... la librería antes de que cierre.

d El protector solar necesita unos minutos para penetrar ...... la piel.

e Si sigues .... este pasillo, sales ...... la galería de fotos.

II **Forma un diálogo. Los fragmentos de la primera columna representan el comienzo de cada frase y ya están en orden. Encuentra su(s) complemento(s) en la segunda y descubre de qué hablan.**

[1] **Jorge:** ¡Acabo de ingresar
[4] **Maribel:** ¡Te felicito! ¿Y cuándo pasas
[7] **Jorge:** Bueno, el domingo voy
[13] **Maribel:** ¡Vale! Todavía vives
[15] **Jorge:** Sí, ¡eso es! Nos vemos, entonces.

[   ] a algún lugar,
[2] a / en la facultad! Me ha ido muy bien
[   ] a la casa de mi novia
[   ] a tomar algo. ¿Vale?
[   ] por la tarde, pero puedes esperarme
[   ] en la calle Manzanares, ¿verdad?
[   ] en el examen de selectividad.
[   ] en mi casa a las siete y luego salimos
[   ] para que celebremos?
[   ] por aquí

Hablan de ....
....
....
....

III **Completa las frases con "a" o "para", indicando con una X, a la izquierda, cuando ambas son posibles.**

[   ] **a** Espérame. Saldré inmediatamente .... allá.
[   ] **b** Corrí .... buscar al gato, que se había escapado.
[   ] **c** Los auditores vinieron .... pedir los registros contables del año pasado.
[   ] **d** ¿Vamos .... la sala de pintura? Te quiero mostrar la obra que terminé ayer.
[   ] **e** La madre es tan controladora que la chica no puede salir .... la calle sin permiso.
[   ] **f** Si no consigue otro empleo, va a tener que volver .... su ciudad natal.

IV **Inserta en cada frase, en el(los) lugar(es) más adecuado(s), exactamente el número de preposiciones indicado entre paréntesis. Puede haber más de una posibilidad.**

a La directora ha venido resolver el problema de los salarios. La escuela está pasando una crisis financiera gravísima. (2)

b Antes de entrar esa larga carretera pasaré la gasolinera. (2)

c Queremos ir la secretaría averiguar los horarios. (2)

d La palanca está trabada; no consigo moverla acá ni allá. (2)

e Los manifestantes irrumpieron el recinto. (1)

52 Preposiciones de transcurso III

a / de / desde / en / hasta

Preposiciones	Indican	Ejemplos
de / **desde**	procedencia en el espacio	*¿Vienes* ***de*** *tu casa?* *Este bus va* ***desde*** *el centro hasta el extremo sur.*
	procedencia en el tiempo	*Esas deudas vienen* ***del*** *año pasado.* *No he visto a Ana* ***desde*** *que salimos de Roma.*
a / **hasta**	destino o distancia en el espacio	*La capital queda* ***a*** *pocos kilómetros de aquí.* *¿Podrías llevarme* ***hasta*** *la escuela?*
	límite en el tiempo	*Tengo clase de 7.00* ***a*** *8.00.* *No veo telenovelas, trabajo* ***hasta*** *muy tarde.*
en	medio de transporte: tren, autobús, coche, etc. (única preposición posible)	*Vamos a Tucumán* ***en*** *tren.* *Volveremos* ***en*** *avión para llegar más rápido.*

	Combinaciones más frecuentes de procedencia y destino o límite	
	de... a	**desde... hasta**
en el espacio	*Divulgamos la doctrina* ***de*** *norte* ***a*** *sur del país.*	*Viajamos* ***desde*** *Roma* ***hasta*** *Lisboa en avión.*
en el tiempo	***Del*** *comienzo* ***al*** *fin se declaró inocente.*	*Es una comedia bárbara: te ríes* ***desde*** *que empieza* ***hasta*** *que termina.*

1 Completa las frases usando "de" o "en".

a ¿Te parece posible recorrer todo un país .... motocicleta?
b En Santiago decidimos seguir el viaje .... ómnibus.
c ¿Cómo no va a llegar cansado? ¡Viene .... lejos!
d Tenemos que ir .... coche al centro porque está lloviendo.
e Viene .... un barrio elegante de la ciudad. Entiendo que no le guste el pueblo.
f Las noticias son confiables; llegan .... diferentes agencias del mundo.
g Mamá no viaja .... barco, pues se marea.
h La calle era un caos; si viniese .... burro hubiese llegado antes.
i Esto no es vida: voy .... casa al trabajo y del trabajo a casa.
j Está nervioso, no deja de caminar .... un lado a otro sin parar.

II Relaciona cada frase con su continuación teniendo en cuenta la relación entre "de", "a", "desde" y "hasta".

a	Son nómadas: se mudan	[ ]	desde Cantabria hasta Madrid en visita turística.
b	Los campesinos marchan	[ ]	hasta el puente por el margen del Mapocho?
c	Si vienes de la periferia al centro	[ ]	hasta la capital y reivindican más subsidios para la siembra.
d	¿Cuánto tiempo tuvo que esperar el niño desde que llegó al hospital	[ ]	desde Cuba.
e	El sábado por la mañana nos fuimos	[ ]	de un lugar a otro muy frecuentemente.
f	¿Se puede ir desde la estación	[ ]	hasta que fue atendido por el médico?
g	Medicamentos genéricos a bajo costo llegarán	[ ]	en coche tardas más; te conviene venir en metro.

III Completa las ofertas turísticas usando las preposiciones de la caja.

en	desde (2 veces)	a	de	hasta

Feriado largo de Pascua

Valles Calchaquíes. 4 días / 3 noches en hotel con media pensión. Sale ____ Tucumán y finaliza en Salta, con traslados ____ combi por los valles. Precio por persona: $4200 (habitación individual) / $3300 (habitación doble).

Las Leñas, Mendoza. Conoce el complejo de punta ____ punta: 6 días de cabalgata, con alojamiento, campamento, fogones y comidas (pensión completa). Bus cama ____ Buenos Aires. Precio por persona: $3700 (habitación triple).

Mar del Plata. 4 días / 3 noches en hotel Bahía Blanca (dos estrellas), con media pensión y traslado ____ Buenos Aires en bus semicama. Oferta válida ____ el 20 de marzo. Precio por persona / día: $980.

53 Artículo neutro "lo" I

lo positivo, lo del asalto, lo más importante, de lo más lindo

Forma	Función	Equivale a	Ejemplos
lo + adjetivo	generaliza conceptos	**la(s) cosa(s)** **la(s) parte(s)**	*¡Mira* ***lo positivo****!* (**la parte** / **las cosas** positiva/-s)
lo + **de** + sustantivo (común / propio)	se refiere a un asunto	**el asunto de**	*¿Sabes* ***lo del asalto****?* (**el asunto** del asalto)
	alude a una vivienda	**la casa de**	*Pasaré el día en* ***lo de mi hermana****.* (**la casa** de mi hermana)
lo + **más** + adjetivo o **lo** + **mejor** / **peor** / **único** / **principal**	da valor superlativo absoluto	**la(s)** + adjetivo + **cosa(s)** **la(s)** + **cosa(s)** + adjetivo	***Lo más importante*** *es tu cariño.* (**la cosa** más importante) *Sal y limón son* ***lo único*** *que falta.* (**las únicas cosas** que faltan) ***Lo peor*** *es callar.* (**la cosa** peor)
de + **lo** + **más** + adjetivo o adverbio	da valor intensificador	**muy** + adjetivo / adverbio	*Esas fiestas son* ***de lo más*** *lujosas.* (**muy** lujosas) *Encontré a Marga* ***de lo más*** *bien.* (**muy** bien)

Diferencias de uso de "el" (artículo masculino) y "lo" (artículo neutro)		
Con	**El**	**Lo**
sustantivos	antecede sustantivos ***El*** *reloj marcaba* ***el*** *tiempo con atraso.*	nunca antecede sustantivos
adjetivos o preposición **de** Ver unidad 54, sobre otros contrastes	presupone un sustantivo ya mencionado o aludido *Prefiero* ***el azul****.* (**el gorro**) ***El más creativo*** es este. (**el cuadro**) *Es* ***el de*** *la fiesta.* (**el muchacho**)	tiene las funciones descritas en el cuadro anterior *Prefiero* ***lo azul****.* (**las cosas**) *Esto es* ***lo más creativo****.* (**la cosa**) *Comentaban* ***lo de*** *la fiesta.* (**el asunto**)

Expresiones que llevan "lo"	Ejemplos
a lo >> como / al estilo de (se usa para referirse a la manera en que se toma una actitud, a nombres de platos culinarios, a modos de vestirse o de peinarse)	*Usa el coche con cuidado, no* ***a lo*** *bestia.* *Hola, amigas. Hoy preparamos "Bistec* ***a lo*** *pobre".* *En aquella fiesta tanguera, se peinó* ***a lo*** *Gardel.*
a lo largo de >> durante / por	*Hice dieta* ***a lo largo de*** *un mes.*
a lo mejor >> quizás, tal vez	*Oigo pasos.* ***A lo mejor*** *está llegando Luis.*
por lo pronto >> hasta este momento	***Por lo pronto****, hemos recibido 50 de las 80 cajas.*
por lo tanto >> en consecuencia	*No has traído el trabajo.* ***Por lo tanto****, no apruebas.*
por lo visto >> según parece / se sabe	***Por lo visto****, tu socio no tiene interés en el contrato.*
de lo contrario >> si no	*Muestre el documento.* ***De lo contrario****, no entra.*

I **Escribe el equivalente de cada expresión, siguiendo el modelo de cada columna.**

Modelo:	*Lo blanco del ojo*	**La parte blanca del ojo**
a	....	Las mejores cosas de Italia
b	Lo grave de la situación	....
c	....	El asunto de hoy en la escuela
d	Lo de Gonzalo	....
e	....	Un peinado al estilo de Madonna
f	Lo agradable	....
g	....	Muy inesperado

II **Llena cada hueco con una de las opciones de la caja, antecedida por "el" o "lo", según corresponda.**

bueno	más increíble	más maleducado	mejor	menor	más anciano	~~responsable~~

Modelo: Marcelo es *el responsable* **de todo el departamento financiero.**

a .... es que no me hayan respondido hasta hoy.

b Ninguno de los hermanos tiene buena conducta, pero .... es ....

c Lo haré .... que pueda.

d Cuando .... llegó a la fila, los demás lo dejaron pasar primero.

e ...., si es breve, es dos veces bueno.

Escanea el código QR para ver la videoclase sobre este contenido.

http://mod.lk/gr_es119

III **Inserta en cada hueco del siguiente texto una de las expresiones de la caja.**

a lo largo	a lo mejor	de lo contrario	de lo más	lo de	por lo pronto	por lo visto

Para: Marcela

Asunto: Me has dejado curiosa

Marcela, ¿qué tal? Las últimas palabras de tu correo me han dejado .... curiosa, sobre todo por .... que "apareció alguien especial...". ¡Anda, cuéntamelo todo! ...., la inauguración fue muy "productiva" para ti. Sobre si voy a aprovechar la licencia que tengo pendiente, ..., no he decidido nada. .... trabajo hasta fin de año y me tomo la licencia en un período más tranquilo porque, ..., creo que no la disfrutaré realmente. .... del mes lo iré pensando.

Saludos,

Beti

54 Artículo neutro "lo" II

Contraste "el... que" y "lo... que"

el mejor **que**, **lo** mejor **que**, etc.

Diferencias de uso de "el" y "lo" en construcciones con "que"		
Forma	**El**	**Lo**
el / **lo** + adjetivo + **que**	presupone un sustantivo ya mencionado o aludido *Este helado es **el** mejor **que** he probado.* (**el** mejor **helado**) 	generaliza una característica y puede sustituirse por **la(s) cosa(s)** *Este helado es **lo** mejor **que** he probado.* (**la** mejor **cosa**) 
el / **lo** + **más** / **menos** + adjetivo + **que**	*Jorge es **el más** imprevisible **que** conozco.* (**el hombre** más imprevisible)	***Lo más** imprevisible **que** tiene es su comportamiento.* (**la cosa** más imprevisible)
el / **lo** + **que**	presupone un sustantivo específico ya mencionado o aludido; puede sustituirse por **este** / **ese** / **aquel** *Sí, eso es. ¡El dinero! ¡**El que** te presté hace un año!* (**el dinero** / **ese**)	se refiere a una cantidad inespecífica, a un acontecimiento o a algo dicho o escrito; puede sustituirse por **esto** / **eso** / **aquello** *Sí, eso es. ¡Todo! ¡**Lo que** te presté hace un año!* (**las cosas** / **aquello**)
todo el / **lo que**	se refiere a seres humanos; puede sustituirse por **aquel** ***Todo el que** ingresa a esa facultad adquiere algunos privilegios.* (**todo aquel** / **toda persona**)	se refiere a una cantidad inespecífica; puede sustituirse por **aquello** ***Todo lo que** ingresa en caja es inmediatamente contabilizado.* (**todo aquello** / **toda cantidad o valor**)

Usos exclusivos de "lo" en construcciones con "que"		
Forma	**Función**	**Ejemplos**
lo + **más** / **menos** + adverbio + **que**	da valor superlativo, en general seguido por verbos en subjuntivo indicando posibilidad Ver apéndice 6, sobre construcciones intensificadoras	*Por favor, lleguen **lo más** temprano **que** consigan y entren **lo más** silenciosamente **que** puedan.*
lo + adjetivo / adverbio + **que**	en oraciones exclamativas, directas o indirectas, destaca intensidad o cantidad; puede sustituirse **lo... que** por los exclamativos **qué** o **cuánto**	*¡**Lo** guapa **que** estás!* >> *¡**Qué** guapa estás!* *Es increíble **lo que** cuesta un alquiler.* >> *Es increíble **cuánto** cuesta un alquiler.*
lo + **que** + verbo en indicativo		

I **Relaciona las frases de la columna de la izquierda con las expresiones equivalentes de la columna de la derecha, y después llena los huecos con "el" o "lo", según corresponda.**

a ¿Te has olvidado de todo ...... que me prometiste? Yo recuerdo varios favores, como ...... que te hice ayer.
b Hasta ayer, ... que más nos convencía era el equipo mexicano.
c Todo ...... que conoce su casa y su barco queda fascinado: es ...... que muchos querrían tener.
d Intentó escribir la queja ...... más claramente que pudo, pero no imaginas ...... que le cuesta expresarse.
e Cuando comprendas ...... interesados que son algunos clientes, no creerás en todo ...... que te digan.
f ...... más importante es que...... más importante de nuestros directivos esté presente en el acto.

[   ] aquel que
[   ] qué interesados son – todo aquello que
[   ] todo aquel que – es algo que
[   ] la cosa más importante – el directivo más importante
[   ] tan claramente como – cuánto le cuesta
[   ] todo aquello que

II **Pasa las siguientes frases al singular.**

a ¡Lo complicados que son estos ejercicios!

....

b ¡Lo que más valoro son las verdaderas amistades!

....

c No, no quiero esos cinturones marrones. Quiero los negros que vi hace un rato.

....

d Solo encuentro estos vestidos. ¿Son los que querías?

....

e Los asaltos del mes pasado son lo único que inquietó a este barrio.

....

f ¡No sabes lo lindas que están las flores del florero!

....

III **Ordena los fragmentos del siguiente correo electrónico, colocando un número en la columna de la izquierda, y completa los huecos con "el" o "lo", según corresponda.**

Ver unidad 53, sobre "lo"

[   ] ...... contento que estoy con la novedad. ...... que no entiendo es por qué
[   ] Me parece que ...... más adecuado para una pareja es vivir ellos solos, pero, en fin,
[1] Marcos: ayer recibí tu correo electrónico sobre ...... casamiento de Juanjo y Gabriela. No hace falta decir
[   ] van a vivir en ...... de los padres de Gabriela. ¿No tenían un departamento para vivir?
[   ] ¿Y ...... que tiene Juanjo en ...... edificio de la avenida La Plata?
[   ] cada uno sabe ...... que le conviene. Dales un abrazo de mi parte, y saludos para ti, Ernesto.

55 Localización espacial I

en, entre, (a)dentro (de), (a)fuera (de), cerca (de), lejos (de)

Preposiciones	Indican	Ejemplos
en	localización plena, estado	*Julia se encuentra* ***en*** *la oficina.*
entre	localización intermedia	*El documento está* ***entre*** *el monitor y el teléfono.* *Hay muchos pozos* ***entre*** *el centro y la entrada.*

Localización	Adverbio	Locución
en el interior de algo	**(a)dentro**	**dentro de / adentro de**
	¡Vamos para ***adentro****, niña!* *¡Quédate* ***dentro****, Rex!*	*Dejé tu celular* ***dentro de*** */* ***adentro de*** *aquel cajón.*
en el exterior de algo	**(a)fuera**	**fuera de / afuera de**
	Esa puerta se abre hacia ***fuera****.* *Hoy cenamos* ***afuera****.*	*Felipe ha dormido* ***fuera de*** */* ***afuera de*** *casa esta noche.*
próximo	**cerca**	**cerca de**
	Aquí ***cerca*** *hay un campamento gitano.*	*¿Vives* ***cerca de*** *la escuela?*
distante	**lejos**	**lejos de**
	Debido a la niebla no podemos ver muy ***lejos****.*	*Estamos* ***lejos de*** *la frontera.*

1 **Observa la imagen, verifica si las afirmaciones son verdaderas (V) o falsas (F).**

[ ] **a** La TV está muy lejos de la cama.

[ ] **b** La botella de agua está en el piso, cerca de la pata de la silla.

[ ] **c** La silla está entre la mesa y el mueble de la TV.

[ ] **d** Los compactos están dentro del mueble.

[ ] **e** Los papeles están ordenados sobre la mesa.

II **Observa las imágenes y completa las frases. Usa las expresiones de la caja.**

cerca de	entre	fuera de	lejos de	afuera	adentro

a

b

c

d

e

f

a El departamento es más caro porque está _____ la estación del metro.

b El correo está _____ el banco y el restaurante chino. Lo vas a encontrar fácilmente.

c Si entro a la fiesta, voy a tener que saludar a todo el mundo. Te espero _____.

d Voy a tomar un taxi, puesto que el consultorio queda _____ aquí.

e Los novios nos dejaron _____ la lista de invitados.

f ¡Dejamos el perro _____ del auto!

III **Completa las instrucciones con las formas de localización espacial más apropiadas.**

Qué hacer durante un terremoto

La mayoría de las lesiones durante los terremotos ocurre cuando objetos caen sobre la gente al entrar o salir de los edificios. Entonces, ¡échese al piso, cúbrase y agárrese! Reduzca al mínimo sus movimientos. Permanezca _____ hasta que el temblor cese y usted se cerciore de que es seguro estar _____. Si está _____, busque refugio debajo de un escritorio, mesa o banco, o contra una pared interior, y agárrese. Manténgase _____ vidrios, ventanas, puertas exteriores o paredes y de todo lo que pueda caerse, tal como lámparas y muebles. Si no hay una mesa o escritorio _____ usted, cúbrase la cara y la cabeza con sus brazos y agáchese _____ una esquina interior del edificio. Los marcos de las puertas solo deben usarse como refugio si están _____ usted, y si usted sabe que es una puerta de carga apoyada fuertemente. Si está en la calle, quédese allí _____. No entre en ningún lugar. Aléjese de los edificios, de las luces de la calle y de los cables de electricidad.

Disponible en <www.fema.gov/node/33235>. Acceso el 2 mzo. 2014. (Adaptado).

56 Localización espacial II

arriba (de), **abajo** (de), **bajo**, **debajo** (de), **encima** (de), **sobre**

Localización	Adverbio	Preposición	Locución
en la parte superior	**arriba / encima**	**sobre**	**arriba de / encima de**
	¿Puedes pasarme esa caja que está allí ***arriba*** */* ***encima****?*	*Las llaves están* ***sobre*** *la mesa.*	*Dejaste la toalla mojada* ***arriba de*** */* ***encima de*** *la cama.*
en la parte inferior	**abajo**	**bajo**	**abajo de / debajo de**
	No guardes la fruta ahí, ponla ***abajo****.*	*No caminen* ***bajo*** *ese sol tan intenso.*	*Lo encontré* ***abajo de*** */* ***debajo de*** *la mesa.*

Sobre

equivale a **encima** (**de**) y **arriba** (**de**), excepto al expresar apoyo en una superficie vertical, en que el uso de **sobre** es obligatorio y exclusivo: ***Sobre*** *la pared hay varios cuadros colgados.*

Importante

1. En el uso actual, las preposiciones y locuciones presentadas en el cuadro son equivalentes y se emplean casi indistintamente para ese tipo de localización:

   Había luces de colores ***sobre*** */* ***encima de*** */* ***arriba de*** *toda la casa.*

   Bajo */* ***abajo de*** */* ***debajo de*** *estas piedras hay restos de un antiguo templo.*

2. **Bajo** tiene sentido figurado cuando antecede palabras como cero, mando, órdenes, sospecha, presión, amenaza, vigilancia, control, dominio, ataque, ocupación, etc.

1 **Escribe, en los huecos, dónde está cada personaje o cosa. Cuando aparecen barras (/) entre los huecos, significa que hay más de una posibilidad de respuesta.**

a El albañil está .... / ...., en el primer piso.

b El fontanero está .... / .... / .... fregadero.

c El electricista está .... / .... / .... la escalera.

d Al lado del cerrajero hay un cuadro .... la pared.

e El yesero está .... / .... la escalera.

f El pintor está .... / ...., en la planta baja.

II Observa la imagen y escribe V (verdadero) o F (falso) en cada uno de los enunciados que están debajo de ella.

[ ] **a** Hay cuatro platos y cuatro vasos **abajo de** la mesa.

[ ] **b** Hay tres objetos **sobre** el mueble de la izquierda.

[ ] **c** En el carrito, las tres botellas están **arriba**.

[ ] **d** El reloj está **bajo** la pared.

[ ] **e** El florero más grande tiene un plato **abajo**.

[ ] **f** La lámpara está **arriba de** la mesa.

[ ] **g** Hay tres objetos colgados **encima de**l mueble que está sobre la pared.

III Reescribe las frases falsas del ejercicio anterior corrigiendo las palabras o expresiones señaladas. Conserva el orden en que aparecen.

1. ......
2. ......
3. ......
4. ......

IV Ahora reescribe las frases verdaderas del ejercicio II con otra posibilidad que equivalga a la palabra o expresión señalada.

1. ......
2. ......
3. ......

57 Localización espacial III

adelante (de), **atrás** (de), **delante** (de), **detrás** (de), **tras**

Localización	Adverbio	Locución
en la parte delantera (anterior)	**adelante / delante**	**adelante de / delante de**
	*Pongámonos **adelante** / **delante**, así oiremos mejor.*	*Estacioné el auto **adelante de** / **delante de** una camioneta.*
en la parte trasera (posterior)	**atrás / detrás**	**atrás de / detrás de**
	*Siéntate tú **detrás** / **atrás**, junto a los niños.*	*Las llaves están **atrás de** / **detrás de** la puerta.*

Preposiciones	
ante	**tras**
indica que se está frente a o en la presencia de un objeto o una persona; puede usarse también **delante de** y **frente a** que, en estos casos, equivalen a **ante** *El ministro declaró **ante** / **frente a** / **delante de** la Cámara.* *Nos encontramos **ante** / **frente a** / **delante de** las murallas de la antigua ciudad.*	cuando indica estado o permanencia en un lugar, equivale a **atrás de** / **detrás de** *Nos refugiamos **tras** / **atrás de** / **detrás de** un parapeto.* con verbos de movimiento, da idea de seguir o buscar *Salieron **tras** las huellas del sospechoso.* *Mariela anda **tras** ese cargo hace tiempo.*

1 **Escribe dónde está cada persona u objeto, completando cada hueco con una palabra. En los casos en que aparece una barra (/), hay más de una posibilidad.**

a El profesor está .... / ....

b La chica de pelo corto está .... / .... la de pelo recogido.

c Hay un estudiante atrasado .... / .... / .... la puerta.

d El joven está afilando su lápiz .... / .... / .... la basura.

e El escritorio está .... / .... la estantería.

f La joven más alta está .... / ....

II Completa con "de" o "del" solo los huecos en que esa preposición haga falta.

- **a** Los chicos están delante .... / adelante .... la mujer.
- **b** El señor está atrás .... / detrás ....
- **c** El padre se colocó atrás .... / detrás .... sus hijos.
- **d** La señora se encuentra tras .... los niños, y estos están adelante .... / delante .... todo.
- **e** El muchacho que está adelante .... / delante .... está escribiendo.
- **f** Este hombre se puso atrás .... / detrás .... marco de la puerta.

III Observa la imagen y completa las frases con las expresiones que están dentro de la caja.

delante de / adelante de	adelante / delante
frente a · tras · atrás de / detrás de	atrás / detrás

- **a** La mesa y las cuatro sillas están aquí .... / ....
- **b** La casa está .... / ....
- **c** Hay dos amigas conversando .... / .... la piscina. Una está .... la otra.
- **d** La mujer que está entrando a la piscina se ve .... / .... una de las sillas.
- **e** Hay dos palmeras .... el muro.

58 Verbos descriptivos I
Tener y haber

tiene buenos reflejos; **hay** algunos problemas

Estos dos verbos funcionan de manera diferente.

Ver unidades 42, 67 y 97, sobre verbos auxiliares en tiempos compuestos

Tener	Haber
nunca es impersonal; exige un sujeto y varía de acuerdo con él *Ese conductor **tiene** buenos reflejos.* *Esos compactos **tienen** varias canciones inéditas.*	es un verbo impersonal, sin sujeto posible; es invariable, siempre en el singular ***Había** un documento para firmar en tu mesa.* ***Había** varios archivos desordenados en tu computadora.*
focaliza personas, cosas, lugares, siempre en función del sujeto *Juan **tiene** una casa de fin de semana.*	focaliza un ámbito (espacial, temporal, situacional) generalmente especificado por la preposición **en** ***En** la casa de fin de semana de Juan **hay** una piscina.*
indica propiedad material o abstracta *Mi hermano **tiene** dos autos; yo solo **tengo** uno.* ***Tuve** muchos amigos mientras vivía en Córdoba.* ***Tenemos** clase de natación los jueves.* *Los nuevos móviles **tienen** muchas funciones.*	indica existencia, localiza objetos en un ámbito y puede ir acompañado por una locución adverbial *En mi oficina **hay** cuatro líneas telefónicas.* *Alrededor del edificio **habrá** vegetación decorativa.* *En aquella época no **había** ferrocarriles.* *Atrás de la cortina **hay** una salida de emergencia.*
indica característica física o, referido a una persona, también forma de ser *Jorge **tiene** ojos castaños y buen carácter.* *Nuestra casa **tiene** dos baños.* *El terreno **tenía** 12 000 m².*	
indica actitud emocional o sensaciones *Jorge y Luis **tienen** ganas de conocer otros países.* *Le **tengo** pena a esa gente.* ***Tuvimos** tanto frío que nos tapamos con dos edredones.*	

I **Completa con "hay" o "tiene", según corresponda.**

a La vendedora no .... autorización para devolver dinero a los clientes.

b En cada habitación del hotel .... un pequeño escritorio.

c El laboratorio .... tres computadoras en red.

d Marcela .... una hermana mayor.

e Sobre las paredes del pasillo principal .... valiosas pinturas.

II **Completa cada hueco de la primera columna con un sujeto y cada hueco de la segunda con un ámbito, estableciendo una correspondencia entre ambas columnas, según el modelo.**

Modelo:	**México tiene varios sitios arqueológicos.**	*En México* **hay varios sitios arqueológicos.**
a	Hasta 1954 Argentina no tuvo TV.	.... no hubo TV hasta 1954.
b	.... tendrá un jardín amplio.	En mi futura casa habrá un jardín amplio.
c	.... tenía seis periodistas.	En la redacción había seis periodistas.
d	¿Qué grupo tiene más alumnos?	¿.................. hay más alumnos?
e	Tal vez .... tenga aire acondicionado.	Tal vez en la sala haya aire acondicionado.

III **Completa el siguiente fragmento de reportaje con formas adecuadas de "tener" o "haber". Elige entre las formas que se te dan, repitiendo las que sean necesarias. En algunos casos hay más que una posibilidad.**

había	hubo	tengo	tenía	teníamos	tenían	tuvieron

Reportero: ¿Y es usted casada, señora Gómez?

Anabel: Sí, y .... dos hijos.

Reportero: ¿En otra época usted o su marido .... planes de emigrar?

Anabel: Pensamos en irnos de nuestro país en un tiempo en que ni mi marido ni yo .... trabajo fijo. Yo solo .... empleos ocasionales y él había sido despedido de la empresa después de trabajar cuatro años. En aquel tiempo .... dos amigos de él que estaban viviendo en Madrid. Los dos trabajaban y ganaban bien, pero no .... contratación legal. Nos ofrecieron ayudarnos a ir para allá, pero yo no quise: .... miedo por los chicos, no por nosotros. Después en España .... una ley nueva que permitió que los extranjeros que ya vivían allí legalizasen su situación. Ellos .... suerte, pero yo creo que nosotros hicimos bien en quedarnos.

59 Verbos descriptivos II
Haber, estar y tener

no había nadie; ya están todos; estoy hambriento; tengo calor

Ver unidad 58, sobre verbos descriptivos I

		Se combina con	Ejemplos
Con valor de existencia	Haber	sustantivos comunes en forma plural o de sentido colectivo sin determinante	***Había gente*** *y* ***automóviles*** *por todos lados.* *No* ***hay animales*** *sueltos en esa área.*
		artículos indefinidos	***Hubo un*** *poblamiento primitivo en este valle.*
		algún, **alguno**/-**a**/-**os**/-**as**, **ningún**, **ninguno**/-**a**/-**os**/-**as**, **alguien**, **nadie**, **nada**, **todo lo que**	*Nos avisarían si* ***hubiese algún*** *imprevisto.* *¿**Hay alguien** esperando atención?* *No* ***había nada*** *de qué quejarse, en el hotel* ***había todo lo que*** *necesitábamos.*
		numerales cardinales	*En la mesa redonda* ***habrá seis*** *participantes.*
		cuantificadores	***Hay muchas*** *galletas, pero* ***hay poco*** *café.*
		pronombres relativos e interrogativos	***Hay quienes*** *dicen que no* ***hay cómo*** *abandonar antiguos hábitos.*
	Estar	nombres propios	*De los profesores,* ***estaba*** *solamente* ***González****.* *En la costa* ***están Viña del Mar*** *y* ***Valparaíso****.*
		artículos definidos	*Los domingos* ***están*** *también* ***las*** *corridas de toros.*
		pronombre personal	*Todos se han ido, pero* ***estamos nosotros****.*
		todo/-**a**/-**os**/-**as**	*Si* ***están*** *ya* ***todos****, salgamos ahora.*
		demostrativos	*En mi diccionario no* ***está esa*** *palabra.*

Alternancia en la misma frase

haber y **estar** se alternan entre sí cuando en una misma descripción se incluyen elementos que se combinan con uno u otro de ellos

En África ***hay países*** *muy diferentes:* ***está Egipto****,* ***está Argelia****, por ejemplo, y* ***hay algunos*** *que en nada se parecen a estos dos.*

La habitación parecía llena de gente: ***había familiares****,* ***amigos*** *y* ***estaban los médicos****.*

La casa parecía otra: ayer no ***había nada*** *en orden; hoy* ***está todo*** *en su lugar.*

Estados y sensaciones

Estar: se combina con adjetivos que indican un estado

Estoy *acalorado / afiebrado / hambriento.*

Tener: se combina con sustantivos que indican sensación como causa de un estado

Tengo *calor / fiebre / hambre.*

Importante

Los estados atmosféricos se expresan con **hacer** + sustantivos, **estar** + adjetivos, **estar** + verbos en gerundio o **haber** (impersonal) + sustantivos.

Hace *calor / frío / viento / sol / buen tiempo.*

El día ***está*** *soleado / nublado / lluvioso.* ***Está*** *lloviendo.* ***Está*** *nevando.*

Hay *nubes / humedad / tormenta.*

I **Relaciona las columnas. Algunas alternativas tienen más de una posibilidad de respuesta.**

a	Ay, no me aguanto por el calor que	[ ]	mucha hambre.
b	Estoy con	[ ]	gripe.
c	Tengo	[ ]	mis amigos. ¿Pasa algo?
d	Ya se ve lo preocupado que	[ ]	tengo.
e	Por la noche hace mucho	[ ]	frío.
f	Con la dieta, he tenido	[ ]	está.

II **Organiza en las columnas los ítems de la caja y descubre cómo fue la fiesta de cumpleaños de Ana María.**

	Había...	Estaba(n)...
a		
b		
c		
d		
e		
f		
g		

algunos vecinos   Andrés
bocadillos deliciosos
dónde charlar tranquilamente
el jefe de Andrés   dos camareros
los caseros de la finca
mis abuelos   mis hermanos
mucho *champagne*
todas las compañeras del curso
torta de limón
unos primos de Andrés
Vilma y Eduardo

III **Teniendo en cuenta esta unidad y la anterior (58) sobre verbos de descripción, completa la columna derecha del siguiente cuadro con los verbos "tener", "haber", "estar" y "hacer" en presente de indicativo manteniendo el sentido de las frases de la columna de la izquierda.**

Escanea el código QR para ver la videoclase sobre este contenido.

http://mod.lk/gr_es131

	Portugués	Español
a	*Estou com vontade de sair.*	.... ganas de salir.
b	*O México tem muitas cidades históricas. Puebla, por exemplo, fica perto da capital.*	México .... muchas ciudades históricas. Puebla, por ejemplo, ... cerca de la capital.
c	*Logo ali tem uma padaria.*	Ahí cerquita .... una panadería.
d	*O posto de gasolina fica longe daqui.*	La gasolinera .... lejos de aquí.
e	*Está sol. Vamos à praia?*	.... sol. ¿Vamos a la playa?
f	*No parque só há nós três.*	En el parque solo .... nosotros tres.

60 Pronombres complemento III
Combinación de varios pronombres; duplicación

¿me lo das?; **a mí** no **me** pidieron nada; **¡me** comí una *pizza*!

Combinación de pronombres de objeto directo (OD) e indirecto (OI)	generalmente, se coloca primero el OI y después el OD *Esa revista puede ser interesante, ¿quieres que* ***te la*** *alcance?* **te** → OI (a ti); **la** → OD (esa revista) excepciones: en algunos usos figurativos, los pronombres **me** o **te** pueden ser OD junto con un OI de persona (destinatario o interesado); en esos casos, el OD va primero que el OI *No pienso entregár**meles**. >> No pienso entregar**me a ellos**.* *¿Por qué **te les** subordinas? >> ¿Por qué **te** subordinas **a ellos**?*
le / les ⇨ se	el OI de 3.ª persona (**le**/**les**) se realiza como **se** antes de los pronombres OD **lo**, **la**, **los** y **las** *Ofrecí la chaqueta a la muchacha. >> **Le** ofrecí la chaqueta. >> **Se la** ofrecí.*
Formas tónicas	los complementos **a mí**, **a ti**, **a él** / **ella** / **usted**, **a nosotros**/**-as**, **a vosotros**/**-as**, **a ellos** / **ellas** / **ustedes** se utilizan solo cuando es necesario **contrastar** posibles referentes o destacar uno en especial ***A mí*** *me pidieron un informe* (no a usted ni a ellos).
Duplicaciones	muchas veces, los pronombres complemento aparecen a pesar de que el objeto correspondiente esté en la misma oración ***A ese joven*** *siempre* ***le*** *sobra ropa.* La duplicación es obligatoria cuando: **a** el objeto (OD u OI) es un pronombre tónico ***A ti*** *también podrían convocar**te**.* *No es necesario explicar**les** eso **a ustedes**.* **b** el objeto (OD u OI) está antes del verbo ***El asiento*** *debo ajustar**lo** antes que nada.* ***A mis amigos*** *siempre* ***les*** *dije la verdad.* **c** el verbo es de sensación en el caso del OI (gustar, doler, parecer, encantar, etc.) Ver unidad 27, sobre construcciones especiales con OI
El "dativo de interés"	hay usos coloquiales muy frecuentes en que el pronombre OI no tiene esa función, sino que marca el interés o la participación emocional de la persona en el acontecimiento; en ellos, el pronombre no agrega información y puede omitirse ***Me*** *caminé diez quilómetros. >> Caminé diez quilómetros.* *¡No **te** aguantas ningún chiste! >> ¡No aguantas ningún chiste!*

I **Indica con una X en qué casos el pronombre complemento señalado es obligatorio.**

[ ] **a** No **la** esperemos a Marisa. Siempre demora.

[ ] **b** Podríamos comer**nos** toda la torta.

[ ] **c** A vosotras **os** conviene saber el camino.

[ ] **d** El tono de voz **les** pareció agresivo a todos.

[ ] **e** Podrías donar**le** alimentos a una institución.

[ ] **f** No sé aún si la cocina también **la** reformaré.

II **Completa las frases con una palabra por hueco, como en el modelo. Observa que en la segunda parte de cada frase se retoman elementos de la primera parte con pronombres complemento.**

Modelo: A mis amigos les pidieron documentos para entrar, pero _a_ **mí no** _me_ _los_ **pidieron.**

a ¿A ti aún no te han entregado la credencial? A nosotros ya ______ ______ han entregado hace días.

b A mí me explicaron el recorrido con un mapa, ¿a vosotros no ______ ______ explicaron así?

c A los alumnos nuevos les exigen una prueba de nivel, pero ______ los veteranos no ______ ______ exigen.

d Te recuerdo la hora de la cena porque me has pedido que ______ ______ recuerde.

e No puedo dejarte el coche porque Anselmo ______ ______ prestó a mí, no ______ ______.

f Si no quieres preguntarle eso a la profesora, ¿por qué no ______ ______ preguntas a algún compañero?

III **Cristina le cuenta a su marido las dificultades de convivencia que existen en el edificio donde viven. Inserta en el texto 16 pronombres complemento (7 OD y 8 OI, combinados o no) donde corresponda.**

¡Uf! La convivencia dentro de un mismo edificio es muy difícil. A algunos vecinos molesta cualquier ruido, hasta el más imperceptible. A otros no importa y, cuando hay barullo, ni sienten.

Cuando a algún copropietario gusta una determinada planta para decorar la entrada, siempre hay otro que rechaza en la reunión de consorcio. Y, si se da autorización a alguien para hacer algo, no pasa mucho tiempo que viene otro y también pide.

El otro día vi a una de las vecinas menos problemáticas increpando nerviosa al portero: "¿Por qué, si a la mujer del 5.° C permitieron poner una cuerda para tender en la ventana, a mí no permiten?". El portero se pasó media hora intentando explicar a la señora que la vecina había puesto la cuerda sin pedir permiso a nadie, pero no hubo caso: lo único que conformaría es que a su vecina obliguen a retirar la cuerda. La convivencia es difícil, pero todavía hay quienes saben disfrutar.

61 Presente de subjuntivo I
Verbos regulares; algunos usos

(que yo) visite, tema, abra, etc.

	1.ª conjugación	2.ª conjugación	3.ª conjugación
	Visitar	**Temer**	**Abrir**
(yo)	visit**e**	tem**a**	abr**a**
(tú / vos)	visit**es** / visit**es**	tem**as** / tem**as**	abr**as** / abr**as**
(él / ella / usted)	visit**e**	tem**a**	abr**a**
(nosotros/-as)	visit**emos**	tem**amos**	abr**amos**
(vosotros/-as)	visit**éis**	tem**áis**	abr**áis**
(ellos / ellas / ustedes)	visit**en**	tem**an**	abr**an**

Algunos usos del presente de subjuntivo	
expresar posibilidad en el presente o en el futuro: con el uso de **tal vez**, **quizá(s)** y **puede (ser) que**	***Tal vez*** ***usemos*** *tu cuarto.* ***Quizá(s)*** ***se queden*** *aquí.* ***Puede (ser) que*** ***pare*** *de llover.*
expresar deseos en el presente o en el futuro	***Ojalá*** ***lleguemos*** *a tiempo para el concierto.*

Importante

1. **Ojalá (que)** debe ir siempre acompañado por tiempos del subjuntivo. Ver unidad 66, sobre otros usos de "ojalá"
2. **Tal vez** y **quizá(s)** pueden también ir acompañados de verbos conjugados en indicativo.

Ver unidades 72, 73, 76, 77, 87 y 91, sobre otros usos del presente de subjuntivo

I **En cada caso, elige la opción que completa correctamente cada frase y cópiala en el hueco correspondiente.**

1. Ojalá que mi hermano .... su chaqueta de cuero.
a me presta **b** me prestará **c** me preste

2. Puede ser que mañana .... con mis padres. ¿Quieres venir?
a ceno **b** cene **c** cenaré

3. ¿Así que enviaste un currículo a la empresa de telefonía? Ojalá ....
a te entrevistarán **b** te entrevistan **c** te entrevisten

4. A pesar de ser domingo, puede ser que algunos comercios .... hoy.
a abran **b** abren **c** abrirán

II Rellena el crucigrama utilizando los verbos de la caja conjugados en presente de subjuntivo de acuerdo con la persona indicada.

besar (él)	curar (tú)	desear (tú)	esperar (ustedes)
leer (vosotros)	manejar (ellos)	recetar (yo)	retirar (ella)

		P				
		R				
		E				
		S				
		E				
		N				
		T				
		E				

III Completa los huecos conjugando los verbos que están entre paréntesis en presente de subjuntivo conforme la persona correspondiente.

a Ojalá que .... el comercio que tanto quieres. (abrir)

b Ana no pasó el examen. Tal vez .... darlo de nuevo el mes que viene. (intentar)

c No voy a poder salir contigo hoy. Puede ser que .... visitas. (recibir)

d Vi varios camiones en la casa de mis vecinos. Quizá la .... (ampliar)

e Este semestre estudiaremos a Cervantes. Ojalá .... toda su obra. (leer)

f Debéis estar preparados. Tal vez .... en la presentación de la obra. (cantar)

g Ayer hubo reunión de directores en la empresa. Puede ser que .... algunas acciones. (vender)

h Lleva más dinero; quizá .... más de la cuenta en la excursión. (gastar)

IV Completa los huecos con las letras que faltan para obtener la forma correspondiente del presente de subjuntivo.

a Puede ser que la noticia te sorpr.....nd....., pero no iré contigo al casamiento de Enrique.

b Quizá no nece..... .....t.....mos usar la tarjeta de crédito. De cualquier modo, la llevaremos.

c Este mes contaré con algo más de dinero; por eso, tal vez p.....nt..... mi casa.

d Anótate el número de teléfono porque puede ser que te lo olv.....d..... ......

e Tal vez la inv.....t..... a salir a Karina. Ojalá que ac.....pt......

f Puede ser que emp.....c.....mos a trabajar este lunes. Ojalá rec.....b.....mos todo el material que necesitamos.

g Nos mudamos la semana que viene. Espero que la mueblería entr.....gu..... los sofás a tiempo.

h Vence la cuenta del teléfono. Puede ser que la rec.....b.....mos esta semana.

62 Presente de subjuntivo II
Verbos irregulares

(que yo) piense, pida, ponga, etc.

El presente de subjuntivo se forma a partir de la 1.ª persona del presente de indicativo. La mayoría de las irregularidades que sufre esa forma en este tiempo se mantienen en las personas del presente de subjuntivo.

Ver unidades 9, 10 y 11, sobre verbos con la misma irregularidad en presente de indicativo

	Irregularidades	Infinitivo	Presente de subjuntivo
no cambian ni en nosotros ni en vosotros	-e- ⇨ -ie-	pensar / perder	piense / pierda
	-o- ⇨ -ue-	volar / mover / volver	vuele / mueva / vuelva
cambian en todas las personas	-e- ⇨ -i-	medir / pedir / servir	mida / pida / sirva / midamos / pidamos / sirvamos / midáis / pidáis / sirváis
	-e- / -o- ⇨ -ie- / -ue-	mentir / dormir	mienta / duerma
	-e- / -o- ⇨ -i- / -u-	mentir / dormir	mintamos / durmamos mintáis / durmáis
cambian igualmente en todas las personas	**raíz** + -g-	poner / tener / venir	ponga / tenga / venga
	raíz + -ig-	traer / caer / oír	traiga / caiga / oiga
	-ec- ⇨ -ig	decir	diga
	-c- ⇨ -g-	hacer / satisfacer	haga / satisfaga
	-uir ⇨ -uy-	diluir / huir	diluya / huya
	-car ⇨ -qu-	buscar	busque
	-gar ⇨ -gu-	apagar	apague
	-guar ⇨ -gü-	averiguar	averigüe
	-ger / -gir ⇨ -j-	coger / dirigir	coja / dirija
	-zar ⇨ -c-	alcanzar	alcance
	-cer / -cir ⇨ -zc-	crecer / conducir	crezca / conduzca
	-cer / -cir ⇨ -z-	vencer / zurcir	venza / zurza
	-e- ⇨ -i- + -g- ⇨ -j-	corregir / elegir	corrija / elija
	-e- ⇨ -i- + -gu- ⇨ -g-	seguir	siga

Irregulares especiales

Ser: sea, seas / seas, sea, seamos, seáis, sean
Ver: vea, veas / veas, vea, veamos, veáis, vean
Estar: esté, estés / estés, esté, estemos, estéis, estén
Dar: dé, des / des, dé, demos, deis, den
Ir: vaya, vayas / vayas, vaya, vayamos, vayáis, vayan
Haber: haya, hayas / hayas, haya, hayamos, hayáis, hayan
Saber: sepa, sepas / sepas, sepa, sepamos, sepáis, sepan
Caber: quepa, quepas / quepas, quepa, quepamos, quepáis, quepan

I **Entre los tres verbos dados al final de cada frase, elige el que la completa correctamente y conjúgalo en presente de subjuntivo.**

a Ana y Víctor aún no han vuelto; tal vez lo .... esta noche. (hacer / tener / venir)

b No sabía que te vas a casar con César, pero ojalá que .... el hombre de tu vida. (leer / ser / ver)

c Aquí os dejo unas mantas; puede ser que a la noche .... frío. (dormir / poder / sentir)

d Tienes que ir a la nueva librería; quizás allí .... el libro que buscas. (apostar / devolver / encontrar)

e Primero pasaré por el banco, y tal vez más tarde .... a la peluquería. (haber / ir / retribuir)

f La nueva película española es un éxito. Ojalá todavía .... entradas para la última función. (distribuir / haber / ir)

g Decidimos ir al sur en auto. Tal vez .... un poco cada uno. (aparecer / conducir / permanecer)

II **Completa las frases de la derecha, tomando como referencia las de la izquierda. Usa siempre el presente de subjuntivo como en el ejemplo.**

Modelo: Ayer hizo mucho calor por la tarde. — **Ojalá hoy** *haga* **menos.**

a ¿No dormisteis bien anoche? — Si cambiáis de cama, puede ser que .... mejor.

b Nunca dices la verdad. — Tal vez ahora la ....

c Mis amigos y yo difícilmente salimos. — Quizá .... mañana a cenar.

d Los jugadores de mi equipo jugaron muy mal. — Ojalá que el próximo domingo no .... así.

e El Sr. Álvarez está ocupado ahora. — Llámelo en una hora; tal vez ya .... desocupado.

f No me siento nada bien. — Quizá .... mejor después de tomar una aspirina.

III **Expresa un deseo o una posibilidad, según la situación. Usa las expresiones y los verbos de la caja. Conjuga los verbos en presente de subjuntivo.**

quizá / tener	~~tal vez / estar~~
ojalá / ser	tal vez / poner
ojalá / saber	puede ser que / volver

Modelo: Estamos atrasados. *Tal vez* **los chicos ya** *estén* **esperándonos.**

a ¿Comprasteis un armario desmontado? .... armarlo.

b Tengo una reunión de trabajo, y .... más tarde.

c Estás todo colorado. .... fiebre.

d La moto ya nos trajo muchos problemas; .... un anuncio para venderla.

e El año pasado fue fantástico. .... que este .... aún mejor.

63 Imperativo afirmativo I
Formación y usos

ama, vende, vive (tú), etc.

El imperativo se usa solo en las segundas personas y en la primera del plural.

1.ª conjugación	2.ª conjugación	3.ª conjugación	
Amar	**Vender**	**Vivir**	
ama / amá	vende / vendé	vive / viví	(tú / vos)
ame	venda	viva	(usted)
amemos	vendamos	vivamos	(nosotros/-as)
amad	vended	vivid	(vosotros/-as)
amen	vendan	vivan	(ustedes)

Formación del imperativo afirmativo (regular e irregular)	
tú	se quita la **-s** final a la forma del "tú" del presente de indicativo, sea el verbo regular o irregular (tú) pas**as** > pas**a** (tú) (tú) p**ie**ns**as** > p**ie**ns**a** (tú) (tú) o**yes** > o**ye** (tú) (tú) v**ue**lv**es** > v**ue**lv**e** (tú)
vos	se quita la **-r** final del infinitivo como resulta una palabra aguda terminada en vocal, lleva acento gráfico pasa**d** (vosotros) > pas**á** (vos) pensa**d** (vosotros) > pens**á** (vos) oí**d** (vosotros) > o**í** (vos) volve**d** (vosotros) > volv**é** (vos)
usted, ustedes, nosotros/-as	son las mismas formas del presente de subjuntivo correspondientes a estas personas **trabaje** (usted) / **tengan** (ustedes) / **vayamos** (nosotros/-as)
vosotros/-as	se cambia la **-r** final del infinitivo por **-d** deci**r** > deci**d** (vosotros/-as), espera**r** > espera**d** (vosotros/-as)

Ver unidades 61 y 62, sobre el presente de subjuntivo

Irregularidades especiales en el "tú"

Decir	Hacer	Ir	Poner	Salir	Tener	Venir
di	**haz**	**ve**	**pon**	**sal**	**ten**	**ven**

Usos del imperativo

Valores	Ejemplos
dar consejos y sugerencias	*Si vas a París, **visita** el Museo Rodin.*
formular pedidos	*Por favor, **abre** la ventana de la sala.*
dar órdenes	***Entreguen** el informe antes de las 11.*
dar instrucciones	*Para llegar al teatro, **doble** a la derecha en la avenida República.*

Importante

El uso del imperativo **no** denota, en general, falta de cortesía. Aunque el tratamiento no sea formal, no corresponde, necesariamente, a un trato rudo.

I Completa cada hueco con una forma de imperativo correspondiente a la obligación descrita entre paréntesis.

Modelo: Si vamos a salir, *llevemos* un paraguas. (tenemos que llevar)

- **a** ……………… el condimento antes de cocinar el pollo. (deben añadir)
- **b** ……………… lo que consideres más conveniente. (tienes que hacer)
- **c** Sr. Álvarez, ……………… todos los recibos de pago. (debe imprimir)
- **d** Antes de comprar los pasajes aéreos, ……………… el precio de las tasas. (tenéis que preguntar)
- **e** ……………… orden en tu habitación. (debes poner)

II La siguiente lista de consejos para el hogar debe redactarse toda con tratamiento de "tú". Encuentra los casos en que se usó el tratamiento de "usted" y reescribe el verbo en la columna de la derecha usando "tú".

- **a** Limpie el polvo que se deposita en el motor del refrigerador. ………………
- **b** Mantén el interior del refrigerador a una temperatura de 3 °C. ………………
- **c** Cierra el grifo al lavarte los dientes o afeitarte. ………………
- **d** Haga el lavado de la ropa con la máquina totalmente llena. ………………
- **e** Junta agua de lluvia para regar las plantas de la casa. ………………
- **f** Al cocinar, ponga la tapa a las cacerolas. ………………

III Identifica a qué persona corresponde cada forma de la caja: "tú" o "usted". Luego escríbelas en la columna que corresponde y completa las formas que faltan.

a ~~cierre~~ **b** consiga **c** convierta **d** duerme **e** miente
f pide **g** ponga **h** repite **i** salga **j** vuelva

	Tú	Usted
a	*cierra*	*cierre*
b		
c		
d		
e		

	Tú	Usted
f		
g		
h		
i		
j		

64 Imperativo afirmativo II
Empleo de los pronombres

ponte, síguelo, escríbeme, tráigamelas, etc.

Colocación	los pronombres se colocan **después** del imperativo afirmativo y se unen a él formando una sola palabra: pon**te**, sígue**lo**, óigan**la**, escríbe**me**
Orden	cuando hay dos pronombres complemento, por lo general, va primero el OI y después el OD: tráiga**melas**, lléva**telos**, dí**selo**, dá**nosla**

Ver unidad 22, sobre acentuación · Ver unidad 60, sobre orden de pronombres OD y OI

Contraste	
*Escúcha**me**.* (imperativo)	**pedido:** que tú me escuches
***Me** escucha.* (presente de indicativo)	**afirmación:** alguien me escucha (ahora o siempre)
por eso, la posición inadecuada del pronombre puede provocar una interpretación equivocada	

Importante

1. Los imperativos conjugados en "nosotros/-as" pierden la **-s** de su terminación delante de los pronombres **-nos** o **-se**: encontré**mo**nos, pidá**mo**selo.
2. Los imperativos conjugados en "vosotros/-as" pierden la **-d** de su terminación ante la forma **os** en construcciones reflexivas o pronominales: observa**os**, decí**os**, divertí**os**, arregla**os**.
3. El verbo **irse** es el único que no sigue la regla 2: id**os**.

1 **Reescribe las frases conjugando el verbo en imperativo afirmativo y sustituyendo el complemento por el pronombre correspondiente, como en el modelo.**

Modelo: Abrir (tú) el regalo *Ábrelo.*

a Escuchar (usted) el programa ....
b Visitar (nosotros) a nuestros tíos ....
c Vender (ustedes) las acciones ....
d Comprar (vosotros) la revista de moda ....
e Saludarse (vosotros) ....
f Escribir (usted) a mí ....
g Observar (tú) a los niños ....
h Barrer (ustedes) el salón ....
i Hablar (ustedes) a nosotros ....

II Escribe las respuestas afirmativas a las siguientes preguntas, según el modelo.

Modelo: ¿Puedo **usar** el teléfono? — Sí, *úsalo.*

a Mamá, ¿puedo **ponerme** esta camiseta? — Sí, ...

b Ya es tarde y no hay ómnibus. ¿**Nos quedamos** aquí? — Sí, ...

c ¿**Te envío** las fotos por correo? — Sí, ...

d ¿Quieres que **le ponga** gasolina al coche? — Sí, ...

e ¿**Me llevo** el CD? ¿Cuándo quieres que **te lo traiga**? — Sí, ... y .... el sábado sin falta.

III A continuación, te damos una receta para preparar guacamole. Reescríbela abajo, conjugando los verbos señalados en el imperativo y sustituyendo por el pronombre correspondiente los complementos, cuando los haya.

GUACAMOLE

INGREDIENTES:

2 aguacates maduros pelados
1 tomate pequeño pelado y en trocitos
jugo de 1 limón
2 cucharadas de cebolla, finamente picada
1/2 cucharadita de sal
2 cucharadas de cilantro fresco picado
Tabasco al gusto
1/2 cucharadita de salsa inglesa

PREPARACIÓN:

Combinar todos los ingredientes en una licuadora.

Procesar los ingredientes hasta que la mezcla esté grumosa.

Nota: Si no se hace justo antes de servir, **poner** las semillas del aguacate dentro de la mezcla para evitar que se oscurezca.

Servir la mezcla como entrada con tortillas calientes o tortillas tostadas.

Disponible en <http://recetastipicascr.com/recetas/recetas61>. Acceso el 9 mzo. 2014. (Adaptado).

65 Imperativo negativo
Formación, usos y empleo de los pronombres

no cant*es*, no *te* prepar*es*, no *la* esper*es*, etc.

Formación	formas del presente de subjuntivo antecedidas por adverbios o conjunciones de **negación** ***No* canten** *más; ya es suficiente.* Ver unidades 61 y 62, sobre presente de subjuntivo ***Ni*** *te* ***prepares ni salgas*** *antes de que te avisen.* ***Nunca gastéis*** *demasiado, pero* ***tampoco*** *os* ***privéis*** *de lo necesario.*
Usos	hacer pedidos: *Por favor,* ***no les digas*** *cómo termina la película.* dar órdenes: ***No apoyen*** *los zapatos sobre el sofá.* dar consejos: ***Nunca seas*** *descortés con quien te habla.*
Uso con pronombres	los **pronombres** van antes del verbo *Mónica llegará tarde, no* ***la esperemos****.* *Nunca* ***te subas*** *a ese árbol.*

1 Escribe la información que transmite cada uno de los carteles usando el imperativo negativo. Utiliza el verbo que está entre paréntesis y conjúgalo en "tú".

a (estacionar) *No estaciones.*

b (fumar) ....

c (adelantarse) ....

d (andar) .... en bicicleta.

e (usar) .... el móvil.

f (pescar) ....

g (zambullirse) ....

h (girar) .... a la izquierda.

i (avanzar) ....

j (pisar) .... el césped.

II Transforma las siguientes frases en negativas, como se indica en el modelo.

Modelo: Llama a la oficina durante la mañana. *No llames a la oficina durante la mañana.*

- **a** Enviemos los libros por correo. ....
- **b** Abre todas las ventanas durante el día. ....
- **c** Imprimid el comprobante de pago. ....
- **d** Vende todas tus acciones. ....
- **e** Guarde esa información en la computadora. ....
- **f** Compartid la responsabilidad entre todos. ....

III Completa las frases usando los verbos de la caja. Conjúgalos en imperativo negativo.

beber firmar subir llamar ~~llevar~~ dejar insistir congelar

Modelo: Si vamos a pasear, no *llevemos* el perro.

- **a** Pueden oír música, pero no .... mucho el volumen.
- **b** Invítala a salir, pero no .... mucho.
- **c** Disfrutad la cena, pero no .... demasiado.
- **d** Si retira algo del *freezer*, no lo .... nuevamente.
- **e** Nunca .... para mañana lo que puedes hacer hoy.
- **f** Jamás .... un contrato si no habéis leído las cláusulas.
- **g** Te pido un favor: no me .... mañana porque estaré estudiando.

IV A continuación, hay una serie de consejos útiles, dados en el tratamiento formal, para tener en cuenta durante un viaje al exterior. Encuentra los errores que hay en el texto y reescríbelos correctamente en la siguiente caja.

llegue ....

Contrate con anticipación el transporte hacia el aeropuerto. **Llegues** con varias horas de anticipación.

No lleva todo el dinero y documentación en el mismo lugar.

Evita despachar artículos electrónicos para no estar expuesto a hurtos.

Consulta las condiciones climáticas del lugar de destino y lleva ropa apropiada.

No come o bebe en exceso antes de viajar.

No olvides llevar accesorios tales como baterías, transformador, adaptadores, etc.

Disponible en <www.airportnewsezeiza.com/paginas/informacion/Consejos.html>. Acceso el 9 mzo. 2014. (Adaptado).

66 Pretérito imperfecto de subjuntivo
Formación, usos y contraste con presente de subjuntivo

(si yo) llega**ra**/-**se**, rompie**ra**/-**se**, vinie**ra**/-**se**, etc.

Formación del pretérito imperfecto de subjuntivo
Es la misma para los verbos de 1.ª, 2.ª y 3.ª conjugación, sean regulares o irregulares
se quita la terminación -**ron** de la tercera persona de plural del pretérito indefinido y se agrega una de las dos terminaciones posibles: -**ra** o -**se**; así se obtienen la 1.ª y la 3.ª personas del singular las demás personas llevan a continuación sus respectivas terminaciones ejemplos: llega**ron** > llega**ra**/-**se**, rompie**ron** > rompie**ras**/-**ses**, atribuye**ron** > atribuye**ra**/-**se**, durmie**ron** > durmié**ramos**/-**semos**, tuvie**ron** > tuvie**rais**/-**seis**, conduje**ron** > conduje**ran**/-**seis**.

Ver unidades 34, 35 y 36, sobre el pretérito indefinido

	1.ª conjugación	2.ª conjugación	3.ª conjugación
	Llegar	**Romper**	**Venir**
(yo)	llega**ra**/-**se**	rompie**ra**/-**se**	vinie**ra**/-**se**
(tú / vos)	llega**ras**/-**ses** / llega**ras**/-**ses**	rompie**ras**/-**ses** / rompie**ras**/-**ses**	vinie**ras**/-**ses** / vinie**ras**/-**ses**
(él / ella / usted)	llega**ra**/-**se**	rompie**ra**/-**se**	vinie**ra**/-**se**
(nosotros/-as)	llegá**ramos**/-**semos**	rompié**ramos**/-**semos**	vinié**ramos**/-**semos**
(vosotros/-as)	llega**rais**/-**seis**	rompie**rais**/-**seis**	vinie**rais**/-**seis**
(ellos / ellas / ustedes)	llega**ran**/-**sen**	rompie**ran**/-**sen**	vinie**ran**/-**sen**

Importante

1. Las formas de "nosotros/-as" son esdrújulas: lleg**áramos** / lleg**ásemos**. Y las de "vosotros/-as" **no** llevan acento.
2. Se usan indistintamente las dos formas del imperfecto de subjuntivo: terminaciones -**ra** o -**se**. Ver unidad 22, sobre acentuación
3. La forma terminada en -**ra** no tiene ninguna relación en cuanto a su uso y significado con el *pretérito mais-que-perfeito* del portugués.

Algunos usos del pretérito imperfecto de subjuntivo	
con **tal vez**, **quizá(s)** y **podía** (**ser**) **que**, expresa acontecimientos posibles en un tiempo pasado explícito o presupuesto	*Ayer no vino; **tal vez estuviera** enfermo.* ***Quizá(s) encontrara** con quien hablar.* ***Podía (ser) que conociera** a otras personas.*
con **ojalá** (**que**) expresa un deseo que tiene poca o ninguna posibilidad de realizarse	***Ojalá terminaran** la reforma en el plazo.*

	Contraste			
	Presente de subjuntivo		Imperfecto de subjuntivo	
tal vez, quizá(s)	**puede (ser) que**	posibilidad en el presente o en el futuro *Está muy cansado. **Tal vez** no **salga**.*	**podía (ser) que**	posibilidad en el pasado *No salió ayer. **Tal vez estuviera** muy cansado.*
ojalá (que)		deseo visto como más realizable ***Ojalá me toque** la lotería.*		deseo visto como menos realizable ***Ojalá me tocara** la lotería.*

Ver unidades 61 y 62, sobre presente de subjuntivo

I Relaciona las columnas según corresponda.

a Llueve mucho.	[ ]	Quizá actuase de modo irreflexivo.
b Estaba muy enfadado.	[ ]	Tal vez no estuviera en casa.
c No llegó a viajar.	[ ]	Quizá a su novia no le gustara la película.
d No contestó a mis llamadas.	[ ]	Ojalá pudiera dar una vuelta en bici en el parque.
e Fue solo al cine.	[ ]	Podía ser que el coche estuviera estropeado.

II Responde en la segunda columna a la pregunta de la primera usando "ojalá" y el verbo señalado en imperfecto de subjuntivo, conforme el modelo.

Modelo ¿**Vas** al cine esta noche?	*¡Ojalá fuera / fuese!*
a ¿El niño **duerme** toda la noche?	
b ¿**Sabéis** cuándo nos van a pagar?	
c ¿**Partiremos** temprano?	
d ¿Enrique **querrá** salir contigo?	
e ¿**Hay** fiesta este fin de semana?	

III Agrega "quizá" en los huecos de las frases cuyos verbos estén en pretérito imperfecto de subjuntivo y escribe, al final, en los corchetes, la otra forma posible de ese tiempo.

a Estaban de la mano. .... fueran novios, pero también podían ser solo amigos. [............]

b Después de que se fueron todos, los vi más calmos y .... se fueron a acostar. [............]

c Mi hermano quiere mostrarme la playa donde .... estuvieron el año pasado. [............]

d .... con más estudio los alumnos aprobaran el examen. [............]

IV Completa cada frase con uno de los verbos de la caja en imperfecto de subjuntivo.

creer	esperar	hacer	ser

a Estuvo preocupado todo el día. Podía ser que .... una noticia importante.

b No nos contó lo que le pasó ayer. Tal vez no lo .... necesario.

c Teníamos mucho interés en comprar el cuadro, pero podía ser que no .... el momento.

d Viendo los precios con más detalle, tal vez (nosotros) .... un mejor negocio.

67 Pretérito perfecto de subjuntivo

(que yo) **haya celebrado / retenido / rendido**, etc.

		Formación del pretérito perfecto de subjuntivo	
		Haber	**Participio**
verbo auxiliar **haber** en presente de subjuntivo + **participio** del verbo principal	(yo) (tú / vos) (él / ella / usted) (nosotros/-as) (vosotros/-as) (ellos / ellas / ustedes)	**haya** **hayas** / **hayas** **haya** **hayamos** **hayáis** **hayan**	celebr**ado** reten**ido** rend**ido** Ver unidad 41, sobre participios

Usos del pretérito perfecto de subjuntivo

Valores	Ejemplos
acontecimientos *pasados*, presentados como *posibles* o *no verificados*	*No creo que los novios ya **hayan llegado** a la iglesia.* *Ojalá **haya conseguido** alcanzar el bus de las 2.*
con conjunciones como **cuando**, **una vez que**, **en cuanto**, **no bien**, **apenas**, expresa el fin de un acontecimiento que se imagina *terminado* en el futuro y que posibilita la ocurrencia de otro	*Cuando **hayas terminado** de lavar los platos, sécalos por favor.* *Una vez que **haya instalado** el programa, los mensajes de error cesarán.* Ver unidad 72, sobre esas conjunciones
diversas *actitudes emocionales* ante acontecimientos *pasados*: alegría, lamento, queja, etc.	*Me alegro de que **hayas logrado** entrar a una empresa tan importante.* *¡Qué pena que no **hayas podido** venir a mi casa!*
extrañeza o sorpresa ante acontecimientos pasados Ver unidad 73, sobre extrañeza y posibilidad	*Es raro que **hayan llamado** por teléfono a estas horas. ¿Habrán tenido algún problema?*

I **En cada caso, elige la opción que completa correctamente cada frase y cópiala en el hueco correspondiente.**

1. El jugador del Real Madrid desmiente que .... su cambio a otro equipo.
   a hayas aprendido **b** haya concluido **c** hayáis vendido
2. No creo que el jefe .... mal de ella. Es un hombre muy ético.
   a haya hablado **b** hayan pensado **c** hayas opinado
3. Me alegro de que tú y yo .... a trabajar juntos.
   a hayas comenzado **b** hayamos vuelto **c** haya ido
4. No importa lo que .... Te apoyo incondicionalmente.
   a hayáis pensado **b** hayamos sabido **c** hayas hecho
5. Os dejaré salir antes de terminar la clase cuando .... la autorización de vuestros padres.
   a hayan cumplido **b** hayas permitido **c** hayáis traído

II Completa el texto con los verbos de la caja conjugados en pretérito perfecto de subjuntivo en la persona correspondiente.

apagar	automatizar	dejar	estacionar
frenar	quedar	olvidarse	usar

Algunos consejos para automovilistas sin experiencia

Si hace poco que conduces, estás sujeto a pequeños errores que pueden proporcionarte momentos de tensión hasta que ________ determinados pasos y movimientos.

Te damos a continuación algunos consejos:

1 Antes de dar arranque, verifica si la palanca de cambios no está en alguna marcha. Puede ser que alguien que ________ el coche inmediatamente antes la ________ en primera o segunda.

2 Al detenerse en semáforos, etc., ocúpate de los cambios de marcha solo cuando el coche ya ________ totalmente.

3 Si al tomar velocidad sientes una cierta resistencia del coche, mira el tablero: quizá ________ de bajar el freno de mano.

4 Una vez que ________, si se hizo tarde, no salgas con prisa. Echa un vistazo al coche y verifica que ________ las luces y que la radio no ________ conectada en un volumen bajo.

III Relaciona las series de frases completando la segunda con una forma del pretérito perfecto de subjuntivo en la persona adecuada.

a Hoy, hasta ahora, no han recogido la basura.

b No sé si, cuando lo encontremos en casa, ya habrá preparado sus maletas para viajar.

c Temo que al llegar a la playa no tengamos gasolina. Puede acabarse antes.

d Preferí no responder a sus ofensas porque no me habría controlado fácilmente.

e ¡Alguien anduvo aquí tirando cosas al piso por todas partes! ¿Habrán sido los niños?

f Quiero terminar mi carrera antes de casarme.

[ ] ¡Qué bien que no ________! Lo único que habrías conseguido sería un nuevo disgusto.

[ ] Quizás tu novia no quiera esperar y te ________ antes de lo que pensaste.

[ ] Espero que mañana, a esta hora, ya la ________.

[ ] Ojalá no ________. Es difícil encontrar gasolineras por allí.

[ ] Ojalá ya las ________. Así salimos enseguida.

[ ] Puede ser que ________ los perros; mira estas huellas en el piso.

Regímenes preposicionales I

Uso exclusivo de "a"

acceder **a**, ir **a**, jugar **a**, llegar **a**, etc.

Verbo + preposición	Significado / Uso	Ejemplos
acceder a	tener acceso o pasar a un lugar, un ambiente virtual o una condición	*Por aquí se **accede a**l salón principal.* ***Accede a** la página oficial.* *Siempre soñó **acceder a** la universidad.*
asistir a	estar presente	***Asistió a** los funerales del presidente.*
creerle a alguien	tener confianza en lo dicho por alguien	*No tengo otra salida que **creerle a** Ana.*
decidirse a	tomar una decisión	*Aunque llovía mucho, **se decidió a** salir.*
echar(**se**) a / **romper** a (+ infinitivo)	comenzar a hacer algo de manera voluntaria y abrupta	*Y todos **nos echamos a** / **rompimos a** aplaudir emocionados.*
estar a **favor** de	apoyar	*El 84% **está a favor de** la nueva ley.*
ingresar a	pasar al interior de un lugar, entrar a un ambiente virtual o pasar a otro estado o condición	*Para **ingresar a** EE.UU., precisas tener visa.* *¿Cómo **ingresar a** Outlook Express?* *¡**Ingresa a** la carrera de tus sueños!*
invitar (a alguien) a	solicitar la presencia o la participación	*Se **ha invitado** a autores de varios países **a** que clausuren el congreso.*
ir a (+ infinitivo)	expresar futuro	*El próximo mes **vamos a** empezar los trabajos.* Ver unidad 40, sobre perífrasis de futuro
ir / **pasar** / **regresar** / **salir** / **venir** / **viajar** / **volver** a	indicar destino	***Va a**l gimnasio todos los días.* ***Salió a** la calle para comprar el periódico.*
jugar a	practicar determinados deportes y juegos	***Juega a**l voleibol los martes y jueves.* ***Juguemos a** la canasta.*
llegar / **arribar** a	alcanzar el lugar de destino	*Anoche **llegó** muy cansado **a** casa.*
parecerse a (alguien)	tener semejanza	***Se parece a** su padre.*
preferir (una cosa) a (otra)	elegir entre dos o más cosas	***Prefiere** las ensaladas **a** la carne.*
resolverse a	tomar una decisión	*Pocos **se resuelven a** hacer sacrificios.*
saber a	tener sabor a algo, real o figurativamente	*Esas carnes **saben a** pollo.* *Ese perfume **sabe a** flores.* *A veces, el segundo lugar **sabe a** victoria.*
salir a (persona)	heredar características	***Salió** más **a**l padre que **a** la madre.*
tenerle (un sentimiento) a (algo o alguien)	expresar un sentimiento	***Les tengo** cariño **a** esos niños.* *Claudia **les tiene** miedo **a** las cucarachas.*
traducir a	indicar el idioma meta	*Su obra se **tradujo a**l alemán y **a**l francés.*

Ver unidades 69, 70 y 71 y apéndice 13, sobre otros usos preposicionales

I **En cada caso, elige la opción que completa correctamente cada frase y cópiala en el hueco correspondiente.**

1. Una vez que __________ a la zona de clientes, descargue la versión definitiva del producto.
   - **a** haya salido
   - **b** haya asistido
   - **c** haya accedido
2. Al __________ a Granada, comimos un pescado que __________ a ostras.
   - **a** ir – se parecía
   - **b** llegar – sabía
   - **c** acceder – prefería
3. Al decir yo una tontería, todos dieron la vuelta para mirarme y __________ a reír.
   - **a** rompieron
   - **b** tuvieron
   - **c** pasaron
4. Este año 125 000 personas __________ a los eventos culturales organizados por la municipalidad.
   - **a** han asistido
   - **b** han creído
   - **c** han salido

II **Inserta en cada frase dos veces la preposición "a", sola o en forma de contracción.**

- **a** ¿Cuándo has viajado Brasil? Ven mi casa y cuéntamelo todo.
- **b** El próximo domingo vamos jugar la pelota.
- **c** Hay nuevas salas para jugar *ping-pong* y futbolín.
- **d** Ha llegado muy temprano la oficina porque más tarde va un concierto.
- **e** Se echó llorar porque no lo habían invitado la fiesta.

III **Reescribe las frases empleando los verbos indicados debidamente acompañados de la preposición "a".**

- **a** Confío ciegamente en mi mejor amigo. (creer)

  ____
- **b** Nadie apoya la guerra. (estar)

  ____
- **c** Mi hijo presenta muchas semejanzas conmigo. (parecerse)

  ____
- **d** Muchos ciudadanos acompañaron las celebraciones del Día de la Independencia. (asistir)

  ____
- **e** Los alumnos respetan mucho a ese profesor. (tenerle)

  ____

69

Regímenes preposicionales II

Uso exclusivo de "con", "de" y "en"

estar de novio/-a con, acordarse de, ir en, estar en contra de, etc.

Verbo + preposición	Significado / Uso	Ejemplos
bastar con	ser suficiente	***Basta con*** *presentarles los documentos.*
contribuir con	aportar algo	*Los consumidores* ***han contribuido con*** *más carga tributaria.*
dar con	encontrar algo o alguien sin buscarlo	*Felizmente nunca he tenido la mala suerte de* ***dar con*** *gente que me fastidia.*
estar con	hacer compañía, dar apoyo	***Estaremos con*** *ustedes en cada paso.* ***Estamos con*** *las puertas abiertas para acogerlo.*
estar de novio/-a con	tener una relación amorosa	*Mariana no* ***está de novia con*** *nadie.*
jugar con	entretenerse con determinados juguetes	*De pequeños, ¿****jugabais con*** *coches o* ***con*** *muñecas?*
acordarse de	traer a la propia memoria	*¡Nunca* ***se acuerda de*** *mi cumpleaños!*
alegrarse de	ponerse alegre	***Me alegro de*** *verte.*
cesar de	interrumpir una acción	*Los Príncipes no* ***cesaron de*** *saludar al público.*
componerse de	indicar cómo está formado o compuesto algo	*La colección* ***se componía de*** *199 cromos a todo color.*
ir / salir de	indicar objetivo o propósito	***Se fue de*** *viaje hace dos días.* ***Salí de*** *compras por la noche.*
olvidarse de	dejar de tener algo en la propia memoria	*En el momento de agradecer,* ***se olvidó de*** *nombres importantes.*
consistir en	indicar cómo está formado o compuesto algo	*Los textos orales* ***consistirán en*** *avisos, noticias, conversaciones o entrevistas.*
creer en (algo o alguien)	tener confianza	***Creo en*** *la capacidad de los directores.*
estar en contra de	oponerse	*Mucha gente* ***estaba en contra de*** *la guerra de Irak.*
ir / regresar / salir / venir / viajar / volver en	indicar medio de transporte	*Siempre* ***va en*** *metro / taxi porque es más rápido.* *¿****Vienes en*** *bici o* ***en*** *moto?* *Nunca* ***viaja en*** *avión.*
quedar en	concertar las circunstancias de un acontecimiento futuro	***Quedamos en*** *encontrarnos en la puerta a las 7, pues la función empieza a las 8.*
tardar en	demorar	***Tardó en*** *llegar por el tráfico.*

Ver unidades 68, 70, 71 y apéndice 13, sobre otros usos preposicionales

I Completa las frases con "con", "de" o "en".

a El coche se estropeó; así que fui .... metro.

b Es muy creativo y siempre contribuye .... nuevas ideas.

c Esta tarde he ido .... fiesta con mis compañeros de trabajo.

d Acuérdate .... traer los documentos originales; de lo contrario, no viajas.

e Los documentos tardarán dos días .... llegar.

f Guillermo estaba de novio .... Karina, pero hace un mes pelearon y rompieron.

II Relaciona cada comienzo de frase con su continuación teniendo en cuenta el significado y luego llena los huecos con la preposición correcta.

a Mi abuela, de niña, jugaba

b Con esos ambientes 3D, nos olvidaremos

c El próximo mes, salgo

d Entonces quedamos

e Para divulgar el evento, basta

f Para viajar

[ ] .... encontrarnos en el chat a partir de la una para pasarnos recetas.

[ ] .... colgar en la pared carteles informativos.

[ ] .... vacaciones.

[ ] .... tren, puede consultar nuestra página web.

[ ] .... muñecas de trapo.

[ ] .... que es un juego.

III Reescribe las frases empleando los verbos indicados acompañados por la preposición correspondiente.

a Para aprobar el examen, estudiar es suficiente. (bastar)

....

b Acordamos ir al cine a las 9. Todos tomaríamos el metro. (quedar – ir)

....

c La obra completa tiene cuatro tomos. (componerse)

....

d Hace un mes estoy saliendo con un chico muy guapo. (estar)

....

e ¡Estoy muy feliz por tu ascenso! No dejo de decírtelo. (alegrarse mucho – cesar)

....

f No apoyamos las ideas que ellos defienden. (estar)

....

70 Regímenes preposicionales III

Uso exclusivo de "por"; usos alternativos; expresiones

votar **por**, amenazar (**con**), disculparse **de** / **por**, etc.

Ver unidades 68, 69, 71 y apéndice 13, sobre otros usos preposicionales

Verbo + preposición	Significado / Uso	Ejemplos
acabar por (+ infinitivo)	culminar un proceso	***Acabé por*** *entender por qué lo hizo.*
brindar por	celebrar algo o a alguien haciendo un brindis	***Brindemos por*** *todos los proyectos de la compañía.*
casarse por	indicar el ámbito de celebración del casamiento	*No quieren* ***casarse por*** *iglesia.*
estar por (+ infinitivo)	estar a punto de o en la inminencia de algo	***Estuvo por*** *irse.*
interesarse por	inclinarse hacia algo o alguien	*Entonces ya* ***me había interesado por*** *la música, fundamentalmente, la electrónica.*
preocuparse por	inquietarse	*Carlos* ***se preocupa por*** *las deudas.*
tener por	considerar	*Todos la* ***tenían por*** *santa.*
votar por	dar voto a algo o alguien	*Nunca* ***votó por*** *un candidato progresista.*
amenazar (**con**)	dar señal de que va a hacer algún daño a alguien	*Un hombre* ***amenazó*** *(****con****) tirarse por la ventana.*
disculparse de / **por**	pedir disculpas	*Gracias por sus informes y* ***discúlpeme de*** */* ***por*** *la molestia.*
prepararse para (+ sustantivo) y **a** / **para** (+ verbo en infinitivo)	hacer o adquirir lo necesario por una finalidad	*¿****Os estáis preparando para*** *el mercado laboral /* ***para*** *entrar al mercado laboral? Entonces* ***me preparé a*** *aceptarlo todo.*
ser igual a / **que**	parecerse a algo o a alguien	*De niño,* ***era igual a*** */* ***que*** *ellos en todo: modales, ideas, miedos...*
ser responsable de / **por**	estar comprometido u obligado	*Somos* ***responsables de*** */* ***por*** *nuestra salud.*
sorprenderse de / **por**	conmoverse frente a algo inesperado	*¡****Me sorprendí de*** */* ***por*** *encontrarla!*

Construcción con preposiciones		
Construcción prepositiva	**Indica**	**Ejemplos**
al + infinitivo	anterioridad inmediata	***Al salir*** *del metro, miró el reloj.*
de + infinitivo	condición	***De haber****lo sabido, no habría venido.*
con + infinitivo	concesión	***Con*** *tanto* ***ahorrar****, aún no ha conseguido comprar el departamento.*
con solo / solo con + infinitivo	poco esfuerzo	***Con solo*** */* ***Solo con pedír****selo, te ayudará.*
por + infinitivo	causa; algo pendiente	***Por trabajar*** *tanto, está en cama.* *Hay mucho trabajo* ***por entregar****.*

I Sustituye o suprime preposiciones en cada frase, según corresponda.

Modelo: Somos nosotros los responsables *de* que esta comunidad sea activa. [*por*]

a El costo de Windows es igual que el de Linux. [..........]

b Se han preparado a casarse desde los primeros años de noviazgo. [..........]

c Empleados municipales amenazan con boicotear la visita del gobernador a la ciudad. [..........]

d Cualquiera se sorprendería de tal actitud. [..........]

e Ruego que me disculpen por haberlos decepcionado tantas veces. [..........]

II Observa las imágenes y completa las frases con verbos seguidos de preposición, según corresponda.

a

b

c

d

III Reescribe las frases empleando las expresiones con preposición + infinitivo correspondientes a la instrucción que va entre paréntesis.

a Aunque hemos aumentado en un 8% las ventas, aún no alcanzamos las metas. (concesión)

....

b Como está siempre tantas horas delante del ordenador, está llevando gafas. (causa)

....

c Es mentira que en mi rol de obligaciones falte hacer todo. Pero casi. (algo pendiente)

....

d Gane más de $3000 invirtiendo solamente $6 al mes. (poco esfuerzo)

....

e Si tuviera la plata, seguro que me compraría aquella computadora. (condición)

....

f Tan pronto llegamos a casa, prendimos la tele. (acción inmediatamente anterior a otra)

....

71 Regímenes preposicionales IV
Preposición "a" delante del OD

¿has visto **a** Juan?

Los complementos OD (objeto directo) se pueden sustituir por los pronombres **lo** / **la** / **los** / **las**, según su género y número:
Van a contratar (a) ***varios ejecutivos*** *para el nuevo proyecto. > Van a contratar**los**.*

Usos de la preposición "a" encabezando el OD

Referencia	Ejemplos
persona(s)	*Finalmente, mis padres conocieron* ***a mi novio****.* *No sé* ***a cuál de mis amigos*** *llamar.* *¿**A quién** has encontrado en la sala?*
ser(es) u objeto(s) personificado(s) (entidades, instituciones, mascotas, etc.)	*Culparon* ***al Ministerio*** *por el retraso de las obras.* *¿Ya has alimentado* ***a los gatitos****? Creo que están hambrientos.*

Omisión de la preposición "a"

Objetos directos indefinidos	cuando los objetos directos tienen **determinación indefinida**, aunque se refieran a personas, puede omitirse el uso de la preposición; eso sucede con los objetos que incluyen *numerales cardinales*, *intensificadores* y *artículos* y otros determinantes *indefinidos* *Hemos conocido (a)* ***cuatro*** *nuevas vecinas.* *¿Han contratado (a)* ***muchos*** *mensajeros?* *No han preparado (a)* ***ningún*** *suplente para situaciones imprevistas.* cuando el objeto directo es un sustantivo o adjetivo plural sin determinante, también puede omitirse la preposición *Hemos escuchado (a)* ***buenos oradores*** *en el acto de hoy.*
Interpretación específica o inespecífica	en algunos objetos directos indefinidos, la presencia de la preposición **a** puede hacer que el objeto se interprete como **específico** *Estoy buscando* ***a una secretaria bilingüe****.* (una secretaria bilingüe en particular, se sabe qué persona es) *Estoy buscando* ***una secretaria bilingüe****.* (ninguna en particular, cualquiera que sea secretaria y bilingüe)

Importante

No confundas el **OD con preposición** con:

A. los OI (objetos indirectos), que siempre llevan la preposición "a".

Sujeto	OI	verbo	OD
No sabemos	***a*** *quién*	*han entregado*	*el sobre.*

B. los elementos que siguen verbos que exigen la preposición "a".
invitar **a** algo/hacer algo, parecerse **a** alguien, preferir una cosa **a** otra, etc.

I Llena o no los huecos con la preposición "a", según corresponda.

Modelo: **Durante su estadía en París visitó** ...–... **la tumba de Napoleón.**

a Analía puso .... el póster de su cantante favorito en la pared de su cuarto.

b Solo pude reconocer .... Alicia por la voz. Está muy diferente con el cabello corto.

c Cuando mi mujer llega del trabajo, saluda primero .... los perros y después .... mí.

d Después de mucha investigación, encontraron .... los cuadros que habían desaparecido.

e Dejaron en libertad .... la famosa ballena de la película.

f En el puerto descubrieron .... varias cajas que contenían mercadería de contrabando.

II Marca con una X la columna que corresponde a la interpretación de cada frase.

		Persona(s)	
		específica(s)	**no específica(s)**
	Modelo: **Involucraron a algunos famosos en el escándalo de las fotos.**	X	
a	Encontraron algunas momias que datan del siglo II a. C.		
b	Los sorprendieron cuando iban a asaltar a dos turistas.		
c	La construcción del museo atrajo a algunos inversionistas.		
d	Aceptaron pocas personas para el concurso público.		
e	Van a traer a un futbolista que merece estar en este equipo.		
f	Invitaron mucha gente para la inauguración del evento.		

III Transforma las frases con pronombres complemento OD en frases con OD con o sin preposición "a", según corresponda.

Modelo 1: **(Roberto) Hace poco lo he dejado en casa.** *Hace poco he dejado a Roberto en casa.*

Modelo 2: **(el CD) Lo dejó en la estantería.** *Dejó el CD en la estantería.*

a (unos perros) **Los** vimos peleándose en el parque. ....

b (mis amigas) **Las** llamé, pero no me escucharon. ....

c (el Directorio) **Lo** convocamos, aunque no es la fecha. ....

d (aquella profesora) **La** recuerdo por su simpatía. ....

e (la llave) **La** he copiado, pero no funciona. ....

f (aquellos *jeans* modernos) **Los** compró en el centro. ....

72 Marcadores de tiempo III

cuando, en cuanto, apenas, no bien

Contraste	
Cuando	**En cuanto / Apenas / No bien**
hablar del *momento de la realización* de un acontecimiento *en relación con otro* ***Cuando*** *estuve en Chile, visité la cordillera de los Andes.*	indicar que el *momento de la realización* de un acontecimiento es *inmediatamente posterior* a otro *Me quito los zapatos* ***en cuanto*** */* ***apenas*** */* ***no bien*** *llego a casa.* > *Me quito los zapatos* ***inmediatamente después de*** *llegar a casa.*

	Principales combinaciones con tiempos verbales		
	Momento del acontecimiento	**Verbo en...**	**Ejemplos**
cuando	pasado	tiempos de indicativo	***Cuando*** ***llegamos*** *al hotel, tuvimos que registrarnos.*
	habitual (presente o pasado)	tiempos de indicativo	***Cuando*** ***me duele*** *la cabeza, dejo de caminar por unos minutos.*
	futuro	presente de subjuntivo	***Cuando*** ***cumplas*** *18 años, te prestaré el auto.* Ver apéndice 8, sobre formas verbales ausentes en español
en cuanto **apenas** **no bien**	pasado	pretéritos indefinido o imperfecto de indicativo	***En cuanto*** ***saliste****, te llamó Ramón.*
	habitual en el presente	presente de indicativo	***No bien*** ***me levanto****, me ducho.*
	habitual en el pasado	imperfecto de indicativo	***Apenas*** ***oían*** *el timbre, todos corrían hacia el patio.*
	futuro	presente de subjuntivo	***En cuanto*** ***abran*** *la puerta, verán la novedad.*

Importante

1. Para acontecimientos *futuros*, si se quiere hacer referencia al momento en que ya estén realizados o terminados, puede usarse el pretérito perfecto de subjuntivo.
   Cuando haya vuelto *la conexión al sistema, podremos darle la información que nos pide.* Ver unidad 67, sobre el pretérito perfecto de subjuntivo
2. **En cuanto** significa 'inmediatamente después de que'. Para expresar la simultaneidad de dos acontecimientos, se utiliza **mientras**.
   Ver unidad 30, sobre marcadores de tiempo

I Usa los verbos de la caja para completar cada una de las frases. Conjúgalos en el tiempo apropiado, fijándote en que no todos te servirán.

discutir aprovechar durar recibir lavar esperar terminar hablar empezar

a Te **respondí** tu correo electrónico en cuanto lo ....

b **Se casarán** apenas .... de remodelar la casa.

c En cuanto .... la película, **desconectaré** el celular.

d **Te emocionabas** mucho cuando .... de tu abuelo.

e Cuando .... de esa forma, **me dejáis** de muy mal humor.

II Reescribe las frases usando los marcadores "cuando", "en cuanto", "apenas" o "no bien".

a Me bañaré inmediatamente después de levantarme.

....

b En el momento que reciban la noticia, se pondrán felices.

....

c Después de salir del trabajo, haremos las compras.

....

d En el tiempo en que termine la universidad, se irá a España.

....

e Inmediatamente después de llegar a São Paulo, comprad un mapa.

....

III Llena los huecos reescribiendo las frases y haciendo las modificaciones necesarias.

	Pasado	Hábito presente	Futuro
a		Apenas entra, me da un beso.	
b	Cuando se vieron, se saludaron.		
c			Cambiaré de empleo en cuanto encuentre otro.
d	Se durmió no bien terminó de comer.		
e			¿Visitaréis el Cristo Redentor cuando vayáis a Río?

73 Expresiones de extrañeza y posibilidad

Presente o pretérito perfecto (subjuntivo) / futuros (indicativo)

qué raro que no **venga; tendrá / habrá tenido** problemas

Acontecimientos que causan extrañeza, sorpresa o inquietud	Las posibilidades o hipótesis	Gráficos
A: *¡Qué raro que mamá no **esté** en casa!*	B: ***Estará** haciendo compras.*	
A: *¡Qué raro que Ana no **venga** a la reunión!*	B: ***Tendrá** mucho que hacer. Quizás / Tal vez / Puede ser que **esté** ocupada.*	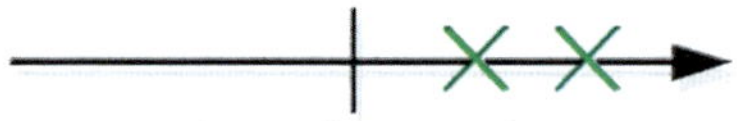
A: *Es raro que el pintor **haya terminado** la sala tan rápido.*	B: ***Habrá contratado** a un ayudante.*	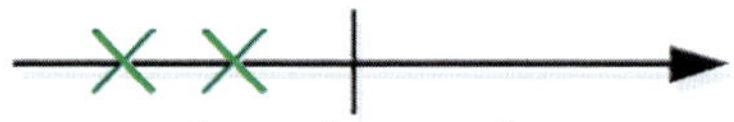
A: *Me extraña que Pedro no **haya traído** a su novia.*	B: *Ella no **habrá querido** venir. Siempre hablamos de trabajo.*	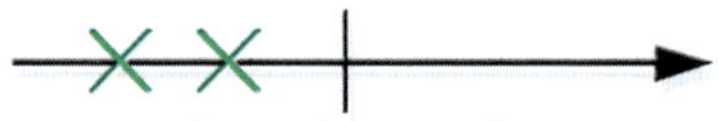

Importante

1. El acontecimiento que causa **extrañeza**, **sorpresa** o **inquietud** va en presente o pretérito perfecto de subjuntivo.
2. Las **posibilidades** o **hipótesis** que intentan explicar la situación van en futuro imperfecto o futuro perfecto de indicativo o en presente de subjuntivo.

1 Observa las imágenes y elige la frase que dé la mejor posibilidad para explicar cada situación.

1 ¡Qué raro que no pase ningún autobús!

- **a** Estarán de paro como protesta.
- **b** Habrán estado de paro como protesta.
- **c** Estuvieron de paro como protesta.

2 Me sorprende que no sepa las respuestas.

- **a** No puede estudiar.
- **b** No podrá estudiar.
- **c** No habrá podido estudiar.

3 ¡Qué raro que nadie atienda el teléfono!

- **a** Estarán todos en la reunión.
- **b** Habrán estado todos en la reunión.
- **c** Estaban todos en la reunión.

II Ha pasado una semana desde que se pronunciaron estas frases. Transfórmalas usando el pretérito perfecto de subjuntivo, como en el ejemplo.

Modelo: Inés ha llegado temprano. ¡Qué raro! Vive más lejos que yo.

¡Qué raro que Inés *haya llegado* tan temprano!

a Me extraña que ese cliente no haga el pedido con tiempo. ¡Es muy previsor!

Me extraña que ese cliente no .... el pedido con tiempo. ¡Es muy previsor!

b Me sorprende que los chicos no vengan al almuerzo del domingo.

Me sorprende que los chicos no .... al almuerzo del domingo.

c Es raro que la cuota del colegio no aumente.

Es raro que la cuota del colegio no ....

d Me extraña que la niña duerma con la luz prendida.

Me extraña que la niña .... con la luz prendida.

III Relaciona cada ítem con una de las situaciones presentadas en el ejercicio anterior, identificándola entre los corchetes. Luego llena los huecos usando el futuro imperfecto y el futuro perfecto de indicativo, respectivamente.

Modelo: (venir) *Habrá venido* / *Vendrá* en coche por la autopista.

[ ] **1.** (irse) .... / .... a pasear con sus amigos. Tenemos que entenderlos.

[ ] **2.** (dormir) .... / .... mejor.

[ ] **3.** (tener) .... / .... problemas de caja.

[ ] **4.** (recibir) .... / .... algún subsidio del gobierno para la educación.

IV De acuerdo con cada situación, expresa una duda y establece una hipótesis. Sigue el modelo.

Modelo: No hay agua en tu casa. Quizá estén arreglando los caños.

Me extraña que *no haya agua en mi casa. Estarán arreglando los caños.*

a Hay poco dinero en tu billetera. Tal vez se te acabó durante el fin de semana.

Me sorprende que ....

....

b Tu mejor amigo no te ha llamado para tu cumpleaños. Tal vez se olvidó.

Es raro que ....

....

c La palabra no está en el diccionario. Tal vez no exista en español.

Es raro que ....

....

d El perro no pide que lo saques a pasear. Quizá esté haciendo sus necesidades dentro de casa.

Me extraña que ....

....

74 Perífrasis verbales III

Acabar / dejar de, echarse a + infinitivo

acabo de oír una noticia urgente; **dejaste de trabajar** con tu hermano, etc.

Formación		
verbo auxiliar conjugado + preposición (**acabar de**, **dejar de**, **echarse a**, **empezar a**, **estar por**, **llegar a**, **ponerse a**)	+	verbo principal en **infinitivo**

Verbo auxiliar	Expresa	Ejemplos
acabar de	un acontecimiento *inmediatamente anterior* a otro o al momento del habla	***Acabábamos de oír*** *la grabación cuando se cortó la luz.* *El médico* ***acaba de llegar****.*
dejar de	un hecho que *cesa* o una acción que *se para* de hacer	*Esther* ***dejó de comer*** *dulces hace poquito.*
echar(se) a	acción que *comienza* en forma *voluntaria* y *abrupta*	*Robó la cartera y* ***se echó a correr****.*
empezar a	el *comienzo* de un hecho o una acción	*Ayer* ***empezaron a llegar*** *cartas.* ***Empezó a vender*** *cosméticos para ganarse la vida.*
estar por	*intención* de realizar una acción o *inminencia* de un hecho	***Estoy por renunciar*** *a mi trabajo.* *Saca la ropa del patio, que* ***está por llover****.*
llegar a	un acontecimiento *extremo*	***Llegó a haber*** *diez quilómetros de congestionamiento.* ***Llegué a pedirle*** *perdón de rodillas.*
ponerse a	una acción que *comienza*, enfatizando la *intención* de hacerla	*Aproveché y* ***me puse a limpiar*** *la casa.*

Importante

Para expresar un acontecimiento en curso, se usa la perífrasis "estar + gerundio": ***Estamos saliendo*** *de casa en este momento.*
El verbo "estar" no se usa seguido de la preposición "a" y el verbo en infinitivo. Ver unidad 46, sobre perífrasis con gerundio

I Relaciona los elementos de cada columna de acuerdo con su significado.

a	Por favor, no ensucies. Es que **acabo de** limpiar.	[ ]	Tras mucho esfuerzo lo hice.
b	No podemos gastar pues **estamos por** comprar una casa.	[ ]	En poco tiempo lo haremos.
c	Hace seis meses **dejé de** pintar.	[ ]	Lo hice hace un momento.
d	**Llegué a** participar de las reuniones de dirección.	[ ]	Comencé a hacerlo.
e	**Empecé a** escribir a los seis años.	[ ]	Ya no lo hago más.

II Completa cada frase con la combinación de un verbo conjugado, una preposición y un verbo en infinitivo de la caja.

acabo dejas empiezo está llegamos me pongo se echó	a por de	andar arreglar comprarme consumir hacer contar hablar

a Si no .... azúcar, seguirás engordando.

b Estoy muy contenta porque .... mi primer coche.

c Este año voy a llevar una vida más saludable: el lunes .... gimnasia.

d No sabemos cómo acercarnos a Lidia; .... con su mejor amiga, pero no dio resultado.

e Siempre que me sobra un tiempito, ... el jardín.

f Cuando el abuelo se pone de pie, es porque .... algo importante.

g El muy maleducado me dejó hablando sola y .... hacia el bar.

III Transforma la frase cambiando la parte destacada por una perífrasis.

a	**Ya no como** más carne.	.... carne.
b	En toda su carrera **consiguió reunir** más de veinte diplomas.	En toda su carrera, ... más de veinte diplomas.
c	**Ahora mismo abrieron** los negocios del centro comercial.	.... los negocios del centro comercial.
d	Los perros **de repente ladraron**.	Los perros ....
e	**Muy pronto aumentará** el dólar.	.... el dólar.
f	Como estaba lloviendo, nos quedamos en casa y **decidimos empezar a ordenar** los armarios.	Como estaba lloviendo, nos quedamos en casa y .... los armarios.

75 Perífrasis verbales IV
Haber que / tener que / deber + infinitivo

hay que estudiar para la prueba; **tengo que ayudar** a mi madre, etc.

Expresa	Formación de la perífrasis				Ejemplo
obligación o recomendación de manera *impersonal*	**hay** (invariable)	**que**	+	**infinitivo**	*En caso de incendio,* ***hay que cortar*** *la luz.*
obligación o recomendación de manera *personal* (*alguien* "debe" o "tiene que" hacer algo)	**tener** (conjugado)	**que**	+	**infinitivo**	*Hoy* ***tenemos que ir*** *al supermercado, sin falta.*
Ver unidad 58, sobre "tener" y "haber"	**deber** (conjugado)		+	**infinitivo**	*Si quiero perder peso,* ***debo hacer*** *más ejercicios.*

Importante

La forma **deber** + **de** + **infinitivo** también es posible, pero se utiliza para expresar *posibilidad*:

Atilio no se ve contento; ***debe (de)*** *estar enojado por algo.*

Hola, soy Ana. Te dejo este mensaje porque ***debes (de)*** *estar esperándome y voy a llegar unos 15 minutos atrasada.*

Son las 12 y los chicos todavía no han llegado de la escuela. ***Deben (de)*** *estar haciendo algún trabajo.*

No encuentro mi móvil. ***Debo (de)*** *haberlo dejado en casa.*

1 Forma una frase relacionando un elemento de la columna de la izquierda con su continuación en la columna de la derecha. Sigue el modelo.

Modelo: Cuando aparece una oportunidad,	[ ] hay que beber bastante agua.
a Si vas a São Paulo,	[ ] debéis salir ahora.
b Si quieren inscribirse en el concurso,	[ ] tienes que conocer el MASP.
c Me hicieron una multa,	[ ] porque tengo que responder a algunos correos.
d En épocas de calor	[ ] porque no puede ir a acampar con sus amigos.
e Me quedaré hasta más tarde	[ ] deben enviar la solicitud por Internet.
f Si queréis llegar a tiempo,	[M] **hay que aprovecharla.**
g Antes de empezar a cocinar,	[ ] tenemos que llegar tres horas antes al aeropuerto.
h Como viajaremos en avión,	[ ] y debo pagarla antes de fin de mes.
i Andrés está muy triste	[ ] hay que tener todos los ingredientes.

II Completa las frases usando las palabras de la caja.

tenéis	hay (2 veces)	tenemos	debo	tienes	deben

a .... que evitar la exposición al sol entre las 12 y las 16.

b Hoy mismo .... comprarme un vestido para la fiesta de graduación.

c Siempre .... que reciclar las pilas y baterías.

d Quiero que nos veamos. .... que hablar sobre un asunto serio.

e Los diputados .... atender las principales necesidades de la población.

f Si pretendéis bajar de peso, ... que eliminar la harina en las comidas.

g Para llegar al centro, ... que tomar el metro de la línea 4.

III **A continuación, hay una serie de consejos sobre cómo comportarse en una entrevista de trabajo. Entre las formas señaladas, elige la más adecuada y tacha la otra.**

Archivo Edición Ver Favoritos Herramientas Ayuda

Dirección www.lanacion.com.ar/1536101-once-reglas-de-etiqueta-para-una-entrevista-laboral-exitosa

REGLAS DE ETIQUETA PARA UNA ENTREVISTA LABORAL EXITOSA

La entrevista laboral es esa instancia tan temida en que, en pocos minutos y frente a una persona completamente desconocida, un candidato debe / tiene probar sus condiciones para conseguir el trabajo deseado.

El candidato puede reducir significativamente el contexto negativo si se ajusta a ciertas reglas de presentación y comportamiento:

Puntualidad: impuntualidad implica tanto llegar con demasiada antelación como demasiado tarde. Si se presenta una demora, tiene / debe que llamar y avisar, además de pedir disculpas.

Conocimiento de la empresa: tuvieron / hay que poseer informaciones básicas de la empresa.

Vestimenta e imagen adecuadas: siempre existe un "código de vestimenta" según la empresa de que se trate. Hay / Tener que respetarlo.

Atención: no se tiene / deben generar interrupciones. Debe / Hay que prestar atención al entrevistador, nunca dejar el celular prendido y menos atender una llamada.

Lenguaje: los términos que se emplean deben / hay ser formales; los términos burdos, coloquiales o descorteses pueden dañar la imagen del candidato.

Disponible en <www.lanacion.com.ar/1536101-once-reglas-de-etiqueta-para-una-entrevista-laboral-exitosa>. Acceso el 23 mzo. 2014. (Adaptado).

76 Expresiones de finalidad
Con infinitivo o subjuntivo

para ir, para que vayas, etc.

Estos son algunos de los introductores de propósito o finalidad: **para** (**que**), **con el objetivo de** (**que**), **con el fin de** (**que**), **a fin de** (**que**).

Combinaciones con formas verbales		
formación	**para** / **con el objetivo de** / **con el fin de** / **a fin de** + **infinitivo**	**para** / **con el objetivo de** / **con el fin de** / **a fin de** + **que** + **subjuntivo**
usos	cuando la finalidad se refiere al **mismo sujeto** que el verbo principal	cuando la finalidad se refiere a **un sujeto diferente** del verbo principal
ejemplos	***Compré** harina y huevos **para preparar** una torta.* > ***Yo** compré la harina. **Yo** prepararé la torta.* (misma persona)	*Aquí **traigo** el contrato **para que** el director lo **firme**.* > ***Yo** traigo el contrato. **El director** lo firmará.* (diferentes personas)

Importante

1. El infinitivo nunca se flexiona. ***Nos reunimos** para **celebrar** el aniversario de nuestra empresa.*
2. Si los sujetos son iguales y el verbo de la oración principal está en presente o en futuro de indicativo, el introductor de causa debe ir seguido de "**que**" + el verbo en **presente de subjuntivo**.

   ***Traigo** / **Traeré** las plantas para que ustedes las **cuiden**.*
3. Si los sujetos son iguales y el verbo de la oración principal está en pretérito, el introductor de causa debe ir seguido de "**que**" + el verbo en **pretérito imperfecto de subjuntivo**.

   ***Preparé** las actas para que **pudieras**/**-ses** difundirlas ayer mismo.*

1 Completa las frases con la forma correcta del verbo entre paréntesis.

- **a** Mis amigos se fueron antes, para que tú y yo .... más tranquilos. (charlar)
- **b** Os hemos citado a fin de que .... vuestro punto de vista. (contar)
- **c** Haremos la reunión en casa para que todos .... venir. (poder)
- **d** Los presidentes se reunieron con el objetivo de .... los conflictos territoriales. (solucionar)
- **e** Prohibieron los anuncios de cigarrillos con el fin de que la gente .... de fumar. (dejar)
- **f** Compré recipientes de varios colores para .... los tipos de basura. (separar)
- **g** Los trabajadores organizaron una protesta para .... los despidos. (rechazar)

II Completa las frases eligiendo la opción correcta.

1. En muchos países se utiliza el viento con el objetivo de .... energía.
   - **a** producir
   - **b** que se produzca
   - **c** que se produce
2. El jefe reunió a todos los empleados con el fin de .... las nuevas medidas.
   - **a** que se conocieron
   - **b** que se conocieran
   - **c** conocerse
3. Vamos a dejar las ventanas abiertas para .... un poco de aire.
   - **a** que entre
   - **b** entrar
   - **c** que entra
4. Cerraron el paso en la avenida con la finalidad de .... el pavimento.
   - **a** que se repare
   - **b** reparar
   - **c** que se repara
5. Quiero explicarte la situación para que después no .... malentendidos.
   - **a** haber
   - **b** hay
   - **c** haya

III Relaciona cada hecho o acontecimiento con su respectiva finalidad. Luego completa las frases con el verbo en la forma correcta, precedido o no de "que".

Modelo: (ellos) darle un aumento

1. (ustedes) no enfermarse
2. (ella) pagar las cuentas
3. (tú) verla
4. (vosotros) vivir solos
5. hablarlo (yo) en México
6. (nosotros) cerrar un trato

Modelo: Trabaja mucho para *que le den un aumento.*

[ ] **a** Estudio español para ....

[ ] **b** Salisteis de casa para ....

[ ] **c** Les damos estos consejos para ....

[ ] **d** Nos encontraremos para ....

[ ] **e** Iré con mi hija para ....

[ ] **f** Retiró el dinero para ....

77 Marcadores de tiempo IV

antes de (que), **después de** (que), **hasta** (que)

Expresan un acontecimiento anterior a otro			
Expresión	**+ verbo en**	**Acontecimientos protagonizados por**	**Ejemplos**
antes de	infinitivo	la(s) misma(s) persona(s)	***Desayuné*** ***antes de*** ***vestirme***.
	infinitivo con sujeto pospuesto	diferentes personas	***Conocí*** *a Jorge y Miriam* ***antes de*** ***nacer su hijo***.
antes de que	subjuntivo	diferentes personas	***Voy*** *a tu casa* ***antes de que*** ***salgas***.

Expresan un acontecimiento posterior a otro			
Expresión	**+ verbo en**	**Acontecimientos protagonizados por**	**Ejemplos**
después de	infinitivo	la(s) misma(s) persona(s) (en el pasado, presente o futuro)	***Nos acostamos*** ***después de*** ***ver*** *el noticiero.*
	infinitivo con sujeto pospuesto	diferentes personas (en el pasado, presente o futuro)	***Después de*** ***renunciar el ministro***, el gobierno ***perdió*** popularidad.
después de que	indicativo	diferentes personas (en el pasado)	***Se fue*** ***después de que*** *yo le* ***di*** *la noticia.*
		diferentes personas (hecho habitual en el presente o en el pasado)	*Juan* ***se levanta*** ***después de que*** *Ana* ***sale*** *del baño.* *Solo* ***salían*** ***después de que*** *su padre* ***volvía***.
	subjuntivo	diferentes personas (en el futuro)	***Voy a servir*** *la cena* ***después de que*** ***termines*** / ***hayas terminado*** *la tarea.*

Expresan el término de un acontecimiento y el inicio de otro			
Expresión	**+ verbo en**	**Acontecimientos protagonizados por**	**Ejemplos**
hasta	infinitivo	la(s) misma(s) persona(s) (en el pasado, presente o futuro)	*No* ***saldréis*** ***hasta*** ***ordenar*** *todo el cuarto.*
	infinitivo con sujeto pospuesto	diferentes personas (en el pasado, presente o futuro)	***Voy a cuidar*** *a los niños* ***hasta*** ***volver su madre***.
hasta que	indicativo	diferentes personas (en el pasado)	*No* ***entró*** ***hasta que*** *le* ***dimos*** *permiso.*
		diferentes personas (hecho habitual en el presente o en el pasado)	***Me quedo*** *en la oficina* ***hasta que*** *mi jefe* ***se va***. *No* ***me iba*** *del cine* ***hasta que*** ***pasaban*** *los créditos.*
	subjuntivo	diferentes personas (en el futuro)	*No* ***vamos a decir*** *nada* ***hasta que*** ***lleguen*** / ***hayan llegado*** *los abogados.*

I Completa las frases conjugando el verbo que está entre paréntesis en los casos en que sea necesario.

Modelo: La vida de una pareja cambia muchísimo después de que *nace* su primer hijo. (nacer)

a Antonio salió del banco después de .... con el gerente. (hablar)

b Todo estuvo muy bien hasta .... Luis con la mala noticia. (llegar)

c Mis padres noviaron durante 5 años antes de .... (casarse)

d Me voy a quedar levantada hasta que .... la película. (terminar)

e Violeta y yo nos quedábamos charlando hasta que .... de día. (hacerse)

II Completa cada frase al pie con un acontecimiento de la caja –son todos anteriores–, uniendo ambas partes con "después de" o "después de que" y haciendo los cambios necesarios. Sigue el modelo.

> **Modelo:** Me voy a trabajar.
>
> a) Marcos vivió durante 10 años en Colombia. b) Sacaremos los muebles. c) Te marchaste del país.
>
> d) Hago una hora de natación. e) Cortaréis el pasto. f) Voy a dejar a los niños en la escuela.

Modelo: Mi hermano sale para el colegio *después de que me voy a trabajar / después de irme yo a trabajar.*

a Marcos se mudó para Ecuador ....

b Van a pintar el dormitorio ....

c Tu visa perdió la validez ....

d Desayuno ....

e Pondré adornos en el jardín ....

f Voy a pasar por el supermercado ....

III Transforma las frases del ejercicio anterior uniéndolas con "antes de (que)", pero manteniendo el sentido.

Modelo: *Me voy a trabajar antes de que mi hermano salga para el colegio / antes de salir mi hermano para el colegio.*

a ....

b ....

c ....

d ....

e ....

f ....

78 Condicional de indicativo I
Formas simple y compuesta; usos y verbos regulares

(yo) tardaría, encendería, seguiría; habría tardado / encendido / seguido

		1.ª conjugación	2.ª conjugación	3.ª conjugación
Formación	**P. personales**	**Tardar**	**Encender**	**Seguir**
infinitivo del verbo + -**ía** + desinencias personales	(yo) (tú / vos) (él / ella / usted) (nosotros/-as) (vosotros/-as) (ellos / ellas / ustedes)	tardar**ía** tardar**ías** / tardar**ías** tardar**ía** tardar**íamos** tardar**íais** tardar**ían**	encender**ía** encender**ías** / encender**ías** encender**ía** encender**íamos** encender**íais** encender**ían**	seguir**ía** seguir**ías** / seguir**ías** seguir**ía** seguir**íamos** seguir**íais** seguir**ían**

El condicional simple expresa acontecimientos no realizados, pero que podrían realizarse o que se desea que se realicen.

Algunos usos	
Valores	**Ejemplos**
expresar probabilidad o duda	*Estar**ían** durmiendo cuando llegué.*
dar recomendaciones o formular pedidos de forma cortés	*Deber**ías** cuidarte más del sol.* *¿Me pasar**ías** la sal, por favor?*
con expresiones fijas de consejo como **yo que tú** / **él** / **ella** / **usted** / **ellos** / **ellas** / **ustedes**, que equivalen a **yo en tu** / **su lugar** en esas expresiones puede usarse también el pretérito imperfecto de indicativo	***Yo que tú** / **Yo en tu lugar**, no me preocupar**ía** tanto.* ***Yo que tú** / **Yo en tu lugar**, no me preocup**aba** tanto.* ***Yo que ellos** / **Yo en su lugar**, comenzar**ía** todo de nuevo.* ***Yo que ellos** / **Yo en su lugar**, comenz**aba** todo de nuevo.*

Ver unidad 98, sobre otros usos

		Condicional compuesto	
Formación	**P. personales**	**Haber**	**Participio**
condicional simple del verbo **haber** + **participio** del verbo principal	(yo) (tú / vos) (él / ella / usted) (nosotros/-as) (vosotros/-as) (ellos / ellas / ustedes)	**habría** **habrías** / **habrías** **habría** **habríamos** **habríais** **habrían**	tard**ado** encend**ido** segu**ido**

Ver unidad 41, sobre participios

Importante

1. Todas las formas del condicional simple llevan acento: ver**í**a, andar**í**a, etc.
2. El condicional compuesto tiene algunos usos semejantes a los del condicional simple (probabilidad, consejos), pero en relación con un momento pasado, con hechos ya no realizables.
   *Yo, en el lugar de ustedes, no **habría tenido** tanta paciencia.*

I Escribe las formas del condicional simple o compuesto que correspondan.

		Condicional simple	Condicional compuesto
a	pensar (ellos)		
b	ser (usted)		
c	ver (vosotros)		
d	cenar (yo)		
e	discutir (nosotros)		

II **¿Qué consejos les dan los amigos en cada situación? Observa las imágenes y llena los huecos con algunos de los verbos de la caja en condicional, según corresponda.**

ir	tener	trabajar	dejar	deber	haber	elegir

III **Transforma las siguientes órdenes que están en imperativo en pedidos formulados en condicional simple, como en el modelo.**

Modelo: Cómprame el periódico. *¿Me comprarías el periódico?*

a Déjeme los papeles del coche. ....

b Cumple los plazos. ....

c Envíe los correos con antelación. ....

d Abre la puerta. ....

e Trae pan. ....

f Recoged vuestras pertenencias. ....

g Busquen mis anteojos. Es que no los encuentro. ....

h Entrégame los documentos lo antes posible. ....

79 Condicional de indicativo II
Verbos irregulares

(yo) cabría, habría, podría, querría, sabría, etc.

El condicional simple tiene los mismos tipos de irregularidad del futuro imperfecto, en los mismos verbos.

Ver unidad 39, sobre irregularidades del futuro imperfecto

Pérdida de la vocal de la terminación del infinitivo

	Caber	Haber	Poder	Querer	Saber
(yo)	cabría	habría	podría	querría	sabría
(tú / vos)	cabrías / cabrías	habrías / habrías	podrías / podrías	querrías / querrías	sabrías / sabrías
(él / ella / usted)	cabría	habría	podría	querría	sabría
(nosotros/-as)	cabríamos	habríamos	podríamos	querríamos	sabríamos
(vosotros/-as)	cabríais	habríais	podríais	querríais	sabríais
(ellos / ellas / ustedes)	cabrían	habrían	podrían	querrían	sabrían

Sustitución de la vocal de la terminación del infinitivo por una "d"

	Poner	Salir	Tener	Valer	Venir
(yo)	pondría	saldría	tendría	valdría	vendría
(tú / vos)	pondrías/pondrías	saldrías/saldrías	tendrías/tendrías	valdrías/valdrías	vendrías/vendrías
(él / ella / usted)	pondría	saldría	tendría	valdría	vendría
(nosotros/-as)	pondríamos	saldríamos	tendríamos	valdríamos	vendríamos
(vosotros/-as)	pondríais	saldríais	tendríais	valdríais	vendríais
(ellos / ellas / ustedes)	pondrían	saldrían	tendrían	valdrían	vendrían

Pérdida de vocal y consonante del infinitivo: decir y hacer

(yo)	(tú / vos)	(él / ella / usted)	(nosotros/-as)	(vosotros/-as)	(ellos / ellas / ustedes)
diría	dirías / dirías	diría	diríamos	diríais	dirían
haría	harías / harías	haría	haríamos	haríais	harían

Importante

1. Algunos verbos que derivan de estos y que sufren las mismas irregularidades son:
   Decir > desdecir; **hacer** > deshacer, rehacer, satisfacer; **poner** > componer, disponer, imponer, proponer, suponer; **salir** > sobresalir; **tener** > contener, detener, entretener, mantener, obtener, retener, sostener; **venir** > convenir, devenir, intervenir, prevenir, provenir.
2. Los verbos **bendecir** y **maldecir** se conjugan regularmente. **Predecir** admite ambas formas: irregular (*prediría*) o regular (*predeciría*).
3. Todas las formas irregulares del condicional simple llevan acento en la **i** en todas las personas: podría, habrías, etc.

I Llena los huecos con la parte de la conjugación que falta.

a imponer / ....ías

b recuperar / ....íamos

c rehacer / ....ía

d apoyar / ....ían

e mantener / ....íamos

f tratar / ....íais

g superar / ....ías

h ser / ....ían

i convenir / ....ía

j convencer / ....íamos

k querer / ....íais

l bendecir / ....ía

II Reformula las órdenes o pedidos en forma de preguntas con el verbo "poder" en condicional simple.

Modelo: Llámame más tarde. *¿Podrías llamarme más tarde?*

a ¿Nos deja su teléfono? ....

b Pon tu firma aquí. ....

c Hablad en voz más alta, por favor. ....

d Espérenme un rato. ....

e Haz la comida. ....

f Deletree su apellido, por favor. ....

g ¿Podemos pedirte un favor? ....

h ¿Podéis abrir el libro en la página 12? ....

III En el texto de abajo, elige la alternativa correcta en cada caso y tacha la que no corresponda.

CONTACTOS

- Ana (fruta)
- Fernando (carne)
- Inés (pan)
- Roberta (compras)
- Juan (verduras)
- Ricardo (lavandería)
- Rita (carne)
- Víctor (bebidas)

Jorge — 11:42

Roberta, no querría / había querido molestarte durante tus vacaciones. Es que ayer habría / había algunos problemas en el restaurante con la carne. ¿Sabrías / Sabías decirme dónde están los catálogos de frigoríficos? Me parece que valía / valdría la pena estudiar otras posibilidades de proveedores. No perderíamos / perdíamos nada con intentarlo. Los dos que teníamos / tendríamos hasta ayer nos están dando problemas.

¡Saludos!

80 Oraciones condicionales I

si **llego** temprano, te **llamo**; si **llegara/-se** temprano, te **llamaría**

Expresan	Formas	Ejemplos
acontecimientos habituales en el presente acontecimientos probables en el futuro	**si** + presente de indicativo + presente de indicativo	***Si llega*** *temprano, me* ***llama****.* ***Si llego*** *temprano, te* ***llamo****.*
acontecimientos probables en el futuro	**si** + presente de indicativo + futuro imperfecto de indicativo	***Si llega*** *temprano, me* ***llamará****.*
pedidos u órdenes referidos al presente o al futuro	**si** + presente de indicativo + imperativo	***Si estás*** *en tu casa,* ***llámame****.* ***Si llegas*** *temprano,* ***llámame****.*
acontecimientos improbables en el futuro	**si** + imperfecto de subjuntivo + condicional simple	***Si llegara****/****-se*** *temprano, te* ***llamaría****.*
acontecimientos que no ocurren en el presente	**si** + imperfecto de subjuntivo + condicional simple	***Si*** *yo* ***fuera****/****-se*** *su novia,* *lo* ***llamaría*** *a cualquier hora.*
	si + imperfecto de subjuntivo + imperfecto de indicativo	***Si*** *me* ***dieran****/****-sen*** *más tiempo,* ***preparaba*** *una reunión más amplia.*

Importante

1. En español, el futuro de subjuntivo está prácticamente **fuera de uso** y no se emplea en las oraciones condicionales.
2. **Nunca** se forman condicionales con **si** más la forma de infinitivo (terminada en **-r**). Mira este ejemplo en que el verbo en infinitivo no expresa condición, sino que corresponde a una interrogativa indirecta.

   No sé qué hacer: si llamar a la policía o dejar todo como está.

   La gente pregunta si los negocios abren hoy.

   La policía investiga si se cometieron delitos durante los disturbios callejeros.

1 **Llena cada hueco con el verbo dado entre paréntesis en el tiempo adecuado a la relación temporal que se establece con el verbo destacado en la frase.**

a Si .... técnico de la selección, ¿**convocarías** a aquel jugador peleador? (ser)

b Si **haces** clic en el enlace, la revista .... lentamente en el navegador. (abrirse)

c Si las cañerías .... de cobre, no se **herrumbraban** nunca. (ser)

d Si nos **aumentan** de nuevo el valor del alquiler, ... de esta casa. (irse)

e Si a las 19 el portón principal ya .... cerrado, **salgan** por atrás. (estar)

II **Completa cada hueco con el verbo que corresponde teniendo en cuenta las dos frases de cada ítem.**

a Si toma bastante agua, el resultado .... en la piel.

Si .... bastante agua, el resultado se vería en la piel.

b Si .... la verdad, cuéntamela.

Si supieras la verdad, ¿me la ....?

c Si .... cerveza, no manejarás el coche a la vuelta.

Si tomas cerveza, no .... el coche a la vuelta.

d Si no protegen sus carteras, se las ....

Si no .... sus carteras, se las robarían.

e Si .... las iniciativas que tomamos, todos conocen la calidad de nuestro trabajo.

Si divulgáramos las iniciativas que tomamos, todos .... la calidad de nuestro trabajo.

III **Completa las frases con los verbos de la caja. Conjúgalos usando la segunda persona para formar oraciones condicionales de realización probable en el futuro.**

dejar – engordar	considerar – tener	mandar – incluir	decir – atender	hacer – saber

a Si no .... al prójimo, nunca .... amigos.

b Si .... tu artículo antes del viernes, lo .... en este número de la revista.

c Si .... los ejercicios, ... desempeñarte en la prueba.

d Si no .... de consumir azúcar, ...

e Si .... que eres una amiga mía, la secretaria te .... más rápido.

IV **Forma frases con los elementos que te damos, combinando el pretérito imperfecto de subjuntivo y el condicional simple en 3.ª persona del singular.**

Modelo: utilizar la impresión rápida / aprovechar más la tinta.

Si utilizara/-se la impresión rápida, aprovecharía más la tinta.

a leer el contrato con cuidado / no firmarlo ....

b trabajar bien / tener más clientes ....

c probar la comida japonesa / gustarle ....

d ser el último día / devolverle sus cosas ....

e decir lo que sabe / no creérselo ....

f tener las cuentas al día / pagar tantos intereses ....

g seguir los consejos de su padre / prosperar en su carrera profesional ....

....

81 Verbos de cambio

Convertirse, hacerse, ponerse, quedarse, transformarse, volverse

me puse muy contento; **nos hicimos** muy amigos

Tipo de cambio		Formación	Ejemplos
cambio visto como más definitivo	destaca la iniciativa del sujeto	**hacerse** + adjetivo o sustantivo	*Alejo y yo* ***nos hicimos*** *muy amigos.*
	no la destaca	**volverse** + adjetivo o sustantivo	*Clara vivió tantas tragedias que* ***se volvió*** *una persona amarga.* *Ese maquillaje* ***se ha vuelto*** *anticuado.*
		convertirse / **transformarse en** + adjetivo o sustantivo	*La ciudad* ***se convirtió en*** *una verdadera metrópoli.*
cambio visto como transitorio o de duración limitada		**ponerse** + adjetivo o los adverbios **bien** / **mal** / **mejor** / **peor**	*Los chicos* ***se pusieron*** *contentos cuando vieron a su papá.* *Con la noticia,* ***me puse bien****.*
cambio, transitorio o duradero, visto como resultado de otro acontecimiento		**quedar**(**se**) + adjetivo, participio o los adverbios **bien** / **mal** / **mejor** / **peor**	*Cuando me contaron la verdad,* ***me quedé*** *muda de sorpresa.* *El barrio* ***quedó*** *muy aislado después de que cerraron el ferrocarril.*

Énfasis en		La misma información, pero con un efecto diferente	
el resultado	sí	**quedar**(**se**)	*Tu madre* ***va a quedar*** *feliz al recibir el regalo.* (consecuencia)
	no	**ponerse**	*Tu madre* ***se va a poner*** *feliz al recibir el regalo.*
la iniciativa del sujeto	sí	**hacerse**	*Muchos* ***se han hecho*** *participantes activos del movimiento.*
	no	**convertirse en** / **volverse**	*Muchos* ***se han vuelto*** *participantes activos del movimiento.* (involuntariedad)

Importante

1. Para indicar el estado civil o un problema físico duradero, se usa exclusivamente **quedar**(**se**): casado, viudo, ciego, cojo, paralítico, etc. **Ponerse no** se usa con participios.
2. **Ponerse** y **quedar**(**se**) **no** se usan para referirse a características permanentes de la personalidad (afectuoso, etc.) ni para creencias o ideologías. En estos casos, se usan **volverse**, **convertirse en** o **hacerse**.
3. Es raro que se use **hacerse** con sujetos no humanos o cuando lo siguen características personales que no pueden considerarse voluntarias, como **loco**/-**a**, **tonto**/-**a**, **enfermo**/-**a**, etc.
4. **Tornarse**, **trocarse en** y **cambiarse en** equivalen a **convertirse en**, pero son poco usuales.
5. La expresión **llegar a ser** se emplea para referirse a la culminación de un proceso de cambios que haya tenido etapas: *Después de ocupar varios cargos,* ***llegó a ser*** *director general.*
6. El verbo **resultar** solo se usa para **calificar** un resultado: *La inspección* ***resultó*** eficaz / un desastre. Para **presentar** una situación como resultado de otra, se usan verbos como **ocasionar**, **causar** o **traer**: *La reforma educativa* ***ocasionó*** / ***causó*** / ***trajo*** *algunos imprevistos.*

I Entre las formas señaladas, elige la más adecuada y tacha la otra.

a Eres demasiado optimista si piensas que de ese modo te vas a poner / te vas a volver millonaria.

b No me contestes así porque me pongo / me vuelvo nerviosa.

c No sé por qué te vuelves / te pones así si ya sabes que Carlos no piensa antes de hablar.

d La nena se ha puesto / se ha hecho muy pesada esta tarde.

e No aguantó la última crisis económica; se quedó / se puso sin un peso.

f Dicen que el cielo se hizo / se puso negro a las cuatro de la tarde. Se formó una tormenta terrible.

II Marca con una X las frases en las que podrías sustituir "volverse" por "hacerse" o "quedar" por "ponerse".

[ ] **a** Cuando los precios bajaron, las computadoras se volvieron populares.

[ ] **b** Firmamos el contrato y nos volvimos inquilinos del Sr. Peralta.

[ ] **c** ¿Por qué se volvió usted evangélico?

[ ] **d** El libro describe casos de pacientes que se volvieron asmáticos.

[ ] **e** Hemos quedado muy emocionados después de la charla con nuestros compatriotas.

[ ] **f** En la oscuridad, esa piedra queda / se pone más brillante.

[ ] **g** Cada vez que tengo prueba, quedo muy nervioso.

III Utiliza las combinaciones de la caja para llenar los huecos en estas frases. Las barras (/) indican que cualquiera es posible. Entre paréntesis apuntamos las que aparecen dos veces.

se convirtió en / se volvió	se hizo (2 veces)
se convirtió en / se hizo / se volvió (2 veces)	
se puso / se quedó	(se) quedó (2 veces)

a Con dos copas de vino .... insoportable.

b En aquellos tiempos mi tío, judío, ... cristiano.

c Fue gravísimo el accidente... ¡Por un milagro no .... paralítica!

d La violencia .... el mayor temor de los que viven en las metrópolis.

e .... médico tras años de estudios.

f Solo .... socio del club en el fin del verano.

g Mi ropa .... toda manchada después de la caída.

h Después de tantos años de trabajo .... rico.

82 Quedar(se)

los cuadros **quedarán** en esta pared; **me quedé** dormida

Valores	Forma del verbo	Tipo de sujeto	Ejemplos
permanecer	**quedar**	cosa	*Los cuadros **quedarán** en esta pared.*
	quedarse	persona	*Hoy **me quedo** a dormir en lo de Silvia.*
restar	**quedar**	cosa	*Trae más peras. Solo **quedan** dos.*
		persona	*Hoy no **quedará** nadie en la ciudad.*
resultar	**quedar**	cosa	*El auto **quedó** destruido.*
	quedar(**se**)	persona	*Raúl (**se**) **quedó** boquiabierto al verla.*
apropiarse de / perder	**quedar**(**se**)	persona, con / sin algo	*Al repartir los bienes, Héctor (**se**) **quedó** con el coche.* *Casi (**me**) **quedo** sin aire.*
localizarse	**quedar**	un lugar	*El centro **queda** bastante lejos de aquí.*
adecuarse una ropa, adorno, color de pelo a alguien	pronombre OI + **quedar**	cosa, a una persona	*Este collar de perlas **me queda mal** con el vestido verde.* *¡Esos zapatos **te quedan** tan **grandes**!*
concertar un compromiso / cita / encuentro	**quedar** persona(s)	una **con** otra	***Quedé con** Hugo en ir a tomar un café.*
		en hacer algo	*Ana y Juan **quedaron en** venir a casa.*
		en un lugar	*Bueno, **quedamos en** la puerta del bar.*
		a una hora determinada	*Al final, ¿**quedamos a** las 21 o 21.30?*
		determinado día	*Voy a salir con Iván. **Quedamos el lunes**.*

Ver unidad 81, sobre verbos de cambio

I Indica el valor que tiene el verbo "quedar" en cada una de las frases.

	Frases	Valores
	Modelo: No necesitas tomar un ómnibus; el centro comercial **queda** muy cerca de aquí.	*localizarse*
a	La corbata azul **te queda** muy **bien** con el traje gris.	
b	Yo que tú, iría a hablar con Pablo. **Se quedó** muy enojado con lo que le dijiste.	
c	Mi madre quiere saber si nos **quedaremos** a cenar.	
d	¡De acuerdo! Entonces, **quedamos** el jueves a las 19.	
e	En la reunión no resolvimos todo; aún **quedan** algunos asuntos pendientes.	
f	Perdón, ¿dónde **queda** el Teatro Municipal?	

II **Completa las frases utilizando el verbo "quedar" en pretérito indefinido y las palabras que están en el recuadro. Recuerda el uso de los pronombres y la concordancia.**

corta	muy bien	~~igual~~	horribles	muy ajustado	nada en pie	enormes	largos

Modelo: Lisa y Ema se tiñeron el pelo de rubio y *les quedó igual*. Parecen hermanas.

a Karina, esa falda .... ¡Se te ve toda la pierna!

b Estas chinelas que me regalaron .... Parezco un payaso.

c Mi marido se tuvo que poner gafas y .... ¡Está guapísimo!

d El uniforme que nos dieron es diminuto y ....

e La verdad, estas botas .... Mejor me pongo unas sandalias.

f Después del tornado no ....

g Como soy baja, los pantalones siempre .... y los tengo que acortar.

III **Completa con el pronombre "se" o "nos" las frases que lo necesiten y con "(se)" o "(nos)" las que puedan llevarlo, pero no obligatoriamente. En los casos en que no debe llevar pronombre, coloca una raya. Fíjate en el significado de "quedar".**

a Según previsiones, miles de personas .... quedarían sin medicamentos.

b No .... quedaban dudas de quién era el culpable.

c Tras las acusaciones, la diputada .... ha quedado sin argumentos.

d ¡Que el gobierno sepa que los trabajadores no .... quedaremos de brazos cruzados!

e ¡Éramos tan tontos! Cortamos porque su casa .... quedaba lejos de la mía. ¿Puedes creerlo?

f ¿.......... quedaron en el chat hasta las 4? ¡Pues ya te dije que no estés chateando hasta tarde!

g ¿Evolucionamos o .... quedamos quietos?

h Cuando escucharon las noticias, ... quedaron estupefactos. No sabían qué hacer.

IV **Llena cada hueco con la preposición adecuada. Si no es necesaria ninguna, deja el hueco vacío.**

a Leandro y Nadia han quedado .... hacer las compras juntos .... el lunes. Han quedado .... la entrada del centro comercial .... las 9.15.

b Vanesa quedó .... conocer el planetario .... Nacho .... el domingo. Quedaron .... las 14 .... la estación de metro.

c Andrea y Claudia quedaron .... preparar una cena .... el martes.

d Quedé .... Adrián .... salir de copas .... el viernes. Quedamos .... el bar "Los Angelitos" .... las 23.

e El sábado 23 .... las 4 de la tarde quedamos .... el chat de Skype.

f Tenemos dudas sobre el trabajo. Quedamos .... hacer una reunión mañana .... después del almuerzo.

g Los chicos quedaron .... esperarme .... la puerta del colegio .... las 12 y media.

83 Formas interrogativas y exclamativas

¿**quiénes** ya han firmado el contrato?; ¡**qué** lío se ha armado!

Valores	Formas		Ejemplos
persona	**quién(es)** **cuál(es)**	pronombres	*¿**Quiénes** ya han firmado el contrato?* *¡**Quién** pudiera quedarse para todo el festejo!* *Afuera veo seis hombres; ¿**cuáles** son Jorge y Diego?*
cosa	**qué** **cuál(es)**	pronombres	*¿**Qué** te ha dicho Laura?* *Hay dos caminos; ¿**cuál** prefieres?*
persona / cosa	**qué** **cuál(es)**	determinantes	*¿**Qué** / **cuáles** colegas vamos a invitar a la reunión?* *¿En **qué** / **cuál** calle doblaste?* *¡Qué lío se ha armado!*
lugar	**dónde**	adverbio	*¿**Dónde** queda la terminal?*
tiempo	**cuándo**	adverbio	*¿**Cuándo** tendremos los resultados del análisis?*
cantidad	**cuánto**	adverbio	*¡**Cuánto** los he extrañado!* *¿**Cuánto** cuesta cada vuelta?*
	cuánto/-a/-os/-as	determinantes	*¿**Cuántas** ventanas tiene la sala?*
modo	**cómo**	adverbio	*¡**Cómo** duerme ese chico!*
acontecimiento	**si**	conjunción	*Tenemos que averiguar **si** hubo atrasos en los vuelos.*

Importante

1. **Quién** debe concordarse en plural: *Mira **quién** viene. / Mira **quiénes** vienen.*
2. En el uso como pronombres para cosa, **qué** se usa para lo genérico y **cuál(es)**, para lo específico: *¿**Qué** le regalamos, **ropa o libros**? / Quedan tres libros de Bolaño, ¿**cuál (libro)** le regalamos? / ¿**Cuál de las tres ciudades** te gustó más? / ¿**Qué de lo que viste** te emocionó?*
3. **Cuál(es)** no se emplea como exclamativo.
4. Todas estas formas, salvo **cómo** y **si**, pueden ir introducidas por preposición: *¿**Desde cuándo** el tren no para en esta estación? / ¿**Con qué** / **cuáles** materiales se fabrica esa tela?*

Las **interrogativas y exclamativas indirectas** son frases con tono interrogativo o exclamativo, pero que no llevan los signos correspondientes. Son subordinadas a verbos de conocimiento, percepción o dicción. Las formas mostradas en esta unidad, salvo la conjunción "si", llevan tilde en estas construcciones indirectas y no la llevan cuando actúan con otras funciones:

***Cuando** encontré a tu novio, no recordé **cómo** se llamaba ni de **dónde** lo conocía.*

- **Cuando** ↓ no lleva tilde porque no es interrogativo
- **cómo** ↓ lleva tilde porque es interrogativo
- **dónde** ↓ lleva tilde porque es interrogativo

Ver unidad 24, sobre acentuación, y apéndice 6, sobre oraciones interrogativas y exclamativas

I **Completa con "qué" o con "cuál(es)", según corresponda. En algunos casos hay dos posibilidades.**

a ¿.................... de su profesión le resulta más interesante? ¿.................... tarea en especial?

b ¡.................... cosa increíble! Salió con el coche sin información sobre .... camino tomar y sin registrar .... iba a hacer ni a .... clientes visitaría.

c Tenemos dos recepcionistas, ¿.................... fue la que habló con usted, Julia o Bernarda?

d ¿Contra .... equipos debe jugar el nuestro y en .... estadios?

e No escuché .... era lo que gritaba Adolfo, pero parecía enojado.

II **Coloca al lado de cada segmento subrayado la forma interrogativa o exclamativa que corresponda a su valor.**

¡Qué cantidad de / .... preguntas hemos recibido hoy sobre redes sociales!

Empezamos por la más fácil, seguida por nuestra respuesta:

— ¿De qué manera / .... eligen las aplicaciones de redes sociales? ¿Cuáles personas / .... de nuestros contactos aparecen en los titulares de la página?

— Tienen en cuenta varios factores: el momento en que / .... les enviaste el último mensaje, cada qué cantidad de / .... días les escribes, en qué país / .... viven, depende del tipo de aplicación.

III **Ordena los fragmentos del siguiente texto y pon la tilde en las formas interrogativas que la necesiten.**

[ ] si nuestra tarjeta gráfica tiene o no memoria,

[ ] Todo aquello es ajeno a la CPU; alguien debe indicarle como conocerlo.

[ ] La coordinación que debe llevar a cabo la CPU con los dispositivos que la rodean no es una tarea fácil, ya que

[ ] ni cuando realizará la modulación nuestro modem.

[ ] la CPU no sabe con que compañeros va a encontrarse. No sabe

RODRÍGUEZ CALAFAT, Daniel: "Informática avanzada al alcance de todos".
Disponible en <www.rae.es>
(REAL ACADEMIA ESPAÑOLA. Banco de datos en línea
CREA: Corpus de referencia del español actual).
Acceso el 15 my. 2014. (Adaptado).

84 Discurso indirecto I
Cambios de persona y lugar

Amanda dice que nunca puede ver el programa que quiere

Es la reproducción que alguien hace de lo dicho por otra persona o por él mismo.
Casi siempre va encabezado por un verbo de dicción, como: "decir", "comentar", "expresar", "afirmar", "ordenar", "pedir" y otros.
Al producirse el discurso indirecto, puede haber cambios en las formas personales (pronombres personales, demostrativos y posesivos) y en los indicadores de lugar y de tiempo.

Cambios en las formas personales

	Situación 1	Situación 2	Situación 3
a	Ana: *Luis, **tú vas** en el auto.*	Luis: *Ana dice que **yo voy** en el auto.*	Celia: *Ana dice que **él** (Luis) **va** en el auto.*
b	Ana: *Luis, **tú y yo vamos** en el auto.*	Luis: *Ana dice que **nosotros** (dos) **vamos** en el auto.*	Celia: *Ana dice que **ellos** (Ana y Luis) **van** en el auto.*
c	Ana: *Luis, **vosotros** (Lupe y tú) **vais** en el auto.*	Luis: *Ana dice que **nosotros** (Lupe y yo) **vamos** en el auto.*	Celia: *Ana dice que **ellos** (Luis y Lupe) **van** en el auto.*

Ver unidades 85 y 86, sobre otros aspectos del discurso indirecto

los cambios dependen de quiénes sean **yo**, **tú** o la **3.ª persona** en la situación original (1) y en la situación de discurso indirecto (2 y 3); observa estas transformaciones:
Laura: Juan, iré a visitar a Marcela. (**yo** = Laura; **tú** = Juan; **ella** = Marcela)
Juan, a Marcela: Laura dice que irá a visitarte. (**yo** = Juan; **tú** = Marcela; **ella** = Laura)

Cambios en los demostrativos y en los adverbios de lugar

Ver unidades 13, sobre demostrativos, y 14, sobre adverbios de lugar

cambian cuando el discurso indirecto se produce en un lugar diferente del original (lugar 1), a menor distancia (lugar 2) o mayor (lugar 3) respecto de los objetos referidos
Mauro (lugar 1): ***Este*** *despertador atrasa... Mejor poner* ***aquí*** *uno nuevo.*
Gerardo (lugar 2): *Mauro dice que* ***ese*** *despertador atrasa; que es mejor poner* ***ahí*** *uno nuevo.*
Fernando (lugar 3): *Mauro dice que* ***aquel*** *despertador atrasa; que es mejor poner* ***allí*** *uno nuevo.*

Hablante	Interlocutor	Hablante	Interlocutor	Hablante	Interlocutor
Lugar 1	**Lugar 1**	**Lugar 2**	**Lugar 1 o 2**	**Lugar 3**	**Lugar 1 o 3**
este/-a/-os/-as, esto		ese/-a/-os/-as, eso		aquel/-lla/-llos/-llas, aquello	
aquí, acá		ahí		allí, allá	

I Llena los huecos utilizando las palabras de la caja. Los numerales indican el lugar (1 o 2).

a) allí / aquí	b) esos / estos	c) ese / este

a • Enrique: Estamos teniendo unos días lindísimos .... en Río.

• Dolores: ¡Qué envidia! Cada vez que hablamos, Enrique me dice que .... el día está lindo.

b • Profesor: .... libros que tengo aquí los encontrarán en la biblioteca.

• Alumno: El profesor ha dicho que .... libros los encontraremos en la biblioteca.

c • Padre: Andrea, pregúntale a tu madre si está escuchando .... CD, porque quiero oír otra cosa.

• Andrea: Mamá, papá preguntó si tú estás escuchando .... CD porque él quiere oír otra cosa.

II Llena cada columna con el nombre de la persona correspondiente a cada frase.

	Frases	Yo	Tú	Él / Ella
a	• Carla: ¿Sabes, Luis? Si Pedro no va, yo tampoco.	*Carla*	....	....
	• Luis: Pedro, Carla dice que si tú no vas, ella tampoco.	....	*Pedro*	....
b	• Luisa: Silvia, voy a hablar con papá.	....	....	....
	• Silvia: Luisa dice que quiere hablar contigo.	*Silvia*	*papá*	....
c	• Dra. Ruiz: Sandra, pídele al Sr. Díaz que entre.	....	*Sandra*	....
	• Sandra: Sr. Díaz, la Dra. Ruiz pide que entre.	....	....	*Dra. Ruiz*

III Llena los huecos del discurso indirecto transformando las palabras señaladas.

	Situación 1 (lugar 1)	Situación 2 (lugar 2)	Situación 3 (lugar 3)
a	Jorge: *Este* paraguas es *mío*.	Antón: ¿Seguro que Jorge dice que .... paraguas es ....?	Isabella: Jorge dice que .... paraguas es ....
b	Javier: Silvia, ¿*te puedo* pedir un favor?	Silvia: Javi me pregunta si .... pedir un favor.	Pedro: Javi le pregunta a Silvia si .... pedir un favor.
c	Ana: ¿*Te gusta* el vestido que *me compré*?	María: Ana me pregunta si .... gusta el vestido que	Miguel: Ana le pregunta a María si .... gusta el vestido que ....
d	Madre: Hijo, *te dejo* el dinero *aquí*, sobre la mesa.	Hijo: Mi mamá dice que .... deja el dinero .... sobre la mesa.	Teresa: .... mamá dice que .... deja el dinero .... sobre la mesa.
e	Rosario: *Te presto* la camisa si *tú me dejas tu* cartera.	Daniel: Mi hermana me dice que .... la camisa si .... cartera.	David: .... hermana le dice que .... la camisa si .... cartera.

85 Discurso indirecto II
Cambios de tiempo y verbo

dijo que **habla / hablaba** inglés;
recibió / había recibido una carta aquel día, etc.

Transformaciones de los tiempos verbales de discurso indirecto

Enunciado original	Enunciado referido	
	En presente Dice / Ha dicho...	**En pasado** Dijo... / Decía...
*"**Hablo** inglés."* *"**Tengo** hambre."*	*que **habla** inglés.* *que **tiene** hambre.*	*que **hablaba** inglés.* *que **tenía** hambre.*
*"(Yo) **Hablaba** inglés."* *"(Yo) **Tenía** hambre."*	*que (él) **hablaba** inglés.* *que (él) **tenía** hambre.*	*que (él) **hablaba** inglés.* *que (él) **tenía** hambre.*
*"**Recibí** la carta."* *"**He recibido** la carta."* *"**Había recibido** la carta."*	*que **recibió** la carta.* *que **ha recibido** la carta.* *que **había recibido** la carta.*	*que **había recibido** la carta.*
*"Lo **compraré**."* *"(Yo) lo **compraría**."*	*que lo **comprará**.* *que (él) lo **compraría**.*	*que (él) lo **compraría**.*
*"Me **habré equivocado**."* *"Me **habría equivocado**."*	*que se **habrá equivocado**.* *que se **habría equivocado**.*	*que se **habría equivocado**.*
*"Ojalá me **sienta** bien."* *"Ojalá me **sintiera/-se** bien."*	*que ojalá se **sienta** bien.* *que ojalá se **sintiera/-se** bien.*	*que ojalá se **sintiera/-se** bien.*
*"Quizá me **haya olvidado**."*	*que quizá se **haya olvidado**.*	*que quizá se **hubiera/-se olvidado**.*
*"Ojalá me **hubiera/-se callado**."*	*que ojalá se **hubiera/-se callado**.*	*que ojalá se **hubiera/-se callado**.*

Transformaciones de los marcadores de tiempo de discurso indirecto

Enunciado original	Discurso indirecto en el mismo período del original	Discurso indirecto en un período posterior al del original
hoy ***Hoy** te veo alegre.*	hoy *Ha dicho que **hoy** me ve alegre.* (dicho el mismo día)	ese / aquel día *Dijo que **ese / aquel día** me veía alegre.* (dicho después de "hoy")
ayer	ayer	el día anterior
mañana	mañana	el día siguiente
ahora	ahora	en ese / aquel momento, entonces
este mes / año, esta semana, etc.	este mes / año, esta semana, etc.	ese / aquel mes / año, esta / aquella semana, etc.
el mes / año, la semana que viene	el mes / año, la semana que viene	el mes / año, la semana siguiente
todavía / aún	todavía / aún	hasta ese / aquel momento

I Llena los huecos utilizando la forma correcta de las dadas entre paréntesis.

a "Ahora no puedo atenderte". (me avisó que / me avisa que)

Esteban ______ ahora no puede atenderme.

b "¿Has visto la última de Almodóvar?" (pregunta si / preguntó si)

César le ______ a Carlos ______ había visto la última de Almodóvar.

c "Hoy no salí de mi casa". (comentó que / ha comentado que)

Alberto ______ ese día no había salido de su casa.

d "El equipo festeja la victoria". (anunciaba que / anuncia que)

El diario ______ el equipo festejaba la victoria.

II Completa los huecos con formas adecuadas del auxiliar "haber".

Cuando Cristóbal Colón desembarcó en estas costas, el mundo occidental afirmó que ______ "descubierto" un nuevo mundo. Pero algunos historiadores suponen que los vikingos ______ llegado a América en la Edad Media. Otros mencionaron que tal vez los fenicios ______ conocido estas tierras muchos siglos antes. En verdad, el propio Colón nunca aseguró que ______ llegado a un nuevo continente.

III Completa las transcripciones de cada noticia. La parte faltante corresponde a lo que en el original está en negrita. Presta atención al tiempo del verbo en el discurso indirecto.

a

Este mes **cae** la venta de automóviles y las montadoras **despiden** trabajadores. La perspectiva es que la venta **mejore el próximo semestre**.

b

El año pasado aumentó el número de espectadores en las exhibiciones de cine nacional.

c

Periodista: Los hinchas están muy descontentos porque el equipo lleva tres meses sin ganar un único partido.
Director técnico del equipo: **Sé** que **me** están criticando **aquí** dentro del club. Por eso, **voy** a hacer cambios importantes en el equipo **el mes que viene**.

Leí que el mes pasado ______ la venta de automóviles y que las montadoras ______ trabajadores. La perspectiva es que la venta ______ ______ ______ ______.

Decía en aquel diario que ______ ______ ______ ______ ______ el número de espectadores en las exhibiciones de cine nacional.

Frente a la pregunta del periodista, el director técnico del equipo **admite** que ______ que ______ están criticando ______ dentro del club y **anuncia** que ______ a hacer cambios importantes en el equipo ______ ______ ______ ______.

86 Discurso indirecto III
Transmisión de pedidos, órdenes y consejos

pide que **abra** los ojos; **pidió** que **abriera/-se** los ojos

Transformaciones de los tiempos verbales de discurso indirecto

Enunciado original	Enunciado referido (discurso indirecto)	
	Verbo introductor en presente **Ordena / Pide / Sugiere que...** **Ha ordenado / Ha pedido / Ha sugerido que...**	**Verbo introductor en pasado** **Ordenó / Pidió / Sugirió que...** **Ordenaba / Pedía / Sugería que...**
*"**Cierra** la puerta, por favor".*	***cierre** la puerta.*	***cerrara**/-**se** la puerta.*
*"**Cuéntame** sobre el paseo".*	***le cuente** sobre el paseo.*	***le contara**/-**se** sobre el paseo.*
*"**No salgas** tan tarde".*	***no salga** tan tarde.*	***no saliera**/-**se** tan tarde.*
*"¿**Harías** un té?"*	***haga** un té.*	***hiciera**/-**se** un té.*
*"¿**Puedes** / **podrías** pasar por la oficina un momento?"*	***pase** por la oficina un momento.*	***pasara**/-**se** por la oficina un momento.*
*"**Tendrías** que preparar tu documentación".*	***prepare** mi documentación.*	***preparara**/-**se** mi documentación.*

Otros verbos introductorios

pedidos: rogar, solicitar
órdenes: encargar, mandar
sugerencias: proponer
consejos: aconsejar, recomendar

1 A continuación hay una serie de pedidos, consejos y órdenes. Elige una de las formas dadas entre paréntesis en cada caso y úsala para completar la frase.

Modelo: Ana **me pidió** que le *comprara* una crema para el cuerpo. (comprara / compre)

- **a** Mi jefe siempre **me advierte** que .... atentamente los correos antes de responderlos. (leyera / lea)
- **b** Claudia **nos aconsejó** que .... euros y no dólares. (lleváramos / llevemos)
- **c** En la ponencia el orador **le exigió** a un participante que .... (se retirara / se retire)
- **d** Cuando mi hijo viene a casa, **me pide** que le .... su torta favorita. (preparara / prepare)
- **e** ¿No **te ordenaron** que .... las flores aquí? (dejaras / dejes)
- **f** Les ruego que me .... (acompañaran / acompañen)
- **g** Mamá te pidió que .... con ella al dentista. (fueras / vayas)
- **h** Te propongo que .... de vacaciones a la playa. (fuéramos / vayamos)
- **i** El jefe le ordenó que .... listo al mediodía. (estuviera / esté)

II Reescribe las formas verbales pasando el verbo introductorio al presente o al pasado y luego haciendo los cambios necesarios en el segundo verbo.

Modelo: El guarda forestal nos **sugiere** que no **acampemos** cerca del río. *sugirió – acampáramos/-semos*

a Los socios le **exigieron** al presidente que **presentara** todas las cuentas. ………… – …………

b El servicio meteorológico **aconseja** que no se **salga** después de las 19. ………… – …………

c **Pidieron** que nos **abrochásemos** los cinturones antes de despegar. ………… – …………

d El portero **solicita** que **bajes** un poco el volumen de la radio. ………… – …………

III Transmite los pedidos y consejos que se hacen abajo usando el discurso indirecto. Para ello, completa los huecos transformando los elementos que están en negrita en los diálogos.

a

b
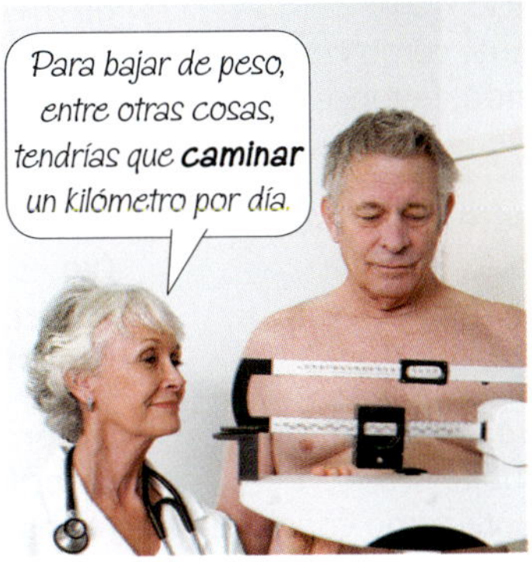

c

d

e

f

a Aldo le **pide** a su esposa que ………… la sal.

b La doctora le **recomienda** a Luis que ………… un kilómetro por día para bajar de peso.

c La taquillera le **pidió** a la espectadora que ………… ………… entrada en la puerta de la sala 4.

d Paulo le **pidió** a Andrés que le ………… el dinero ………… ………….

e Analía le **aconseja** a su marido que ………… ………… ………… aspirina que le deja ………….

f El director le **pidió** a su secretaria que ………… el documento y que ………… ………… ………… por correo electrónico.

87 Verbos de actitud I
Preferencias, deseos, expectativas

espero llegar a tiempo; **espero que llegues** a tiempo, etc.

	Combinaciones	Ejemplos
Mismo sujeto	(no) **esperar** / **preferir** / **querer** (en presente o en pretérito) + infinitivo	***Espero llegar*** *a tiempo al aeropuerto.* (**yo** espero y **yo** llego) *No **quisiste saber** mi opinión sobre el tema.* (**tú** no quisiste y **tú** no supiste)
	(no) **esperar** / **preferir** / **querer** (en presente o en pretérito) + infinitivo perfecto (acontecimiento que se presenta como *concluido* en algún momento de referencia: entonces, en ese momento, etc.)	*No **esperaba haber reunido** tanto dinero a fin de mes.* (**yo** no esperaba y **yo** reuní) ***Queremos** haber **terminado** el trabajo mañana.* (**nosotros** queremos y **nosotros** terminamos)
Sujetos diferentes	(no) **esperar** / **preferir** / **querer** en presente + **que** + presente de subjuntivo	***Espero que llegues*** *a tiempo al aeropuerto.* (**yo** espero / **tú** llegas) ***Preferimos que esperes*** *en la recepción.* (**nosotros** preferimos / **tú** esperas)
	(no) **esperar** / **preferir** / **querer** en presente + **que** + pretérito perfecto de subjuntivo (acontecimiento que se presenta como *concluido* en algún momento *futuro* de referencia: entonces, en ese momento, etc.)	***Esperan que*** *la semana que viene **hayas cumplido** con tu promesa.* (**ellos** esperan / **tú** cumplirás) *No **quiero que** ese día ya **hayan usado** todo el material.* (**yo** no quiero / **ustedes** usarán)
	(no) **esperar** / **preferir** / **querer** en pretérito + **que** + pretérito imperfecto de subjuntivo	*No **esperaba que me trajeras/-ses** bombones.* (**yo** no esperaba / **tú** trajiste) ***Quisieron que firmáramos/-semos*** *el contrato sin leerlo.* (**ellos** quisieron / **nosotros** firmamos)

Importante

1. Otros verbos con funcionamiento similar: anhelar, ansiar, desear, elegir, rechazar.
2. El pluscuamperfecto de subjuntivo solo se combina con **esperar** en formas de pretérito. Se refiere a un acontecimiento **no realizado** (si "esperar" está en forma afirmativa) o **realizado** (si "esperar" está en forma negativa):

   Esperábamos que hubieran/-sen aparecido. (**no** aparecieron)

   No esperaba que hubieras/-ses preparado *una fiesta.* (**sí** la preparaste)
3. El uso de **que** puede omitirse en expresiones de pedido con un tono formal: *Le solicitamos despache su equipaje dos horas antes del vuelo.*

I **Llena los huecos con la forma correcta del verbo que está entre paréntesis.**

a Espero que mañana .... lo que buscas. Yo no tuve suerte. (encontrar)

b Preferiría .... en este restaurante... Me parece más acogedor. (quedarse)

c Quiero .... más temprano de casa porque tengo que llegar una hora antes. (salir)

d Siempre preferí que los chicos .... a escuelas públicas. (ir)

e Espero .... los informes la semana que viene. Es que no quiero .... otra vez. (terminar – atrasarse)

II **Transforma las frases cambiando el sujeto de cada verbo señalado por los que están entre paréntesis.**

Modelo: Espero poder jugar todos los partidos del Mundial. (ellos – tú)

Esperan que puedas jugar todos los partidos del Mundial.

a **Prefiero vivir** en la capital porque hay muchos más recursos. (nosotros – ustedes)

....

b ¡**Quería ir** a fiestas todas las noches! (ellos – nosotros)

....

c **Prefería comprar** artículos nacionales para pagar menos. (vosotros – nosotros)

....

d ¿Por qué **preferiste quedarte** en casa durante el feriado? (él – tú)

....

III **Relaciona los elementos de las tres columnas. En la tercera, pon el verbo en la forma correspondiente.**

He convocado esta reunión porque quiero aclarar todos los cambios que se implementarán a partir de ahora en la empresa.

a	Quiero que	☐ la eficacia	☐ ______ mejor su tiempo. Hay atrasos en las entregas. (administrar)
b	No quiero que	☐ la recepcionista	☐ y no la rapidez ______ la prioridad de todos. (ser)
c	Espero que a fin de este año	☐ todos ustedes	☐ ______ la importancia de estas indicaciones. Es por el bien de todos. (entender)
d	Prefiero que	☐ los mensajeros	☐ ______ a atender los llamados diciendo "Hola"; ¡tiene que decir el nombre de la empresa siempre! (volver)
e	Espero que	☐ las secretarias VIP	☐ ______ sus cursos de idiomas. (terminar)

88 Verbos de actitud II
Gusto, disgusto, favores, permisos, propuestas

no me gusta llegar tarde a las reuniones; le molesta que lo tuteen

Ver unidad 27, sobre construcciones especiales con OI

	Oración principal	Oración subordinada
sin "que"	*(A mí) No me **gusta** / **importa** / **molesta***	***tratar** de "usted" a los de mi edad.*
con "que"	*(A él) Le **gusta** / **importa** / **molesta** que*	*lo **tuteen**.*

Sujeto	Combinaciones	Ejemplos
la persona (OI) se expresa sobre su(s) propia(s) acción(es) la persona que experimenta la sensación (OI) coincide con el sujeto de la oración subordinada	(no) **gustar** / **importar** / **molestar** (en presente, condicional o pretérito) + infinitivo	*No **me gusta** **llegar** tarde a las reuniones.* (**a mí**) (**yo** llego tarde) *No **les importaría** **trabajar** hasta más tarde.* (**a ellos**) (**ellos** trabajarían) *No **te gustó** nada **tener** que dirigir aquella reunión.* (**a ti**) (**tú** tenías que dirigirla) ***Me molestaba** **ser** la única que se atrasaba.* (**a mí**) (**yo** era la única)
la persona (OI) se expresa sobre acción(es) de otra(s) persona(s) la persona que experimenta la sensación (OI) no coincide con el sujeto de la oración subordinada	(no) **gustar** / **importar** / **molestar** (en presente) + **que** + presente de subjuntivo	*No **me gusta** **que hables** con extraños.* (**a mí**) (**tú** hablas) *No **nos importa** **que salgan** más temprano.* (**a nosotros**) (**ellos** salen)
	(no) **gustar** / **importar** / **molestar** (en pretérito o condicional) + **que** + imperfecto de subjuntivo	***Me molestó** **que** me **hablara/-se** en inglés allí.* (**a mí**) (**él** me habló) *¿**Os gustaría** **que** yo **fuera/-se** vuestro padrino?* (**a vosotros**) (**yo** sería) *No **le importaba** **que** lo **criticaran/-sen**.* (**a él**) (**ellos** lo criticaban)

Importante

1. Otros verbos / locuciones con funcionamiento similar: alegrar, complacer, deprimir, disgustar, encantar, enfadar, escandalizar, extrañar, fascinar, hacer falta, impresionar, inquietar, interesar, irritar, perturbar, preocupar, sorprender.
2. **Importar** y **molestar** también se emplean con **la misma persona** en las dos partes de la oración, para solicitar una acción o pedir un favor: *¿Te **importa** **abrir** la ventana? / ¿Le **molesta** **sentarse** allí?*
3. **Importar** y **molestar** también se emplean con **personas diferentes** en las dos partes de la oración, para pedir permiso o solicitar acuerdo: *¿Les **molesta** que **apague** el ventilador? / ¿Te **importa** que lleve el traje a la tintorería?*

I Identifica si en las frases siguientes se pide un favor (F) o se pide permiso (P).

[ ] **a** ¿Le importa esperar en el pasillo? El doctor ya viene.
[ ] **b** ¿Te importaría ir en el coche de Mercedes?
[ ] **c** ¿Les molestaría que hoy no las acompañe? No estoy de buen humor.
[ ] **d** ¿Te molestaría acercarte un poco a la ventana?
[ ] **e** ¿Te importa que deje el paraguas aquí? Está muy mojado.

II Completa las frases con infinitivo o con "que" + subjuntivo del verbo dado entre paréntesis, en la persona que allí se indica.

a Ayer le molestó .... más tarde a su clase. (llegar, yo)
b ¿Os importa .... primero a comer y después a bañaros? (ir, vosotros)
c A Juan no le molestaba .... de la oficina de madrugada. Lo que no le gustaba era .... temprano. (salir, Juan – tener que llegar, Juan)
d No me gusta .... con ese grupo de chicos. Te van a llevar por mal camino. (andar, tú)
e No me importa .... en un lugar simple; lo bueno es celebrar. (cenar, nosotros)

III Completa las preguntas con tratamiento de "tú". Sigue el modelo.

Modelo:	**Despertarte / ellos**	**¿Te importa** *que te despierten?*
a	Fumar a tu lado / alguien	¿Te molesta ....
b	Reconocer tus errores / tú	¿Te importa ....
c	Llamarte por tu apodo / nosotros	¿Te importaría ....
d	Ser el último de la fila / tú	¿Te molestaría ....

IV Completa, con las formas de la caja, estas aclaraciones entre dos miembros de una pareja.

a ti te gustaría · **critiques** · **demores en arreglarte** · **escucharte** · **me encanta** · **me gustaría** · **os gusta** · **servirte de ayudante** · **tener que cambiarme**

Qué dice él	Qué dice ella
No me importa que ....; lo que no me gusta es que después .... cómo me vestí y .... Me importa ...., pero .... que fueras / fueses más sintética.	.... que hagas la comida, lo que no me gusta es tener que .... ¿.................................... que te mandase a pelarme las verduras, el ajo, etc.? A vosotros los hombres, no siempre .... entender lo que nos importa a las mujeres.

89 Expresiones de creencia y de duda
Creer / pensar que, dudar / desconfiar (de) que

creo que es mejor; **no creo que sea** mejor, etc.

Expresiones de creencia (Creer / pensar que...)

Modalidad del verbo principal	Modo del verbo de la oración subordinada	Ejemplos
afirmativa	indicativo	***Pienso que*** *cada uno* ***debe*** *asumir sus actos.* ***Creen que* es** *mejor hacer una reunión hoy mismo.*
negativa (yo)	subjuntivo	*No* ***creo que*** *los precios* ***aumenten*** *por ahora.* *No* ***pensé que*** *me* ***observaran/-sen****.*
negativa, en las demás personas	indicativo o subjuntivo	*Mis amigos no* ***creen que tengo*** */* ***tenga*** *17 años.* *Tú tampoco* ***pensabas que era*** */* ***fuera*** *la misma calle.*
interrogativa (negativa o no)	indicativo	*¿**Piensas que se necesita** más tiempo?* *¿No **creéis que podemos** preparar una sorpresa?*

Expresiones de duda: Dudar (de) / desconfiar (de)

Modalidad del verbo principal	Modo del verbo de la oración subordinada	Ejemplos
afirmativa	subjuntivo	***Dudábamos*** *(**de**) que* ***pudieras*** *presentarte aquel día.*
negativa	indicativo o subjuntivo	*No* ***desconfío*** *(**de**) que* ***harán*** */* ***hagan*** *lo máximo posible.*
interrogativa	indicativo o subjuntivo	*¿Acaso* ***dudan*** *(**de**) que* ***sabremos*** */* ***sepamos*** *responder?*
interrogativa negativa	subjuntivo	*¿No* ***dudó*** *usted (**de**) que sus hijos* ***supieran/-sen*** *el camino?*

Otros verbos

parecerle (a alguien) **que** sigue el mismo sistema que **pensar** / **creer que**: *Me* ***parece que*** *nos* ***quieren*** *decir algo. / A los inspectores no les* ***pareció que había*** */* ***hubiera*** *infracciones.*
confiar en que se combina tanto con indicativo como con subjuntivo, salvo en la forma negativa en 1.ª persona, que solo admite combinación con subjuntivo: *No* ***confío en que dijese*** *la verdad.*
esperar que solo admite combinación con subjuntivo
sospechar (**de**) **que** en general se combina con indicativo, pero en la forma negativa admite combinación con subjuntivo

Importante

1. Estos verbos pueden combinarse con infinitivo si el sujeto de la oración subordinada coincide con el de la principal, pero en estos casos es opcional. ***Creo que puedo*** */* ***Creo poder*** *alcanzarlos.* Ver unidad 87, sobre verbos de actitud
2. La correspondencia entre cada tiempo del indicativo y del subjuntivo es la misma que se presenta en la unidad mencionada en el punto anterior: ***Desconfían de que*** *les* ***devuelvan*** *la seña. ¿**Dudas de que** se **hayan esforzado**?*

I **Relaciona las oraciones según el sentido y conjuga cada verbo principal en el tiempo más adecuado.**

a No cr.......... que [ ] la timidez del joven tenía origen en su infancia.

b ¿Te par.......... que [ ] se hayan olvidado de pagar la cuenta.

c Los familiares pens.......... que [ ] su marido fuese tan maleducado.

d De novia, Alicia no sospech.......... (de) que [ ] tendremos / tengamos buenos resultados.

e Conf.......... en que [ ] todos los alumnos deben ser tratados igual?

II **Pasa a la forma negativa las siguientes frases, dando dos opciones cuando sea posible.**

a Creo que hay que invertir más en propaganda.

No creo que *haya que invertir más en propaganda.*

b Sospechan que el problema de la empresa es la falta de control de gastos.

....

c ¿Crees que actualmente la gente es más tolerante con la diversidad?

....

d Confío en que los vecinos realmente quieren llegar a un acuerdo.

....

e ¿Os parece que podemos pedir prórroga dos veces?

....

III **Elabora frases con los elementos dados, presentando dos formas verbales cuando sea posible.**

Modelo: (el médico, tener turno para mañana)

No dudo (de) que *el médico tendrá / tenga turno para mañana.*

a (la directora, atender a nuestro pedido)

Esperamos que ....

b (vosotros, haber demostrado responsabilidad)

No me parece que ....

c (¿Ana, postularse para el cargo vacante?)

¿Ustedes desconfían (de) que ....

d (su padre, saber tanto sobre sus preocupaciones)

Julio no pensaba que ....

e (tú, haberte perdido en la feria)

Todos creímos que ....

90 Expresiones de constatación

Estar claro (que), ser / parecer verdad / obvio (que), etc.

está claro que no sabe; **no es verdad que** sabe / sepa, etc.

Expresiones de constatación (Estar claro que; ser / parecer verdad / obvio / evidente que)

Modalidad del verbo principal	Modo del verbo de la oración subordinada	Ejemplos
afirmativa	indicativo	***Está claro que*** *Teresa no* ***sabía*** *montar caballos.* ***Parece obvio que*** *el pasaje de avión* ***cuesta*** *más caro.*
negativa o interrogativa	indicativo o subjuntivo	***No es verdad que*** *el poder* ***conduce*** */* ***conduzca*** *inevitablemente a la corrupción.* ***No estuvo claro que*** *el juez* ***aceptaba*** */* ***aceptara****/-****se*** *su testimonio.* *¿****Está claro que*** *todos* ***tienen*** */* ***tengan*** *que venir?*
afirmativa o negativa, introduciendo una oración interrogativa o exclamativa indirecta	indicativo Ver unidad 83 y apéndice 6, sobre formas interrogativas y exclamativas	***Estaba claro por dónde comenzaríamos****.* ***No es obvio si*** *el problema* ***es*** *el precio o la calidad.* ***Es evidente cuánto te ha costado*** *llegar hasta aquí.* ***No está claro cuándo recibiremos*** *aumento.* ***Parece obvio quiénes serán*** *los ganadores.* ***No era evidente*** *a* ***quién te referías*** *con tus elogios.* ***Nunca será obvio dónde se puede*** *actuar sin riesgos.*

"Cierto" vs. "correcto" vs. "seguro"

Expresión	Equivalente	Ejemplos
(ser) cierto	(ser) verdad	*¿****Es cierto*** */* ***es verdad*** *que te asaltaron?*
(ser / estar) correcto	(estar) bien, (ser) adecuado	*Está* ***correcto*** */* ***bien*** *lo que has hecho. Yo haría lo mismo.* *No* ***es correcto*** */ no* ***está bien*** *hablarle así a tu padre.*
(ser) seguro	(ser / estar) confirmado	***Es seguro*** *que mañana se acreditan los fondos.*
estar seguro/-a/-os/-as de	tener certeza	***Estamos seguros de*** *que pasarás la prueba.*

Importante

1. Las expresiones **ser mentira** / **falso** (**que**) admiten indicativo o subjuntivo en la oración subordinada:
   Es mentira */* ***falso*** *(****que****)* ***están*** */* ***estén*** *desperdiciando combustible.*
2. Las preguntas y respuestas cortas con estas expresiones siempre llevan verbo **ser**: *–¿****Es*** *cierto? / –Sí,* ***es*** *verdad.*
3. En estas expresiones, el adjetivo (claro, falso, etc.) es invariable cuando va seguido por **que** o por **infinitivo**, pero en los otros casos concuerda con el sujeto y con el verbo **estar**:
   Está claro que *es mentira.* ***Está clara*** *la mentira.*
   Está prohibido *traer mascotas.* ***Están prohibidas*** *las mascotas.*
4. **Cierto** no equivale a **correcto**.

I **Relaciona las columnas formando frases. Luego llena cada hueco con uno de los verbos de la caja.**

era	es (2 veces)	está	estaba	parece	sé

a	No .... obvio para ella	[ ]	que la reducción del precio favorecía las ventas.
b	.... claro	[ ]	si el ferrocarril pasará por aquí o por el norte.
c	.... falso que los únicos interesados	[ ]	me conviene hacerlo ahora o esperar un poco más.
d	No .... si	[ ]	que quisimos / hayamos querido ayudarla.
e	No .... claro	[ ]	¿no .... verdad?
f	.... evidente que lo conoce,	[ ]	en el producto hayan sido los exportadores.

II **Llena cada hueco con “cierto”, “seguro” o “correcto”.**

a —¿Estás .... de que podremos tomarnos vacaciones anticipadas?
—Sé que tenemos derecho —así que sería ....—, pero no estoy .... de que lo acepten.

b —¿Es .... que Juan Carlos y tú van a separarse?
—No, ¿quién te ha contado esa mentira? No me parece .... andar hablando de la vida de los demás.

c —Hasta ayer, no era .... que el curso comenzase.
—Pero hoy ya lo hemos confirmado; puede usted estar .... de que comienza el lunes próximo.

d —Quien dirigió la película *Haz lo* .... fue Spike Lee, ¿no es ....?
—No me acuerdo... ¿Estás ....?

III **Transforma las frases en oraciones con adjetivos variables, según corresponda.**

Modelo: Está claro que estoy apostando por el diálogo. *Está clara* **mi apuesta por el diálogo.**

a Es evidente que había prejuicios contra él. .... los prejuicios contra él.

b Está claro qué tipo de película es y qué público la va a ver. .... el tipo de película que es y el público que la va a ver.

c Parece obvio que hubo cambio de perspectiva. .... el cambio de perspectiva.

d Es falso que existan 127 000 ofertas de empleo. .... la existencia de 127 000 ofertas de empleo.

e Parece evidente que haya modificaciones tarifarias ilegales. .... las modificaciones tarifarias ilegales.

f No es seguro que la resolución se presente este año. .... la presentación de la resolución este año.

91 Verbos de percepción
Ver / oír / sentir / escuchar que

vi que terminaste el trabajo; **no vimos que estabas / estuvieras** ahí; etc.

Ver / oír / sentir / escuchar que		
Forma del verbo principal	**Modo del verbo de la oración subordinada**	**Ejemplos**
afirmativa	indicativo	*Vimos que **terminaste** antes que el grupo.* *Oí que las cosas no **andaban** bien en casa.*
negativa	indicativo o subjuntivo	*No **oye que** **hablan** / **hablen** sobre su hermana.* *No **escuchamos que** **teníamos** / **tuviéramos/-semos** que organizar clases públicas.*
interrogativa	indicativo o subjuntivo	*¿**Sientes que** hoy **hace** / **haga** más calor que ayer?*
interrogativa negativa	indicativo	*¿No **ves que** **viene** el autobús?*

Ver unidades 87 y 88, sobre correspondencia de tiempos entre verbo principal y subordinado

Expresiones con verbo en infinitivo o gerundio + objeto directo (OD)	
Formación	**Ejemplos**
el <u>OD</u> es el que realiza el proceso indicado por el infinitivo o gerundio; ese <u>OD</u> puede ser pronominal (**me**, **te**, **lo**/-**a**/-**os**/-**as**, **nos**, **os**)	***Veo venir** <u>a Claudia</u>.* (yo veo, Claudia viene) *¿<u>Los</u> **escuchas cantar**?* (tú escuchas, ellos cantan) *No <u>te</u> **oí llegar**.* (yo no oí, tú llegabas) ***Veíamos** <u>el agua del río</u> **subiendo** hacia la calle.* (nosotros veíamos, el agua del río sube) *<u>Os</u> **veo dudando** mucho al respecto.* (yo veo, vosotros dudáis)
el OD es una oración subordinada encabezada por **que** y el verbo principal expresa la reproducción del discurso de otro, quien no se explicita; al hacerse la transformación, es el verbo **decir** el que queda en infinitivo	***Oí que** las cosas no **andaban** bien en casa. >> **Oí decir** que las cosas no andaban bien en casa.* *No **oímos que se habla** / **hable** de crisis en el foro. >>* *No **oímos decir** que se habla / hable de crisis en el foro.* *No **escuchamos que tuviéramos** que organizar clases públicas. >>* *No **escuchamos decir** que tuviéramos que organizar clases públicas.*

Importante

1. El infinitivo **nunca** se flexiona: *Los sentí **entrar**. >> Sentí que ellos **entraban**.*
2. Los verbos **ver** y **sentir** con subjuntivo pueden cobrar un significado de **duda**: ***No veo / no siento que** Miguel **vaya** a renunciar. >> Dudo de que Miguel vaya a renunciar.*

I **Elige entre las formas subrayadas la correcta y tacha la otra.**

- **a** Vi que estabas / estés enojada conmigo.
- **b** Sentimos que la rabia nos domina / nos domine cuando vemos una injusticia social.
- **c** Siento que es / sea el amor de mi vida.
- **d** Oímos que ese país alcanzó / alcanzara un gran potencial industrial.
- **e** ¿No ves que le da / dé vergüenza? ¡No le pidas que hable en inglés!

II **Transforma las frases a su forma afirmativa.**

- **a** No veo que el jefe haya sido rudo. ....
- **b** No vi que todos estuvieran compenetrados. ....
- **c** No sentía que fuera necesario decírselo. ....
- **d** No escuché que Matías dijera malas palabras. ....
- **e** No oí que hubiera habido fiestas estos días. ....

III **Transforma la estructura de cada frase según el modelo. En la primera versión, los dos verbos están conjugados, pero en la segunda, el verbo subordinado está en infinitivo o gerundio.**

Modelo: Veo que los chicos asumen sus tareas. *Veo a los chicos asumir sus tareas.*

a ¿No escuchaste que Jorge te mencionó?

....

b ....

Te vi pasar, pero no me viste saludándote.

c Oí que se gastaron millones en el rodaje.

....

d ....

Disculpadnos; no os oímos pedir ayuda.

e Hemos visto que algunos arrojan basura en el piso.

....

f ....

Siento el coche haciendo un ruido extraño.

g Desde aquí vemos cuando el sol nace.

....

h Escuchamos que van a subir los sueldos.

....

92 Formas pasivas e impersonales
Generalizadores

la iglesia fue construida; la iglesia se construyó, etc.

Se emplean cuando no se pretende destacar o individualizar el que realiza la acción.

Formas que destacan la persona o la cosa que reciben la acción					
objeto directo al comienzo de oración	**Objeto directo**	**pronombre OD**	**verbo**		**sujeto**
	Las calles *A ese joven*	*las* *lo*	*arregla* *elogian*		*la Municipalidad.* *todos los maestros.*
voz pasiva	**Sujeto pasivo**	**verbo ser**	**participio**	**por**	**complemento agente**
	Esa iglesia	*fue*	*construida*	*por*	*los indios.*
pasiva pronominal	**Sujeto pasivo**	**se**	**verbo (sin agente)**		
	Las puertas	*se*	*cerrarán*		*a las 19.*

Formas impersonales	
"se" impersonal	*En las ciudades pequeñas **se vive** mejor.* (cualquiera vive mejor)

Generalizadores

Forma personal	Referencia	Ejemplos
uno	cualquiera (**yo** también)	***Uno** intenta mejorar a pesar de las dificultades.* (**yo** y **otros** como yo lo intentan)
2.ª persona inespecífica	cualquiera (**tú** también)	*Es tan bello el cuadro que **te emocionas** al verlo.* (**tú** y **cualquiera** en tu lugar se emocionaría)
la gente	los otros, los demás (**yo** no)	*¿Se puede confiar en **la gente**?* *Aunque me encanta **la gente**, a veces prefiero estar solo.*
3.ª persona plural inespecífica	alguien / algunos	***Dicen** que **van a prohibir** el cigarrillo en las plazas.* (**alguien** dice / **alguien** prohibirá)

Importante

1. El objeto al comienzo de oración es **la más frecuente** de esas tres formas. Cuando no hay agente o no hace falta mencionarlo, se prefiere la pasiva pronominal. En la pasiva pronominal el sujeto **siempre** concuerda con el verbo: ***El pescado** se prepar**a** con vino. / **Los pescados** se prepara**n** con vino.*
2. El pronombre **uno** puede realizarse como **una** si el hablante es mujer y quiere delimitar una identificación femenina en el tema desarrollado: *Esperan que **una** sea solamente madre y esposa, como si **una** no fuese, también, ciudadana.* Casi nunca se usa la expresión **la persona** para eso.
3. **La gente** no equivale a **nosotros**: ***Nosotros** tenemos nuestra forma de pensar, pero **la gente** ve las cosas de otra manera.* Casi nunca se usa **las personas** para eso.
4. En la 2.ª persona inespecífica el pronombre **tú** es casi siempre implícito; es el verbo el que indica la persona.
5. Para entenderse como generalizadora, la 3.ª persona **debe ser plural**. Observa: *Dice que habrá feriado el viernes.* (él dice, una determinada persona ha dicho eso) / *Dice**n** que habrá feriado el viernes.* (alguien dice, nadie en especial lo ha dicho)

I Elige la equivalencia más adecuada para cada expresión señalada.

1. **No me canso de** contemplar el mar... Es muy agradable.

   [ ] **a** La gente no se cansa de [ ] **b** Uno no se cansa de [ ] **c** No cansa

2. **La gente siempre busca** su propio beneficio.

   [ ] **a** Muchos siempre buscan [ ] **b** Tú siempre buscas [ ] **c** Uno siempre busca

3. **Uno nunca sabe cuándo va a necesitar a la gente.**

   [ ] **a** Nunca sabemos cuándo vamos a necesitar a los otros.

   [ ] **b** La gente nunca sabe cuándo va a necesitarnos.

   [ ] **c** Nunca saben cuándo van a necesitarte.

4. En cualquier lugar del mundo **encuentras** un centro comercial.

   [ ] **a** tú y yo encontramos [ ] **b** se encuentra [ ] **c** la gente encuentra

II Construye frases con pasiva pronominal en pretérito indefinido, según el modelo.

Modelo: El caso / investigar a fondo ...*El caso se investigó a fondo.*...

a Muchas huellas de los delincuentes / encontrar / allí ....

b Las negociaciones sobre fronteras / reiniciar / ayer ....

c Esos jugadores / entrenar / bien ....

d Esas materias / no enseñar / adecuadamente ....

e La novela *Vidas secas* / traducir a varios idiomas ....

III Transforma cada oración según la columna que está vacía.

	Objeto directo antepuesto	Voz pasiva
	Modelo: Aquella fiesta la organizamos nosotros.	*Aquella fiesta fue organizada por nosotros.*
a	A Melisa y a Érica las recomendaron sus compañeros de sección.	
b		El puente será levantado por ustedes mismos.
c	El edificio que ven a la izquierda lo construyeron antes de 1920.	
d		Andrés fue criado por una tía.
e	Esa torre la destruyó un bombardeo.	
f		El complejo acuático ha sido diseñado por uno de los mejores arquitectos de la ciudad.
g	Los materiales los guardará la Intendencia.	

93 Involuntariedad

se me olvidó llamarte; **se te perdieron** los anteojos, etc.

Estas construcciones indican que el acontecimiento ocurre sin control de la persona y sin que nadie lo cause.
*Estaba comiendo un helado y **se me cayó** de las manos.*
El verbo siempre concuerda en singular o plural con la cosa.

Persona afectada precedida por la preposición "a"	Se	Pronombre de OI	Acontecimiento involuntario	
			Verbo en 3.ª persona (singular o plural)	Cosa(s)
A Mónica	*se*	*le*	*paró*	*el reloj.*
A los españoles	*se*	*les*	*nota*	*el acento al hablar.*
A Carla	*se*	*le*	*ensució*	*el vestido.*
(A vosotros/-as)	*¿Se*	*os*	*han perdido*	*las llaves?*

Formación de expresiones de involuntariedad

Persona afectada	Indicador de que no hay causante	Pronombre de la persona afectada	Verbo	Cosa afectada
(A mí)		**me**	**3.ª persona**	**singular o plural**
(A ti / vos)		**te**	**singular o plural**	
(A él / ella / usted)	**se**	**le**		
(A nosotros/-as)		**nos**	*rompi**ó*** →	***el** vaso*
(A vosotros/-as)		**os**	*rompi**eron*** →	***los** vaso**s***
(A ellos / ellas / ustedes)		**les**		

Otras composiciones habituales que indican involuntariedad

acabársele	**algo a alguien**	*El tiempo **se nos acaba**; debemos darnos prisa.*
escapársele		*No dejes que **se les escape** una mala palabra.*
estropeársele		***Se te estropeará** el pulóver si lo lavas con agua caliente.*
írsele		*Parece que la suerte **se nos ha ido**.*
ocurrírsele		*¿No **se os ha ocurrido** una idea mejor?*
olvidársele		***Se me olvidó** cerrar la puerta con llave.*
perdérsele		*El contrato **se nos ha perdido** entre tantos papeles.*
pegársele		*A Jorge **se le ha pegado** un chicle en la camisa.*
quemársele		*Por el gusto del arroz, **se me ha quemado** un poco.*
vérsele		*Con el vestido transparente **se te ve** toda la ropa interior.*

I Reconoce la opción correcta y utilízala para completar cada una de las frases.

a Estaba ordenando el estante y se me .... algunos libros encima. (vinieron / vino)

b Si no sales ahora, se te .... muy tarde para llegar al aeropuerto. (harán / hará)

c Espero que después de tomar estas aspirinas se me .... el dolor de cabeza. (pase / pasen)

d Andrea dijo que se siente mal y que se le .... las ganas de comer. (fue / fueron)

e Me encanta trabajar contigo porque se te .... muchas soluciones prácticas. (ocurren / ocurre)

II Llena cada hueco con el pronombre correspondiente.

a La frenada nos asustó tanto que se .... escapó un grito.

b ¡A mi hermano se .... ocurren unas ideas geniales!

c Me compré unos zapatos lindísimos, pero se .... han estropeado con la última lluvia.

d A los chicos se .... ha olvidado la bebida. Voy a comprar algunas gaseosas ahora.

e ¡Qué bronceada estás! Ahora se .... nota la marca del traje de baño.

III A partir de los elementos dados, forma frases en pretérito perfecto que expresen involuntariedad.

Modelo: acabar – nosotros – la paciencia *Se nos ha acabado la paciencia.*

a ocurrir – ellos – adoptar un niño ....

b olvidar – tú – las llaves del auto ....

c pasar de punto – yo – la carne asada ....

d romper – vosotros – la caja de cristal ....

e abrir – ella – la maleta en el autobús ....

IV Transforma cada una de las frases voluntarias en involuntarias. Observa el modelo.

Modelo: Han apagado el fuego. *Se les ha apagado el fuego.*

a Rompimos todos los juguetes. ....

b Paré el motor del auto. ....

c Ha estropeado el equipo de música. ....

d Quemaste la comida. ....

e Partieron los platos al medio. ....

f Habéis pinchado el neumático. ....

94 Expresiones de pertenencia sin posesivos

me corté el pelo; me lavo las manos, etc.

Muchas veces la persona poseedora aparece como pronombre de objeto indirecto (**me**, **te**, **le**, **nos**, **os**, **les**, **se**). Ese fenómeno se llama **dativo posesivo**. Puede tratarse de partes o de posesiones de la persona: *¿**Os terminaron** el departamento?* (vuestro departamento)

Poseedor y sujeto diferentes

(A mí) ***Me*** *arregla las uñas la misma manicura de siempre.* (mis uñas)
¿(A ti) ***Te*** *hace la comida la empleada?* (tu comida)
(A él / a ella / a usted / a mi suegra, etc.) ***Le*** *sellaron el pasaporte.* (su pasaporte)
(A nosotros) ***Nos*** *robaron el coche.* (nuestro coche)
(A vosotros) ***Os*** *han llenado la casa de gente.* (vuestra casa)
(A ellos / ellas / a ustedes / a tus vecinos / a todos) El banco ***les*** *canceló la deuda.* (su deuda)

Poseedor = y sujeto iguales (formas reflexivas)

Me teñí *el pelo.* (mi pelo)
*¿**Te operaste** la nariz?* (tu nariz)
Jorge no ***sabe*** *atar**se** la corbata.* (su corbata)
¿No ***se lavan*** *las manos antes de comer?* (sus manos)

Importante

Esas formas son **las más habituales** para expresar acciones o procesos sobre partes o pertenencias de personas. Cuando se trata de partes del cuerpo, son práticamente las únicas usuales.

I **Relaciona las frases de la primera columna con las de la segunda. Agrega los pronombres que faltan.**

a	Hoy me dediqué a preparar la maleta.	[ ]	______ perdieron varias fotos.
b	Deberías preparar el texto para mañana.	[ ]	Pensó que no era nada, pero ______ rompió el menisco.
c	Tuve una sorpresa desagradable en el banco:	[ ]	no ______ han depositado el sueldo.
d	______ lastimé la boca.	[ ]	______ planché varias blusas.
e	Eduardo se cayó jugando al fútbol.	[ ]	¿Ya ______ arreglaron la computadora?
f	Mis hijas se pusieron a jugar con mis cosas.	[ ]	Preferí no pintar______ los labios.

II **Llena cada hueco con un pronombre (me / te / le / nos / os / les / se) y una forma de "haber" (has / ha / han), según corresponda.**

Modelo: **¿Qué te ha ocurrido? ¿Dónde** te han **quitado el bolso?**

a Y tú, ¿ya ______ ______ cepillado los dientes?

b Los albañiles ______ ______ dejado la casa a la miseria. ¡No sé por dónde comenzar a limpiar!

c Ten cuidado con la ropa mía que te presto: ya ______ ______ manchado un vestido.

d ¿Cuántas veces tu madre ______ ______ pintado los ojos hoy?

e Creo que sus palabras ______ ______ partido el corazón a todos.

III **Formula consejos o propuestas a partir de los elementos dados. No te olvides de emplear artículos en vez de posesivos.**

Modelo: **(quitar / chaqueta / tú) Si tienes calor,** quítate la chaqueta.

a (llevar / negocio al centro / nosotros) Aquí no hay buenas ventas. ______

b (tapar / garganta / ustedes) Hace mucho frío. ______

c (cubrir / cabeza / tú) El sol está muy fuerte. ______

d (ajustar / cinturón / vosotros) Antes del despegue, ______

e (desatar / cordones / tú) Vas a romperte las zapatillas si te las quitas así: ______

IV **Completa las frases traducidas del portugués al español. En cada una debes colocar un pronombre y un artículo.**

a	*Você tingiu seu cabelo?*	¿______ teñiste ______ pelo?
b	*Minha mãe fez a barra na minha calça.*	Mi mamá ______ hizo ______ dobladillo en el pantalón.
c	*Vou encurtar minha saia preta.*	Voy a acortar______ ______ falda negra.
d	*Hoje assinaremos seu atestado.*	Hoy ______ firmaremos ______ certificado.
e	*Alguém levou minha caneta.*	Alguien ______ ha llevado ______ bolígrafo.
f	*Com essa roupa, todos vão olhar para suas pernas.*	Con esa ropa, todos ______ van a mirar ______ piernas.

95 Oraciones con conectores relativos

el supermercado al **que** voy; el lugar **donde** está; la chica con **quien** vivo; etc.

Conectores relativos	Ejemplos
solo personas: **quien** / **quienes** personas o cosas: **que** **el** / **la** / **los** / **las que** **el** / **la cual** – **los** / **las cuales** solo cosas: **lo que** / **lo cual**	*Las chicas con **quienes** estudiaba eran mayores que yo.* *Las canciones **que** oímos ya están pasadas de moda.* *La gente con **la cual** / **la que** hablamos no supo respondernos.* *No se analizará ahora el motivo por **el cual** protestaron.* *Di todo **lo que** tengas ganas de decir.* Ver unidad 54, sobre el artículo neutro
lugar: **donde** / **en que**	*El abuelo quiere pasar su vejez en la ciudad **donde** nació.* *Hay un caño roto en la calle **en que** vivimos.*
tiempo: (**en**) **que** / **cuando** (menos frecuente)	*Extraño la época **en que** trabajábamos juntos.* *El día **cuando** te conocí cambió mi vida.*
modo: **en que** / **como** (menos frecuente)	*No me gusta nada la manera **en que** me habla.* *Lo reconocen por el modo **como** se mueve.*
cantidad: **cuanto**/-**a**/-**os**/-**as**	*Trae **cuantas** colecciones puedas cargar.*

Oraciones encabezadas por relativos

Clases	Características	Ejemplos
adjetivas	tienen un antecedente al que modifican	*Compré **el mapa**.* (antecedente) *El mapa no tiene carreteras. >>* ***El mapa que** compré no tiene carreteras.*
sustantivas	no tienen antecedente	***Quien** esté dispuesto que me siga.*

Modo verbal en oraciones con relativos

indicativo	antecedente específico	*La gente **que entró** primero es del curso de Letras.* *Quiero una TV **que tiene** una pantalla gigante.*
subjuntivo	antecedente inespecífico	*Quiero una TV **que tenga** una pantalla gigante.* (cualquier TV con esa característica)
	en las adjetivas, cuando el antecedente aparece en la forma negativa	***No** hubo ningún empleado **que supiera** usar esa máquina.*

Oraciones de relativo encabezadas por preposición

en las **sustantivas**	la preposición tiene que ver con el verbo principal *Le daremos el ascenso a **quien** lo merezca.* (dar **a** alguien)
en las **adjetivas**	la preposición tiene que ver con el verbo de la oración subordinada *Esta es la empresa de **la que** te hablé.* (hablar **de** algo / **de** la empresa)
el relativo **que**	referido a cosa o persona, siempre lleva artículo después de la preposición *La situación **por la que** pasé no es broma. / Es el último viajero **del que** tuve noticias.*

I Elige entre las formas subrayadas la que es correcta y tacha la otra.

a Aquel era el barrio en que / por donde siempre pasaba cuando venía a verte.

b Quiero trabajar en un lugar que / donde me ofrezca más beneficios que los que tengo ahora.

c El problema lo cual / por el que te llamamos es la falta de recursos que / de la cual sufrimos.

d ¿Hay algún amigo quien / del cual nunca te olvides?

e Su matrimonio con aquel famoso jugador fue lo que / con lo cual hizo más famosa a la modelo.

II Identifica cada referente y emplea el conector correspondiente en las frases. En algunas hay dos conectores posibles.

Modelo: **La promotoría reveló las pruebas** ....que.... **tiene en contra del acusado.** ....cosa..........

a Te lo repito .... veces sean necesarias. ....

b En lo del dinero, tus padres son .... deben poder ayudarte. ....

c No pude creerlo en el momento .... me contó la noticia. ....

d Este es el estadio .... mi equipo perdió más veces. ....

e La forma .... resolvió el problema nos sorprendió a todos. ....

III Completa cada oración con el verbo dado entre paréntesis, en presente de indicativo o de subjuntivo, según corresponda.

a Quiero mostrarte el video que .... en nuestras últimas vacaciones. (filmamos / filmemos)

b ¿Por qué no preparas un tema que les .... interesante a los chicos? (resulta / resulte)

c Necesito un espejo que no .... fácilmente. (se rompe / se rompa)

d Puedes comer todas las frutas que .... (quieres / quieras)

e No me acuerdo del nombre de todos los empleados que .... (me saludan / me saluden)

IV Completa las frases con las formas de la caja.

como	con el que	donde	
en la que	lo que	los que	que

a Admiro a la gente que dice .... piensa.

b Los vecinos .... estaban durmiendo no escucharon los tiros.

c .... no sepan su número de sala, vengan a hablar conmigo.

d Es un representante .... hacemos negocios frecuentemente.

e Aquella es la isla .... se filmó la película de Tarantino.

f ¿Es lejos la casa .... vivieron los abuelos?

g ¿No has notado el modo .... te mira? Lo atraes, sin duda.

96 Oraciones causales y consecutivas

voy **porque** quiero; no tengo plata, **así que** no voy, etc.

Conjunciones que indican causa	
Introduciendo oraciones	
como	***Como* hace mucho que no salimos**, *hoy vamos a ir al teatro.*
porque	*Me voy a acostar más temprano* ***porque* no me siento bien**.
puesto que	*Os citarán a declarar* ***puesto que* habéis sido los únicos testigos**.
ya que	***Ya que* ustedes no se ponen de acuerdo**, *yo elijo el menú.*
dado que	***Dado que* la respuesta no ha sido clara**, *lo explicaré nuevamente.*
Introduciendo sustantivo	
a causa de	*Despidieron al entrenador* ***a causa de* los malos resultados**.
debido a	*No lo contrataron* ***debido a* su falta de experiencia**.
por	*Se enfadó contigo* ***por* tus constantes atrasos**.
gracias a	*Se consiguió el dinero necesario* ***gracias a* la colaboración de todos**.
por culpa de	*El avión despegará más tarde* ***por culpa de* la lluvia**.

Conjunciones que indican consecuencia	
por eso	*Discutió seriamente con su jefe;* ***por eso*, dejó el empleo**.
por (lo) tanto	*Mañana habrá huelga de trenes;* ***por (lo) tanto*, la ciudad estará un caos**.
entonces	*Se cansaron de la gran ciudad;* ***entonces*, se fueron a vivir al campo**.
así que	*Ya he consultado el libro que me diste,* ***así que* te lo devuelvo**.
de modo que	*Alicia tenía poco dinero,* ***de modo que* Silvio pagó la cuenta**.

Importante

La conjunción **como** solo se utiliza al inicio de la frase: ***Como*** *mañana es sábado, me voy a levantar más tarde.*

I **Completa cada una de las frases eligiendo la opción correcta de las que están entre paréntesis.**

Modelo: Ya es tarde; *entonces* **, tendremos que tomar un taxi. (entonces / porque)**

a .... no puedes tomar café, te voy a servir un jugo. (por lo tanto / dado que)

b Estoy usando lentes de contacto .... me cansé de las gafas. (de modo que / porque)

c El Dr. Álvarez es una referencia; ...., hay que prestarle atención. (por eso / ya que)

d El agua es un bien en extinción; ...., debemos usarla con conciencia. (puesto que / por tanto)

e .... mi hijo ingresó en la universidad, le regalé un viaje. (así que / como)

II **A seguir te presentamos una serie de consejos para el verano. Completa el texto usando las palabras de la caja, según corresponda. Para cada caso hay dos posibilidades.**

por tanto	**por eso**	**ya que**	**dado que**

a Debe aumentarse el consumo de agua .... el cuerpo necesita una mayor hidratación interior. ...., se aconseja beber más de 2 litros de líquido al día.

b Cuando se utilizan alimentos en conserva, hay que verificar el estado del envase. ...., hay que desechar las latas que estén abombadas u oxidadas o con abolladuras.

c Si va a conducir por una carretera, es muy importante no ingerir alimentos en exceso .... eso favorecería la somnolencia, aumentando el riesgo de accidentes.

III **Reescribe cada frase utilizando el conector indicado y manteniendo el sentido original. Puedes tener que cambiar el orden de los componentes de la frase.**

Modelo: Arreglaron la cañería, de modo que ya tenemos agua. (debido a)

Debido a que arreglaron la cañería, ya tenemos agua.

a El avión cayó a causa de que una turbina tenía un desperfecto. (debido a)

....

b Discutió seriamente con el jefe; por eso, dejó el empleo. (porque)

....

c Se habían cansado de la ciudad; entonces, se fueron a vivir al campo. (dado que)

....

d Hoy tenéis tiempo; entonces, venid a visitarme. (ya que)

....

e Viajaremos en ómnibus porque el pasaje en avión es caro. (entonces)

....

f Cambiamos el coche porque el viejo nos estaba dando muchos problemas. (por eso)

....

97

Oraciones condicionales II
Pretérito pluscuamperfecto de subjuntivo

si hubiera / hubiese sabido que no querían, no **habría organizado** la fiesta

	Formación del pretérito pluscuamperfecto de subjuntivo	
	"Haber" en pretérito imperfecto de subjuntivo	**Participio**
(yo) (tú / vos) (él / ella / usted) (nosotros/-as) (vosotros/-as) (ellos / ellas / ustedes)	hubie**ra** / hubie**se** hubie**ras** / hubie**ses** / hubie**ras** / hubie**ses** hubie**ra** / hubie**se** hubié**ramos** / hubié**semos** hubie**rais** / hubie**seis** hubie**ran** / hubie**sen**	**llegado** **comido** **salido**

Oraciones condicionales "irreales"

expresan una condición no realizada en el pasado, algo que en el presente ya no tiene posibilidades de ser diferente

Formas	Ejemplos
si + pretérito pluscuamperfecto de subjuntivo + condicional compuesto	***Si*** ***hubiera/-se sabido*** *que ustedes no querían, no* ***habría organizado*** *esta fiesta.*
si + pretérito pluscuamperfecto de subjuntivo + pretérito pluscuamperfecto de subjuntivo	***Si*** *le* ***hubiera/-se caído*** *mal tu actitud, te lo* ***hubiera/-se dicho****.*
si + pretérito pluscuamperfecto de subjuntivo + condicional simple (referido al presente)	***Si*** ***hubiéramos/-semos caminado*** *dos horas más, ya* ***estaríamos*** *en la chacra de Abel.*
si + pretérito pluscuamperfecto de subjuntivo + pretérito imperfecto de indicativo	***Si*** ***hubieras/-ses regresado*** *más temprano,* ***encontrabas*** *las cajas todavía cerradas.*
si + pretérito imperfecto de indicativo + pretérito imperfecto de indicativo	***Si*** ***reconocía*** *a Javier, juro que lo* ***saludaba****, pero no lo reconocí.*

Otros usos del pluscuamperfecto de subjuntivo

Expresa	Forma	Ejemplos
deseos no realizados en el pasado	ojalá	*Ojalá* ***hubiera/-se estado*** *allí.*
hechos ocurridos en el pasado	oraciones subordinadas de verbos de actitud	*Me* ***molestó*** *que me* ***hubieran/-sen llamado****.* (me llamaron) *No* ***creí*** *que* ***hubieran/-sen mentido****.* (mintieron)

Ver unidad 88, sobre verbos de actitud

Importante

Las opciones con pretérito imperfecto de indicativo no suelen utilizarse en escritos de carácter formal.

I **Completa las frases con la forma adecuada del verbo entre paréntesis (puede haber dos opciones).**

a Si ...., te habrías sacado una nota mejor. (estudiar)

b Si hubieras tomado cuidado, el jarrón .... ahora intacto. (estar)

c Si .... el jarabe, ahora te sentirías mejor. (tomar)

d Si .... pantalla solar, el sol no te habría hecho tanto daño. (ponerse)

e Si nos hubieras avisado, te .... (esperar)

f Si hubiera investigado un poco más, ... otra carrera. (elegir)

II **En cada frase indica si el acontecimiento señalado se presenta como ocurrrido (O) o no ocurrido (NO).**

[ ] **a** Nunca dudé de que **hubieses estado** en Barcelona.

[ ] **b** El mes pasado, si hubiera llovido mucho, la cosecha **presentaba** índices altos.

[ ] **c** Ojalá **hubiéramos entendido** lo que tu madre quería explicarnos.

[ ] **d** Esperaba que te **hubieses divertido** en el encuentro de graduados.

[ ] **e** ¿Os gustó que el director os **hubiese saludado** al entrar al salón?

[ ] **f** Creo que si lo **sorprendía** rompiendo algo a propósito, no me contenía y lo expulsaba.

III **Forma frases condicionales con los elementos dados. Entre paréntesis indicamos el tiempo verbal de la segunda parte. Para la primera parte, da las opciones posibles.**

a avisarme que viajabas hoy / llevarte al aeropuerto (condicional compuesto)

b poder (yo) / hacer los ejercicios físicos que pidió el médico (pretérito imperfecto de indicativo)

c querer (ella) / venir a mi cumpleaños (pretérito pluscuamperfecto de subjuntivo)

d tener dinero (yo) / viajar más por Europa (condicional compuesto)

e llegar cinco minutos antes (él) / encontrar a su mejor amigo con su exnovia (condicional compuesto)

f despertarse temprano (vosotros) / ver el eclipse de sol (imperfecto de indicativo)

98 Oraciones condicionales III
Otras conjunciones

en (el) caso de que vengas;
mientras / siempre que estés aquí, etc.

Conjunciones	Usos	Ejemplos
en (el) caso de que	presenta una condición **simple**	*En (el) caso de que **preparemos** la fiesta, te **avisaré** / **dí**selo a Carla.*
mientras que **siempre que**	presentan una condición **absoluta**, que **niega su contrario**	*Mientras que / Siempre que **incluyas** a todos los del grupo, **te apoyaremos.** >> **Si no** incluyes a todos, **no** te apoyaremos.*

Con tal (de) que + subjuntivo / Con tal de + infinitivo		
Funciones	**Valor**	**Ejemplos**
condicional	**mientras que** / **siempre que**	*Salimos **con tal (de) que** volvamos temprano.*
condicional y final	introduce un **propósito** del sujeto; la oración principal indica una **condición** que debe cumplirse **para ese propósito**	*Con tal (de) que me acompañes, te paso a buscar temprano. >> **Quiero** que me acompañes. **Con ese propósito**, te paso a buscar temprano.*
		cuando los sujetos coinciden, se construye con **infinitivo**: ***Con tal de destacarte*, *eres* (tú)** *capaz de decir cualquier cosa.*

Condicionales negativas	
Conjunciones	**Ejemplos**
excepto que	*La conferencia será aquí **excepto que** se apruebe lo contrario. >> La conferencia será aquí **si no** se aprueba lo contrario.*
salvo que	*No le des otra mamadera al niño, **salvo que** insista mucho. >> No le des otra mamadera al niño **si no** insiste mucho.*
a no ser que	***A no ser que** uses la batidora, la masa saldrá aguada. >> **Si no** usas la batidora, la masa saldrá aguada.*

Tiempos verbales con esas conjunciones

las conjunciones presentadas pueden expresar los mismos grados de posibilidad que las condicionales con **si**, con una combinación similar de tiempos verbales, pero con presente de subjuntivo y pretérito perfecto de subjuntivo en lugar de los tiempos del indicativo

***Mientras que estés** segura de que te lo va a devolver, **présta**le ese dinero.*
***Tendrá** listo un reemplazante **en (el) caso de que haya desistido**.*
***En (el) caso de que** no te **encontrara/-se**, te **llamaría**.*
***Salvo que se hubiera/-se arrepentido**, **estaría** preparado para comenzar.*
***En (el) caso de que hubieran/-sen viajado**, **habrían dejado** el coche.*

Importante

Todas esas conjunciones son **incompatibles** con el verbo en indicativo.

Ver unidades 80 y 97, sobre otras oraciones condicionales

I **Completa las frases con "salvo que", "en caso de que" o "siempre que", según corresponda.**

a Podías matricularte .... tuvieras más de 18 años.

b .... el fuego obstruya las salidas, no se desespere; colóquese en el sitio más seguro.

c Siempre salíamos temprano del trabajo, ... surgiese algún imprevisto.

d Me permitían salir con mis amigos, ... volviera antes de las diez.

e .... digas exactamente qué programas funcionan mal, difícilmente se te podrá ayudar.

f Si el alcance de la operación aumenta, los beneficios también lo harán .... se gestionen bien los riesgos.

g Haga un plan de desalojo .... su residencia no sea segura o haya riesgo de amenazas para su familia.

h Todos los datos que se piden son obligatorios .... se indique lo contrario.

II **A partir de los elementos dados, forma expresiones usando "con tal (de) que" o "con tal de", como en el modelo.**

Modelo: **Queremos que nos atiendan. Esperaremos aquí toda la tarde.**
Esperaremos aquí toda la tarde con tal (de) que nos atiendan.

a Quería que Augusto viniese conmigo. Para eso, yo iba a cualquier lugar.

....

b Doña Moria quería parecer joven. Se hizo un montón de estiramientos faciales.

....

c Mi hermano quería que lo pusiesen en el desfile. Para eso, habría dado dinero si lo hubiese tenido.

....

d Yo quería que Laura me disculpara y, para eso, habría reconocido mi error.

....

III **Completa el texto con los fragmentos de la caja.**

a no ser que	con tal de	en el caso de que	mientras que	siempre	si no

Trabajos comprados en las universidades

Hoy en día es común que muchos alumnos, ... conseguir aprobar una materia, contraten los servicios de "vendedores" de trabajos académicos. Hay profesores que aceptan trabajos .... contemplen de manera rigurosa los puntos que el propio docente ha solicitado. .... los siguen rigurosamente, devuelven los trabajos. Al corregirlos, ... hacen un control de búsqueda de frases textuales en Internet, ... sean de autoría de alumnos cuya redacción y elaboración propia son conocidas. Como último recurso, se puede hacer una sesión de cuestionamiento oral de los elementos y opiniones citadas en el trabajo, ... sea necesario.

99 Oraciones concesivas
Aunque y a pesar de (que)

aunque / a pesar de que nos pide que no, vamos;
aunque / a pesar de que nos pida que no, vamos

Aunque y **a pesar de que** pueden funcionar con indicativo o subjuntivo.

Aunque / A pesar de que + indicativo

la información se presenta como verificada por el hablante pero nueva para los demás

Pasado	Presente	Futuro
La película se parece mucho al libro, ***aunque / a pesar de que cambiaron*** *algunas partes.*	*Habla muy bien el portugués,* ***aunque / a pesar de que se le nota*** *el acento.*	*La empresa mantendrá a todos los empleados,* ***aunque / a pesar de que habrá*** *recortes salariales.*

Aunque / A pesar de que + tiempos del subjuntivo

según el contexto y el tiempo verbal, el hablante presenta la información como **no verificada** o como **verificada y ya conocida por el oyente o por todos**

pretérito pluscuamperfecto	acontecimiento no realizado	*Viajamos a Chile en ómnibus,* ***aunque hubiera/-se sido*** *mejor ir en avión.*
pretérito perfecto	acontecimiento probable en el presente o futuro, o ya realizado en el presente y conocido por los que hablan	*Debes / Deberás seguir con la dieta* ***aunque hayas perdido*** *bastante peso.*
pretérito imperfecto	acontecimiento futuro poco probable	*No lo perdonaría,* ***a pesar de que*** *me lo* ***pidiera/-se*** *de rodillas.*
	acontecimiento pasado que se presenta como ya conocido	*Éramos socios, pero sabíamos que,* ***aunque*** *fuéramos socios, no podíamos entrar.*
presente	acontecimiento futuro probable	*Voy a leer todo el libro* ***a pesar de que tenga*** *que pasarme la noche despierto.*
	acontecimiento presente que se presenta como ya conocido	***Aunque*** *tenga un cargo de tanta jerarquía, el director general no puede tomar decisiones solo.*

Importante

El subjujntivo con **aunque / a pesar de que** puede presentar como **sabido por todos** algo que en realidad es una opinión. Por eso, es un recurso cuando se quiere **convencer** a otros: ***Aunque*** *la crisis sea grave, no debemos perder la esperanza* (presenta la crisis como algo que todos ya conocerían).

I **Escribe entre los corchetes si el hablante presenta la información subrayada como verificada y nueva para los demás (VN), verificada y ya conocida (VC) o no verificada (NV).**

Modelo: [*VN*] Aunque <u>ya estuve cuatro veces en Alemania</u>, no sé casi nada de su lengua.

[   ] **a** Van a organizar la salida aunque <u>mañana les digan que no pueden</u>.

[   ] **b** Respondió a pesar de que <u>nadie le preguntase nada</u>.

[   ] **c** Fernando no logra adelgazar a pesar de que <u>está haciendo dieta</u>.

[   ] **d** El vendedor insiste en llamarme aunque <u>le pedí que no lo hiciera</u>.

[   ] **e** Después del partido, aunque <u>hayan perdido</u>, felicítenlos.

[   ] **f** Aunque <u>viváis en la misma ciudad</u>, parece que no os habéis encontrado durante meses.

[   ] **g** Voy a contarle todo <u>aunque no me quiere oír</u>.

II **Para cada frase te damos tres posibilidades. Llena cada hueco con una o dos de ellas, según corresponda.**

Modelo: Aunque *estuviera / estaba* **muy enfermo, se recuperó rápidamente tras tomar las medicinas y reposar. (estuviera / estará / estaba)**

a Harás el examen a pesar de que .... poco. (habías estudiado / has estudiado / hayas estudiado)

b Aunque no me ...., tenía que usar traje en ese trabajo. (haya gustado / gustaba / gustara)

c Vamos para la playa a pesar de que .... poco sol. (hay / hubiera / haya)

d No me casaré aunque me .... un palacio. (dan / den / darían)

e Habrían hecho lo mismo aunque yo les .... otra cosa. (digo / hubiera dicho / diré)

III **Completa las frases conjugando el verbo que está entre paréntesis en los tiempos adecuados.**

Modelo: Podrás entrar a Uruguay aunque ahora no *tengas / tienes* **pasaporte. (tener)**

a No nos dejaron entrar al teatro aunque .... las entradas. (mostrar)

b El equipo de la capital perdió el partido aunque .... el claro favorito en las previsiones. (ser)

c Aunque .... de madrugada, jamás te habrías comunicado con el departamento de atención al cliente. (llamar)

d Me da mucho miedo viajar en avión a pesar de que ya .... muchas veces. (volar)

e Todos los días llegas tarde a la facultad a pesar de que .... cerca. (vivir)

f Es conveniente que los inmigrantes declaren impuestos aunque no .... obligados a hacerlo. (estar)

100 Marcadores argumentativos

aunque, sin embargo, no (solo)..., sino (que) (también), etc.

Conector	Función	Ejemplos
aunque	introducir un acontecimiento que no impide la realización de otro	***Aunque*** *llovía mucho, el concierto no se canceló.*
sin embargo **no obstante**	introducir un acontecimiento que se realiza a pesar de otro ya mencionado, que se le opone equivalen a **pero** suelen aparecer más en la escritura y conectan fragmentos más extensos que **pero** Ver unidad 31, sobre el coordinante "pero"	*La reunión fue un poco tensa;* ***sin embargo****, se llegó a un acuerdo.* *El trasplante fue un éxito.* ***No obstante****, debemos ser cautelosos.* *Le pidieron que se quedara,* ***pero*** *igual se fue.*
no solo... sino (**que**) **también** / **además** **no solo no... sino** (**que**) **tampoco**	incorporar más información a la que ya fue dada equivalen a **y** o a **ni** Ver unidad 31, sobre los coordinantes "ni" e "y"	***No solo*** *trabaja,* ***sino*** *(****que****)* ***también*** *estudia.* (trabaja **y** estudia) ***No solo no*** *fuma,* ***sino*** *(****que****)* ***tampoco*** *bebe alcohol.* (**no** fuma **ni** bebe)
no... sino (**que**)	negar una información y proponer otra en su lugar, opuesta o incompatible con la primera	*El congreso* ***no*** *es en Barcelona,* ***sino*** *en Madrid; cambia tu pasaje.*
no... pero	negar una información y proponer otra en el mismo sentido de la primera	***No*** *practico deportes,* ***pero*** *hago gimnasia; es mi actividad física.*

Ver unidad 99, sobre oraciones concesivas

Importante

En **sino (que) también**, el conector **que** solo se admite cuando la segunda parte de la oración incluye un verbo conjugado.

1 Completa las frases con "sino (que)" o con "pero" según sea más adecuado a la conclusión de cada una.

a No es mexicano, ... ha vivido años en México; por eso, conoce bien el país.

b El aviso no pide traductores, ... intérpretes, y tú no tienes esa especialidad.

c No han viajado en avión, ... en barco, así que demorarán varios días.

d Julia no es mi pareja, ... es una gran amiga; entonces, me importa que esté bien.

e No fuimos a comer comida japonesa, ... preferimos ir a un restaurante italiano.

II Identifica con 1, 2 o 3 el orden de cada párrafo de ese tramo de un artículo sobre esculturas. Luego llena cada hueco con una de las palabras o expresiones de la caja. Para algunos, hay dos posibilidades.

aunque	sin embargo	no... sino	no obstante

Patrimonio Artístico de la Universidad de Sevilla

[ ] ________, tras la expulsión de la orden y luego con la ocupación francesa, desaparecieron algunas obras, que hoy tienen paradero desconocido.

[ ] Del patrimonio escultórico de la primitiva Universidad, solo nos queda el magnífico retablo de la Virgen de la Antigua, pintado por Alejo Fernández, adscrita al Colegio-Universidad fundado por el arcediano Santaella. ________, esa obra ________ pertenece a la Universidad, ________ a la Iglesia.

[ ] La mayor parte del patrimonio escultórico procede de los jesuitas. Cuando son expulsados por Carlos III en el siglo XVIII, la Universidad se traslada a la Casa Profesa de la orden en Sevilla. Así la Corona hizo suyos los bienes artísticos de los religiosos expulsados pues muchos, ________ no todos, pasaron a la Parroquia de El Salvador.

Disponible en <http://personal.us.es/alporu/patrimonio/index.htm>. Acceso el 8 abr. 2014. (Adaptado).

III Reescribe cada una de las situaciones. Utiliza "no solo... sino"; "no... sino" o "no solo no... sino tampoco", según corresponda.

Modelos: **1. No es un problema local. Es nacional.**
No es un problema local, sino nacional.

2. Es un problema local. También es nacional.
No solo es un problema local, sino también nacional.

3. No es un problema local. Tampoco es nacional.
No solo no es un problema local, sino tampoco nacional.

a El director de la empresa habla en español. También habla en alemán.

____

b La educación no es un privilegio. Es un derecho.

____

c La apertura del evento no será este viernes. Será el otro.

____

d Escribí el artículo con objetividad y con honestidad.

____

e El ministro no renunció. Tampoco dio explicaciones sobre la denuncia contra él.

____

f No se vendió el famoso cuadro. Tampoco la biografía del autor.

____

1 HETEROGENÉRICOS

Palabras de forma semejante con género (masculino / femenino) diferente en cada lengua.

Português	Español	*Português*	Español
a aguardente	el aguardiente	*o leite*	la leche
o alarme	la alarma	*o massacre*	la masacre
a análise	el análisis	*o mel*	la miel
a árvore	el árbol	*o nariz*	la nariz
o cárcere	la cárcel	*a origem*	el origen
a cólica	el cólico	*a ponte*	el puente
a cor	el color	*a ordem*	el orden*
o computador	la computadora	*o rádio*	la radio**
o creme	la crema	*o sal*	la sal
a dor	el dolor	*o samba*	el / la samba ***
a ênfase	el énfasis	*o sangue*	la sangre
a equipe	el equipo	*o sinal*	la señal
a fraude	el fraude	*a tequila*	el tequila

* En español, "la orden" = mandato / "el orden" = disposición, sucesión de cosas.
** En español, "la radio" se refiere al medio de comunicación. Para el aparato que la sintoniza, se usa preferentemente la forma femenina, pero en algunos países, el masculino. Y es masculina la forma que denomina la mitad del diámetro del círculo (en portugués, *o raio*).
*** "el / la **s**amba" = ritmo brasileño / "la **z**amba" = ritmo folclórico del oeste y norte de Argentina.

Algunas terminaciones	
Português	**Español**
*-**agem** (sempre palavras femininas)* *a vi**agem**, a mass**agem***	-**aje** (siempre palabras masculinas) el vi**aje**, el mas**aje**
*-**ume** (sempre palavras masculinas)* *o cost**ume**, o leg**ume***	-**umbre** (siempre palabras femeninas) la cost**umbre**, la leg**umbre**

I Entre las formas señaladas, elige la más adecuada y tacha la otra.

Ningún / Ninguna computadora funcionaba y el / la radio transmitía pocos / pocas señales. El / La equipo de técnicos resolvió dar el / la alarma. Una luz de color rojo / roja se encendió en cada pasaje subterráneo / subterránea. El / La orden era evacuar todo en un / una radio de veinte quilómetros, incluso accionaron los / las engranajes que levantaban los / las puentes.
Hubiera sido necesario / necesaria mucho / mucha coraje para no obedecer. Con amargo / amarga pesadumbre, todos abandonaban los / las equipajes que sabían que sería muy improbable recuperar.

II Completa la traducción al español de las siguientes frases.

a *O sangue passou por algumas análises.* .... sangre pasó por .... análisis.
b *As cólicas provocam dores intensas.* .... provocan dolores ....
c *Para mim, esse leite tem muito mel.* Para mí, ... leche tiene ....

2 HOMÓNIMOS DE GÉNEROS DIFERENTES

Palabras que cambian de significado según el género.

Masculino		Femenino	
el clave	(instrumento musical con teclado)	**la clave**	(punto esencial de un problema; notación musical; código de acceso a un sistema)
el cólera	(enfermedad)	**la cólera**	(ira)
el coma	(cuadro médico de inconsciencia)	**la coma**	(signo de puntuación; en portugués: *vírgula*)
el cometa	(astro)	**la cometa**	(juguete; en portugués: *pipa*)
el cura	(sacerdote)	**la cura**	(recuperación de la salud)
el delta	(desembocadura de un río en varios brazos)	**la delta**	(letra griega)
el editorial	(sección del periódico que refleja la opinión del diario)	**la editorial**	(empresa que edita libros, revistas)
el frente	(frente de guerra; fachada de una construcción)	**la frente**	(la parte superior del rostro; en portugués: *testa*)
el guardia	(persona que controla la seguridad de un espacio)	**la guardia**	(fuerza policial-militar; servicio de atención a emergencias, por ejemplo, en un hospital)
el guía	(persona que conduce visitantes)	**la guía**	(libro de instrucciones o informaciones útiles sobre algún tema)
el margen	(de la página; de la sociedad)	**la margen**	(de un río)
el orden	(disposición o sucesión de cosas)	**la orden**	(mandato; hermandad religiosa)
el pendiente	(joya, adorno que se cuelga de las orejas)	**la pendiente**	(declive)
el policía	(persona que trabaja en la policía)	**la policía**	(institución policial)
el radio	(mitad del diámetro del círculo; hueso del antebrazo; metal)	**la radio**	(medio de comunicación; aparato electrónico en la mayoría de países)

I **Pon el equivalente en español de las palabras en portugués que están entre paréntesis.**

a .... (*o cólera*) **c** .... (*a editora*) **e** .... (*o padre*)

b .... (*a descida*) **d** .... (*o brinco*) **f** .... (*o coma*)

II **Entre las formas señaladas, elige la más adecuada y tacha la otra.**

Ayer por la noche pasaron por el / la radio que la / el policía encontró a los presuntos autores del hurto del / de la clave más antiguo / antigua del Museo de Música Sacra. Ya ha sido emitido el / emitida la orden de prisión. El / La guardia herido en el asalto sigue en el hospital en coma profundo / profunda. El / La orden clerical responsable por el museo informa que las visitas están suspendidas durante todo este mes.

3 HETEROTÓNICOS

Palabras de grafía semejante con sílaba tónica diferente en cada lengua.

Casos particulares

Português	Español	*Português*	Español	*Português*	Español
álcool	alcohol	*ímã*	imán	*regime*	régimen
alguém	alguien	*microfone*	micrófono	*sarampo*	sarampión
anedota	anécdota	*oxigênio*	oxígeno	*telefone*	teléfono
futebol	fútbol	*paralisia*	parálisis	*traqueia*	tráquea
herói	héroe	*polícia*	policía	*vertigem*	vértigo
hidrogênio	hidrógeno	*projétil*	proyectil	*xilofone*	xilófono

Tipos generalizables

Tipo	Ejemplos en español
formas de presente de indicativo y subjuntivo de verbos terminados en: -**ciar**, -**diar**, -**giar**, -**piar** y -**tiar** *	renuncian, incendie, contagien, copio, angustio
con sufijo -**crata**	aristócrata, burócrata, demócrata
con sufijo -**cracia**	autocracia, burocracia, democracia
con terminación -**amia**	bigamia, poligamia
con terminación -**emia**	academia, epidemia
con terminación -**gia**	demagogia, nostalgia, siderurgia
con terminaciones varias en -**ia**; en general, términos de ciencias biológicas o de la salud	alergia, anestesia, asfixia, atrofia, bulimia, difteria, euforia, fobia, histeria, magia, periferia
con los componentes -**sfera** y -**tipo**	biósfera, prototipo

* El verbo *afiliar* / afiliar presenta esta misma oposición, pero *aliar* / aliar no la presenta.

I Marca con una X las palabras en portugués que, en español, tendrían sílaba tónica diferente.

[ ] **a** *epidemia* [ ] **c** *envie* [ ] **e** *terapia* [ ] **g** *metalurgia* [ ] **i** *licenciem*
[ ] **b** *confiam* [ ] **d** *hemorragia* [ ] **f** *atmosfera* [ ] **h** *repudiem* [ ] **j** *plagiaria*

II Subraya la sílaba tónica de los siguientes heterotónicos en español.

a anorexia **c** micrófono **e** monogamia **g** estereotipo **i** disritmia **k** negocias
b anuncien **d** plutocracia **f** tapian **h** afilian **j** influencien **l** odian

III Haz un círculo alrededor de la sílaba tónica de cada uno de los siguientes heterotónicos.

a ca - ní - bal **d** dis - par **g** im - bé - cil **j** me - dio - cre **m** ni - vel **o** po - li - cí - a
b ce - re - bro **e** e - lo - gio **h** im - par **k** mé - du - la **n** o - cé - ano **p** sín - to - ma
c cón - dor **f** fi - lán - tro - po **i** lí - mi - te **l** mio - pe **ñ** pan - ta - no **q** bio - ti - po

4 GÉNERO NEUTRO

En las dos lenguas existen formas neutras, como los demostrativos ***isto*** / **esto**, ***isso*** / **eso** y ***aquilo*** / **aquello**. En el caso del artículo, solo el español tiene una forma específicamente neutra, **lo**. En el caso del indefinido de totalidad, solo el portugués tiene una, ***tudo***.

Português	Español
• *usa-se o artigo **o**, tanto para o masculino quanto para o neutro* *Quando **o** inesperado acontece, **o** técnico procura procedimentos previstos.*	• el artículo tiene la forma **el** para el masculino y **lo** para el neutro Cuando sucede **lo** inesperado, **el** técnico busca procedimientos previstos. Ver unidades 53 y 54, sobre artículo neutro
• ***o que** masculino pode ser substituído por **aquele que** e **o que** neutro, por **aquilo que*** *Seu livro foi **o** / **aquele que** mais vendeu.* ***O** / **Aquilo que** informamos é para **o** / **aquele que** tiver interesse no passeio.*	• la equivalencia en portugués puede orientar hacia el uso de **el** o **lo** Ver unidad 54, sobre usos de "el" y "lo" Tu libro fue **el que** más vendió. **Lo que** informamos es para **el que** tenga interés en el paseo.
• ***o** neutro vai antes de **que** em interrogativas* ***O que** tua irmã quer?*	• **lo** no se antepone a **qué** en interrogativas ¿**Qué** quiere tu hermana?
• ***tudo** pode ir diretamente antes de **que**, sem artigo* *Não sei onde guardar **tudo que** ganhei.*	• **todo** requiere artículo antes de **que** No sé dónde guardar **todo lo que** me dieron.

I **Completa la traducción al español con "el" o "lo", según corresponda. Ayúdate con la equivalencia a "*aquilo*" o "*aquele*" en portugués.**

Observe os bairros no menu superior da tela, selecione o que corresponde ao seu endereço e clique para conhecer o que a Prefeitura oferece na região.

Observe los barrios en el menú superior de la pantalla, seleccione .... que corresponde a su domicilio y pulse para conocer .... que la Municipalidad ofrece en la zona.

II **Completa el diálogo con "el", "lo" o nada, según corresponda.**

—¿Cómo te fue en la charla con el gerente? ¿.............. qué te dijo?

—Me fue bien, no conseguí todo .... que quería, pero algo es algo. Me dijo que cuando abran los cargos efectivos, ... segundo es para mí. .... primero va a ser para Malena. Me lo imaginaba, con todo .... que ya le deben, era .... esperable.

5 CONTRACCIONES POSIBLES

Contracción en las dos lenguas			
Português		**Español**	
a* + *o* = *ao	*Dirija-se **ao** caixa.*	**a + el = al**	Ven **al** patio.
de* + *o* = *do	*Entendi as regras **do** jogo.*	**de + el = del**	Escuché el ruido **del** trueno.

Sin contracción en español	
Português	**Español**
à – aos – às	a la – a los – a las
àquele/-a/-es/-as – àquilo	a aquel/-lla/-os/-as – a aquello
da – dos – das	de la – de los – de las
daquele/-a/-es/-as – daquilo	de aquel/-lla/-os/-as – de aquello
dele/-a/-es/-as	de él – de ella/-os/-as
desse/-a/-es/-as – disso	de ese/-a/-os/-as – de eso
deste/-a/-es/-as – disto	de este/-a/-os/-as – de esto
dum/-ns – duma/-s	de un(o)/-s – de una/-s
no/-a/-os/-as	en el – en la – en los/-as
naquele/-a/-es/-as – naquilo	en aquel/-lla/-os/-as – en aquello
nele/-a/-es/-as	en él – en ella/-os/-as
nesse/-a/-es/-as – nisso	en ese/-a/-os/-as – en eso
neste/-a/-es/-as – nisto	en este/-a/-os/-as – en esto
num/-ns – numa/-s	en un(o)/-s – en una/-s
pelo/-a/-os/-as	por el – por la/-os/-as
pro/-a/-os/-as	para el – para la/-os/-as

Importante: El artículo neutro **lo** nunca participa de contracciones: **A lo** grande / **De lo** mejor.

I **Da equivalentes en portugués a las siguientes expresiones en español.**

a por lo menos .... **c** como mínimo .... **f** en total ....

b al menos .... **d** a la moda .... **e** por el contrario ....

II **Completa cada hueco del texto b con una combinación de preposición con artículo, demostrativo o pronombre que resulte adecuada. Para cada combinación, toma una de las contracciones subrayadas en el texto a y transfórmala debidamente.**

a *O calendário e o regimento do concurso serão enviados <u>pelos</u> promotores <u>às</u> pessoas já inscritas e <u>àqueles</u> que registraram seu nome <u>no</u> dia <u>da</u> promoção. <u>Nesses</u> documentos constarão os dados <u>do</u> participante, que deverão ser conferidos por ele mesmo.*

b Más de diez mil adolescentes pasaron .... Centros de Recreación .... gobierno .... ciudad .... mes de marzo. Es que .... centros se ha dado un nuevo impulso .... actividades dirigidas .... jóvenes que buscan alternativas de diversión sin salir .... barrio.

6 ORACIONES INTERROGATIVAS Y EXCLAMATIVAS

En ambos tipos de oraciones los pronombres siempre llevan acento.

Acentuación	
Português	**Español**
*os pronomes interrogativos e exclamativos não levam acento, salvo **quê** em final de frase*	los pronombres interrogativos y exclamativos llevan tilde siempre, incluso en las formas indirectas
Como você gosta de cereja! Quantas você já comeu? *Trouxeram o carro não sei para o qu**ê**.*	¡C**ó**mo te gustan las cerezas! ¿Cu**á**ntas te has comido ya? Trajeron el coche no sé para qu**é**.

Ver unidad 24, sobre acentuación

Orden en las oraciones con pronombres interrogativos o exclamativos	
Português	**Español**
• *o sujeito pode ir antes do verbo*	• el sujeto va siempre después del verbo
*Quem **você** **é**?*	¿Quién **eres** (**tú**)?
*Onde **sua mãe** **mora**?*	¿Dónde **vive** **tu madre**?
*Imagina quanto dinheiro **eles** **pedem**...*	Imagina cuánto dinero **piden** (**ellos**)...

Construcciones intensificadoras	
Português	**Español**
• *frases exclamativas com **como***	• exclamativa directa con **qué**
***Como** esse taxista dirige bem!*	¡**Qué** bien conduce ese taxista!
• *frases com o intensificador **como***	• **lo** + adjetivo + **que**
*É surpreendente **como** está bonito o jardim.*	Es sorprendente **lo** bonito **que** está el jardín.

I Pon los acentos necesarios en la traducción al español:

O que são as dunas? Nas páginas seguintes explicamos como elas se formam, qual o seu papel ecológico e por que aparecem em alguns litorais e não em outros.

¿Que son las dunas? En las páginas siguientes explicamos como se forman, cual es su papel ecológico y por que aparecen en algunas costas y no en otras.

II Ordena los componentes de cada frase.

a va a buscar / a cuál / Pancho / de los chicos ¿.......................................?

b la gente / vendrá / cuándo / que conoces ¿.......................................?

c Elías / con quién / viajará ¿.......................................?

d tus padres / son / lo considerados que / has visto ¿.......................................?

e es / qué vanidosa / Mariela ¡.......................................!

7 VALORES DE ALGUNAS FORMAS VERBALES

Português	Español
Formas en -ra	
• *pretérito mais-que-perfeito simples do indicativo* *paga**ra** = **tinha pago*** *Prometeu um preço igual ao que **pagara** / **tinha pago** no ano anterior.* *Devolveu a mercadoria que não vendê**ramos**.* *Passou por lugares onde já estiv**era**.*	• pretérito imperfecto de subjuntivo paga**ra** = **pagase** Si **pagara** / **pagase** lo que debe, no tendría esos disgustos. Ojalá vendié**ramos** más este mes. Aunque estuvi**era** de acuerdo, no firmaría.
Formas em -ram	**Formas en -ron**
• *pretérito perfeito simples* *passa**ram** – vive**ram** – parti**ram** – soube**ram***	• pretérito indefinido ama**ron** – vie**ron** – salie**ron** – pusie**ron**
Forma és	**Forma es**
Eu sou ***Tu és*** *Ele / Ela / Você / O senhor é*	(Yo) soy (Tú) eres (**Él** / **Ella** / **Usted**) **es**
Verbo dizer	**Verbo decir**
*Presente: Ele / Ela / Você / O senhor **diz*** *Passado: Eu / Ele / Ela / Você / O senhor **disse***	Presente: (Él / Ella / Usted) **dice** Pasado: (Yo) **dije** – (él / ella / usted) **dijo**

I **Elige la combinación de formas verbales en español que sea equivalente a las formas destacadas en el siguiente enunciado en portugués.**

*Assim que **apareceram**, a mãe **disse** a eles que já **aguentara** muito desaforo.*

[ ] **a** *apareciesen – dijo – aguantara*
[ ] **b** *aparecieron – dijo – había aguantado*
[ ] **c** *habían aparecido – dice – había aguantado*
[ ] **d** *aparecieron – dice – había aguantado*

II **En el diálogo siguiente elige la opción más adecuada a cada caso.**

—Te reconozco... es / eres ese que ayer, en clase, le dijo / dije al profesor que se había equivocado / equivocara cuando completó el cuadro en el pizarrón.

—La verdad, yo ya viera / había visto un material del mismo profesor en que el tema estaba explicado de otra manera, pero no lo dije / dice porque no me dieron / dieran ganas de discutir más.

III **Corrige en cada frase la forma que está mal empleada, colocando la forma correcta al final.**

a Cuando me preguntaran si ya había estado en ese país antes, les dije que no. (..........)

b El año pasado el jefe dice que, si dependiera de él, contrataría dos auxiliares más. (..........)

c Santa Cruz tenía poco que ver con la ciudad que visitara quince años atrás. (..........)

d Antes de la Guerra Civil de 1936-1939, España ya fuera escenario de enfrentamientos entre republicanos y monárquicos. (..........)

8 FORMAS VERBALES AUSENTES EN ESPAÑOL

1. El **futuro de subjuntivo** ha caído en desuso en la lengua corriente. El valor de posibilidad futura del ***futuro do subjuntivo*** del portugués se manifiesta mediante otros tiempos verbales.

Expresiones de posibilidad futura		
Tipos de oración	***Português***	**Español**
condicionales	• *se* + ***futuro do subjuntivo*** ***Se*** *você* ***preferir****, procuro outro horário.*	• si + **presente de indicativo** **Si prefieres**, busco otro horario.
temporales	• ***quando / assim que / logo que****, etc.* + ***futuro do subjuntivo*** ***Quando / Assim que soubermos*** *a data definitiva, avisaremos a todos.*	• **cuando / no bien**, etc. + **presente de subjuntivo** **Cuando / No bien sepamos** la fecha definitiva, les avisaremos a todos.
relativas	• ***futuro*** *ou* ***presente do subjuntivo*** *Quem* ***tiver / tenha*** *coragem, vai aceitar a proposta.* ***Seja*** *quem* ***for****, diga que eu não estou.*	• solo **presente de subjuntivo** Quien **tenga** coraje, va a aceptar la propuesta. **Sea** quien **sea**, dile que no estoy.
modales	• ***como*** + ***futuro do subjuntivo*** *Prepare a mesa* ***como*** *você* ***quiser****.*	• **como** + **presente de subjuntivo** Prepara la mesa **como quieras**.

2. **Infinitivo flexionado**
El infinitivo nunca se flexiona en español.

Português	**Español**
É estranho ***Mário ter ligado*** *tão tarde.*	Es raro **que Mario haya llamado** tan tarde.
Essa folha é para ***os pais assinarem****.*	Esa hoja es para **que los padres** la **firmen**.
Ninguém ***viu seus amigos entrarem****.*	Nadie **vio entrar a tus amigos**.

I Completa el siguiente fragmento con la forma adecuada de cada verbo entre paréntesis.

Los socios que .... reclamos para .... podrán hacerlo por el sitio cuando se .... ese servicio. Si .... comunicarse antes, deberán hacerlo por teléfono. (tener – formular – habilitar – desear)

II Completa la traducción al español de las siguientes frases, con una palabra por hueco.

a *Será melhor eles saírem antes de você falar.*
Será mejor .... antes de que ....

b *Se vier aquele cliente, me avise assim que entrar.*
Si .... aquel cliente, avísame no bien ....

c *Haverá fogos quando o time entrar em campo.*
Habrá luces de Bengala cuando .... el equipo al campo.

9 COMBINACIONES DE PRONOMBRES Y DETERMINANTES

Formas	*Português*	Español
ambos / ambas	• *vai seguido de* ***artigo definido*** ***ambas as*** *posições /* ***ambos os*** *diretores*	• **no** va seguido por **artículo** **ambas** perspectivas / **ambos** centros
posesivo determinativo	• *pode ir precedido por* ***artigo*** ***a minha*** *leitura /* ***o seu*** *casaco*	• **nunca** puede ir precedido por artículo **mi** lectura / **tu** abrigo Ver unidad 15, sobre posesivos
outro **/ otro**	• ***outro/-a*** *pode ir precedido por artigo indefinido,* ***um/-a****, ou indefinido,* ***algum/-a*** ***um outro*** *tema /* ***uma outra*** *raça* ***algum outro*** *caso /* ***alguma outra*** *lei*	• **otro/-a** puede ir precedido por **algún / alguna** pero **no** por **un / una** **algún otro** sonido / **alguna otra** voz
mais **/ más** combinado con **indefinidos** Ver unidades 20 y 21, sobre indefinidos e identificadores	• ***mais*** *pode, e em alguns casos deve, ir* ***antes do indefinido*** *Você quer* ***mais um****?* *Chegaram* ***mais três pessoas****.* ***Mais alguma coisa****?* *Não quero* ***mais nada****.* *Procura* ***mais alguém****...* *Não tem* ***mais ninguém****.*	• **más** va siempre **después del indefinido** y de los sustantivos o adjetivos que lo acompañen Te daré **uno más**. Aquí hay **cinco bolsas más**. ¿**Algo más**? No quiero **nada más**. Busca a **alguien más**. No hay **nadie más**.

I **En los casos en que sea posible, inserta la palabra entre paréntesis en el hueco que corresponda.**

a Debemos elegir .... otro .... camino. (un)

b Preferí no aceptar ningún .... encargo .... (más)

c Si estas empanadas no son suficientes, trae .... una .... docena .... (más)

d ¿Queda .... otra .... opción? (alguna)

II **Completa con las palabras necesarias la traducción al español de las siguientes expresiones.**

a *ambas as pernas:* .... piernas.

b *as nossas lembranças:* .... recuerdos.

c *vimos mais dois:* vimos ....

d *ambos os países:* .... países.

e *um outro carro:* .... coche.

f *o teu trabalho:* .... trabajo.

g *sem mais ninguém:* sin ....

h *mais outro:* otro ....

10 USO DE DEMOSTRATIVOS

Ver unidad 13, sobre demostrativos

Distribución de las series de demostrativos	
Português	**Español**
• *uso da 2ª série com valor da 1ª na oralidade* ***essa / esta*** *rua = a rua onde* ***estamos*** ***essa / esta*** *noite = a noite de* ***hoje***	• diferenciación muy clara entre 1.ª y 2.ª series, tanto en la escritura como en la oralidad **esta** calle = la calle en que **estamos** **esa** calle = alguna calle en que **no estamos** **esta** noche = la noche de **hoy** **esa** noche = cualquier noche, **menos hoy**
• *diferenciação muito clara entre 2ª e 3ª série, tanto na escrita quanto na oralidade* ***esse*** *homem = um homem presente ou próximo* ***aquele*** *homem = um homem longe de quem fala*	• uso de la 2.ª serie con el valor de la 3.ª, sobre todo en la oralidad **ese** / **aquel** hombre = un hombre lejos de quien habla

I **Señala la opción a la que NO pueden referirse los que hablan en cada caso.**

I. Esa postal es de Nueva York.

[ ] **a** Una postal que estoy escribiendo.

[ ] **b** Una postal que mandé ayer.

[ ] **c** Una postal que un amigo recibió hace tiempo.

II. Ese es el pantalón del que te hablaba.

[ ] **a** Un pantalón que usó alguien hace tiempo.

[ ] **b** El pantalón que tengo puesto.

[ ] **c** El pantalón que tú tienes puesto.

III. Nos pusimos de novios ese año.

[ ] **a** Muchos años atrás.

[ ] **b** El año pasado.

[ ] **c** El año en curso.

IV. Esa playa es la mejor de la zona.

[ ] **a** La playa en que estamos.

[ ] **b** La playa en que tu estás.

[ ] **c** Una playa en que estuvimos hace años.

II **Tacha en los siguientes diálogos la(s) opción(es) que es(son) inaceptable(s) en cada caso.**

a —Estamos en agosto y este / ese / aquel irresponsable de Giménez, que no da señales de vida, no ha entregado ni una grabación.

—Llamó ayer y prometió terminar en septiembre con esta / esa / aquella grabación de la semana pasada.

—¿Septiembre? De ninguna manera. Quiero todo listo este / ese / aquel mes.

b —Entren, por favor. Disculpen el desorden, esta / esa / aquella semana no ha venido la chica que hace la limpieza.

—No te preocupes... ¡Qué linda tienes esta / esa / aquella casa!

—Es que me siento mucho mejor aquí que en este / ese / aquel otro departamento donde vivía antes.

—Se nota... además de que este / ese / aquel es un barrio mucho mejor que este / ese / aquel.

11 VALORES DE ALGUNOS CONECTORES I

Algunos conectores y adverbios de forma similar en portugués y en español muestran semejanzas pero también diferencias en su funcionamiento.

Português	Español
Apenas	**Apenas**
• *advérbio temporal; restringe um começo equivale a **a partir de** ou **somente*** *A bilheteria abre **apenas** / **somente** às 13h.* • *advérbio de quantidade equivale a **somente*** *Temos **apenas** / **somente** uma pendência.*	• conjunción temporal posterioridad inmediata (Ver unidad 72, sobre marcadores de tiempo) **Apenas** / **Inmediatamente que** me levanté, me puse a trabajar.* • adverbio de cantidad equivale a **solamente** Quedan **apenas** / **solamente** cuatro lugares. • adverbio de negación equivale a **casi no** **Apenas** / **Casi no** conocí a tu hermana.
enquanto	**en cuanto** (Ver unidad 72, sobre marcadores de tiempo)
• *conjunção temporal; simultaneidade*** ***Enquanto** você trocava de roupa, eu lavei a louça.*	• conjunción temporal; posterioridad inmediata **En cuanto** / **Inmediatamente que** termines de usar la licuadora, guárdala.

Ver unidad 30, sobre "mientras"

* Aunque es menos frecuente, ese uso de ***apenas*** también existe en portugués.
** El equivalente más cercano a ***enquanto*** en español es **mientras** e a ***enquanto isso***, **mientras tanto**.

I Elige la forma correcta de completar cada frase.

I. Llama a tu madre en cuanto...

[ ] **a** yo preparo la mesa.
[ ] **b** tengas novedades.
[ ] **c** aún sea posible.
[ ] **d** Mirta busca el pastel.

II. Ofrecíamos ayuda en cuanto...

[ ] **a** nos la pedían.
[ ] **b** nos prometiesen sigilo.
[ ] **c** otros eran indiferentes.
[ ] **d** éramos funcionarios.

II Sustituye "de" por "desde" cuando sea posible y señala para cada frase si "apenas"equivale a "solamente" o a "casi no".

a De / .... mi casa a la casa de / .... mi novia hay apenas quince cuadras. apenas = ...

b De / .... la ventana de / .... la sala, el puerto de / .... la ciudad apenas se ve. apenas = ...

12 VALORES DE ALGUNOS CONECTORES II

Português	**Español**
• ***desde que*** + ***subjuntivo*** *conjunção condicional (condição absoluta)* *Permanecerei **desde que** todos **assinem** um compromisso.*	• la combinación de **desde que** + **subjuntivo** es muy poco frecuente; para condición absoluta se usa **siempre que** + **subjuntivo** Ver unidad 98, sobre "siempre que"
• ***sempre que*** + ***subjuntivo*** *conjunção temporal* *equivale a **cada vez que*** ***Sempre que estacione** aqui terá que pagar.*	• **siempre que** + **subjuntivo** conjunción temporal o condicional (condición absoluta) **Siempre que** nos **necesiten**, llámennos. Conectarán el teléfono **siempre que pagues** la cuenta pendiente.
• ***entretanto*** *conjunção adversativa* *São jovens, **entretanto**, não são ingênuos.*	• **entretanto** conjunción temporal de simultaneidad; equivale a **mientras tanto** Ver unidad 30, sobre esa conjunción Descansen, y **entretanto** nosotros vigilamos.
• ***mesmo que*** + ***subjuntivo*** ***mesmo*** + ***gerúndio*** *conjunção **concessiva*** ***Mesmo que corra** / **Mesmo correndo**, não conseguirá alcançar os rivais.*	• **mismo** Ver unidad 21, sobre valores y usos de "mismo" nunca es conjunción la concesión se expresa con **aunque** + **subjuntivo** y con **aun** + **gerundio** **Aunque corra**, no podrá alcanzar a los rivales. **Aun corriendo**, no podrá alcanzar a los rivales.

Ver unidad 99, sobre "aunque" y "a pesar de"

Importante: **desde que** / ***desde que*** y **sempre que** / ***siempre que***, en sus usos temporales con indicativo, funcionan de manera semejante en ambas lenguas.

I Escribe al lado de cada frase un conector adecuado en la otra lengua que tenga el mismo valor del conector señalado.

a ***Desde que** começou o inverno a comunidade está poupando o gás.* ....

b Mañana lanzaremos la campaña **siempre que** el material publicitario esté impecable. ....

c *Cláudia e Vagner jogavam baralho. **Enquanto isso**, Lúcia fazia ioga.* ....

d **Siempre que** vengas por el barrio, haznos una visita. ....

II Completa la traducción de cada frase usando una palabra por hueco.

a *Mesmo sendo meu amigo, Carlos reclamou.*

.... es mi amigo, Carlos se quejó.

b *Não fez nada, entretanto, está cansado.*

No hizo nada y, ..., está cansado.

c *Desde que a gente ganhe o jogo, vai ter festa.*

.... ganemos el partido, va a haber fiesta.

13 ALGUNOS USOS DE PREPOSICIONES

Ver unidades 50, 51, 68, 69 y 70, sobre otros usos de preposiciones

Português	Español
• *destino:* ***a*** *ou, coloquialmente,* ***em*** *Chegamos* ***a*** */* ***em*** *Itu às 18h.* *Vem* ***à*** */* ***na*** *minha casa.* • *locomoção:* ***de*** *É melhor ir* ***de*** *metrô do que* ***de*** *carro.*	• destino: siempre **a**, incluso coloquialmente ¿Cuánto se tarda para llegar **a** Rosario? El miércoles voy **al** centro. • locomoción: **en** No hay pasajes para ir **en** autobús ni **en** tren.
• *Perífrase de futuro:* ***ir*** + ***infinitivo*** ***Vamos comemorar*** *sua chegada.*	• Perífrasis de futuro: **ir** + **a** + **infinitivo** **Van a nombrar**te delegado.
• ***necessitar*** *(**de**)* *A casa* ***necessita*** *uma limpeza.* • ***parecer-se com*** *Nelsa* ***se parece*** *bastante* ***com*** *a mãe.*	• **necesitar** + objeto directo ¿**Necesitas** ayuda? He arreglado el cuarto: lo **necesitaremos**. • **parecerse a** El perrito **se parece a**l que tenías antes.

Expresión de acontecimientos en curso	
Português	**Español**
• ***estar*** + ***gerúndio*** • ***estar a*** + ***infinitivo*** *(mais frequente em Portugal)* ***Estamos esperando*** *novidades.* ***Estamos a esperar*** *novidades.*	• exclusivamente **estar** + **gerundio** **Estamos esperando** novedades.

I Completa el fragmento a continuación con una palabra por hueco.

Hoy me escribió un amigo que .... visitando al hijo en Colonia, Alemania. Un viaje caro, pero .... necesitaba: hace cuatro años que tenías ganas y ahora va .... realizarlo. Ya me cuenta que Colonia no se parece en nada .... nuestra ciudad: llega .... todos lados .... tren y casi no anda .... coche. Le .... gustando mucho el paseo y .... a recorrer también otras ciudades hasta llegar .... la frontera con Francia.

II Relaciona las columnas formando frases.

a	Comparando los precios, conviene más ir	[ ] a trabajar en el diseño del proyecto.
b	Cuando se cortó la luz, todos estaban	[ ] al depósito unos inspectores.
c	Juliana prometió que iba	[ ] vistiéndome. Espérame un poco.
d	Justo ahora estoy	[ ] en avión que en bus.
e	Puede ser que mañana vengan	[ ] saliendo del edificio.

14 ALGUNAS REFERENCIAS SOBRE PRONUNCIACIÓN Y SEPARACIÓN DE SÍLABAS

Datos de pronunciación	
a	siempre suena como en portugués ***lata***, incluso cuando está antes de **n** o **m**; en español no se produce la nasalización del portugués ***cantando***
e	siempre suena como en portugués ***leite***, incluso cuando lleva acento (**é**); nunca suena abierta como en portugués ***café***
o	siempre suena como en portugués ***noite***, incluso cuando lleva acento (**ó**); nunca suena abierta como en portugués ***volta***
vocales finales	mantienen su pronunciación no se transforma **e** en **i** ni **o** en **u**, como en portugués ***vime*** o ***cano*** se pronuncia **veinte**, **casi**, **ocho**, por ejemplo
b / v	ambas suenan como en portugués **cabo**
l	se pronuncia como en *lote*, incluso en final de sílaba no se asimila a **u**; debe pronunciarse **total**, **celda**, **calma**
s	siempre suena como en **salón**, incluso entre vocales la **s** de **sombra** suena igual que la de **caso**; nunca se escribe doble (**ss**)
z / ce / ci	la **z** (seguida o no de vocales) y la **c** seguida de **e** o de **i** se pronuncian, en casi toda España, como interdentales, de un modo parecido a la **th** del inglés; en el resto de España y en toda Hispanoamérica se pronuncian igual que la **s**

Datos de separación silábica	
ll / rr	no se separan en sílabas: **ca-lla-mos** **a-rri-ba**
ia, ie, io, iu, ua, ue, ui	cuando la vocal abierta (**a, e, o**) es tónica, forman diptongo y no se separan: **pia-no**, **bio-ma**, **cuan-do**, **cue-ro**, **cui-dar**, **viu-da**, **fui-mos** solo se separan cuando la vocal cerrada (**i** / **u**) es tónica: **en-ví-o**, **ca-ca-tú-a**, **flu-í-do**
encuentros consonánticos	en **pt**, **bs**, **cc**, etc. se separan las consonantes, sin insertar vocal entre ellas: **ap-to**, **ab-sur-do**, **ac-ción**, **rec-to**

I Coloca en cada afirmación si es verdadera (V) o falsa (F)

[ ] **a** La **a** de **gato** suena igual que la de **antes**.

[ ] **b** La **l** suena diferente en **miel** y en **cola**.

[ ] **c** **Sol** se pronuncia igual en español y en portugués.

[ ] **d** La segunda sílaba de **arroz** es -**rroz**.

[ ] **e** **Repta** y **repita** se pronuncian igual.

[ ] **f** La palabra **lección** tiene dos sílabas.

[ ] **g** La palabra **votaba** contiene solo dos sonidos consonánticos.

[ ] **h** En español no hay diptongo **ui**.

II Teniendo en cuenta la letra indicada en cada palabra, señala cuál de las opciones presentadas en portugués corresponde más a su pronunciación en español.

a rosa *1. coisa 2. moça 3. prazo*

b cama *1. lava 2. lama 3. santa*

c suelto *1. volto 2. luta 3. final*

d esa *1. pedra 2. filé 3. fazer*

e avión *1. balsa 2. uva 3. vela*

f gloria *1. avô 2. gótico 3. nossa*

Apéndices comparativos

15 PRONOMBRES PERSONALES SUJETO

Português	**Español**
• *não acrescentam contraste* ***Você*** *precisa conseguir ingresso.* *(apenas informa sobre* ***você****)* ***Eu*** *esperei duas horas.* *(só informa sobre* ***eu****)*	• cuando aparecen, agregan contraste **Tú** tienes que conseguir una entrada. (otros no la necesitan o ya la tienen) **Yo** esperé dos horas. (otros esperaron menos tiempo o más)
• *para contrastar, precisam de reforço ou de ênfase* ***Você é que*** *precisa conseguir ingresso.* *(outros não precisam ou já têm)* ***Eu*** *esperei duas horas.* *(o tom enfático em* ***eu*** *indica que outros esperaram menos tempo ou mais)*	• para no contrastar, no tienen que aparecer Tienes que conseguir entrada. (solo informa sobre ***tú***) Esperé dos horas. (solo informa sobre ***yo***)
• *mesmo na 3ª pessoa, podem manter a referência à mesma pessoa* *Marcelo ligou de novo porque* ***ele*** *não entendeu o resultado.* *(****ele*** *= Marcelo ou outro, segundo o contexto)*	• en 3.ª persona, tienden a introducir referencia a otra persona Marcelo llamó de nuevo porque **él** no entendió el resultado (**él** = otro, no Marcelo)
• ***ele/-a/-s*** *podem referir-se a coisas* *Escolhemos* ***a imagem****, porque sentimos que* ***ela*** *nos representa bem.*	• **él/ella/-os/-as** casi nunca se refieren a cosas Elegimos **la imagen** porque sentimos que (**esta** / **la misma**) nos representa bien.

I **Completa el texto con pronombres sujeto en los casos en que sea necesario.**

Mi hermana mayor, Luisa, siempre fue muy lectora. Desde niña .... era bastante aficionada a los ordenadores, revistas y libros. Los otros hermanos la llamábamos para jugar afuera, pero no venía porque .... prefería quedarse leyendo toda la tarde. ...., en cambio, leíamos poco. Lo curioso es que cuando .... crecimos la cosa se invirtió: .... entramos a la universidad y .... prefirió dedicarse al comercio.

II **Lee el relato y elige la opción correcta en cada pregunta.**

Todos los días tomo el metro a las 7.40. Ayer no circuló debido a un corte de luz. Muchos pasajeros fueron a tomar los autobuses, pero yo opté por caminar, porque me imaginé que viajaría muy incómodo entre tanta gente.

1 ¿Por qué no aparece "yo" antes de "tomo"?

[ ] **a** Porque no hay contraste con otros. [ ] **b** Porque el sujeto es una persona.

2 ¿Por qué no aparece "él" antes de "no circuló"?

[ ] **a** Para mantener la referencia a la misma persona. [ ] **b** Porque el sujeto (el metro) es una cosa.

3 ¿Por qué aparece "yo" antes de "opté"?

[ ] **a** Para contrastar con lo que otros hicieron. [ ] **b** Para que se identifique el sujeto de verbo.

16 PRONOMBRES PERSONALES COMPLEMENTO

Português	Español
Pronombres objeto directo	
• *podem ser omitidos, sobretudo na fala* *Procurei **as chaves** o dia todo, mas não (**as**) encontrei.*	• en general, no se omiten, ni siquiera en el habla más coloquial Busqué **las llaves** todo el día pero no **las** encontré.
• *coloquialmente, o objeto pode ser expressado por **ele/-a/-s*** *O Marcos faltou, vou avisar **ele** / avisá-**lo** do novo horário.*	• se omiten cuando el referente es genérico **Sábanas** nunca plancho. **Las sábanas de su cama** hoy no **las** cambié.
Pronombres objeto indirecto	
• *pode ter varias formas* *Entreguei a carta **para Joana** / **à Joana** / **a ela**. / Entreguei-**lhe** a carta.*	• su forma principal son los átonos (**me**, **te**, **le**/**les**, **os**, **se**); las otras aparecen solo si hace falta la información **Le** entregué la carta (**a Juana** / **a ella**).
• *os átonos não aparecem quando o objeto indireto já está na frase* *Vou pedir o carro **para o José**.*	• las formas átonas rara vez se omiten Voy a pedir**le** el coche (**a José**). Ver unidad 60, sobre duplicaciones
• *as formas tônicas não acrescentam contraste* *Contaram **para nós** tudo que aconteceu. (só informa que contaram a **nós**)*	• las formas tónicas agregan contraste Nos contaron todo lo que ocurrió. (solo informa que nos lo contaron) Nos contaron **a nosotros** todo lo que ocurrió. (a otros no se lo contaron)

I **Traduce al español cada frase, usando los fragmentos dados y agregando pronombres cuando son necesarios.**

a *Diga para ele que hoje não posso.* — diga / hoy / no puedo

....

b *Dinheiro, não tínhamos.* — dinero / no / teníamos

....

c *Eu trouxe o DVD, mas deixei na gaveta.* — traje / el DVD / dejé en el cajón

....

II **En el siguiente texto, subraya los pronombres indispensables y haz un círculo alrededor de aquellos que están para agregar información o para establecer un contraste.**

Ya has visto los proyectos de Mora, ¿qué te parecen? A mí me gustan mucho y los creo factibles, pues además de hacer falta tenemos amigos que seguramente nos ayudarán. [...] Hace tiempo que no te escribo a ti solo sin colaboración con nadie y no quiero dejar que pase el tiempo sin felicitarte por tu primoroso artículo para Sur.

García Lorca, Federico: *Epistolario*, vol. 1. Madrid: Alianza, 1983, p. 60-61.

17 ALGUNAS REFERENCIAS SOBRE TECNOLOGÍA

Tanto en portugués como en español se utilizan algunos términos en inglés en materia de tecnología. Excepto las que están traducidas o incorporadas a la lengua, estas palabras se escriben en letra itálica para indicar que se trata de extranjerismos.

Português	**Español**	***Português***	**Español**
Navegando por Internet			
banda larga	banda ancha	*clicar*	hacer clic, pulsar
acessar um site	acceder a un sitio	*clicar duas vezes*	hacer doble clic
baixar arquivo, fazer download	bajar, descargar, hacer *download*	*escolher um avatar*	elegir un avatar
subir arquivo, fazer upload	subir, cargar, hacer *upload*	*pôr a senha*	ingresar la clave / contraseña
escrever um blogue	escribir una bitácora / un blog	*chat*	chatear / chateo
postar	hacer un post	*ler um livro digital*	leer un libro digital
assistir a um vídeo	ver / mirar un vídeo / vídeo		
Comunicándose por Internet			
abrir a caixa de entrada	abrir la bandeja de entrada	*usar um aplicativo*	usar una aplicación
enviar um e-mail	mandar un correo electrónico / *mail*	*comunicar-se por WhatsApp*	wasapear
anexar arquivo	mandar un anexo / adjuntar / anexar un archivo	*digitar uma mensagem / um torpedo*	teclear un mensaje / mensajito
receber um spam	recibir un correo basura	*curtir uma foto*	me gusta la foto
usar o tablet */ o* smartphone	usar la tableta / el teléfono inteligente	*compartilhar uma* selfie	compartir un *selfie*

I **Coloca la expresión adecuada en los huecos del siguiente texto.**

¡Qué día! Internet no está funcionando bien, a pesar de tener en la oficina un servicio de .... Estoy esperando un .... de un cliente que tiene que mandarme un .... con unas informaciones que preciso para hacer el próximo .... en mi ...., pero no llega. Trato de comunicarme con él usando la ...., pero tampoco consigo .... Por fin, se me ocurre teclear un .... / .... por el .... Para transmitirle mi angustia, le anexo un .... con cara de desesperación. Un minuto después, recibo la respuesta: ...., eso te pasa por esperar a último momento.

II **Completa las siguientes frases usando las expresiones adecuadas:**

a Todos los días, mi bandeja de entrada está llena de ....

b Siempre visito un sitio muy interesante donde para pertenecer a la comunidad tienes que ....

c El precio de los libros impresos es un poco más alto que el de los ....

Presentación

Este apartado presenta los principales paradigmas verbales de cada tiempo de uso corriente en español, acompañados de listas de verbos regulares e irregulares con remisión al modelo de conjugación correspondiente a cada tiempo.

Aspecto innovador

Aquí los estudiantes, que suelen aprender los verbos por tiempo verbal, encuentran por primera vez una fuente en que, si quieren ver todas las posibilidades de un tiempo, no necesitan consultar verbo por verbo, sino ir directamente al tiempo verbal o, si les interesa la conjugación específica de un verbo, consultan las remisiones. Esa doble posibilidad de búsqueda constituye un aspecto innovador para el estudiante.

Estructura de las tablas

Las formas verbales que constan en este apartado (excepto en los imperativos) están ordenadas de acuerdo con la siguiente lista de pronombres personales:

yo
tú / vos
él / ella / usted
nosotros /-as
vosotros /-a
ellos / ellas / ustedes

La única excepción son las dos formas del imperativo, afirmativo y negativo, en que no existe la primera persona de singular y se agrega el "vos" en una línea separada, a continuación del "tú".

Formatación

- Cada forma verbal presenta la raíz impresa en negro y la desinencia en color (ej.: canto).
- Las formas verbales irregulares aparecen con la parte que contiene la irregularidad, sea la raíz o la desinencia, en letra itálica (ej.: s*oy*).
- Los paradigmas están ordenados según sus similitudes, que se explican en la parte superior de cada uno.

Código de las remisiones

A cada tiempo verbal simple corresponde una letra:

A – presente B – pretérito imperfecto C – pretérito indefinido D – futuro imperfecto E – condicional simple	modo indicativo
F – presente G – pretérito imperfecto	modo subjuntivo
H – imperativo afirmativo I – imperativo negativo	modo imperativo
J – participio K – gerundio	formas impersonales

Tiempos compuestos

Ver página 247

Criterio de clasificación

Dado que esta es una obra volcada a los estudiantes brasileños de español, se ha considerado "irregularidad" todo lo que represente una dificultad para los lusohablantes. Así que solo se consideraron "regulares" los verbos que se conjugan sin ningún cambio en todos los tiempos y personas. Los verbos que sufren cambios ortográficos o de sílaba tónica, de esta forma, se han incluido entre los "irregulares".

Criterio de selección de verbos

Hemos seleccionado los verbos más corrientes para un estudiante de nivel intermedio y solo se incluyeron verbos formados por derivación (prefijación o sufijación) cuando presentan un significado diferente del original. Así que si, buscas "desabrir" y no lo encuentras, ve a "abrir".

Verbos reflexivos

Los verbos reflexivos se indican en las listas por medio del pronombre "se" agregado al infinitivo entre paréntesis (se), pero no se contemplan en las conjugaciones. Para conjugarlos adecuadamente, consulta la unidad 12 sobre verbos pronominales.

Verbos defectivos

Los verbos defectivos son aquellos que no se conjugan en todas las personas o en todos los tiempos. Te presentamos algunos ejemplos:

abolir

A: abolís (forma del "vos"), abolimos, abolís; B: abolía, abolías / abolías, abolía, abolíamos, abolíais, abolían; C: abolí, aboliste / aboliste, abolió, abolimos, abolisteis, abolieron; D: aboliré, abolirás / abolirás, abolirá, aboliremos, aboliréis, abolirán; E: aboliría, abolirías / abolirías, aboliría, aboliríamos, aboliríais, abolirían; F: –; G: aboliera/-se, abolieras/-ses / abolieras/-ses, aboliera/-se, aboliéramos/-semos, abolierais/-seis, abolieran/-sen; H: abolí (forma del "vos"), abolid; I: –; J: abolido; K: aboliendo.

acontecer

A: acontece, acontecen; B: acontecía, acontecían; C: aconteció, acontecieron; D: acontecerá, acontecerán; E: acontecería, acontecerían; F: acontezca, acontezcan; G: aconteciera/-se, acontecieran/-sen; H: –; I: no acontezca, no acontezcan; J: acontecido; K: aconteciendo.

soler

A: suelo, sueles / solés, suele, solemos, soléis, suelen; B: solía, solías / solías, solía, solíamos, solíais, solían, C: –; D: –; E: –; F: suela, suelas / suelas, suela, solamos, soláis, suelan; G: soliera/-se, solieras/-ses / solieras/-ses, soliera/-se, soliéramos/-semos, solierais/-seis, solieran/-sen; H: –; I: –; J: –; K: soliendo.

Verbos impersonales

Los verbos impersonales son aquellos que se usan solo en tercera persona porque no tienen sujeto, como **haber** (impersonal / 3.ª pers. sing.: **hay había**, **hubo**, **habrá**, **habría**, **haya**, **hubiera/-se**) y los verbos que representan fenómenos naturales o atmosféricos: **amanecer**, **anochecer**, **llover**, **lloviznar**, **nevar**, **tronar**, etc.

Otros verbos

Para saber cómo se conjugan otros verbos, consulta el sitio de la Real Academia Española (<www.rae.es>). Pulsa, en el menú del lado derecho, en *Diccionario de la lengua española* y digita el verbo que deseas consultar. Luego haz clic en el cuadrado azul a la izquierda del infinitivo del verbo y aparecerá la conjugación completa.

Doble participio

Hay verbos que presentan doble participio. Los participios regulares tienen valor de verbo y se usan con "haber". Los participios irregulares tienen valor de adjetivo y también otros usos. Son ellos:

absorber	absorbido / absorto
abstraer	abstraído / abstracto
afligir	afligido / aflicto
atender	atendido / atento
bendecir	bendecido / bendito
comprimir	comprimido / compreso
concluir	concluido / concluso
confesar	confesado / confeso
confundir	confundido / confuso
convencer	convencido / convicto
convertir	convertido / converso
corregir	corregido / correcto
corromper	corrompido / corrupto
despertar	despertado / despierto
difundir	difundido / difuso
elegir	elegido / electo
expresar	expresado / expreso
extender	extendido / extenso
extinguir	extinguido / extinto
fijar	fijado / fijo
freír	freído / frito
hartar	hartado / harto
imprimir	imprimido / impreso

incluir	incluido / incluso
insertar	insertado / inserto
invertir	invertido / inverso
juntar	juntado / junto
maldecir	maldecido / maldito
manifestar	manifestado / manifiesto
nacer	nacido / nato
poseer	poseído / poseso
prender	prendido / preso
presumir	presumido / presunto

proveer	proveído / provisto
recluir	recluido / recluso
salvar	salvado / salvo
sepultar	sepultado / sepulto
soltar	soltado / suelto
sustituir	sustituido / sustituto
sujetar	sujetado / sujeto
suspender	suspendido / suspenso
teñir	teñido / tinto

A. Presente de indicativo

Ver unidades 8, 9, 10 y 11

Regulares		
1. -ar	2. -er	3. -ir
Cantar	Beber	Partir
canto	bebo	parto
cantas / cantás	bebes / bebés	partes / partís
canta	bebe	parte
cantamos	bebemos	partimos
cantáis	bebéis	partís
cantan	beben	parten

Diptongación (todas las personas, excepto 1.ª y 2.ª pl.)				Diptongación (todas las personas, excepto 1.ª sing. y 1.ª / 2.ª pl.)	
4. -e- ⇨ -ie-			5. -i- ⇨ -ie-	6. -e- ⇨ -ie- + -g- (1.ª p. sing.)	
Acertar	Querer	Preferir	Adquirir	Tener	Venir
acierto	*quiero*	*prefiero*	*adquiero*	ten*go*	ven*go*
aciertas / acertás	*quieres* / querés	*prefieres* / preferís	*adquieres* / adquirís	*tienes* / tenés	*vienes* / venís
acierta	*quiere*	*prefiere*	*adquiere*	*tiene*	*viene*
acertamos	queremos	preferimos	adquirimos	tenemos	venimos
acertáis	queréis	preferís	adquirís	tenéis	venís
aciertan	*quieren*	*prefieren*	*adquieren*	*tienen*	*vienen*

Diptongación (todas las personas, excepto 1.ª y 2.ª pl.)				
7. -o- ⇨ -ue-			8. -u- ⇨ -ue-	9. o- ⇨ hue-
Contar	Poder	Dormir	Jugar	Oler
cuento	*puedo*	*duermo*	*juego*	*huelo*
cuentas / contás	*puedes* / podés	*duermes* / dormís	*juegas* / jugás	*hueles* / olés
cuenta	*puede*	*duerme*	*juega*	*huele*
contamos	podemos	dormimos	jugamos	olemos
contáis	podéis	dormís	jugáis	oléis
cuentan	*pueden*	*duermen*	*juegan*	*huelen*

Cambio consonántico (1.ª persona sing.)						
10. -c- ⇨ -z-	11. -c- ⇨ -zc-				12. -g- ⇨ -j-	
Vencer	Nacer	Parecer	Conocer	Producir	Proteger	Dirigir
venzo	*nazco*	*parezco*	*conozco*	*produzco*	*protejo*	*dirijo*
vences / vencés	naces / nacés	pareces / parecés	conoces / conocés	produces / producís	proteges / protegés	diriges / dirigís
vence	nace	parece	conoce	produce	protege	dirige
vencemos	nacemos	parecemos	conocemos	producimos	protegemos	dirigimos
vencéis	nacéis	parecéis	conocéis	producís	protegéis	dirigís
vencen	nacen	parecen	conocen	producen	protegen	dirigen

Varios cambios (1.ª persona sing.)

13. -g-		14. -ig-	15. -c- ⇨ -g-	Otros		
Valer	Salir	Traer	Hacer	16. Caber	17. Saber	18. Ver
valgo	salgo	traigo	hago	quepo	sé	veo
vales / valés	sales / salís	traes / traés	haces / hacés	cabes / cabés	sabes / sabés	ves / ves
vale	sale	trae	hace	cabe	sabe	ve
valemos	salimos	traemos	hacemos	cabemos	sabemos	vemos
valéis	salís	traéis	hacéis	cabéis	sabéis	veis
valen	salen	traen	hacen	caben	saben	ven

Cambio vocálico (todas las personas, excepto 1.ª y 2.ª pl.)

19. -e- ⇨ -i-	20. -e- ⇨ -í-	21. + -c- ⇨ -g- (1.ª p. sing)	22. + -g- ⇨ -j- (1.ª p. sing.)	23. + -gu- ⇨ -g- (1.ª p. sing.)
Repetir	Reír	Decir	Corregir	Seguir
repito	río	digo	corrijo	sigo
repites / repetís	ríes / reís	dices / decís	corriges / corregís	sigues / seguís
repite	ríe	dice	corrige	sigue
repetimos	reímos	decimos	corregimos	seguimos
repetís	reís	decís	corregís	seguís
repiten	ríen	dicen	corrigen	siguen

Cambio (todas las personas, excepto 1.ª y 2.ª pl.)

24. -y-	25. -y- + -ig- (1.ª p. sing.)
Excluir	Oír
excluyo	oigo
excluyes / excluís	oyes / oís
excluye	oye
excluimos	oímos
excluís	oís
excluyen	oyen

-oy (1.ª persona sing.)

26. Regulares en las demás personas		27. Irregulares en las demás personas	
Dar	Estar	Ser	Ir
doy	estoy	soy	voy
das / das	estás / estás	eres / sos	vas / vas
da	está	es	va
damos	estamos	somos	vamos
dais	estáis	sois	vais
dan	están	son	van

Semivocal acentuada (todas las personas, excepto 1.ª y 2.ª pl.)

28. -i- / -ú-			
Enviar	Prohibir	Actuar	Reunir
envío	prohíbo	actúo	reúno
envías / enviás	prohíbes / prohibís	actúas / actuás	reúnes / reunís
envía	prohíbe	actúa	reúne
enviamos	prohibimos	actuamos	reunimos
enviáis	prohibís	actuáis	reunís
envían	prohíben	actúan	reúnen

Irregular (en todas las personas, excepto 2.ª pl.)

29. + forma impersonal
Haber
he
has / has
ha
hemos
habéis
han
hay (impersonal)

B. Pretérito imperfecto de indicativo

Ver unidad 28

Regulares			Únicos irregulares		
30. -ar	31. -er	32. -ir	33. + -e-	34. cambio de raíz	35. + ib-
Estar	Perder	Cumplir	Ver	Ser	Ir
estaba	perdía	cumplía	veía	era	iba
estabas / estabas	perdías / perdías	cumplías / cumplías	veías / veías	eras / eras	ibas / ibas
estaba	perdía	cumplía	veía	era	iba
estábamos	perdíamos	cumplíamos	veíamos	éramos	íbamos
estabais	perdíais	cumplíais	veíais	erais	ibais
estaban	perdían	cumplían	veían	eran	iban

C. Pretérito indefinido de indicativo

Ver unidades 34, 35 y 36

Regulares			Cambio consonántico (1.ª persona sing.)			
36. -ar	37. -er	38. -ir	39. -c- ⇨ -qu-	40. -g- ⇨ -gu-	41. -g- ⇨ -gü-	42. -z- ⇨ -c-
Cantar	Beber	Partir	Explicar	Llegar	Averiguar	Rechazar
canté	bebí	partí	*expliqué*	*llegué*	*averigüé*	*rechacé*
cantaste / cantaste	bebiste / bebiste	partiste / partiste	explicaste / explicaste	llegaste / llegaste	averiguaste / averiguaste	rechazaste / rechazaste
cantó	bebió	partió	explicó	llegó	averiguó	rechazó
cantamos	bebimos	partimos	explicamos	llegamos	averiguamos	rechazamos
cantasteis	bebisteis	partisteis	explicasteis	llegasteis	averiguasteis	rechazasteis
cantaron	bebieron	partieron	explicaron	llegaron	averiguaron	rechazaron

Cambio vocálico (3.ª persona sing. y pl.)			Varias irregularidades (todas las personas)			
43. -e- ⇨ -i-	44. -o- ⇨ -u-	45. -i- ⇨ -y-	46. cambio de raíz	47. -e- ⇨ -i- + -j-	48. + -j-	49. -c- ⇨ -j-
Pedir	Dormir	Caer	Ir / Ser	Decir	Traer	Deducir
pedí	dormí	caí	*fui*	*dije*	*traje*	*deduje*
pediste / pediste	dormiste / dormiste	caíste / caíste	*fuiste* / *fuiste*	*dijiste* / *dijiste*	*trajiste* / *trajiste*	*dedujiste* / *dedujiste*
pidió	*durmió*	*cayó*	*fue*	*dijo*	*trajo*	*dedujo*
pedimos	dormimos	caímos	*fuimos*	*dijimos*	*trajimos*	*dedujimos*
pedisteis	dormisteis	caísteis	*fuisteis*	*dijisteis*	*trajisteis*	*dedujisteis*
pidieron	*durmieron*	*cayeron*	*fueron*	*dijeron*	*trajeron*	*dedujeron*

Varias irregularidades (todas las personas)					
50. -o- ⇨ -u-	51. -ab- ⇨ -up-	52. -ab- ⇨ -up-	53. and- ⇨ anduv-	54. est- ⇨ estuv-	55. ten- ⇨ tuv-
Poder	Caber	Saber	Andar	Estar	Tener
pude	*cupe*	*supe*	*anduve*	*estuve*	*tuve*
pudiste / *pudiste*	*cupiste* / *cupiste*	*supiste* / *supiste*	*anduviste* / *anduviste*	*estuviste* / *estuviste*	*tuviste* / *tuviste*
pudo	*cupo*	*supo*	*anduvo*	*estuvo*	*tuvo*
pudimos	*cupimos*	*supimos*	*anduvimos*	*estuvimos*	*tuvimos*
pudisteis	*cupisteis*	*supisteis*	*anduvisteis*	*estuvisteis*	*tuvisteis*
pudieron	*cupieron*	*supieron*	*anduvieron*	*estuvieron*	*tuvieron*

Varias irregularidades (todas las personas)					
56. verbo en -ar ⇨ desin. en -ir	57. ven- ⇨ vin-	58. hac- ⇨ hic- / hiz-	59. pon- ⇨ pus-	60. quer- ⇨ quis-	61. hab- ⇨ hub-
Dar	Venir	Hacer	Poner	Querer	Haber
di	vine	hice	puse	quise	hube
diste / diste	viniste / viniste	hiciste / hiciste	pusiste / pusiste	quisiste / quisiste	hubiste / hubiste
dio	vino	hizo	puso	quiso	hubo
dimos	vinimos	hicimos	pusimos	quisimos	hubimos
disteis	vinisteis	hicisteis	pusisteis	quisisteis	hubisteis
dieron	vinieron	hicieron	pusieron	quisieron	hubieron

D. Futuro imperfecto de indicativo

Ver unidades 38 y 39

Regulares		
62. -ar	63. -er	64. -ir
Hablar	Beber	Partir
hablaré	beberé	partiré
hablarás / hablarás	beberás / beberás	partirás / partirás
hablará	beberá	partirá
hablaremos	beberemos	partiremos
hablaréis	beberéis	partiréis
hablarán	beberán	partirán

Vocal del infinitivo ⇨ -d- (todas las personas)				
65. Poner	66. Salir	67. Tener	68. Valer	69. Venir
pondré	saldré	tendré	valdré	vendré
pondrás / pondrás	saldrás / saldrás	tendrás / tendrás	valdrás / valdrás	vendrás / vendrás
pondrá	saldrá	tendrá	valdrá	vendrá
pondremos	saldremos	tendremos	valdremos	vendremos
pondréis	saldréis	tendréis	valdréis	vendréis
pondrán	saldrán	tendrán	valdrán	vendrán

Vocal del infinitivo ⇨ -r- (todas las personas)				
70. Caber	71. Haber	72. Poder	73. Querer	74. Saber
cabré	habré	podré	querré	sabré
cabrás / cabrás	habrás / habrás	podrás / podrás	querrás / querrás	sabrás / sabrás
cabrá	habrá	podrá	querrá	sabrá
cabremos	habremos	podremos	querremos	sabremos
cabréis	habréis	podréis	querréis	sabréis
cabrán	habrán	podrán	querrán	sabrán

Pérdida de sílaba(s) o letra(s) (todas las personas)	
75. Decir	76. Hacer
diré	haré
dirás / dirás	harás
dirá	hará
diremos	haremos
diréis	haréis
dirán	harán

E. Condicional de indicativo

Ver unidades 78 y 79

Regulares		
77. -ar	78. -er	79. -ir
Hablar	Beber	Partir
hablaría	bebería	partiría
hablarías / hablarías	beberías / beberías	partirías / partirías
hablaría	bebería	partiría
hablaríamos	beberíamos	partiríamos
hablaríais	beberíais	partiríais
hablarían	beberían	partirían

Vocal del infinitivo ⇨ -d- (todas las personas)				
80. Poner	81. Salir	82. Tener	83. Valer	84. Venir
pondría	*saldría*	*tendría*	*valdría*	*vendría*
pondrías / pondrías	*saldrías / saldrías*	*tendrías / tendrías*	*valdrías / valdrías*	*vendrías / vendrías*
pondría	*saldría*	*tendría*	*valdría*	*vendría*
pondríamos	*saldríamos*	*tendríamos*	*valdríamos*	*vendríamos*
pondríais	*saldríais*	*tendríais*	*valdríais*	*vendríais*
pondrían	*saldrían*	*tendrían*	*valdrían*	*vendrían*

Vocal del infinitivo ⇨ -r- (todas las personas)				
85. Caber	86. Haber	87. Poder	88. Querer	89. Saber
cabría	*habría*	*podría*	*querría*	*sabría*
cabrías / cabrías	*habrías / habrías*	*podrías / podrías*	*querrías / querrías*	*sabrías / sabrías*
cabría	*habría*	*podría*	*querría*	*sabría*
cabríamos	*habríamos*	*podríamos*	*querríamos*	*sabríamos*
cabríais	*habríais*	*podríais*	*querríais*	*sabríais*
cabrían	*habrían*	*podrían*	*querrían*	*sabrían*

Pérdida de sílaba(s) o letra(s) (todas las personas)	
90. Decir	91. Hacer
diría	*haría*
dirías / dirías	*harías / harías*
diría	*haría*
diríamos	*haríamos*
diríais	*haríais*
dirían	*harían*

F. Presente de subjuntivo

Ver unidades 61 y 62

Regulares		
92. -ar	93. -er	94. -ir
Evitar	Aprender	Vivir
evite	aprenda	viva
evites / evites	aprendas / aprendas	vivas / vivas
evite	aprenda	viva
evitemos	aprendamos	vivamos
evitéis	aprendáis	viváis
eviten	aprendan	vivan

Irregulares (todas las personas)		
95. -e- ⇨ -i-	96. -e- ⇨ -í- / -i- (1.ª y 2.ª pl.)	97. -e- ⇨ -i- + -g- ⇨ -j-
Medir	Reír	Corregir
mida	*ría*	*corrija*
midas / midas	*rías / rías*	*corrijas / corrijas*
mida	*ría*	*corrija*
midamos	*riamos*	*corrijamos*
midáis	*riais*	*corrijáis*
midan	*rían*	*corrijan*

Diptongación (todas las personas, excepto 1.ª y 2.ª pl.)

98. -e- ⇨ -ie-		99. -i- ⇨ ie-	100. -e- ⇨ -ie- + -e- ⇨ -i- (1.ª y 2.ª pl.)	101. -e- ⇨ -ie- + -g- ⇨ -gu- (todas)	102. -e- ⇨ -ie- + -z- ⇨ -c- (todas)	103. -o- ⇨ -ue- + -c- ⇨ -z- (todas)
Pensar	**Perder**	**Adquirir**	**Sentir**	**Cegar**	**Empezar**	**Torcer**
piense	pierda	adquiera	sienta	ciegue	empiece	tuerza
pienses / pienses	pierdas / pierdas	adquieras / adquieras	sientas / sientas	ciegues / ciegues	empieces / empieces	tuerzas / tuerzas
piense	pierda	adquiera	sienta	ciegue	empiece	tuerza
pensemos	perdamos	adquiramos	sintamos	ceguemos	empecemos	torzamos
penséis	perdáis	adquiráis	sintáis	ceguéis	empecéis	torzáis
piensen	pierdan	adquieran	sientan	cieguen	empiecen	tuerzan

Diptongación (todas las personas, excepto 1.ª y 2.ª pl.)

104. -o- ⇨ -ue-		105. -u- ⇨ -ue- + -g- ⇨ -gu- (todas)	106. -o- ⇨ -ue- + -g- ⇨ -gu- (todas)	107. o- ⇨ hue-	108. -o- ⇨ -ue- + -o- ⇨ -u- (1.ª y 2.ª pl.)	109. -o- ⇨ -ue- + -z- ⇨ -c- (todas)
Volar	**Volver**	**Jugar**	**Rogar**	**Oler**	**Dormir**	**Forzar**
vuele	vuelva	juegue	ruegue	huela	duerma	fuerce
vueles / vueles	vuelvas / vuelvas	juegues / juegues	ruegues / ruegues	huelas / huelas	duermas / duermas	fuerces / fuerces
vuele	vuelva	juegue	ruegue	huela	duerma	fuerce
volemos	volvamos	juguemos	roguemos	olamos	durmamos	forcemos
voléis	volváis	juguéis	roguéis	oláis	durmáis	forcéis
vuelen	vuelvan	jueguen	rueguen	huelan	duerman	fuercen

Varios cambios (todas las personas)

110. -g-		111. -ig-		112. -c- ⇨ -g-	113. -e- ⇨ -i- + -c- ⇨ -g-	114. -e- ⇨ -i- + -gu- ⇨ -g-
Poner	**Venir**	**Traer**	**Oír**	**Hacer**	**Decir**	**Seguir**
ponga	venga	traiga	oiga	haga	diga	siga
pongas / pongas	vengas / vengas	traigas / traigas	oigas / oigas	hagas / hagas	digas / digas	sigas / sigas
ponga	venga	traiga	oiga	haga	diga	siga
pongamos	vengamos	traigamos	oigamos	hagamos	digamos	sigamos
pongáis	vengáis	traigáis	oigáis	hagáis	digáis	sigáis
pongan	vengan	traigan	oigan	hagan	digan	sigan

Cambio consonántico / vocálico (todas las personas)

115. -c- ⇨ -qu-	116. -g- ⇨ -gu-	117. -g- ⇨ -j-		118. -y-
Aparcar	**Arriesgar**	**Proteger**	**Dirigir**	**Concluir**
aparque	arriesgue	proteja	dirija	concluya
aparques / aparques	arriesgues / arriesgues	protejas / protejas	dirijas / dirijas	concluyas / concluyas
aparque	arriesgue	proteja	dirija	concluya
aparquemos	arriesguemos	protejamos	dirijamos	concluyamos
aparquéis	arriesguéis	protejáis	dirijáis	concluyáis
aparquen	arriesguen	protejan	dirijan	concluyan

Cambio consonántico (todas las personas)						
119. -z- ⇨ -c-	120. -c- ⇨ -z-		121. -c- ⇨ -zc-			
Alcanzar	Vencer	Zurcir	Nacer	Parecer	Conocer	Producir
alcance	venza	zurza	nazca	parezca	conozca	produzca
alcances / alcances	venzas / venzas	zurzas / zurzas	nazcas / nazcas	parezcas / parezcas	conozcas / conozcas	produzcas / produzcas
alcance	venza	zurza	nazca	parezca	conozca	produzca
alcancemos	venzamos	zurzamos	nazcamos	parezcamos	conozcamos	produzcamos
alcancéis	venzáis	zurzáis	nazcáis	parezcáis	conozcáis	produzcáis
alcancen	venzan	zurzan	nazcan	parezcan	conozcan	produzcan

122. Semivocal acentuada (raíz de todas las personas, excepto 1.ª y 2.ª pl.)			
Enviar	Prohibir	Actuar	Reunir
envíe	prohíba	actúe	reúna
envíes / envíes	prohíbas / prohíbas	actúes / actúes	reúnas reúnas
envíe	prohíba	actúe	reúna
enviemos	prohibamos	actuemos	reunamos
enviéis	prohibáis	actuéis	reunáis
envíen	prohíban	actúen	reúnan

123. -gu- ⇨ -gü- (todas las personas)
Averiguar
averigüe
averigües / averigües
averigüe
averigüemos
averigüéis
averigüen

Irregularidades especiales (todas las personas)							
124. Ser	125. Ver	126. Estar	127. Dar	128. Ir	129. Haber	130. Saber	131. Caber
sea	vea	esté	dé	vaya	haya	sepa	quepa
seas / seas	veas / veas	estés / estés	des / des	vayas / vayas	hayas / hayas	sepas / sepas	quepas / quepas
sea	vea	esté	dé	vaya	haya	sepa	quepa
seamos	veamos	estemos	demos	vayamos	hayamos	sepamos	quepamos
seáis	veáis	estéis	deis	vayáis	hayáis	sepáis	quepáis
sean	vean	estén	den	vayan	hayan	sepan	quepan

G. Pretérito imperfecto de subjuntivo

Ver unidad 66

Regulares					
132. -ar		133. -er		134. -ir	
Alzar		Entender		Salir	
alzara	alzase	entendiera	entendiese	saliera	saliese
alzaras / alzaras	alzases / alzases	entendieras / entendieras	entendieses / entendieses	salieras / salieras	salieses / salieses
alzara	alzase	entendiera	entendiese	saliera	saliese
alzáramos	alzásemos	entendiéramos	entediésemos	saliéramos	saliésemos
alzarais	alzaseis	entendierais	entendieseis	salierais	salieseis
alzaran	alzasen	entendieran	entendiesen	salieran	saliesen

Cambio vocálico (todas las personas)		
135. -e- ⇨ -i-	136. -o- ⇨ -u-	137. -e- ⇨ -y-
Pedir	Dormir	Caer
*pidie*ra/-se	*durmie*ra/-se	*caye*ra/-se
*pidie*ras/-ses / *pidie*ras/-ses	*durmie*ras/-ses / *durmie*ras/-ses	*caye*ras/-ses / *caye*ras/-ses
*pidie*ra/-se	*durmie*ra/-se	*caye*ra/-se
*pidié*ramos/-semos	*durmié*ramos/-semos	*cayé*ramos/-semos
*pidie*rais/-seis	*durmie*rais/-seis	*caye*rais/-seis
*pidie*ran/-sen	*durmie*ran/-sen	*caye*ran/-sen

Varias irregularidades (todas las personas)			
138. Ir / Ser	139. Decir	140. Traer	141. Deducir
*fue*ra/-se	*dije*ra/-se	*traje*ra/-se	*deduje*ra/-se
*fue*ras/-ses / *fue*ras/-ses	*dije*ras/-ses / *dije*ras/-ses	*traje*ras/-ses / *traje*ras/-ses	*deduje*ras/-ses / *deduje*ras/-ses
*fue*ra/-se	*dije*ra/-se	*traje*ra/-se	*deduje*ra/-se
*fué*ramos/-semos	*dijé*ramos/-semos	*trajé*ramos/-semos	*dedujé*ramos/-semos
*fue*rais/-seis	*dije*rais/-seis	*traje*rais/-seis	*deduje*rais/-seis
*fue*ran/-sen	*dije*ran/-sen	*traje*ran/-sen	*deduje*ran/-sen

Varias irregularidades (todas las personas)			
142. Poder	143. Caber	144. Saber	145. Haber
*pudie*ra/-se	*cupie*ra/-se	*supie*ra/-se	*hubie*ra/-se
*pudie*ras/-ses / *pudie*ras/-ses	*cupie*ras/-ses / *cupie*ras/-ses	*supie*ras/-ses / *supie*ras/-ses	*hubie*ras/-ses / *hubie*ras/-ses
*pudie*ra/-se	*cupie*ra/-se	*supie*ra/-se	*hubie*ra/-se
*pudié*ramos/-semos	*cupié*ramos/-semos	*supié*ramos/-semos	*hubié*ramos/-semos
*pudie*rais/-seis	*cupie*rais/-seis	*supie*rais/-seis	*hubie*rais/-seis
*pudie*ran/-sen	*cupie*ran/-sen	*supie*ran/-sen	*hubie*ran/-sen

Varias irregularidades (todas las personas)			
146. Andar	147. Estar	148. Tener	149. Poner
*anduvie*ra/-se	*estuvie*ra/-se	*tuvie*ra/-se	*pusie*ra/-se
*anduvie*ras/-ses / *anduvie*ras/-ses	*estuvie*ras/-ses / *estuvie*ras/-ses	*tuvie*ras/-ses / *tuvie*ras/-ses	*pusie*ras/-ses / *pusie*ras/-ses
*anduvie*ra/-se	*estuvie*ra/-se	*tuvie*ra/-se	*pusie*ra/-se
*anduvié*ramos/-semos	*estuvié*ramos/-semos	*tuvié*ramos/-semos	*pusié*ramos/-semos
*anduvie*rais/-seis	*estuvie*rais/-seis	*tuvie*rais/-seis	*pusie*rais/-seis
*anduvie*ran/-sen	*estuvie*ran/-sen	*tuvie*ran/-sen	*pusie*ran/-sen

Varias irregularidades (todas las personas)			
150. Venir	151. Hacer	152. Querer	153. Dar
*vinie*ra/-se	*hicie*ra/-se	*quisie*ra/-se	*die*ra/-se
*vinie*ras/-ses / *vinie*ras/-ses	*hicie*ras/-ses / *hicie*ras/-ses	*quisie*ras/-ses / *quisie*ras/-ses	*die*ras/-ses / *die*ras/-ses
*vinie*ra/-se	*hicie*ra/-se	*quisie*ra/-se	*die*ra/-se
*vinié*ramos/-semos	*hicié*ramos/-semos	*quisié*ramos/-semos	*dié*ramos/-semos
*vinie*rais/-seis	*hicie*rais/-seis	*quisie*rais/-seis	*die*rais/-seis
*vinie*ran/-sen	*hicie*ran/-sen	*quisie*ran/-sen	*die*ran/-sen

H. Imperativo afirmativo

Ver unidades 63 y 64

Regulares			
154. -ar	155. -er	156. -ir	
Amar	Vender	Vivir	
ama	vende	vive	(tú)
amá	vendé	viví	(vos)
ame	venda	viva	(usted)
amemos	vendamos	vivamos	(nosotros/-as)
amad	vended	vivid	(vosotros/-as)
amen	vendan	vivan	(ustedes)

Diptongación (y otros cambios) en tú, usted y ustedes						
157. -o- ⇨ –ue-		158. -o- ⇨ -hue-	159. -o- ⇨ -ue- + -z- ⇨ -c-	160. -e- ⇨ -ie-		161. -i- ⇨ -ie-
Contar	Poder	Oler	Forzar	Acertar	Querer	Adquirir
cuenta	*puede*	*huele*	*fuerza*	*acierta*	*quiere*	*adquiere*
contá	podé	olé	forzá	acertá	queré	adquirí
cuente	*pueda*	*huela*	*fuerce*	*acierte*	*quiera*	*adquiera*
contemos	podamos	olamos	forcemos	acertemos	queramos	adquiramos
contad	poded	oled	forzad	acertad	quered	adquirid
cuenten	*puedan*	*huelan*	*fuercen*	*acierten*	*quieran*	*adquieran*

Cambios en tú, usted, nosotros/-as y ustedes				
162. -o- ⇨ -ue- + -o- ⇨ -u-	163. -e- ⇨ -ie- + -e- ⇨ -i-	164. -u- ⇨ -ue- + -g- ⇨ -gu-	165. -o- ⇨ -ue- + -g- ⇨ -gu-	166. -e- ⇨ -ie- + -g- ⇨ -gu-
Dormir	Preferir	Jugar	Rogar	Cegar
duerme	*prefiere*	*juega*	*ruega*	*ciega*
dormí	preferí	jugá	rogá	cegá
duerma	*prefiera*	*juegue*	*ruegue*	*ciegue*
durmamos	*prefiramos*	*juguemos*	*roguemos*	*ceguemos*
dormid	preferid	jugad	rogad	cegad
duerman	*prefieran*	*jueguen*	*rueguen*	*cieguen*

Cambios en tú, usted, nosotros/-as y ustedes				
167. -e- ⇨ -i-	168. -e- ⇨ -í- + -e- ⇨ -i-	169. -e- ⇨ -i- + -gu- ⇨ -g-	170. -e- ⇨ -i- + -g- ⇨ -j-	171. -i- ⇨ -y-
Repetir	Reír	Seguir	Regir	Huir
repite	*ríe*	*sigue*	*rige*	hu*y*e
repetí	reí	seguí	regí	hui
repita	*ría*	*siga*	*rija*	hu*y*a
repitamos	*riamos*	*sigamos*	*rijamos*	hu*y*amos
repetid	re*í*d	seguid	regid	huid
repitan	*rían*	*sigan*	*rijan*	hu*y*an

Cambios en usted, nosotros/-as y ustedes

172. -c- ⇨ -z-	173. -c- ⇨ -zc-				174. -z- ⇨ -c-	175. -g-
Vencer	**Nacer**	**Parecer**	**Conocer**	**Producir**	**Cruzar**	**Valer**
vence	nace	parece	conoce	produce	cruza	vale
vencé	nacé	parecé	conocé	producí	cruzá	valé
venza	nazca	parezca	conozca	produzca	cruce	valga
venzamos	nazcamos	parezcamos	conozcamos	produzcamos	crucemos	valgamos
venced	naced	pareced	conoced	producid	cruzad	valed
venzan	nazcan	parezcan	conozcan	produzcan	crucen	valgan

Cambios en usted, nosotros/-as y ustedes

176. -g- ⇨ -j-		177. -e- ⇨ -i- + -c- ⇨ -g-	178. -ig-	179. -c- ⇨ -qu-	180. -g- ⇨ -gu-	181. -gu- ⇨ -gü-
Proteger	**Dirigir**	**Predecir**	**Traer**	**Sacar**	**Llegar**	**Averiguar**
protege	dirige	predice	trae	saca	llega	averigua
protegé	dirigí	predecí	traé	sacá	llegá	averiguá
proteja	dirija	prediga	traiga	saque	llegue	averigüe
protejamos	dirijamos	predigamos	traigamos	saquemos	lleguemos	averigüemos
proteged	dirigid	predecid	traed	sacad	llegad	averiguad
protejan	dirijan	predigan	traigan	saquen	lleguen	averigüen

Semivocal acentuada en tú, usted y ustedes				Cambios en tú, usted, nosotros/-as y ustedes				
182				183	184		185	
Enviar	**Prohibir**	**Actuar**	**Reunir**	**Estar**	**Caber**	**Saber**	**Ser**	**Ver**
envía	prohíbe	actúa	reúne	está	cabe	sabe	sé	ve
enviá	prohibí	actuá	reuní	está	cabé	sabé	sé	ve
envíe	prohíba	actúe	reúna	esté	quepa	sepa	sea	vea
enviemos	prohibamos	actuemos	reunamos	estemos	quepamos	sepamos	seamos	veamos
enviad	prohibid	actuad	reunid	estad	cabed	sabed	sed	ved
envíen	prohíban	actúen	reúnan	estén	quepan	sepan	sean	vean

Cambios en tú, usted, nosotros/-as y ustedes								Solo tú y vos
186	187	188	189	190	191	192	193	194
Decir	**Hacer**	**Ir**	**Oír**	**Poner**	**Salir**	**Tener**	**Venir**	**Haber**
di	haz	ve	oye	pon	sal	ten	ven	he
decí	hacé	andá*	oí	poné	salí	tené	vení	he
diga	haga	vaya	oiga	ponga	salga	tenga	venga	–
digamos	hagamos	vayamos	oigamos	pongamos	salgamos	tengamos	vengamos	–
decid	haced	id	oíd	poned	salid	tened	venid	–
digan	hagan	vayan	oigan	pongan	salgan	tengan	vengan	–

* El imperativo de "vos" del verbo "ir" se forma con el imperativo del verbo "andar".

I. Imperativo negativo

Ver unidad 65

Regulares			
195. -ar	196. -er	197. -ir	
Llorar	Vender	Punir	
no llores	no vendas	no punas	(tú)
no llores	no vendas	no punas	(vos)
no llore	no venda	no puna	(usted)
no lloremos	no vendamos	no punamos	(nosotros/-as)
no lloréis	no vendáis	no punáis	(vosotros/-as)
no lloren	no vendan	no punan	(ustedes)

Cambio en todas las personas (excepto nosotros/-as y vosotros/-as)					
198. -e- ⇨ -ie-		199. -i- ⇨ -ie-	200. -o- ⇨ -ue-		201. -o- ⇨ -hue-
Pensar	Perder	Adquirir	Volar	Volver	Oler
no *pienses*	no *pierdas*	no *adquieras*	no *vueles*	no *vuelvas*	no *huelas*
no *pienses*	no *pierdas*	no *adquieras*	no *vueles*	no *vuelvas*	no *huelas*
no *piense*	no *pierda*	no *adquiera*	no *vuele*	no *vuelva*	no *huela*
no pensemos	no perdamos	no adquiramos	no volemos	no volvamos	no olamos
no penséis	no perdáis	no adquiráis	no voléis	no volváis	no oláis
no *piensen*	no *pierdan*	no *adquieran*	no *vuelen*	no *vuelvan*	no *huelan*

Cambios en todas las personas				
202. -e- ⇨ -ie- + -z- ⇨ -c- (todas)	203. -o- ⇨ -ue- + -g- ⇨ -gu- (todas)	204. -o- ⇨ -ue- + -c- ⇨ -z- (todas)	205. -o- ⇨ -ue- + -z- ⇨ -c- (todas)	206. -e- ⇨ -ie- + -g- ⇨ -gu- (todas)
Empezar	Rogar	Torcer	Forzar	Cegar
no *empieces*	no *ruegues*	no *tuerzas*	no *fuerces*	no *ciegues*
no *empieces*	no *ruegues*	no *tuerzas*	no *fuerces*	no *ciegues*
no *empiece*	no *ruegue*	no *tuerza*	no *fuerce*	no *ciegue*
no *empecemos*	no *roguemos*	no *torzamos*	no *forcemos*	no *ceguemos*
no *empecéis*	no *roguéis*	no *torzáis*	no *forcéis*	no *ceguéis*
no *empiecen*	no *rueguen*	no *tuerzan*	no *fuercen*	no *cieguen*

207. Semivocal acentuada (en todas las personas excepto nosotros/-as y vosotros/-as)			
Enviar	Prohibir	Actuar	Reunir
no *envíes*	no *prohíbas*	no *actúes*	no *reúnas*
no *envíes*	no *prohíbas*	no *actúes*	no *reúnas*
no *envíe*	no *prohíba*	no *actúe*	no *reúna*
no enviemos	no prohibamos	no actuemos	no reunamos
no enviéis	no prohibáis	no actuéis	no reunáis
no *envíen*	no *prohíban*	no *actúen*	no *reúnan*

Cambios (en todas las personas)						
208. -e- ⇨ -i-	209. -e- ⇨ -i- / -í-	210. -i- ⇨ -y-	211. -e- ⇨ -ie- / -i-	212. -u- ⇨ -ue- + -g- ⇨ -gu-	213. -o- ⇨ -ue- + -o- ⇨ -u-	214. -z- ⇨ -c-
Medir	Reír	Huir	Sentir	Jugar	Dormir	Alcanzar
no midas	no rías	no huyas	no sientas	no juegues	no duermas	no alcances
no midas	no rías	no huyas	no sientas	no juegues	no duermas	no alcances
no mida	no ría	no huya	no sienta	no juegue	no duerma	no alcance
no midamos	no riamos	no huyamos	no sintamos	no juguemos	no durmamos	no alcancemos
no midáis	no riais	no huyáis	no sintáis	no juguéis	no durmáis	no alcancéis
no midan	no rían	no huyan	no sientan	no jueguen	no duerman	no alcancen

Cambios (en todas las personas)					
215. -g- ⇨ -gu-	216. -g- ⇨ -gü-	217. -g- ⇨ -j-		218. -g- ⇨ -j- + -e- ⇨ -i-	219. -c- ⇨ -qu-
Arriesgar	Averiguar	Proteger	Dirigir	Corregir	Aparcar
no arriesgues	no averigües	no protejas	no dirijas	no corrijas	no aparques
no arriesgues	no averigües	no protejas	no dirijas	no corrijas	no aparques
no arriesgue	no averigüe	no proteja	no dirija	no corrija	no aparque
no arriesguemos	no averigüemos	no protejamos	no dirijamos	no corrijamos	no aparquemos
no arriesguéis	no averigüéis	no protejáis	no dirijáis	no corrijáis	no aparquéis
no arriesguen	no averigüen	no protejan	no dirijan	no corrijan	no aparquen

Cambios (en todas las personas)					
220. -c- ⇨ -z-		221. -c- ⇨ -zc-			
Vencer	Zurcir	Nacer	Parecer	Conocer	Producir
no venzas	no zurzas	no nazcas	no parezcas	no conozcas	no produzcas
no venzas	no zurzas	no nazcas	no parezcas	no conozcas	no produzcas
no venza	no zurza	no nazca	no parezca	no conozca	no produzca
no venzamos	no zurzamos	no nazcamos	no parezcamos	no conozcamos	no produzcamos
no venzáis	no zurzáis	no nazcáis	no parezcáis	no conozcáis	no produzcáis
no venzan	no zurzan	no nazcan	no parezcan	no conozcan	no produzcan

Varios cambios (en todas las personas)							
222. Ser	223. Ver	224. Estar	225. Dar	226. Ir	227. Haber	228. Saber	229. Caber
no seas	no veas	no estés	no des	no vayas	no hayas	no sepas	no quepas
no seas	no veas	no estés	no des	no vayas	no hayas	no sepas	no quepas
no sea	no vea	no esté	no dé	no vaya	no haya	no sepa	no quepa
no seamos	no veamos	no estemos	no demos	no vayamos	no hayamos	no sepamos	no quepamos
no seáis	no veáis	no estéis	no deis	no vayáis	no hayáis	no sepáis	no quepáis
no sean	no vean	no estén	no den	no vayan	no hayan	no sepan	no quepan

Irregularidades con -g- (en todas las personas)					
230. Hacer	**231. Poner**	**232. Tener**	**233. Valer**	**234. Salir**	**235. Venir**
no hagas	no pongas	no tengas	no valgas	no salgas	no vengas
no hagas	no pongas	no tengas	no valgas	no salgas	no vengas
no haga	no ponga	no tenga	no valga	no salga	no venga
no hagamos	no pongamos	no tengamos	no valgamos	no salgamos	no vengamos
no hagáis	no pongáis	no tengáis	no valgáis	no salgáis	no vengáis
no hagan	no pongan	no tengan	no valgan	no salgan	no vengan

Irregularidades mixtas con -ig- (en todas las personas)			
236. Traer	**237. Oír**	**238. Decir**	**239. Seguir**
no traigas	no oigas	no digas	no sigas
no traigas	no oigas	no digas	no sigas
no traiga	no oiga	no diga	no siga
no traigamos	no oigamos	no digamos	no sigamos
no traigáis	no oigáis	no digáis	no sigáis
no traigan	no oigan	no digan	no sigan

J. Participio

Ver unidad 41

Formaciones regulares		
1.ª conjugación	**240.** ganar	ganado
2.ª conjugación	**241.** poder	podido
3.ª conjugación	**242.** producir	producido
Formaciones no regulares		
2.ª conjugación	**243.** hacer	hecho
	244. leer	leído
	245. poner	puesto
	246. romper	roto
	247. satisfacer	satisfecho
	248. ver	visto
	249. volver	vuelto
3.ª conjugación	**250.** abrir	abierto
	251. cubrir	cubierto
	252. decir	dicho
	253. escribir	escrito
	254. morir	muerto
	255. reír	reído
	256. pudrir	podrido

K. Gerundio

Ver unidad 45

Formaciones regulares		
1.ª conjugación	**257.** ganar	ganando
2.ª conjugación	**258.** perder	perdiendo
3.ª conjugación	**259.** producir	produciendo
Formaciones no regulares		
2.ª conjugación	**260.** caer	cayendo
	261. poder	pudiendo
	262. tañer	tañendo
3.ª conjugación	**263.** bruñir	bruñendo
	264. ir	yendo
	265. morir	muriendo
	266. reír	riendo
	267. seguir	siguiendo
	268. teñir	tiñendo

TIEMPOS COMPUESTOS

Ver Participio, página 246

Modo indicativo

Ver unidad 42

Pretérito perfecto compuesto
Dar / Ser / Ir
he dado / sido / ido
has dado / sido / ido
ha dado / sido / ido
hemos dado / sido / ido
habéis dado / sido / ido
han dado / sido / ido

Pretérito pluscuamperfecto
Dar / Ser / Venir
había dado / sido / ido
habías dado / sido / ido
había dado / sido / ido
habíamos dado / sido / ido
habíais dado / sido / ido
habían dado / sido / ido

Pretérito anterior
Dar / Ser / Venir
hube dado / sido / ido
hubiste dado / sido / ido
hubo dado / sido / ido
hubimos dado / sido / ido
hubisteis dado / sido / ido
hubieron dado / sido / ido

Futuro perfecto
Dar / Ser / Venir
habré dado / sido / ido
habrás dado / sido / ido
habrá dado / sido / ido
habremos dado / sido / ido
habréis dado / sido / ido
habrán dado / sido / ido

Condicional compuesto
Dar / Ser / Venir
habría dado / sido / ido
habrías dado / sido / ido
habría dado / sido / ido
habríamos dado / sido / ido
habríais dado / sido / ido
habrían dado / sido / ido

Modo subjuntivo

Ver unidades 67 y 97

Pretérito perfecto compuesto
Dar / Ser / Venir
haya dado / sido / ido
hayas dado / sido / ido
haya dado / sido / ido
hayamos dado / sido / ido
hayáis dado / sido / ido
hayan dado / sido / ido

Pretérito pluscuamperfecto
Dar / Ser / Venir
hubiera/-se dado / sido / ido
hubieras/-ses dado / sido / ido
hubiera/-se dado / sido / ido
hubiéramos/-semos dado / sido / ido
hubierais/-seis dado / sido / ido
hubieran/-sen dado / sido / ido

FORMACIONES REGULARES – 1.ª CONJUGACIÓN

Regulares en **-ar**	A	B	C	D	E	F	G	H	I	J	K
	1	30	36	62	77	92	132	154	195	240	257

abandonar
abaratar
abismar
abominar
abonar
abordar
abortar
abotonar
abrasar
abreviar
abusar
acabar(se)
acalorar
acampar
acariciar
acatar
accionar
acelerar
aceptar
achatar
aclamar
aclarar
acobardar
acompañar
acondicionar
aconsejar
acoplar
acorralar
acortar
acostumbrar
acreditar
activar
acuchillar
acumular
acusar
adaptar
adecuar*

adelantar
adeudar
adiestrar
adivinar
adjuntar
administrar
admirar
adoptar
adorar
adornar
adular
adulterar
afanar
afectar
afeitar(se)
aferrar
afinar
afirmar
aflojar
afrontar
agachar
agarrar
agasajar
agitar
aglomerar
agobiar
agotar
agradar
agrandar
agravar
agrupar
aguantar
aguardar
ahondar
ahorrar
ajustar
alardear

alarmar
alegrar
alejar
alertar
alienar
alimentar
alinear
alisar
alistar
aliviar
allanar
almacenar
alojar
alquilar
alterar
alternar
alumbrar
amamantar
amansar
amar
amarrar
amasar
ambicionar
ambientar
amedrentar
aminorar
amoldar
amontonar
amparar
amputar
amueblar
anestesiar
anexar
angustiar
anhelar
animar
aniquilar

añorar
anotar
anticipar
anudar
anular
anunciar
apañar
aparar
aparentar
apartar
apasionar
apear
apedrear
apelar
aplanar
aplastar
apoderar
aportar
aposentar
apoyar
apreciar
apresurar
apropiar
aprovechar
aproximar
apuntar
apurar
arañar
arar
arbitrar
archivar
argumentar
armar
arrasar
arrastrar
arreglar(se)
arrinconar

arrodillar
arrojar
arrollar
arruinar
articular
asaltar
asar
asear
asediar
asegurar
asesinar
asesorar
asfaltar
asfixiar
asimilar
asociar
asombrar
aspirar
asustar
atar
atentar
atrapar
atrasar
atropellar
aumentar
ausentar
auxiliar*
aventajar
avisar
avivar
ayudar
ayunar
azotar
babear
bailar
bajar
balear

bañar(se)
barajar
baratear
barrar
basar
bastar
beneficiar
besar
blanquear
blasfemar
bloquear
bobear
bocinar
bombardear
bordar
borrar
brillar
brindar
bromear
broncear
brotar
burlar
cabecear
cacarear
calar
calcular
calibrar
callar
calmar
cambiar
caminar
camuflar
cancelar
cansar(se)
cantar
capacitar
capitular

* Verbo cuyo acento es opcional.

A Presente de indicativo | **B** Pretérito imperfecto de indicativo | **C** Pretérito indefinido de indicativo | **D** Futuro imperfecto de indicativo | **E** Condicional de indicativo
F Presente de subjuntivo | **G** Pretérito imperfecto de subjuntivo | **H** Imperativo afirmativo | **I** Imperativo negativo | **J** Participio | **K** Gerundio

captar
capturar
casar(se)
causar
cautivar
cecear
celebrar
cenar
censurar
centrar
cepillar(se)
cesar
charlar
chatear
chequear
chismorrear
chispear
chupar
chutar
circular
citar
clamar
clarear
clavar
cobrar
cocinar
cohabitar
colaborar
coleccionar
colmar
colorar
colorear
comandar
comentar
comerciar
comparar
compenetrar(se)
compensar
compilar
completar
comprar

computar
concentrar
concienciar
conciliar
condecorar
condenar
condensar
condimentar
conectar
confinar
confirmar
confortar
confrontar
congelar
conmemorar
conquistar
considerar
consignar
consolidar
conspirar
constar
constatar
consultar
consumar
contagiar
contaminar
contemplar
contestar
contornear
contrastar
contratar
controlar
conversar
coordinar
copiar
copilar
corroborar
cortar
cotejar
crear
cristianar

cuadrar
cuchichear
cuestionar
cuidar(se)
culminar
cultivar
curar
cursar
curvar
dañar
debilitar
decantar
declamar
declarar
decorar
deformar
degenerar
dejar
delatar
deletrear
deliberar
delinear
demandar
demorar
denominar
denotar
denunciar
deparar
deportar
depositar
derivar
derramar
derrapar
derribar
derrochar
desarrollar
desayunar
desbastar
desbravar
descansar
descarrilar

descifrar
desdeñar
desdoblar
desear
desechar
desencallar
desesperar
desfigurar
desfilar
desgastar
deshabitar
deshilar
designar
desinfectar
deslumbrar
desmigajar
desmochar
desmontar
desnudar
desocupar
desovar
despechar
despejar
desperdiciar
despistar
desplumar
despreciar
despuntar
destapar
destinar
destronar
desusar
detectar
deteriorar
determinar
detestar
detonar
devorar
dibujar
difamar
diferenciar

dificultar
digitar
dilatar
dilucidar
discriminar
diseminar
disimular
disociar
disparar
dispensar
dispersar
disputar
divisar
divorciar
doblar
documentar
dominar
donar
duchar(se)
echar
editar
ejecutar
ejercitar
elaborar
elevar
eliminar
elogiar
emanar
embalsamar
embolsar
emborrachar
embotellar
embrollar
embuchar
emocionar
empanar
emparedar
empatar
empeorar
empinar
enajenar

enamorar
encadenar
encajar
encallar
encaminar
encantar
encarar
encarnar
encerar
enchufar
encuadrar
endosar
enfadar(se)
enfermar(se)
enfrentar
engañar
enganchar
englobar
engranar
enojar
enredar
enrolar
ensanchar
ensayar
enseñar
ensuciar
entablar
enterar
entonar
entrañar
entrar
entrenar
entusiasmar
enumerar
enunciar
enyesar
escalar
escaldar
escoltar
escuchar
esfumar

A Presente de indicativo | **B** Pretérito imperfecto de indicativo | **C** Pretérito indefinido de indicativo | **D** Futuro imperfecto de indicativo | **E** Condicional de indicativo
F Presente de subjuntivo | **G** Pretérito imperfecto de subjuntivo | **H** Imperativo afirmativo | **I** Imperativo negativo | **J** Participio | **K** Gerundio

esmerar
espaciar
espantar
especular
esperar
espetar
esposar
esquilar
esquivar
estacionar
estampar
estimar
estimular
estipular
estirar
estorbar
estornudar
estrechar
estrellar
estrenar
estropear(se)
estudiar
evaporar
evitar
evolucionar
exagerar
excitar
exclamar
excusar
exhalar
exhortar
expirar
explorar
explotar
exportar
expresar
exterminar
extrañar
extrapolar
extremar
eyacular
facilitar
facturar
facultar
fallar
falsear
faltar
fantasear
fechar
felicitar
fermentar
festejar
fichar
figurar
fijar
filar
filiar
filtrar
financiar
firmar
flagelar
fletar
flexionar
flotar
foliar
fomentar
fondear
forjar
formar
formatear
formular
forrar
fotocopiar
fracasar
fraccionar
frecuentar
frenar
friccionar
frustrar
fulminar
fumar
funcionar
fundamentar
fundar
galantear
galopar
ganar
gastar
generar
gestar
gesticular
girar
glosar
golpear
gotear
grabar
granar
grapar
gravar
gravitar
gritar
guardar
gustar
habilitar
habitar
hablar
hacinar
hallar
hartar
heredar
hidratar
hilar
hinchar
hojear
honrar
hornear
horripilar
hospedar
humear
humillar
hurtar
husmear
idear
idolatrar
ignorar
igualar
ilegitimar
iluminar
ilusionar
ilustrar
imaginar
imitar
impactar
implantar
implorar
importar
importunar
impregnar
impresionar
improvisar
impugnar
impulsar
imputar
inaugurar
incapacitar
incendiar
incentivar
incinerar
incitar
inclinar
incomodar
incorporar
incrementar
incriminar
incrustar
incubar
inculpar
indignar
infamar
infectar
infestar
infiltrar
inflamar
inflar
influenciar
informar
ingresar
inhabilitar
inhalar
iniciar
injuriar
inmigrar
inmolar
inmutar
innovar
inquietar
insertar
inspeccionar
inspirar
instalar
instaurar
instrumentar
insubordinar
insultar
integrar
intentar
intercalar
interceptar
interesar
internar
interpelar
interpretar
intimar
intimidar
inundar
inventar
invitar
inyectar
irradiar
irritar
jubilar
juguetear
juntar
jurar
laborar
lacerar
lacrar
ladrar
lamentar
lapidar
lastimar
lavar
legislar
legitimar
lesionar
levantar(se)
levitar
liberar
libertar
licenciar
licitar
lijar
limitar
limpiar
linchar
liquidar
lisonjear
llamar(se)
llenar
llevar
llorar
lloviznar***
loar
lograr
luchar
lucrar
lustrar
madurar
maleficiar
malgastar
maliciar
malograr
maltratar
mamar
manar
manchar

*** Verbo impersonal. Ver página 232.

A Presente de indicativo | **B** Pretérito imperfecto de indicativo | **C** Pretérito indefinido de indicativo | **D** Futuro imperfecto de indicativo | **E** Condicional de indicativo
F Presente de subjuntivo | **G** Pretérito imperfecto de subjuntivo | **H** Imperativo afirmativo | **I** Imperativo negativo | **J** Participio | **K** Gerundio

mandar
manejar
maniobrar
manipular
manosear
manufacturar
maquillar
maquinar
maravillar
marchar(se)
marchitar
marear
marginar
martillar
martillear
masacrar
mascarar
matar
matricular
mear
mediar
meditar
mejorar
mencionar
menear
menospreciar
menstruar
mezclar
migrar
mimar
minar
mirar(se)
modelar
moderar
modular
mojar(se)
moldear
molestar
montar
motivar
mudar
murmurar
mutar
mutilar
nadar
narrar
necesitar
negociar
nivelar
nombrar
nominar
nortear
notar
noticiar
novelar
nublar
numerar
objetar
objetivar
obrar
observar
obsesionar
obstinar
ocasionar
ocultar
ocupar
odiar
ofertar
ofrendar
ojear
olfatear
olvidar(se)
ondular
operar
opinar
optar
orar
ordenar
ordeñar
orear
orientar
originar
orinar
ornamentar
ornar
osar
oscilar
ostentar
otear
ovular
oxidar
oxigenar
pactar
paginar
pairar
paladear
palpar
palpitar
papear
parafrasear
parar(se)
parcelar
parodiar
parquear
participar
pasar
pasear
pastar
patentar
patinar
patrocinar
patrullar
pautar
pedalear
peinar(se)
pelar
pelear
peligrar
penar
penetrar
perdonar
perdurar
peregrinar
perfeccionar
perfilar
perforar
perfumar
permutar
pernoctar
perseverar
perturbar
pesar
pesquisar
pestañear
pigmentar
pignorar
pilotar
pinchar
pintar(se)
pirar
piratear
pisar
pisotear
pitar
plagiar
planchar
planear
plantar
plantear
pleitear
podar
ponderar
portar
posar
posibilitar
potenciar
precipitar
precisar
predestinar
predeterminar
predominar
prefijar
preguntar
premeditar
premiar
prendar
prensar
prenunciar
preñar
preocupar(se)
preparar
presenciar
presentar
preservar
presionar
prestar
prestigiar
primar
principiar
privar
procesar
proclamar
procrear
procurar
profanar
profesar
programar
progresar
proliferar
promocionar
pronunciar
propasar
propiciar
proporcionar
prorratear
prosperar
protestar
providenciar
proyectar
pulsar
puntar
puntear
quebrajar
quedar(se)
quejar(se)
quemar
quitar(se)
rabiar
raciocinar
racionar
radiar
rajar
rallar
rampar
rapar
raptar
rasguear
rasguñar
raspar
rastrear
rasurar
ratear
rayar
razonar
reaccionar
reactivar
reanudar
rearmar
reavivar
rebajar
rebanar
rebañar
rebelar
rebobinar
recapacitar
recapitular
recauchutar
recaudar
recelar
recetar
rechinar
reciclar
recitar
reclamar
reclinar
reclutar

recobrar
recompensar
reconcentrar
reconquistar
reconsiderar
recopilar
recortar
recrear
recriminar
recular
recuperar
recusar
redactar
redondear
redundar
reeditar
reembolsar
reencarnar
refinar
reflejar
reflexionar
refrenar
refrendar
refrigerar
refugiar
refutar
regalar
regañar
regatear
regenerar
regentar
registrar
reglamentar
reglar
regocijar
regresar
regular
rehabilitar
reinar
reincorporar
reintegrar
reiterar
relacionar
relajar
relampaguear
relatar
relevar
relinchar
remar
rematar
remedar
remediar
renquear
rentar
renunciar
reparar
repasar
replantar
replantear
reportar
represar
representar
reptar
repudiar
repugnar
reputar
requisar
resaltar
rescatar
reseñar
reservar
resguardar
resignar
respaldar
respetar
respirar
restallar
restar
restaurar
resucitar
resultar
retardar
retirar
retractar
retrasar
retratar
revalidar
revelar
revisar
revolucionar
rifar
rimar
robar
rodear
romancear
rondar
rotar
rotular
rumorear
saborear
sabotear
saciar
sacramentar
salar
saldar
saltar
saltear
saludar
salvaguardar
salvar
sanar
sancionar
sanear
sangrar
saquear
saturar
sazonar
seccionar
secretar
secuestrar
sedar
sedimentar
segmentar
seleccionar
sellar
semejar
señalar
sentenciar
separar
sepultar
serenar
sesear
sestear
silbar
silenciar
simular
sitiar
sobornar
sobrar
solear
solicitar
solucionar
sombrear
sondear
soplar
soportar
sortear
sospechar
subastar
subrayar
subsanar
sudar
sugestionar
suicidar(se)
sujetar
sumar
suministrar
superar
suscitar
suspirar
sustentar
susurrar
suturar
tabular
tachar
talar
tallar
tambalear
tapar
tardar
tasar
teclear
telefonear
tensar
terminar
testar
testimoniar
tildar
timbrar
tintinear
tirar
titubear
titular
tolerar
tomar
topar
tornar
trabajar
trabar
traicionar
tramar
transar
transbordar
transformar
transpirar
transportar
trasladar
traspasar
trasplantar
tratar
trepar
trepidar
tributar
trinchar
triunfar
tutear
ultrajar
uniformar
untar
usar
vacilar
vacunar
vagabundear
vaguear
validar
vallar
valorar
vanagloriarse
vedar
vegetar
vejar
velar
venerar
ventilar
versar
vetar
viajar
vibrar
viciar
vigilar
vincular
violar
violentar
virar
visar
visitar
vislumbrar
vomitar
vosear
votar
vulnerar
yantar

FORMACIONES REGULARES – 2.ª CONJUGACIÓN

Regulares en **-er**	A	B	C	D	E	F	G	H	I	J	K
	2	31	37	63	78	93	133	155	196	241	258

cometer
acceder
aprehender
aprender
arder
atrever
barrer
beber
ceder
comer
cometer
comprender
comprometer
conceder
correr
corresponder
coser
deber
depender
esconder
interceder
lamer
meter(se)
ofender
pender
precaver
prender
pretender
proceder
prometer
recorrer
repeler
reprender
responder
romper
socorrer
someter
sorprender
suceder
suspender
tejer
temer
toser
vender

FORMACIONES REGULARES – 3.ª CONJUGACIÓN

Regulares en **-ir**	A	B	C	D	E	F	G	H	I	J	K
	3	32	38	64	79	94	134	156	197	242	259

abrir
aburrir(se)
admitir
agredir
aludir
añadir
aplaudir
asistir
asumir
aturdir
batir
combatir
compartir
comprimir
concurrir
confundir
consistir
consumir
contundir
cumplir
debatir
decidir
definir
desistir
difundir
dimitir
dirimir
discutir
dividir
emitir
escurrir
evadir
exhibir
eximir
existir
exprimir
fundir
hundir
incidir
inhibir
insistir
interrumpir
invadir
latir
nutrir
ocurrir
omitir
oprimir
parir
partir
percibir
percutir
permitir
persistir
persuadir
preexistir
pulir
punir
recibir
recurrir
repartir
repercutir
reprimir
rescindir
residir
resistir
resumir
sacudir
subir
sufrir
sumir
suplir
suprimir
surtir
transcurrir
transmitir
unir
vivir

A Presente de indicativo | **B** Pretérito imperfecto de indicativo | **C** Pretérito indefinido de indicativo | **D** Futuro imperfecto de indicativo | **E** Condicional de indicativo | **F** Presente de subjuntivo | **G** Pretérito imperfecto de subjuntivo | **H** Imperativo afirmativo | **I** Imperativo negativo | **J** Participio | **K** Gerundio

Irregulares	A	B	C	D	E	F	G	H	I	J	K
abastecer	11	31	37	63	78	121	133	173	221	241	258
abdicar	1	30	39	62	77	115	132	179	219	240	257
abogar	1	30	40	62	77	116	132	180	215	240	257
abolir**	28	32	38	64	79	–	134	156	–	242	259
aborrecer	11	31	37	63	78	121	133	173	221	241	258
abrazar	1	30	42	62	77	119	132	174	214	240	257
abrigar	1	30	40	62	77	116	132	180	215	240	257
abrir	3	32	38	64	79	94	134	156	197	250	259
absolver	7	31	37	63	78	104	133	157	200	249	258
acentuar	28	30	36	62	77	122	132	182	207	240	257
acercar	1	30	39	62	77	115	132	179	219	240	257
acertar	4	30	36	62	77	98	132	160	198	240	257
acontecer**	2	31	37	63	78	121	133	–	–	241	258
acordar(se)	7	30	36	62	77	104	132	157	200	240	257
acostar(se)	7	30	36	62	77	104	132	157	200	240	257
actualizar	1	30	42	62	77	119	132	174	214	240	257
actuar	28	30	36	62	77	122	132	182	207	240	257
adecuar*	28	30	36	62	77	122	132	182	207	240	257
adherir	4	32	43	64	79	100	135	163	211	242	267
adiar	28	30	36	62	77	122	132	182	207	240	257
adquirir	5	32	38	64	79	99	134	161	199	242	259
advertir	4	32	43	64	79	100	135	163	211	242	267
agradecer	11	31	37	63	78	121	133	173	221	241	258
agregar	1	30	40	62	77	116	132	180	215	240	257
aguar	1	30	40	62	77	123	132	181	216	240	257
ahogar	1	30	40	62	77	116	132	180	215	240	257
aislar	28	30	36	62	77	122	132	182	207	240	257
alagar	1	30	40	62	77	116	132	180	215	240	257
alcanzar	1	30	42	62	77	119	132	174	214	240	257
aliar	28	30	36	62	77	122	132	182	207	240	257
almorzar	7	30	42	62	77	109	132	159	205	240	257
alzar	1	30	42	62	77	119	132	174	214	240	257
amanecer***	11	31	37	63	78	121	133	173	221	241	258
amolar	7	30	36	62	77	104	132	157	200	240	257
ampliar	28	30	36	62	77	122	132	182	207	240	257
analizar	1	30	42	62	77	119	132	174	214	240	257
andar	1	30	53	62	77	92	146	154	195	240	257
anochecer***	11	31	37	63	78	121	133	173	221	241	258
ansiar	28	30	36	62	77	122	132	182	207	240	257
aparcar	1	30	39	62	77	115	132	179	219	240	257
aparecer	11	31	37	63	78	121	133	173	221	241	258

* Verbo cuyo acento es opcional.
** Verbo defectivo. Ver página 232.
*** Verbo impersonal. Ver página 232.

A Presente de indicativo | **B** Pretérito imperfecto de indicativo | **C** Pretérito indefinido de indicativo | **D** Futuro imperfecto de indicativo | **E** Condicional de indicativo | **F** Presente de subjuntivo | **G** Pretérito imperfecto de subjuntivo | **H** Imperativo afirmativo | **I** Imperativo negativo | **J** Participio | **K** Gerundio

Irregulares	A	B	C	D	E	F	G	H	I	J	K
aplazar	1	30	42	62	77	119	132	174	214	240	257
apostar	7	30	36	62	77	104	132	157	200	240	257
apretar	4	30	36	62	77	98	132	160	198	240	257
arraigar	1	30	40	62	77	116	132	180	215	240	257
arriesgar	1	30	40	62	77	116	132	180	215	240	257
atacar	1	30	39	62	77	115	132	179	219	240	257
atender	4	31	37	63	78	98	133	160	198	241	258
atenuar	28	30	36	62	77	122	132	182	207	240	257
aterrizar	1	30	42	62	77	119	132	174	214	240	257
atraer	14	31	48	63	78	111	140	178	236	244	260
atravesar	4	30	36	62	77	98	132	160	198	240	257
atribuir	24	32	45	64	79	118	137	171	210	242	264
autentificar	1	30	39	62	77	115	132	179	219	240	257
autorizar	1	30	42	62	77	119	132	174	214	240	257
auxiliar	28	30	36	62	77	122	132	182	207	240	257
averiguar	1	30	41	62	77	123	132	181	216	240	257
bendecir	21	32	47	64	79	113	139	177	238	253	267
bruñir	3	32	38	64	79	94	134	156	197	242	263
buscar	1	30	39	62	77	115	132	179	219	240	257
caber	16	31	51	70	85	131	143	184	229	241	258
caer(se)	14	31	45	63	78	111	137	178	236	244	260
calentar	4	30	36	62	77	98	132	160	198	240	257
calificar	1	30	39	62	77	115	132	179	219	240	257
cargar	1	30	40	62	77	116	132	180	215	240	257
cazar	1	30	42	62	77	119	132	174	214	240	257
cegar	4	30	36	62	77	101	132	166	206	240	257
cercar	1	30	39	62	77	115	132	179	219	240	257
cerrar	4	30	36	62	77	98	132	160	198	240	257
certificar	1	30	39	62	77	115	132	179	219	240	257
cimentar	4	30	36	62	77	98	132	160	198	240	257
coger	12	31	37	63	78	117	133	176	217	241	258
colgar	7	30	40	62	77	106	132	165	203	240	257
comenzar	4	30	42	62	77	102	132	160	202	240	257
competir	19	32	43	64	79	95	135	167	208	242	267
componer	13	31	59	65	80	110	149	190	231	245	258
comprobar	7	30	36	62	77	104	132	157	200	240	257
conceptuar	28	30	36	62	77	122	132	182	207	240	257
concertar	4	30	36	62	77	98	132	160	198	240	257
concluir	24	32	45	64	79	118	137	171	210	242	264
conducir	11	32	49	64	79	121	141	173	221	242	259
conferir	4	32	43	64	79	100	135	163	211	242	267
confesar	4	30	36	62	77	98	132	160	198	240	257
confiar	28	30	36	62	77	122	132	182	207	240	257

A Presente de indicativo | **B** Pretérito imperfecto de indicativo | **C** Pretérito indefinido de indicativo | **D** Futuro imperfecto de indicativo | **E** Condicional de indicativo
F Presente de subjuntivo | **G** Pretérito imperfecto de subjuntivo | **H** Imperativo afirmativo | **I** Imperativo negativo | **J** Participio | **K** Gerundio

Irregulares	A	B	C	D	E	F	G	H	I	J	K
conjugar	1	30	40	62	77	116	132	180	215	240	257
conocer	11	31	37	63	78	121	133	173	221	241	258
conseguir	23	32	43	64	79	114	134	169	239	242	267
constituir	24	32	45	64	79	118	137	171	210	242	264
construir	24	32	45	64	79	118	137	171	210	242	264
contar	7	30	36	62	77	104	132	157	200	240	257
contener	6	31	55	67	82	110	148	192	232	241	258
contextualizar	1	30	42	62	77	119	132	174	214	240	257
continuar	28	30	36	62	77	122	132	182	207	240	257
contradecir	21	32	47	75	90	113	139	177	238	252	267
contraer	14	31	48	63	78	111	140	178	236	244	260
contrariar	28	30	36	62	77	122	132	182	207	240	257
contribuir	24	32	45	64	79	118	137	171	210	242	264
convenir	6	32	57	69	84	110	150	193	235	242	267
convertir	4	32	43	64	79	100	135	163	211	242	267
corregir	22	32	43	64	79	97	134	170	218	242	267
cotizar	1	30	42	62	77	119	132	174	214	240	257
crecer	11	31	37	63	78	121	133	173	221	241	258
criar	28	30	36	62	77	122	132	182	207	240	257
cruzar	1	30	42	62	77	119	132	174	214	240	257
cubrir	3	32	38	64	79	94	134	156	197	251	259
dar	26	30	56	62	77	127	153	154	225	240	257
decaer	14	31	45	63	78	111	137	178	236	244	260
decir	21	32	47	75	90	113	139	177	238	252	267
dedicar(se)	1	30	39	62	77	115	132	179	219	240	257
deducir	11	32	49	64	79	121	141	173	221	242	259
defender	4	31	37	63	78	98	133	160	198	241	258
desafiar	28	30	36	62	77	122	132	182	207	240	257
desaguar	1	30	41	62	77	123	132	181	216	240	257
descargar	1	30	40	62	77	116	132	180	215	240	257
desconfiar	28	30	36	62	77	122	132	182	207	240	257
desenvolver	7	31	37	63	78	104	133	157	200	249	258
deshacer	15	31	58	76	91	112	151	187	230	247	258
desolar	7	30	36	62	77	104	132	157	200	240	257
despedir	19	32	43	64	79	95	135	167	208	242	267
despertar(se)	4	30	36	62	77	98	132	160	198	240	257
desplegar	4	30	36	62	77	101	132	166	206	240	257
destituir	24	32	45	64	79	118	137	171	210	242	264
destruir	24	32	45	64	79	118	137	171	210	242	264
desviar	28	30	36	62	77	122	132	182	207	240	257
detener	6	31	55	67	82	110	148	192	232	241	258
devolver	7	31	37	63	78	104	133	157	200	249	258
digerir	4	32	43	64	79	100	135	163	211	242	267

A Presente de indicativo | **B** Pretérito imperfecto de indicativo | **C** Pretérito indefinido de indicativo | **D** Futuro imperfecto de indicativo | **E** Condicional de indicativo
F Presente de subjuntivo | **G** Pretérito imperfecto de subjuntivo | **H** Imperativo afirmativo | **I** Imperativo negativo | **J** Participio | **K** Gerundio

Irregulares	A	B	C	D	E	F	G	H	I	J	K
diluir	24	32	45	64	79	118	137	171	210	242	264
dirigir	12	32	38	64	79	117	134	176	217	242	259
disminuir	24	32	45	64	79	118	137	171	210	242	264
disponer	13	31	59	65	80	110	149	190	231	245	258
distraer	14	31	48	63	78	111	140	178	236	244	260
distribuir	24	32	45	64	79	118	137	171	210	242	264
divertir(se)	4	32	43	64	79	100	135	163	211	242	267
doler	7	31	37	63	78	104	133	157	200	241	258
dormir	7	32	44	64	79	108	136	162	213	242	261
efectuar	28	30	36	62	77	122	132	182	207	240	257
elegir	22	32	43	64	79	97	135	170	218	242	267
empezar	4	30	42	62	77	102	132	160	202	240	257
empobrecer	11	31	37	63	78	121	133	173	221	241	258
encargar	1	30	40	62	77	116	132	180	215	240	257
encender	4	31	37	63	78	98	133	160	198	241	258
encontrar(se)	7	30	36	62	77	104	132	157	200	240	257
enfriar	28	30	36	62	77	122	132	182	207	240	257
enjuagar	1	30	40	62	77	116	132	180	215	240	257
enriquecer	11	31	37	63	78	121	133	173	221	241	258
entender	4	31	37	63	78	98	133	160	198	241	258
entretener	6	31	55	67	82	110	148	192	232	241	258
envejecer	11	31	37	63	78	121	133	173	221	241	258
enviar	28	30	36	62	77	122	132	182	207	240	257
envolver	7	31	37	63	78	104	133	157	200	249	258
esclarecer	11	31	37	63	78	121	133	173	221	241	258
escribir	3	32	38	64	79	94	134	156	197	253	259
espiar	28	30	36	62	77	122	132	182	207	240	257
establecer	11	31	37	63	78	121	133	173	221	241	258
estar	26	30	54	62	77	126	147	183	224	240	257
evaluar	28	30	36	62	77	122	132	182	207	240	257
exceptuar	28	30	36	62	77	122	132	182	207	240	257
excluir	24	32	45	64	79	118	137	171	210	242	264
explicar	1	30	39	62	77	115	132	179	219	240	257
extender	4	31	37	63	78	98	133	160	198	241	258
extraviar	28	30	36	62	77	122	132	182	207	240	257
fallecer	11	31	37	63	78	121	133	173	221	241	258
favorecer	11	31	37	63	78	121	133	173	221	241	258
fluctuar	28	30	36	62	77	122	132	182	207	240	257
fluir	24	32	45	64	79	118	137	171	210	242	264
fortalecer	11	31	37	63	78	121	133	173	221	241	258
forzar	7	30	42	62	77	109	132	159	205	240	257
fotografiar	28	30	36	62	77	122	132	182	207	240	257
fruir	24	32	45	64	79	118	137	171	210	242	264

A Presente de indicativo | **B** Pretérito imperfecto de indicativo | **C** Pretérito indefinido de indicativo | **D** Futuro imperfecto de indicativo | **E** Condicional de indicativo
F Presente de subjuntivo | **G** Pretérito imperfecto de subjuntivo | **H** Imperativo afirmativo | **I** Imperativo negativo | **J** Participio | **K** Gerundio

Irregulares	A	B	C	D	E	F	G	H	I	J	K
garantizar	1	30	42	62	77	119	132	174	214	240	257
gloriar	28	30	36	62	77	122	132	182	207	240	257
gobernar	4	30	36	62	77	98	132	160	198	240	257
graduar	28	30	36	62	77	122	132	182	207	240	257
guiar	28	30	36	62	77	122	132	182	207	240	257
haber***	29	31	61	71	86	129	145	194	227	241	258
habituar	28	30	36	62	77	122	132	182	207	240	257
hacer	15	31	58	76	91	112	151	187	230	243	258
herir	4	32	43	64	79	100	135	163	211	242	267
hervir	4	32	43	64	79	100	135	163	211	242	267
huir	24	32	45	64	79	118	137	171	210	242	264
identificar	1	30	39	62	77	115	132	179	219	240	257
impedir	19	32	43	64	79	95	135	167	208	242	267
imponer	13	31	59	65	80	110	149	190	231	245	258
incluir	24	32	45	64	79	118	137	171	210	242	264
indemnizar	1	30	42	62	77	119	132	174	214	240	257
inducir	11	32	49	64	79	121	141	173	221	242	259
insinuar	28	30	36	62	77	122	132	182	207	240	257
instituir	24	32	45	64	79	118	137	171	210	242	264
instruir	24	32	45	64	79	118	137	171	210	242	264
intervenir	6	32	57	69	84	110	150	193	235	242	267
introducir	11	32	49	64	79	121	141	173	221	242	259
intuir	24	32	45	64	79	118	137	171	210	242	264
invertir	4	32	43	64	79	100	135	163	211	242	267
investigar	1	30	40	62	77	116	132	180	215	240	257
investir	19	32	43	64	79	95	135	167	208	242	267
ir	27	35	46	64	79	128	138	188	226	242	264
jugar	8	30	40	62	77	105	132	164	212	240	257
juzgar	1	30	40	62	77	116	132	180	215	240	257
lanzar	1	30	42	62	77	119	132	174	214	240	257
leer	2	31	45	63	78	93	137	155	196	244	260
liar	28	30	36	62	77	122	132	182	207	240	257
ligar	1	30	40	62	77	116	132	180	215	240	257
llegar	1	30	40	62	77	116	132	180	215	240	257
llover***	7	31	37	63	78	104	133	157	200	241	258
maldecir	21	32	47	64	79	113	139	177	238	242	267
mantener	6	31	55	67	82	110	148	192	232	241	258
marcar	1	30	39	62	77	115	132	179	219	240	257
maullar	28	30	36	62	77	122	132	182	207	240	257
medir	19	32	43	64	79	95	135	167	208	242	267
menstruar	28	30	36	62	77	122	132	182	207	240	257
mentir	4	32	43	64	79	100	135	163	211	242	267

*** Verbo impersonal. Ver página 232.

A Presente de indicativo | **B** Pretérito imperfecto de indicativo | **C** Pretérito indefinido de indicativo | **D** Futuro imperfecto de indicativo | **E** Condicional de indicativo
F Presente de subjuntivo | **G** Pretérito imperfecto de subjuntivo | **H** Imperativo afirmativo | **I** Imperativo negativo | **J** Participio | **K** Gerundio

Irregulares	A	B	C	D	E	F	G	H	I	J	K
merecer	11	31	37	63	78	121	133	173	221	241	258
moler	7	31	37	63	78	104	133	157	200	241	258
morder	7	31	37	63	78	104	133	157	200	241	258
morir	7	32	44	64	79	108	136	162	213	254	265
mostrar	7	30	36	62	77	104	132	157	200	240	257
mover	7	31	37	63	78	104	133	157	200	241	258
mugir	12	32	38	64	79	117	134	176	217	242	259
nacer	11	31	37	63	78	121	133	173	221	241	258
negar	4	30	36	62	77	101	132	166	206	240	257
nevar***	4	30	36	62	77	98	132	160	198	240	257
obedecer	11	31	37	63	78	121	133	173	221	241	258
obstruir	24	32	45	64	79	118	137	171	210	242	264
obtener	6	31	55	67	82	110	148	192	232	241	258
ofrecer	11	31	37	63	78	121	133	173	221	241	258
oír	25	32	45	64	79	111	137	189	237	255	264
oler	9	31	37	63	78	107	133	158	201	241	258
oponer	13	31	59	65	80	110	149	190	231	245	258
pagar	1	30	40	62	77	116	132	180	215	240	257
parecer	11	31	37	63	78	121	133	173	221	241	258
pedir	19	32	43	64	79	95	135	167	208	242	267
pegar	1	30	40	62	77	116	132	180	215	240	257
penalizar	1	30	42	62	77	119	132	174	214	240	257
pensar	4	30	36	62	77	98	132	160	198	240	257
perder	4	31	37	63	78	98	133	160	198	241	258
permanecer	11	31	37	63	78	121	133	173	221	241	258
perpetuar	28	30	36	62	77	122	132	182	207	240	257
perseguir	23	32	43	64	79	114	134	169	239	242	267
pertenecer	11	31	37	63	78	121	133	173	221	241	258
placer	11	31	37	63	78	121	133	173	221	241	258
platicar	1	30	39	62	77	115	132	179	219	240	257
poder	7	31	50	72	87	104	142	157	200	241	261
poner(se)	13	31	59	65	80	110	149	190	231	245	258
practicar	1	30	39	62	77	115	132	179	219	240	257
predecir	21	32	47	75	90	113	139	177	238	252	267
preferir	4	32	43	64	79	100	135	163	211	242	267
presentir	4	32	43	64	79	100	135	163	211	242	267
prevenir	6	32	57	69	84	110	150	193	235	242	267
prever	18	33	37	63	78	125	133	185	223	248	258
probar	7	30	36	62	77	104	132	157	200	240	257
producir	11	32	49	64	79	121	141	173	221	242	259
prohibir	28	32	38	64	79	122	134	182	207	242	259
proponer	13	31	59	65	80	110	149	190	231	245	258

*** Verbo impersonal. Ver página 232.

A Presente de indicativo | **B** Pretérito imperfecto de indicativo | **C** Pretérito indefinido de indicativo | **D** Futuro imperfecto de indicativo | **E** Condicional de indicativo | **F** Presente de subjuntivo | **G** Pretérito imperfecto de subjuntivo | **H** Imperativo afirmativo | **I** Imperativo negativo | **J** Participio | **K** Gerundio

Irregulares	A	B	C	D	E	F	G	H	I	J	K
proseguir	23	32	43	64	79	114	134	169	239	242	267
prostituir	24	32	45	64	79	118	137	171	210	242	264
proteger	12	31	37	63	78	117	133	176	217	241	258
publicar	1	30	39	62	77	115	132	179	219	240	257
pudrir	3	32	38	64	79	94	134	156	197	256	259
puntuar	28	30	36	62	77	122	132	182	207	240	257
querer	4	31	60	73	88	98	152	160	198	241	258
radiografiar	28	30	36	62	77	122	132	182	207	240	257
realizar	1	30	42	62	77	119	132	174	214	240	257
recaer	14	31	45	63	78	111	137	178	236	244	260
rechazar	1	30	42	62	77	119	132	174	214	240	257
recordar	7	30	36	62	77	104	132	157	200	240	257
reducir	11	32	49	64	79	121	141	173	221	242	259
reemplazar	1	30	42	62	77	119	132	174	214	240	257
regar	4	30	36	62	77	101	132	166	206	240	257
regir	22	32	43	64	79	97	134	170	218	242	267
rehusar	28	30	36	62	77	122	132	182	207	240	257
reír	20	32	43	64	79	96	135	168	209	255	266
rejuvenecer	11	31	37	63	78	121	133	173	221	241	258
rendir	19	32	43	64	79	95	135	167	208	242	267
repetir	19	32	43	64	79	95	135	167	208	242	267
resfriar	28	30	36	62	77	122	132	182	207	240	257
resolver	7	31	37	63	78	104	133	157	200	249	258
restituir	24	32	45	64	79	118	137	171	210	242	264
retener	6	31	55	67	82	110	148	192	232	241	258
retribuir	24	32	45	64	79	118	137	171	210	242	264
reunir	28	32	38	64	79	122	134	182	207	242	259
rodar	7	30	36	62	77	104	132	157	200	240	257
roer	14	31	45	63	78	111	137	178	236	244	260
rogar	7	30	40	62	77	106	132	165	203	240	257
romper	2	31	37	63	78	93	133	155	196	246	258
saber	17	31	52	74	89	130	144	184	228	241	258
sacar	1	30	39	62	77	115	132	179	219	240	257
salir	13	32	38	66	81	110	134	191	234	242	259
satisfacer	15	31	58	76	91	112	151	187	230	247	258
secar(se)	1	30	39	62	77	115	132	179	219	240	257
seducir	11	32	49	64	79	121	141	173	221	242	259
seguir	23	32	43	64	79	114	135	169	239	242	267
sentar(se)	4	30	36	62	77	98	132	160	198	240	257
sentir(se)	4	32	43	64	79	100	135	163	211	242	267
ser	27	34	46	63	78	124	138	185	222	241	258
servir	19	32	43	64	79	95	135	167	208	242	267
situar	28	30	36	62	77	122	132	182	207	240	257

A Presente de indicativo | **B** Pretérito imperfecto de indicativo | **C** Pretérito indefinido de indicativo | **D** Futuro imperfecto de indicativo | **E** Condicional de indicativo
F Presente de subjuntivo | **G** Pretérito imperfecto de subjuntivo | **H** Imperativo afirmativo | **I** Imperativo negativo | **J** Participio | **K** Gerundio

Irregulares	A	B	C	D	E	F	G	H	I	J	K
sobresalir	13	32	38	66	81	110	134	191	234	242	259
soler**	7	31	–	–	–	104	133	–	–	–	258
soltar	7	30	36	62	77	104	132	157	200	240	257
sonreír	20	32	43	64	79	96	135	168	209	255	266
soñar	7	30	36	62	77	104	132	157	200	240	257
sostener	6	31	55	67	82	110	148	192	232	241	258
sugerir	4	32	43	64	79	100	135	163	211	242	267
suponer	13	31	59	65	80	110	149	190	231	245	258
surgir	12	32	38	64	79	117	134	176	217	242	259
sustituir	24	32	45	64	79	118	137	171	210	242	264
tañer	2	31	37	63	78	93	133	155	196	241	262
tatuar	28	30	36	62	77	122	132	182	207	240	257
temblar	4	30	36	62	77	98	132	160	198	240	257
tender	4	31	37	63	78	98	133	160	198	241	258
tener	6	31	55	67	82	110	148	192	232	241	258
teñir	19	32	43	64	79	95	135	167	208	242	268
testificar	1	30	39	62	77	115	132	179	219	240	257
tocar	1	30	39	62	77	115	132	179	219	240	257
torcer	7	31	37	63	78	103	133	157	204	241	258
traducir	11	32	49	64	79	121	141	173	221	242	259
traer	14	31	48	63	78	111	140	178	236	244	260
transferir	4	32	43	64	79	100	135	163	211	242	267
trocar	7	30	39	62	77	115	132	179	219	240	257
tronar***	7	30	36	62	77	104	132	157	200	240	257
tropezar	4	30	36	62	77	102	132	160	202	240	257
vaciar	28	30	36	62	77	122	132	182	207	240	257
valer	13	31	37	68	83	110	133	175	233	241	258
valuar	28	30	36	62	77	122	132	182	207	240	257
variar	28	30	36	62	77	122	132	182	207	240	257
vencer	10	31	37	63	78	120	133	172	220	242	259
venir	6	32	57	69	84	110	150	193	235	242	267
ver	18	33	37	63	78	125	133	185	223	248	258
vestir(se)	19	32	43	64	79	95	135	167	208	242	267
vigiar	28	30	36	62	77	122	132	182	207	240	257
volar	7	30	36	62	77	104	132	157	200	240	257
volver	7	31	37	63	78	104	133	157	200	249	258
zurcir	10	32	38	64	79	120	134	172	220	242	259

** Verbo defectivo. Ver página 232.

*** Verbo impersonal. Ver página 232.

A Presente de indicativo | **B** Pretérito imperfecto de indicativo | **C** Pretérito indefinido de indicativo | **D** Futuro imperfecto de indicativo | **E** Condicional de indicativo | **F** Presente de subjuntivo | **G** Pretérito imperfecto de subjuntivo | **H** Imperativo afirmativo | **I** Imperativo negativo | **J** Participio | **K** Gerundio

A

abreviación: acción o efecto de reducir una palabra o varias palabras por la supresión de determinadas letras o sílabas. Existen varias formas de abreviación, entre ellas la abreviatura (ej.: *suj.* = sujeto) y la sigla, formada por las iniciales (ej.: *OMS* = Organización Mundial de la Salud).

acento diacrítico: es el acento gráfico o tilde que sirve para diferenciar dos palabras con la misma grafía, pero significado diferente (ej.: adverbio comparativo *más* ≠ conjunción *mas*).

acentuación: es la pronunciación con mayor intensidad de una de las sílabas de una palabra; esa sílaba recibe el nombre de "sílaba tónica" (ej.: *cos*ta).

acentuación gráfica: colocación de acento gráfico o tilde en la sílaba que se pronuncia con mayor intensidad, según las reglas ortográficas (ej.: calefac*ción*, *ár*bol, *tém*pano).

adjetivo: clase de palabra que cumple la función de modificar o complementar a un sustantivo (ej.: ropa *moderna*).

adverbio: clase de palabra invariable en género y número que cumple la función de modificar o complementar a un verbo (ej.: comer *rápidamente*), a un adjetivo (ej.: *más* interesante) o a otro adverbio (ej.: *muy* tarde). Se clasifican según su significado en adverbios de lugar (ej.: *cerca*), de tiempo (ej.: *ahora*), de modo (ej.: *elegantemente*), de duda (ej.: *quizá*), etc.

artículo: clase de palabra que precede a sustantivos identificando, además de su género y número, si los elementos que designan son identificables por quien lee o escucha el mensaje (artículos definidos o determinados; ej.: *el* auto, *la* farmacia) o si no lo son (artículos indefinidos o indeterminados; ej.: *un* hombre, *una* mujer).

artículo neutro: clase de artículo que, entre otros usos, precede a adjetivos sustantivándolos y generalizando un aspecto de un todo (ej.: *lo* gracioso de la situación), o formando construcciones seguido de la preposición "de" (ej.: *lo del* accidente, *lo de* mamá) o de la conjunción "que" (ej.: *lo que* va a pasar).

átono/-na: vocal o sílaba sin fuerza prosódica dentro de la palabra (ej.: lla*ve*, *ac*ción), o palabra sin fuerza prosódica dentro de la frase (ej.: *la* niña traviesa, *el* regalo *para* mamá). Su antónimo es **tónico/-ca**.

aumentativo: sufijo o palabra formada por la adición de este dando una connotación de mayor intensidad (ej.: fort*achón*, elegant*ona*), tamaño (ej.: corp*azo*, grand*ote*) o valor despectivo (ej.: muchach*ote*, cabez*ón*).

C

coherencia: combinación y sucesión adecuada de temas en un texto que crea un efecto de consistencia en su significado.

cohesión: relación de significado entre segmentos de un texto.

colectivo: sustantivo cuyo significado se refiere a un conjunto de cosas o individuos (ej.: *jauría* = grupo de perros, *gente* = conjunto de personas).

coloquial: se refiere al estilo propio de la conversación cotidiana, que no reviste los requisitos sociales de formalidad.

coma (,): signo ortográfico que indica una pausa corta entre frases o elementos de la oración (ej.: Fue un día largo*,* difícil de olvidar.).

comillas dobles ("", «»): signo ortográfico que encierra palabras, expresiones, oraciones o párrafos para destacarlos (ej.: El nombre del espectáculo es "Olas de mar".) o indicar que reproducen literalmente las palabras de otros, dichas por escrito u oralmente (ej.: Me advirtió: «no molestes».).

comillas simples (''): signo ortográfico que encierra el significado de palabras (ej.: "Venerable" significa 'digno de veneración y respeto'.) o se usa dentro de frases enmarcadas por comillas dobles (ej.: Me dijo textualmente: "no uses la palabra 'cursi' delante de mí".).

conector: palabra o locución que se usa para establecer una relación de unión, oposición, causa, consecuencia, reformulación u otras entre dos palabras, partes de una oración, oraciones o párrafos de un texto (ej.: Llegamos temprano para ver el juego; *sin embargo*, el estadio ya estaba lleno.).

conjugación: variación que sufre el verbo según la persona, el número, el tiempo, el modo, etc. (ej.: [yo] *hablo*, [tú] *hablas*, [él] *habla*, etc.).

conjunción: clase de palabra que sirve de nexo

entre términos u oraciones de la misma categoría (conjunciones coordinantes; ej.: María *y* Juan. El libro es interesante, *pero* un poco aburrido.) o de diferente categoría (conjunciones subordinantes), estableciendo entre ellos una relación de causa (ej.: No vine *porque* llovía.), consecuencia (ej.: Tengo poco dinero este mes; *entonces*, voy a disminuir los gastos.), concesión (ej.: *Aunque* había tránsito, llegamos rápido.), condición (ej.: *Si* llueve, no voy.), u otras.

consonante: sonido que se forma mediante algún obstáculo en el paso del aire al exterior de la boca. Letra que representa ese sonido (ej.: la *b*, la *c*, la *d*, etc.).

contracción: palabra formada por la unión de las preposiciones "a" o "de" con el artículo "el" (ej.: Vamos *al* cine. Venimos *del* centro.).

D

deletrear: nombrar una a una las letras de una palabra para indicar cómo se escribe (ej.: canto = *ce*, *a*, *ene*, *te*, *o*).

demostrativo: palabra que sirve para indicar a una determinada persona o cosa en función de su distancia con el hablante o el oyente (ej.: *Este* niño se parece al padre.) o con otros elementos de la frase en un texto escrito (ej.: *Esto* es lo que debe hacerse en una situación de emergencia.).

desinencia: partícula que se adiciona a la raíz del verbo y expresa el tiempo, modo, persona y/o número en que está conjugado (ej.: escrib*o*, perd*iste*, part*amos*).

despectivo: connotación de una palabra o una frase que indica menosprecio hacia aquello de lo que se está hablando (ej.: *libraco* = libro de poca o ninguna calidad).

diéresis (ü): signo ortográfico que se coloca sobre la vocal "u" para indicar que esta debe ser pronunciada en las sílabas *güe* y *güi* (ej.: *degüello*, *agüita*).

diminutivo: sufijo o palabra formada por la adición de este, dando una connotación de menor intensidad (ej.: palabr*itas*, calor*cito*), tamaño (ej.: pequeñ*ito*, cuchar*illa*), afecto (ej.: corazon*cito*, amig*uillo*) o, a veces, valor despectivo (rey*ezuelo*, dictador*cito*).

diptongo: grupo de dos vocales diferentes que se pronuncian en una sola sílaba (ej.: p*ei*ne, c*au*sa).

duplicación: repetición del objeto directo o indirecto que aparece dos veces en la oración: una, por medio del pronombre objeto, y otra, por medio de los pronombres con preposición (ej.: *a nosotros nos* pidieron los documentos) o de la forma plena del complemento directo o indirecto (ej.: *Le* voy a dar el libro *a Mario*. *A mi hermano* todos *lo* conocían.).

F

flexión: variación de una palabra según el género: masculino (ej.: abogad*o*, *hombre*) o femenino (ej.: abogad*a*, *mujer*); el número: singular (ej.: bomber*o*, bailar*ín*) o plural (ej.: bomber*os*, bailarin*es*) o la conjugación en el caso de los verbos (ej.: habl*o*, habl*e*, habl*ara/-se*, etc.).

formalidad: uso de la lengua en situaciones en que se trata al interlocutor manteniendo distancia y respeto en función de la edad, la jerarquía, el contexto o la autoridad (ej.: *¿Usted es* el supervisor?)

G

género: rasgo del sustantivo por el que reviste el carácter de masculino (ej.: *árbol*, *padre*) o femenino (ej.: *planta*, *madre*) y que rige la concordancia de todas las palabras que se refieren a él: determinantes, adjetivos, pronombres (ej.: *La flor amarilla la* puse en *este florero pequeño*.).

gentilicio: sustantivo o adjetivo que indica el origen de una persona o cosa, tanto de su país como de su región o ciudad (ej.: *español*, *catalán*, *barcelonés*).

gerundio: forma no personal e invariable del verbo usada para expresar el proceso en su transcurso (ej.: *cantando*, *comiendo*, *saliendo*).

gramática: estudio organizado de los elementos de una lengua y de sus relaciones. Puede tener propósitos descriptivos, explicativos y/o normativos.

H

heterosemánticos: palabras de dos lenguas y que tienen una grafía igual o muy semejante, pero significados total o parcialmente diferentes. Comúnmente, se los llama "falsos amigos" (ej.: *polvo* en portugués = "pulpo" en español y "polvo" en español = *pó* en portugués).

hispánico/-ca: relativo a los países de habla española (ej.: países *hispánicos*, lengua *hispánica*).

hueco: en ejercicios propios del estudio de lenguas, espacio que se deja en blanco en las actividades para que el alumno lo complete.

I

ibérico/-ca: relativo a los países de la Península Ibérica, España y Portugal (ej.: español *ibérico*, geografía *ibérica*), así como a los pueblos y culturas que la habitan (catalanes, andaluces, vascos, gallegos, etc.). Por extensión, se suele referir también a culturas de regiones del mundo colonizadas por españoles y portugueses.

impersonal: oración o tipo de verbo que no se construye con un sujeto (ej.: *Llueve*. Cerca de casa *hay* un parque.).

indefinido: clase de palabra que designa elementos sin identificarlos individualmente (ej.: *unos* zapatos, *alguna* persona, *nadie*, *nada*).

indicativo: modo verbal que, en general, se utiliza para referirse a hechos presentados como reales.

infinitivo: forma no personal e invariable del verbo que sirve para denominarlo (ej.: *hablar*, *correr*, *salir*).

informalidad: uso de la lengua en situaciones en que se trata al interlocutor manteniendo proximidad y confianza en función de la edad, la amistad, la misma jerarquía, entre otras (ej.: *¿Tú eres* el nuevo compañero de trabajo?).

interjección: clase de palabra que se pronuncia en tono exclamativo y que se utiliza para expresar sentimientos o reacciones (ej.: *¡Hola!*, *¡Ay!*).

intransitivo: verbo que no lleva objeto directo (ej.: *Volví* así que me llamaste.).

invariable: que no varía en género, número o persona (ej.: *dos* hombres, *dos* mujeres).

irregular: que no sigue la regularidad que se presenta en otros de su misma clase (ej.: caminar > caminaré, saber > *sabré*, correr > corrí, hacer > *hice*).

L

leísmo: uso de los pronombres "le / les" como objeto directo para referirse a personas de sexo masculino en lugar de "lo / los", común en algunas regiones de España (ej.: lo vi > *le* vi, los encontré > *les* encontré).

locución: conjunto de palabras que cumple el papel de una palabra de determinada clase. Así, la locución prepositiva cumple la función de una preposición (ej.: Llegué tarde por la lluvia. > Llegué tarde *a causa de* la lluvia.).

M

monosílabo: palabra de una sola sílaba (ej.: *té*, *pues*).

N

neutro: género de determinantes y de pronombres que no son masculinos ni femeninos; es el caso de los demostrativos neutros "esto", "eso", "aquello" (ej.: ¿Qué es *esto*?), del pronombre "ello" (ej.: Debido a *ello*, se ha atrasado el estreno.) y del artículo neutro "lo" (ej.: *Lo* interesante del libro es la caracterización de los personajes.).

nombre común: sustantivo que sirve para designar los miembros de una clase o especie, sean cosas, seres vivos o nociones abstractas o de medida (ej.: *calle*, *persona*, *perro*, *esperanza*, *metro*, *año*). Se escriben con minúscula.

nombre propio: sustantivo que sirve para designar a seres individualizados, sean personas (ej.: *Inés*, *Carlos*), animales a los que se da nombre (ej.: *Estrella*, *Negrito*), lugares geográficos (ej.: *Europa*, *España*, *Madrid*), obras de arte, literatura o ciencia (*Las Meninas*, *Pedro Páramo*, *Epistemología Genética*). Se escriben con mayúscula.

número: rasgo del sustantivo por el que reviste el carácter de singular (ej.: *casa*, *hermano*) o plural (ej.: *casas*, *hermanos*) y que rige la concordancia de todas las palabras que se refieren a él: determinantes, adjetivos, pronombres, verbos (ej.: *La casa* de *mis hermanos mayores es grande* y *linda*.).

numeral cardinal: numeral que expresa cantidad (ej.: *cinco* casas, *dos* días).

numeral ordinal: numeral que expresa orden (ej.: *quinto* piso, *decimocuarto* lugar).

O

objeto directo: complemento del verbo reemplazable por los pronombres personales "lo / la / los / las" y que, en voz pasiva, pasa a ser sujeto (ej.: La novia eligió *el vestido*. > La novia *lo* eligió. > *El vestido* fue elegido por la novia.). Normalmente, no va precedido por preposición, excepto que se trate de persona (ej.: Encontré el libro que buscaba. Encontré *a* los padres de mi amigo.).

objeto indirecto: complemento del verbo reemplazable por pronombre personal "le / les" o duplicado por ese pronombre, que, por lo general, se refiere al destinatario, beneficiado o perjudicado por la acción verbal y que, al pasar la oración a la voz pasiva, permanece invariable (ej.: Mamá le entregó el regalo *al abuelo*. > El regalo fue entregado *al abuelo* por mamá.). Siempre va precedido por la preposición "a".

onomatopeya: palabra que imita un ruido (ej.: *ja, ja, ja* = risa, *tictac* = reloj).

P

participio: forma no personal del verbo que, con el verbo "haber", forma la conjugación de los tiempos compuestos (ej.: he *andado*, has *comido*, hemos *vivido*). En la voz pasiva se flexiona en género y número (ej.: Mis hijas son muy *amadas*.).

perífrasis verbal: grupo de palabras formado por un verbo conjugado que actúa como auxiliar y puede aportar un significado de obligación, posibilidad, etc., y un verbo en infinitivo, participio o gerundio que aporta el significado principal, formando una unidad de sentido (ej.: *Tengo que salir* ahora. *Llevo leídas* diez páginas. *Estamos saliendo* de casa.).

persona: variación en las formas verbales y pronominales en función del participante del discurso a que se refieren. La 1.ª es quien habla o escribe (ej.: Convers*o*/*-amos* con la profesora. *Me* / *Nos* dijo que estudi*e*/*-ásemos*.); la 2.ª, quien escucha o lee (ej.: Habl*as*/*-áis*/*-an* muy bajo; no *te* / *os* / *los* / *las* escucho.); y la 3.ª, de quien se habla (ej.: Sab*e*/*-en* lo que dic*e*/*-en*. *Lo* / *La* / *Los* / *Las* comprendo.).

posesivo: determinativo (ej.: *Mi* nombre es Pedro.) o pronombre (ej.: La casa es *suya*.) que expresa posesión o pertenencia. Pueden flexionarse en género y/o número.

predicado: parte de la cláusula que dice algo del sujeto y que generalmente consiste en un verbo y sus complementos (ej.: Los niños *estudian inglés por la mañana*.).

prefijo: partícula que se antepone a una palabra y que cambia o complementa su significado (ej.: *tras*pasar, *re*carga).

preposición: clase de palabra que sirve de nexo entre un elemento del enunciado y un sustantivo o un grupo cuyo núcleo es un sustantivo, que complementa el significado de aquel (ej.: paseo *en* auto, ramo *de* flores blancas). Consiste en una clase cerrada de palabras, ya que en cada lengua hay un número limitado de preposiciones.

pronombre: palabra que retoma la referencia a un antecedente o a un elemento o participante de la situación (ej.: *Yo te* presto mi guitarra y *tú me* prestas ese teclado musical que es *tuyo*.).

pronombres complemento: pronombres personales que cumplen funciones como las de objeto directo e indirecto (ej.: *Te* vi en el cine. A *mí me* gustó la película.), o de otros complementos verbales (ej.: *Se me* salió la billetera del bolsillo.).

punto (.): signo ortográfico que indica la pausa que se hace al terminar una oración, un párrafo o un texto (ej.: La casa es grande. Está ubicada en el centro.).

punto y coma (;): signo ortográfico que indica una pausa mayor que la indicada por la coma y menor que la del punto entre dos partes de una oración que guardan relación entre sí (ej.: La casa es enorme; da muchos gastos.).

R

raíz: parte de la palabra a la que se agregan prefijos (ej.: *pos*poner, *re*hacer), sufijos (ej.: niñ*ez*, joy*ero*) o desinencias (ej.: organic*é*, cant*amos*).

régimen: exigencia de construir un determinado verbo (ej.: comprar *un regalo*, asistir *a una pieza* *de teatro*), sustantivo (ej.: aroma *de flores*, luz *de velas*) o adjetivo (ej.: adicto *al trabajo*, fácil *de hacer*) con un complemento, precedido o no por preposición.

regular: que sigue la regularidad que se presenta en otros de su misma clase (ej.: andar > *ando*, aprender > *aprendí*; vivir > *viva*).

S

seseo: pronunciación de la letra "z" y de la "c" antes de "e" o de "i" con el sonido de la "s". Es generalizado en Hispanoamérica y en algunas regiones del sur de España.

signos de exclamación (¡!): signos ortográficos que se colocan al comienzo y al final de una frase para dar tono exclamativo (ej.: *¡*Qué lindo día*!*).

signos de interrogación (¿?): signos ortográficos que se colocan al comienzo y al final de una frase para indicar que se está haciendo una pregunta (ej.: *¿*Qué hora es*?*).

subjuntivo: modo verbal que, en general, se utiliza para referirse a acontecimientos hipotéticos, posibles o irreales. (ej.: Quizás llueva.).

sufijo: partícula que se pospone a una palabra y que cambia o complementa su significado (ej.: golpe*tear*, telefón*ico*).

sujeto: parte de la oración sobre la cual dice el predicado y con la que concuerda en persona y número el verbo que es el núcleo de este (ej.: *Los padres* aman a sus hijos.).

superlativo: grado del adjetivo que expresa su máxima intensidad (ej.: *altísimo*, *paupérrimo*).

sustantivo: clase de palabra que designa personas (ej.: el *hombre*, la *mujer*), animales (ej.: el *oso*, la *zorra*), cosas (ej.: el *tablero*, la *casa*) e ideas (ej.: el *ánimo*, la *igualdad*); tiene un género propio y puede cumplir funciones como las de núcleo del sujeto, objeto directo y objeto indirecto.

T

tiempo verbal: cada uno de los conjuntos de formas que tiene un nombre específico en los cuadros de la conjugación verbal de una lengua (ej.: *pretérito indefinido de indicativo* > trabajé, vivieron; *presente de subjuntivo* > venga, escriba).

tónico/-ca: vocal o sílaba con fuerza prosódica dentro de la palabra (ej.: *ve*la, continua*ción*), o palabra con fuerza prosódica dentro de la frase (ej.: la *abuela* de *Juan*, la *tostada* con *manteca*). Su antónimo es **átono/-na**.

transitivo: verbo que lleva objeto directo (ej.: Te *devuelvo* el libro que me prestaste.).

V

verbo auxiliar: verbo que se conjuga en los tiempos compuestos (ej.: *he* traído, *habían* caminado) o en las perífrasis verbales (ej.: *voy* a estudiar, *sigues* trabajando).

verbo de cambio: verbo que se utiliza para expresar un proceso de cambio repentino (ej.: *Me puse* muy nervioso.), paulatino (ej.: *Se tornó* rico.) o duradero (ej.: *Se hicieron* religiosos.).

verbo defectivo: verbo que no se conjuga en todos los tiempos (ej.: *Suelo* / *Solía* ir al cine los fines de semana.) o personas (ej.: Ese tema no me *atañe*. *Llueve.*).

vocal: letra cuyo sonido se pronuncia saliendo el aire al exterior libremente, sin obstáculos (ej.: la *a*, la *e*, la *i*, la *o*, la *u*).

voseo: empleo del pronombre "vos" y de formas verbales relacionadas con él para la segunda persona del singular, característico de algunos países hispanoamericanos (ej.: *Vos salís* temprano.).

yeísmo: pronunciación del dígrafo "ll" idéntica a la de la letra "y". Realizado por diferentes sonidos que varían mucho de región a región, predomina hoy en casi todo el mundo de habla hispana.

A

'a', 92, 112, 114, 116, 148, 152, 154, 160, 226
'a cada rato', 70
'a causa de', 204
'a fin de (que)', 164
'a menudo', 70
'a no ser que', 208
'a pesar de que', 210
'abajo (de)', 124
'acá', 38
'acabar de' + infinitivo, 160
acentuación
  acento diacrítico, 58
  cambios de 2010, 58
  de palabras agudas, 56
  de demostrativos, 38
  de palabras esdrújulas, 56
  de palabras graves / llanas, 56
  de hiatos, 60
  de palabras monosilábicas, 56
  de pronombres interrogativos y exclamativos, 60
  de palabras sobresdrújulas, 56
  heterotónicos, 216
  tilde, 56
'adelante (de)', 126
'adentro (de)', 122
adjetivos
  'acepto', 'pago', 'suelto', 'frito' y 'salvo', 94
  apócope, 106
  demostrativos, 38
  género, 16, 18
  gentilicios, 18
  invariables en género, 18
  número, 20
  superlativos, 108
  uso con 'muy', 50
adverbios de lugar
  'aquí' / 'acá', 'ahí', 'allí' / 'allá', 40
  con identificadores, 54
  expresiones, 40
  usos, 40
adverbios y locuciones adverbiales
  de cantidad, 50
  de duda, 134, 144
  de lugar, 40, 122, 124, 126
  de negación, 74
  de tiempo, 70, 72, 98, 156, 166
  de tiempo con identificadores, 54
'afuera (de)', 122
agudas (palabras), 56
'ahí', 40
'al', 26
alfabeto, 14
  pronunciación, 227
'algo', 54
'alguien', 54, 130
'algún', 52, 130, 222
'alguno/-a/-os/-as', 52, 54, 130, 222
'allá', 40
'allí', 40
'ambos/-as', 222
'andar' + gerundio, 104
'anoche', 98
'ante', 126
'anteayer', 98
'antes de (que)', 166
'antes', 50
'apenas', 156, 224
apócope
  de adjetivos, 106
  de indefinidos, 52
  de numerales, 48
'aquel/-lla/-llos/-llas', 38
'aquello', 38, 217
'aquí', 40
'arriba (de)', 124
artículo neutro 'lo', 118, 120
artículos
  con identificadores, 54
  contracciones, 26
  definidos, 24, 26
  definidos con expresiones de tiempo, 26
  definidos con preposiciones, 26
  definidos con sustantivos comunes, 24
  definidos con sustantivos femeninos empezados por '(h)a' tónica, 24
  definidos con sustantivos propios, 24
  indefinidos, 52
'así que', 204
'atrás (de)', 126
aumentativos, 76
'aun', 58, 225
'aún', 58, 72, 98
'aunque', 210, 212, 225
'ayer', 98

B

'bajo', 124
'buen', 106

C

'casi nunca', 70
'casi siempre', 70
'cerca (de)', 122
'cierto', 192
'como', 110, 202, 204
'cómo', 58
comparaciones
  de igualdad, 110
  de inferioridad, 108
  de superioridad, 108
'con', 150, 152
'con el fin de (que)', 164
'con el objetivo de (que)', 164
'con tal de que', 208
condicional compuesto de indicativo
  formación, 96
  usos, 168
condicional simple de indicativo
  formación, 168
  usos, 168
  verbos irregulares, 170
  verbos regulares, 168
conjunciones
  adversativas, 74
  causales, 204
  concesivas, 210
  condicionales, 172, 206, 208
  consecutivas, 204
  copulativas, 74
  disyuntivas, 74
  finales, 164
  temporales, 72, 156
'constantemente', 70
construcciones especiales con OI
  'doler', 66
  'encantar', 66
  'gustar', 66, 188
  'importar', 188
  'molestar', 188
  'parecer', 66, 190
contracciones, 26, 218
contrastes
  'antes' vs. 'ahora', 68
  'cuando' vs. 'en cuanto', 156
  'cuando' vs. 'apenas', 156
  'cuando' vs. 'no bien', 156
  'el' vs. 'lo', 118
  'haber' vs. 'estar' vs. 'tener', 130
  'haber' vs. 'tener', 128, 162
  'hablar' vs. 'decir', 78
  'hacia' vs. 'hasta', 112
  personas diferentes, 22, 66
  pretéritos indefinido e imperfecto, 86
  pretéritos indefinido y perfecto, 98
  pretéritos pluscuamperfecto e indefinido, 100
  pretéritos pluscuamperfecto e imperfecto, 100
  pretérito imperfecto de subjuntivo vs. presente de subjuntivo, 144
'convertirse', 174
coordinantes
  de adición afirmativa, 74
  de adición negativa, 74
  de alternancia, 74
  de negación, 74
  de oposición, 74
'correcto', 192
'creer que', 190
'cual/-es', 202

'cuál/-es', 60
'cualquier', 'cualquiera', 'cualesquiera', 106
'cuando', 72, 156, 202, 221
'cuándo', 60
'cuanto/-a/-os/-as', 202
'cuánto/-a/-os/-as', 60

D

'dado que', 204
dativo
- de interés, 132
- posesivo, 200

'de', 116, 150, 152, 160
'de modo que', 204
'debajo (de)', 124
'deber' + infinitivo, 162
'debido a', 204
'decir', 220
'decir' vs. 'hablar', 78
'dejar de' + infinitivo, 160
'del', 26
'delante (de)', 126
demostrativos, 38, 223
- acentuación, 38
- 'aquel/-lo/-la/-los/-las', 38, 223
- 'ese/-o/-a/-os/-as', 38, 223
- 'este/-o/-a/-os/-as', 38, 223
- cambios referenciales en el discurso indirecto, 180
- con identificadores, 54
- uso, 223

'dentro (de)', 122
'desde', 116
'desde que', 225
'después', 50
'después de (que)', 166
'detrás (de)', 126
dígrafos, 14
diminutivos, 76
diptongo en conjugación verbal, 30, 136, 138, 142
discurso indirecto
- cambios en demostrativos, 180
- cambios en indicadores de lugar, 180
- cambios en indicadores de tiempo, 182
- cambios en pronombres personales, 180
- cambios en tiempos verbales, 182
- transmisión de pedidos, órdenes, consejos y sugerencias, 184
- verbos introductorios, 182, 184

'doler', 66
'donde', 202
'dónde', 60

E

'e' / 'y', 74
'echarse a' + infinitivo, 160
'el' (artículo definido), 24, 217
'él' (pronombre sujeto), 22
'ella/-os/-as', 22
'en', 114, 116, 122, 128, 150, 226
'en cuanto', 156, 224
'en (el) caso de que', 208
'encantar', 66
'encima (de)', 124
'entonces', 204
'entre', 122
'entretanto', 225
'escuchar que', 194
esdrújulas (palabras), 56
ese/-a/-os/-as, 38
'eso', 38, 217
'estar', 22
'estar claro que', 192
'estar' + gerundio, 104, 226
'estar' vs. 'haber', 130
'estar' vs. 'tener', 130
'este/-a/-os/-as', 38
'esto', 38, 217
'excepto que', 208
expresiones
- con adverbios de lugar, 40
- con 'lo', 118
- con numerales, 46
- con preposición, 152
- fijas de consejo, 168

expresiones de constatación, 192
expresiones de creencia y de duda, 190
expresiones de extrañeza y posibilidad
- futuro perfecto e imperfecto de indicativo, 158
- presente de subjuntivo, 158
- pretérito perfecto de subjuntivo, 158

expresiones de finalidad
- con infinitivo, 164
- con subjuntivo, 164
- formación, 164
- usos, 164

expresiones de pertenencia sin posesivos, 200

F

femenino
- de adjetivos, 18
- de sustantivos, 16

formas exclamativas, 178
formas impersonales, 196
formas interrogativas, 178
formas pasivas, 196
'fuera (de)', 122
futuro de subjuntivo, 172, 221
futuro imperfecto de indicativo
- usos, 88, 158
- verbos irregulares, 90
- verbos regulares, 88

futuro perfecto de indicativo
- formación, 96
- usos, 158

G

generalizadores, 196
género
- de adjetivos,18
- de sustantivos, 16
- heterogenéricos, 214
- homónimos de géneros diferentes, 215
- neutro, 217

gentilicios, 18
gerundio
- simple, 102
- compuesto, 102
- formas irregulares, 102
- formas regulares, 102
- perífrasis verbales, 104
- usos, 102

'gracias a', 204
'gran', 106
graves (palabras), 56
'gustar', 66, 188

H

'haber'
- en tiempos compuestos, 96
- impersonal, 84, 162

'haber que' + infinitivo, 162
'haber' vs. 'estar', 130
'haber' vs. 'tener', 128
'haber que' vs. 'tener que', 162
'hablar' vs. 'decir', 78
'hacerse', 174
'hacia', 112
'hasta', 112, 116, 166
'hasta que', 166
heterogenéricos, 214
heterotónicos, 216
hiato, 60
homónimos de géneros diferentes, 215
'hoy', 98

I

identificadores
- de ausencia, 54
- de totalidad, 54
- de particularidad, 54

imperativo afirmativo
- con pronombres, 140
- formación, 138
- usos, 138

imperativo negativo
- con pronombres, 142
- formación, 142
- usos, 142

impersonalidad, 196
indefinidos, 52
    'alguno/-a/-os/-as', 52
    artículos, 52
    apócopes 'un', 'algún' y 'ningún', 52
    indefinidos con 'más', 222
    'ninguno/-a/-os/-as', 52
infinitivo, 221
involuntariedad, 198
'ir + a' + infinitivo, 92, 226
'ir' + gerundio, 104

J

'jamás', 98

L

'la/-s' (artículo definido), 24
'la gente', 196
'le/-s', 64, 66, 132, 188, 200
leísmo, 64
'lejos (de)', 122
letras del alfabeto, 14, 227
llanas (palabras), 56
'llevar' + gerundio, 104
'lo' (neutro), 118, 120, 217
'lo/-a/-os/-as' (pronombre complemento), 62, 132, 154, 229
localización espacial
    distante, 122
    en el exterior de algo, 122
    en el interior de algo, 122
    en la parte delantera (anterior), 126
    en la parte inferior, 124
    en la parte superior, 124
    en la parte trasera (posterior), 126
    locuciones, 122, 124, 126
    próxima, 122
'los' (artículo definido), 24

M

'mal', 106
marcadores de tiempo
    de acontecimientos protagonizados por distintas personas, 166
    de acontecimientos protagonizados por la misma persona, 166
    de comparación entre acontecimientos, 156, 221
    de duración, 70
    de frecuencia, 70
    de permanencia, 72
    de repetición, 70
    de simultaneidad, 72
    del pretérito indefinido de indicativo, 98
    del pretérito perfecto de indicativo, 98
'más', 50, 108, 118, 120, 222
masculino
    de adjetivos, 18
    de sustantivos, 16
'mayor', 50, 108
'me', 36, 62, 64, 66, 200
'mejor', 50, 108
'menor', 50, 108
'menos', 50, 108, 118, 120
'mi/-s', 42
'mía/-s', 44
'mientras', 72, 156, 224
'mientras que', 208
'mientras tanto', 72, 224, 225
'mío/-s', 44
'mismo', 54
'mismo/-a/-os/-as', 54
monosílabas (palabras), 58
'mucho', 50, 130
'mucho'/-a/-os/-as', 50, 130
'muy', 50

N

'nada', 54, 130
'nadie', 54, 130
'necesitar', 226
neutros
    'aquello', 38
    'eso', 38
    'esto', 38
    'lo', 118, 120
'ni', 74
'ningún', 52, 130
'ninguna/-s', 52, 54, 130
'ninguno/-a/-os/-as', 52, 54, 130
'no bien', 156
'no obstante', 212
'no (solo)..., sino (también)', 212
'nos', 36, 62, 64, 66, 200
'nosotros/-as', 22, 196
'nuestro/-a/-os/-as', 42, 44
numerales
    apócope, 48
    cardinales, 46, 130
    ordinales, 48
    partitivos, 48
número
    de adjetivos, 20
    de sustantivos, 20
'nunca', 70, 98

O

'o' / 'u', 74
objeto directo, 62, 154
objeto indirecto, 64
'oír que', 194
'ojalá (que)', 134, 144
oraciones
    adjetivas, 202
    causales, 204
    con conectores relativos, 202
    concesivas, 210
    condicionales, 172, 206, 208, 221
    consecutivas, 204
    oraciones interrogativas y exclamativas, 178, 219
    sustantivas, 202
'os', 36, 62, 64, 66, 200
'otro/-a/-os/-as', 222

P

'para', 114, 152, 164
'para que', 164
'parecer', 66
'parecer verdad / obvio que', 192
'parecerse a', 226
participio
    en tiempos compuestos, 96, 146
    formas irregulares, 94
    formas regulares, 94
    usos, 94
pasividad, 196
'pensar que', 190
'peor', 50, 108
perífrasis verbales
    de futuro, 88, 92
    de gerundio, 104
    de infinitivo, 158
    de plan no concretizado, 92
'pero', 74
pertenencia sin posesivos, 200
plural de adjetivos y sustantivos, 20
'podía ser (que)', 144
'ponerse', 174
'por', 114, 152, 160
'por culpa de', 204
'por eso', 204
'por (lo) tanto', 204
'por qué', 60
'porque', 204
'porqué', 60
posesivos
    determinativos, 42, 223
    pronominales, 44
preposiciones
    con artigos definidos, 26
    en oraciones de relativo, 202
    regímenes preposicionales, 148, 150, 152, 154
preposiciones de transcurso
    'a', 'de', 'desde', 'en', 'hasta', 116
    'a', 'en', 'para', 'por', 114
    'a', 'hacia', 'hasta', 112
presente de indicativo
    'estar', 22
    'ser', 22
    usos, 28
    verbos irregulares, 30, 32, 34
    verbos pronominales, 36
    verbos regulares, 28

presente de subjuntivo
verbos irregulares, 136
verbos regulares, 134
usos, 134, 158, 221
pretérito imperfecto de indicativo
contraste con indefinido, 86
contraste con pluscuamperfecto, 100
usos, 68, 92
verbos irregulares, 68
verbos regulares, 68
pretérito imperfecto de subjuntivo
verbos irregulares, 144
verbos regulares, 144
usos, 144, 220
pretérito indefinido o perfecto simple de indicativo
contraste con imperfecto, 86
contraste con perfecto, 98
contraste con pluscuamperfecto, 100
usos, 80
verbos irregulares, 82, 84
verbos regulares, 80, 220
pretérito perfecto compuesto de indicativo
contraste con indefinido, 98
formación, 96
pretérito perfecto de subjuntivo
formación, 146
usos, 146, 158
pretérito pluscuamperfecto de indicativo
contraste con imperfecto, 100
contraste con indefinido, 100
formación, 96
pretérito pluscuamperfecto de subjuntivo
formación, 206
usos, 206
'primer', 106
pronombres
exclamativos, 60, 219
interrogativos, 60, 219
posesivos, 44
reflexivos, 36
verbos pronominales, 36
pronombres complemento
colocación, 62, 64, 140
combinaciones de pronombres OD y OI, 132
con preposición, 132
construcciones especiales con OI, 66
dativo de interés, 132
dativo posesivo, 200
duplicaciones, 132
objeto directo, 62, 229
objeto directo con preposición 'a', 154
objeto indirecto, 64, 229
pronombres sujeto, 22
formalidad e informalidad, 22
con identificadores, 54
con preposición, 132
uso, 22, 228
'puede ser (que)', 134, 144
'puesto que', 204

Q

'que' (relativo), 202, 217, 219
'qué' (interrogativo), 60, 217, 219
'quedar(se)', 174, 176
'quien/-es' (relativo), 202
'quién/-es' (interrogativo), 60
'quizá(s)', 134, 144

R

regímenes preposicionales
'a' delante de OD de persona, 154
expresiones con preposición, 152
uso exclusivo de 'a', 148
uso exclusivo de 'con', 'de' y 'en', 150
uso exclusivo de 'por', 152
usos alternativos, 152
'resultar', 174

S

'salvo que', 208
'san', 106
'se', 36, 132, 200
'se' de involuntariedad, 196
'seguir' + gerundio, 104
'seguro', 192
'sentir que', 194
separación silábica, 227
'ser', 22, 220
'ser verdad / mentira / obvio que', 192
'si', 206, 208
'siempre', 70, 98
'siempre que', 70, 208, 225
sílaba tónica, 56
sílabas (separación), 227
'sin embargo', 212
singular de adjetivos y sustantivos, 20
'sino', 212
'sobre', 124
sobresdrújulas (palabras), 56
'su/-s', 42
sufijos
de aumentativo, 76
de diminutivo, 76
superlativo de adjetivos, 108
sustantivos
género, 16
invariables en número, 20
número, 20
usos con 'mucho/-a/-os/-as', 50
'suyo/-a/-os/-as', 44

T

'tal vez', 134, 144
'también', 74
'tampoco', 74
'tan(to)... como', 110
'tanto/-a/-os/-as ... como', 110
'te', 36, 62, 64, 66, 200
tecnología (referencias), 230
'tener que' + infinitivo, 162
'tener' vs. 'estar', 130
'tener' vs. 'haber', 128
'tener que' vs. 'haber que', 162
'tercer', 106
tiempos compuestos del indicativo
pretérito perfecto, 96
pretérito pluscuamperfecto, 96
futuro perfecto, 96
condicional compuesto, 96, 168
tiempos compuestos del subjuntivo
pretérito perfecto de subjuntivo, 146, 158
pretérito pluscuamperfecto del subjuntivo, 206
tiempos y modos verbales
condicional compuesto de indicativo, 96, 168
condicional simple de indicativo, 168, 170
futuro de subjuntivo, 172
futuro imperfecto de indicativo, 88, 90, 158
futuro perfecto de indicativo, 96, 158
imperativo afirmativo, 138, 140
imperativo negativo, 142
presente de indicativo, 22, 28, 30, 34, 36
presente de subjuntivo, 134, 136, 144
pretérito imperfecto de indicativo, 68, 86
pretérito imperfecto de subjuntivo, 144
pretérito indefinido de indicativo, 80, 82, 84, 86, 98, 100
pretérito perfecto (compuesto) de indicativo, 96, 98
pretérito perfecto de subjuntivo, 146, 158
pretérito pluscuamperfecto de indicativo, 96, 100
pretérito pluscuamperfecto de subjuntivo, 206
tilde, 56
'todavía (no)', 72, 98

'todo', 54, 120, 130, 217
'todo/-a/-os/-as', 54, 70, 130
'totalmente', 54
tratamiento, 22
'transformarse', 174
'tras', 126
'tu/-s', 42
'tú', 22, 168, 196
'tuyo/-a/-os/-as, 44

U

'u', 74
'un/-a/-os/-as', 52
'uno/-a' (generalizadores), 196
'uno/-s' (indefinidos), 52
'usted/-es', 22

V

'venir' + gerundio, 104
'ver que', 194
verbos
construcciones especiales con OI, 66
de conocimiento, 60
de dicción, 60, 180, 184, 220
de percepción, 60
verbos de actitud
expresión de (dis)gusto, pedidos, propuestas, 188
expresión de preferencias, deseos, expectativas, 186
verbos de cambio, 174
verbos de percepción
en interrogativas indirectas, 60
'ver, oír, sentir, escuchar que', 194
verbos descriptivos
estados atmosféricos, 130
estados y sensaciones, 130
existencia, 128, 130
pertenencia, 128
verbos pronominales, 36
'vez', 'veces'
'a veces', 70
'algunas veces', 98
'alguna vez', 98
'cada vez que', 70
'muchas veces', 98
'ninguna de las veces', 70
'pocas veces', 70
'rara vez', 70
'todas las veces que', 70
'una vez', 98
'varias veces', 98
'volverse', 174
'vos', 22
voseo, 22
'vosotros/-as', 22
'vuestro/-a/-os/-as', 42, 44

Y

'y' / 'e', 74
'ya', 98
'ya que', 204
'yo', 22

Bibliografía

BAGNO, M. *Gramática pedagógica do português brasileiro.* São Paulo: Parábola Editorial, 2011.

BOSQUE, Ignacio y DEMONTE, Violeta (Orgs.). *Gramática descriptiva de la lengua española*. Madrid: Espasa, 1999, 3 volúmenes.

CASTILHO, A. *Nova gramática do português brasileiro*. São Paulo: Contexto, 2010.

CELADA, María Teresa y GONZÁLEZ, Neide Maia (Coord. *dossier*). "Gestos que trazan distinciones entre la lengua española y el portugués brasileño". En: *SIGNOS ELE*, 1-2, 2008. Disponible en <http://p3.usal.edu.ar/index.php/ele/article/view/1375>. Acceso 3 my. 2014.

DI TULLIO, Angela. *Manual de gramática del español*. Buenos Aires: Waldhuter, 2010.

FANJUL, Adrián. "Verbos de existencia y pertenencia como ajuste entre nociones y operaciones". III Congresso Brasileiro de Hispanistas, Florianópolis, 2004.

FANJUL, Adrián. "La práctica gramatical y el problema de la referencia en la enseñanza de E/LE a brasileños". En: COSTA, Elzimar Goettenauer de Marins y BARROS, Cristiano Silva de (Org.). *Espanhol.* Vol. 16 de la colección "Explorando o Ensino". Brasilia: Ministério da Educação, 2010, p. 233-264.

FANJUL, Adrián y GONZÁLEZ, Neide Maia (Org.). *Espanhol e português brasileiro. Estudos comparados*. São Paulo: Parábola, 2014.

GÓMEZ TORREGO, Leonardo. *Gramática didáctica del español.* Madrid: SM, 1997.

GONZÁLEZ, Neide Maia. "Pero ¿qué gramática es esta? Los sujetos pronominales y los clíticos en la interlengua de brasileños adultos aprendices de español/LE". En: *Revista RILCE de Filología Hispánica. Español como lengua extranjera: investigación y docencia*, 1998.

GONZÁLEZ, Neide Maia y MORENO, Francisco. *Diccionario bilingüe de uso portugués-español*. Madrid: Arco Libros, 2003, 2 volúmenes.

KANY, Charles. *Sintaxis Hispanoamericana*. Madrid: Gredos, 1969.

LARA, Luis Fernando (Dir.). *Diccionario del español de México*. México: El Colegio, 2010. Disponible en <http://dem.colmex.mx>. Acceso el 3 my. 2014.

LEONETTI, Manuel. *Los determinantes*. Madrid: Arco Libros, 1999.

LIPSKY, John. *El español de América*. Madrid: Cátedra, 1994.

MENON, Lorena y MELONE, Enrique. *Temas de espanhol. Teoria e sequências didáticas.* São Paulo: Atual, 2010.

MOLINER, María. *Diccionario de uso del español*. Madrid: Gredos, 2000, 2 volúmenes

MOURE, José Luis (Dir.). *Diccionario integral del español de la Argentina*. Buenos Aires: Voz Activa, 2008.

NEVES, Maria Helena de Moura. *Gramática de usos do português*. São Paulo: Ed. Unesp, 1999.

______ *Texto e gramática*. São Paulo: Contexto, 2006.

REAL ACADEMIA ESPAÑOLA. *Nueva gramática de la lengua española*. Madrid: Espasa, 2009, 3 volúmenes.

______ *Diccionario de la lengua española*. Madrid: Espasa, 2013. Disponible en <http://rae.es>. Acceso el 3 my. 2014.

ROBERTS, Ian y KATO, Mary (Orgs.). *Português brasileiro: uma viagem diacrônica.* Campinas: Ed. Unicamp, 1993.

1 ALFABETO (PÁGINA 15)

I

a **Agente de viajes:** No. Se lo deletreo: ese de "sapo", uve doble / doble ve de "web", cu de "queso", hache de "hada", jota de "jardín", ge de "gato".

b **Cliente:** erre – o – be / be larga / be grande / be alta – a – ye / i griega – e – erre arroba ce – hache – e punto com.

II

2. bendecir
3. carro
4. dato
5. extraño
6. ficción
7. gallina
8. halcón
9. inca
10. joven
11. kilómetro
12. libro
13. mandarina
14. nube
15. ñoqui
16. orgullo
17. paloma
18. quechua
19. receta
20. soberbia
21. truco
22. uña
23. vecina
24. *walkman*
25. xenofobia
26. yo

III

a cara chalé cine comercial cubismo cuyo
b carburador cerveza chico chocante ciego cinturón
c laboral lácteo lechera lectura libre llamada
d legumbre llegada lluvia locomotora lucha lujuria

2 GÉNERO I (PÁGINA17)

I

[F] amistad
[F] televisión
[M] aterrizaje
[F] computadora
[M] sofá
[F] foto
[F] cumbre
[M] yoga

II

a La actriz era señora de la escena.
b La joven era presidente / presidenta del club.
c La doctora había sido pintora.
d La madre es artista.

III

a la moto
b el pijama
c la televisión
d el masaje
e la labor
f el teorema

IV

a las cumbres altas
b el / un pasaje caro
c el / un dolor agudo
d una / la radio nueva
e una / la utilización gratuita
f los diagramas claros

3 GÉNERO II (PÁGINA 19)

I

a bengalí
b voraz
c generoso
d narigón
e confiable
f alemana
g andaluz
h peor
i persa
j virtual

II

nuevo compañero
es francés
muy guapo
Es alto, delgado

se muestra contento
muy inteligente
bastante amable

III

nueva compañera
es francesa
muy guapa
Es alta, delgada

se muestra contenta
muy inteligente
bastante amable

IV

una ladrona
una muñeca
la ladrona

la delincuente
la mujer

4 NÚMERO (PÁGINAS 20-21)

I

a reyes
b pájaro
c árboles
d japonés
e jarrones
f viajes
g rubí
h colores
i raíz
j pasteles
k mares
l nariz
m taxis
n canción
ñ bambús / bambúes

II

1. bueyes
2. cajones
3. ciudades
4. compases
5. manteles
6. mujeres
7. peces
8. relojes

III

colores
predicciones
consumidores
atención
tendencia

diseñadores
sectores
potentes
proceso

El color es una potente
llama la atención
¿Cuál es el proceso por el que los diseñadores
La respuesta está en la predicción
las orientaciones de color y tendencias
productos de moda y sectores afines
que resulten atractivos al consumidor

5 PRONOMBRES PERSONALES SUJETO + "SER" Y "ESTAR" (PÁGINA 23)

I

a Vosotras
b Tú
c Yo
d Él / Usted
e Vos
f Ella / Usted

II

a [I] [vosotros] ¿Son brasileños? [ustedes]
b [I] [vos] ¿Es abogado? [usted]
c [I] [tú / vos] ¿Está en la lista de espera? [usted]
d [F] [usted] ¿Eres / sos de Buenos Aires? [tú / vos]

III

S: es uruguayo
R: ¿Cuál eres
R: Tú eres – tu hermana es Cleopatra
S: Laura es – hermana de Rodrigo es Cleopatra

IV

a –
b tú
c nosotros
d – –
e –

6 ARTÍCULOS DEFINIDOS I
(PÁGINAS 24-25)

I
el: alma / almuerzo
los: Andes / zapatos
la: mujer / profesora
las: Baleares / personas

II
a la baraja de tarot
b los maquillajes de moda
c el árbol de Navidad
d las horas de marchar
e el pan de queso
f las áreas de finanzas
g la hamburguesa de pollo
h las amas de casa

III
La leyenda
"Las amazonas"
las primeras creaciones
la imaginación
los europeos
El remoto origen
la mitología
El descubrimiento
el alma
los conquistadores
la Ciudad de Oro
la Fuente de la Juventud
el Rey Blanco
el propio Paraíso
Las selvas
los espacios
los ríos
los sueños
los miedos
la emoción
los hombres

IV
con Marisa y Jorge
por el sur de España
Castilla-La Mancha
Andalucía
el Tajo
el Guadalquivir
los Montes de Toledo
la Sierra Morena
llegamos a Toledo
el día siguiente
camino a Ciudad Real
la otra semana
en Sevilla
la ciudad
la región
el calor
los horarios
las bellezas
el lugar
las torres
las calles
los restos
la ocupación
las más variadas
creencias

7 ARTÍCULOS DEFINIDOS II
(PÁGINA 27)

I
el 22 de noviembre
se cumplieron 50 años
apenas mil días
fines de los años 40
la de los 80 y 90
el asesinato de Kennedy en 1963
el movimiento estudiantil de 1968

II
a del – a las
b de los – del
c de la – de la
d Al – al – de la – del
e de las – de la – de la

III
extenderá el horario
funcionamiento el fin de semana
asistirán a los eventos
Con motivo del festival
el sábado 31 de marzo
cerca de las 00.00 horas
El domingo
abrirá a las 6.30 horas

8 PRESENTE DE INDICATIVO I
(PÁGINA 29)

I
a nosotros/-as
b vosotros/-as / vos
d él / ella / usted
e ellos / ellas / ustedes
f nosotros/-as
g yo
i vosotros/-as
j tú

II
abre la biblioteca
permanece abierta
es el horario
está la biblioteca
La biblioteca ofrece
cambian cada 15 días
la biblioteca organiza
coinciden con determinados acontecimientos

III
a Susana nunca come frituras.
b ¿Trabajáis y estudiáis?
c Creemos en el futuro.
d Carolina escribe sobre ecología.

9 PRESENTE DE INDICATIVO II
(PÁGINA 31)

I
pierdes
tropieza
muestran
movéis
confieso
ruegas
soñamos

II
[b]
[d]
[a]
[**M**]
[c]
[e]
[d]
[b]
[**M**]
[a]
[e]
[c]

a Nuestra próxima clase comienza en 15 minutos.
b Los bancos cierran a las 4 de la tarde.
c ¡Nunca recuerdas tus compromisos!
d Como no trabajo, duermo más de 8 horas por día.
e Tú y yo sentimos aprecio por Ana.

III
se invierte
tienen un valor
se informa diariamente
puede aumentar
instrumentos que componen
se puede revisar
conocer la rentabilidad
Al momento de invertir
se debe firmar
debe informar

10 PRESENTE DE INDICATIVO III
(PÁGINA 33)

I
a proponer
b roer
c roer
d traer
e satisfacer
f obtener
g bendecir
h oír
i distraer
j rehacer
k sostener
l predisponer
m caer
n sobresalir
ñ suponer

II
a propongo
b tengo
c vengo – hago
d oigo – pongo
e digo – salgo

II
R: Tiene
Á: –
R: vale
Á: mantengo – Supongo
R: propone
Á: oigo – contraigo

IV
a traes – pongo – oímos
b vienen – tengo
c oyes – digo – vienes
d entretiene – propones – dice
e propongo – venís – salimos

11 PRESENTE DE INDICATIVO IV
(PÁGINA 35)

I
a excluyo
b conozco
c construye
d conduzco
e huyes – aparezco

II
excluís
sirven
doy
cabe
mides
sigo
crezco
saben
destruye

III
a El sofá es grande. Caben todos.
b Persigue ideales que no siempre consigue alcanzar.
c Si elijo otro plato, lo pido y lo traen sin cargo.
d Antes de la versión final, repetís el texto varias veces, seguís la grabación y corregís los errores.
e Ya sé por dónde podemos ir.

12 VERBOS PRONOMINALES
(PÁGINA 37)

I
a me
b te
c se – se
d Os
e te
f nos

II
a me fui
b te olvidaste
c os quejáis
d nos levantamos
e Se ríe
f me siento

III
A: Hoy voy
B: ¿De qué te vas a quejar
A: O arreglamos – o me voy
B: se enfada – te arrepientes
A: no echan – seguro acordamos

13 DEMOSTRATIVOS (PÁGINA 39)

I
Esta – Esta
Estos – ese
aquellos
este

II
a Estos clientes están esperando hace mucho.
b Aquel cuadro no estaba en venta.
c Esas ropas no son adecuadas.
d Este problema es muy importante.
e Ni esos adaptadores ni aquellos otros funcionan.
f Aquella antena es de telefonía móvil.

III
esos problemas – esta reclamación – esa lista – este mes – como esta – aquel documento

14 ADVERBIOS DE LUGAR
(PÁGINA 41)

I
Ahí
aquí
allí

II
¡Aquí no hay tránsito
Desayunamos aquí mismo
nos vamos por ahí
nos vamos a Trindade porque allí
no te muevas de ahí

III
[c] Sí, allí / allá no aceptan pesos argentinos.
[e] No, es un poco más allá.
[b] Estamos aquí / acá, en la despensa.
[a] No me importa, no estoy ni ahí.
[d] No, aquí / acá solo vendemos para teléfono público.

15 POSESIVOS I (PÁGINA 43)

I
a su
b tu
c sus
d vuestra
e su
f su

II
[d] En mi cuenta no hay dinero suficiente.
[e] Tu habilidad con los números es sorprendente.
[f] Pero sus argumentos no fueron suficientes.
[b] Confirmaron su presencia la semana pasada.
[a] Nuestra comida está muy salada.
[c] Vuestros monitores os acompañarán al parque.

III
a tu
b su
c vuestros
d sus

IV
su atención
sus alrededores
mi compañera
mis indicaciones
Nuestra primera visita
su pintura
nuestro autobús

16 POSESIVOS II (PÁGINAS 44-45)

I
a mías
b tuya
c suya
d míos
e nuestra

II

Un objeto poseído		Varios objetos poseídos	
Determ.	**Pronom.**	**Determ.**	**Pronom.**
mi	mío/-a	mis	míos/-as
tu	tuyo/-a	tus	tuyos/-as
nuestro/-a	nuestro/-a	nuestros/-as	nuestros/-as
vuestro/-a	vuestro/-a	vuestros/-as	vuestros/-as
su	suyo-a	sus	suyos/-as

a [V] **b** [V] **c** [F]

III
T: tuya
M: mía
H: mía
M: mis – vuestras
R y M: nuestras
H: mías
T: su – vuestros
H: mío
R y M: nuestro

17 NUMERALES I (PÁGINA 47)

I
a cincuenta y nueve
b ciento doce
c dos mil veintidós
d diecinueve mil quinientos
e seis mil novecientos nueve

II
a dos mil cinco
b quince mil quinientos sesenta y uno
c mil novecientos noventa y nueve
d cuatrocientos siete
e veinte mil ochenta y cinco

III
a uno
b un mes – un cheque – doscientos un pesos
c *Ciento uno* – un mil
d uno
e veintiuno – uno

IV
a cuatrocientos – doscientos seis
b dos – mil novecientos sesenta y nueve
c noventa y una – un – once – dos mil cuatro

18 NUMERALES II (PÁGINA 49)

I
a juntas en noveno lugar
b la tercera vez
c Los vigésimo novenos
d la octava
e décimo segundo

II
a primer – tercero
b tercero – décimo primero
c primero – tercer
d vigésimo primer – primer
e tercer – décimo tercero

III
a tres cuartos
b doceava
c dos milésimas
d siete octavos
e centésima

19 "MUY" VERSUS "MUCHO/-A/-OS/-AS" (PÁGINAS 50-51)

I
Muy: buena / importante / segura
Mucho: calor / cuidado / amor
Muchos: inmuebles / mensajes / depósitos
Mucha: distancia / lluvia / pintura
Muchas: blusas / chicas / salidas

II
[b] chocolate. Es inevitable que engordes.
[e] mucho.
[c] mejor que ir a la casa de parientes.
[a] bien en francés.
[d] de los problemas que tienes.

III
a mucho tiempo – mucho más rápida
b Mucho antes – mucho peores
c muy acostumbrados – mucho material
d muy suavemente – se irrita mucho
e muchas páginas
f muchos más días – muy grande

IV
muy reducida
mucho mejor
mucha más ventilación
muchos más armarios
mucho más práctico
muchos menos azulejos
muchas más lámparas
iluminar mucho

20 INDEFINIDOS (PÁGINA 53)

I
a un té – una gaseosa
b solo uno
c algún problema – ninguno
d ningún médico – alguno

II
Algunos / Unos consejos
algunos / unos blogs – un interesante ejercicio
unos / algunos consejos – un blog – ningún / un orden
- algunos enlaces
- algunas / unas imágenes – no pongas ninguna
- responder ninguno – Una sola línea

III
a Ese bar no tiene ningún baño.
b Claudio es el número uno de la clase.
c Necesito una secretaria y un cadete.
d ¿Tienes unas monedas para el autobús?
e Tus amigos no son ningunos ingenuos.

21 IDENTIFICADORES (PÁGINA 55)

I
a nadie
b Algo
c Nadie
d nada
e nada
f Nada
g Nadie
h alguien
i algo
j Alguien
k nada
l algo

II
a lo mismo
b esta misma
c mismo
d Yo misma
e el mismo
f Las mismas

III
algo, pero no todo
en toda esta historia
todo el departamento
molesta a todos
toda la tarde
toda paciencia
algunas cosas
totalmente alterado
No me gusta nada

22 ACENTUACIÓN I (PÁGINAS 56-57)

I
a terminó – termino – término
b limité – limite – límite
c practicó – practico – práctico

II
a grave
b aguda
c grave
d esdrújula
e aguda
f sobresdrújula
g grave
h aguda
i aguda
j esdrújula
k aguda
l aguda
m sobresdrújula
n grave

III
a Nación – salió – información
b árboles – región – situación – tránsito – caótica
c ópera – Habrá – fantásticas
d América – Pacífico – Perú

IV
Agudas: también (línea 3) – producción (línea 4) – convirtió (línea 11) – obtención (línea 11)
Graves: látex (línea 1) – árbol (línea 1)
Esdrújulas: Centroamérica (línea 2) – América (línea 3) – África (línea 4) – plástico (línea 7) – químicos (línea 9) – sintética (línea 10) –

23 ACENTUACIÓN II (PÁGINA 59)

I
[c] Porque es una forma del verbo **saber**.
[a/f] Porque es un pronombre personal sujeto.
[f/a] Porque es un pronombre personal sujeto.
[h] Porque es preposición.
[b] Porque es posesivo.
[e] Porque es adverbio de afirmación.
[g] Porque es conjunción condicional.
[d] Porque es pronombre complemento.

II
a me dé el libro
b tomamos un té
c no sé cómo
d dice que sí
e Tú te olvidaste
f por mí

III
¡ya lo sé!
más probable
como tú dices
No sé si
aún estoy
Para mí
me dé su opinión
aún estoy esperando
los tres, él, tú y yo

24 ACENTUACIÓN III (PÁGINA 61)

I
a salías
b desvío
c merecía
d cohíbes
e estudiaría
f ¿Quiénes?

II
a días – comprarías – auto – cuándo
b Dónde – reúne – mía – tía – María
c Quién – cómo – descuido
d Ahí – panadería – Quieren – que – qué
e dónde – que

III
Diez pastelerías
de la tradición
Abrió a mediados
Ángel Sanchez-Infantes
una pastelería francesa
por qué no
podría encuadrarse
alta pastelería
más o menos
También dispone

25 PRONOMBRES COMPLEMENTO I (PÁGINA 63)

I
[2] a
[5] b
[6] c
[3] d
[4] e
[1] f

II
a Los llevaron a la cárcel.
b Todavía la estoy preparando. / Todavía estoy preparándola.
c Riéguenlas con más frecuencia.
d Sus dueños siempre lo atan.

III Al elegir un inmueble para alquilar, hay que tener en cuenta cuatro factores principales: espacio, localización (h), iluminación y alquiler mensual. El costo debe ser acorde al del mercado. d.

1 f – a
2 c – g
3 e
4 b

26 PRONOMBRES COMPLEMENTO II (PÁGINA 65)

I
[d] nos compraron un departamento.
[f] os pido silencio.
[e] debemos dedicarle mucha atención.
[a] le regalé un videojuego.
[c] no les doy importancia.
[b] le falta sal.

II nos remitieron – Les damos – les enviamos – nos solicitaron. Nos permitimos – adjuntarles

III
a Siempre les informamos las reglas.
b Van a presentaros / Os van a presentar más presupuestos.
c Papá siempre nos lee cuentos.
d Les enseñaré todos los lugares que conozco.
e El concejal no le prestó el interés necesario.

27 CONSTRUCCIONES ESPECIALES CON OI (PÁGINA 67)

I
a gusta
b duele
c parecemos
d parecen
e gusta
f gusta

II
a les encanta viajar
b le gusta el café
c Les gustan las tabletas
d Os parezco
e Nos duele
f le gusto
g Te gusta
h Me gusta
i A su público no le gustan

III
a Te gusta
b le gusto
c le gustáis
d me gustas
e vosotros – Os gusta
f ti – Te gusta
g Te duele

28 PRETÉRITO IMPERFECTO DE INDICATIVO (PÁGINA 69)

I
a tenía – era – llevaba
b hacía – querían – parecía – sabía
c salíamos – íbamos
d había – me encontraba – conversábamos – volvía

II
b llovía
d sabía
f tenía
g eras
h daban
k ibais
l leía
m cumplíais

III
a llovía / llover
b sabía / saber
c tenía / tener
d daban / dar
e ibais / ir
f leía / leer
g cumplíais / cumplir

IV
a vivía
b soñaba
c hacía – tenía
d buscaban
e Enfrentaba
f Amaba

29 MARCADORES DE TIEMPO I (PÁGINA 71)

I
a todas las mañanas
b toda la tarde
c todos los meses / todo el año
d todos los años
e todos los días del mes / todo el mes
f todos los días de la semana / toda la semana

II
a Nunca
b rara vez – a menudo
c nunca
d a menudo
e pocas veces
f siempre

III
a todos los – a menudo
b casi – los – a veces
c Nunca – rara vez
d Nunca
e Casi siempre
f Siempre – casi nunca

IV
a Todas las mañanas
b todas las tardes
c todo el mes
d todos los años
e toda la semana
f todo el día

30 MARCADORES DE TIEMPO II (PÁGINAS 72-73)

I
a Roberto – duerme
b mientras Jorge
c mientras Jorge – Roberto

II
a Todavía – Mientras
b Mientras tanto
c mientras – todavía
d todavía – Mientras tanto
e todavía – mientras

III [6/7] aún [2] mientras tanto
[4] [5] cuando [3] [7/6] todavía
[1] [8] mientras

IV **a** cuando todavía
b mientras – todavía
c cuando

31 COORDINANTES (PÁGINA 75)

I **a** y **b** y **c** e – e **d** y **e** e

II **a** o **b** o **c** u **d** u **e** o **f** o

III **a** tampoco **b** ni **c** también **d** tampoco

IV **a** e – o – pero
b y – también – pero – ni – ni
c u – pero
d tampoco
e o
f ni

32 AUMENTATIVOS Y DIMINUTIVOS (PÁGINA 77)

I **a** oscuro
b despacito
c caballerito
d propina
e baloncito
f florcita / florecita
g sofá
h caracolito
i cerca
j menucito
k canapecito
l padre
m deprisita
n momento
ñ lucecita

II **a** solterón
b contentita
c mujerona
d tontuelo
e grandota
f poquitín
g buenazo
h fuentecilla
i mamacita
j portazo
k manaza
l fresquillo
m regordete
n hombrote

Aumentativos: solterón, mujerona, grandota, buenazo, portazo, manaza, hombrote
Diminutivos: contentita, tontuelo, poquitín, fuentecilla, mamacita, fresquillo, regordete

III Aumentativos: jorobota – pestañotas – patotas
Diminutivos: amorcito – camellito – hijito
camellito hijito amorcito
patotas pestañotas jorobota

33 "HABLAR" VERSUS "DECIR" (PÁGINA 79)

I **a** dijo
b hablar
c decirle
d digo
e hablamos

II **a** decir
b hablar
c decir
d hablar
e decir
f decir
g hablar
h decir
i hablar
j hablar
k hablar
l decir
m hablar
n decir
ñ hablar
o hablar

III Para hablar en público con seguridad
de qué tema tengo que hablar
A quiénes voy a hablar
todo lo que vas a decir
hablar improvisadamente
habla solo de lo indispensable
decir obviedades
después habla
pones atención a lo que te dicen
Di "gracias" después
habla resumidamente de lo tratado
di que la presencia

34 PRETÉRITO INDEFINIDO O PERFECTO SIMPLE I (PÁGINA 81)

I **a** nosotros/-as
b ellos / ellas / ustedes
c tú / vos
d yo
e vosotros/-as
f tú / vos
g él / ella / usted
h él / ella / usted
i vosotros/-as
j yo
k ellos / ellas / ustedes
l nosotros/-as

II **b** comparaste **d** descubristeis **f** vino **g** compareciste **h** cumplieron **k** recibimos **m** residí

III lo llevó a España
me lo repitió tanto
le toqué el timbre
Yo pensé
cuando recibió el Oscar

35 PRETÉRITO INDEFINIDO II (PÁGINA 83)

I **a** Pusimos – cupieron
b estuvo – trajo
c dije – tradujiste – quisiste
d hizo – pudo

II Nuestra aventura empezó
cuando llamó al timbre
cogí yo la mía
emprendimos viaje
llegamos al aeropuerto
compramos un mapa
nos pusimos a montar las bicis
Terminamos de montar
nos dijo que cogiéramos un taxi
preferimos irnos en bicicleta
nos hizo el ofrecimiento
empezó nuestra particular vuelta

III
a quisieron
b trajeron
c condujo – dedujo
d se pusieron
e anduvieron
f Hicieron

36 PRETÉRITO INDEFINIDO III (PÁGINA 85)

I
a ser
b ser
c ir
d ser
e ir

II
a presintió
b leímos
c diste
d huyeron
e disequé
f encargué
g vestiste
h proseguisteis
i constituyeron
j pedí
k murió
l diluimos
m fuiste
n divirtieron
ñ oyó
o recaísteis
p realcé
q rieron

III
a dimos – pedimos
b hubo – consiguió
c murió
d sintió – prefirió
e acerqué – apagué
f desvistió – durmió
g comencé – regué – fui

37 CONTRASTE I (PÁGINAS 86-87)

I
a hacía – decidimos
b se desarrollaba – se cortó
c invertían – retiraron
d Me asusté – atravesaba
e visitasteis – vivíais

II
a era – empezó – tuvimos
b fumaba – sentía – internaron – dejó
c comencé – quería – cambié
d vivían – quedó – decidieron

III
ocurrió (línea 5)
fueron (línea 6)
laboraban (línea 11)
hizo (línea 12)
hicieron (línea 16)
inició (línea 16)
confirmó (línea 17)
estaban (línea 17)
vivieron (línea 20)
escribieron (línea 21)
estaban (línea 22)

38 FUTURO IMPERFECTO DE INDICATIVO I (PÁGINA 89)

I
a Traeréis
b Subirás
c Cambiarán
d asumiré
e Aprovecharemos
f Transmitirás
g Analizaré

II
a [e] [b] buscarás
b [a] [d] entraré
c [d] [e] pediré
d [b] [c] cobraremos
e [c] [a] comprará

III
cobrarán
venderán
seguirá
Solucionaremos
logrará
correrán
abrirá

39 FUTURO IMPERFECTO DE INDICATIVO II (PÁGINA 91)

I
a Haremos
b tendrán – sabrán
c saldréis
d habrá
e Prevendremos
f podré

II
a obtendremos
b podré – desharán – impondrán
c retendrán – dispondremos
d pondrán
e desdirás
f saldréis

Aries: podrás – saldrán
Tauro: Tendrás – vendrá
Géminis: Pondrán
Cáncer: podrán – sabrás

40 PERÍFRASIS VERBALES I (PÁGINA 93)

I
a Pienso que no va a llover.
b ¿Vamos a cenar afuera?
c En octubre van a lanzar la revista.
d El próximo año voy a cambiar el coche.
e ¿Vais a ahorrar dinero?

II
a Iban a despertarse
b iba a atrasarse
c iban a comprar
d Iba a lavarse el pelo

III
a Vas a vender
b iba a seguir
c Íbamos a bailar
d Vamos a volver
e Iba a cambiar – voy a hacerlo

41 PARTICIPIO (PÁGINA 95)

I
a determinado
b desenvuelto
c convertido
d entregado
e concluido
f rehecho
g previsto
h pegado
i distraído
j perdido
k encubierto
l predicho
m propuesto
n reído
ñ resuelto

II

Infinitivo	Participio
a imprimir	imprimido
b confundir	confundido
c pagar	pagado
d despertar	despertado
e manifestar	manifestado
f expresar	expresado
g salvar	salvado

III
a fijadas
b propensa
c prendido
d suelto
e sujeta
f pagadas
g juntado

42 TIEMPOS COMPUESTOS DEL INDICATIVO (PÁGINAS 96-97)

I
a No han pagado todas las cuentas.
b He salido del país dos veces.
c ¿Habéis visto una ópera?
d ¿Ha leído el periódico (hoy)?
e Hemos recibido mensajes electrónicos de varios países.
f No has pensado en las consecuencias.

II
a habíamos llegado
b había notado
c Habíais quedado
d había comenzado
e Habías visto
f habían vuelto

III
a habré conseguido
b Habrán conocido
c habrá llamado
d habremos concluido
e habrás encontrado

IV
R: Habéis ido
C: habría gustado
R: habías dicho
C: habríamos estado
R: –
C: habrán concluido

43 CONTRASTE II (PÁGINA 99)

I
han llegado
arribaron
llegó
aterrizaron
han hecho
fue

II
a trabajé – he salido
b hemos leído – dedicamos
c viajó – visitó
d he tenido – escribí

III
a se inscribió – Estudió – ha tenido
b nos conocimos – empezamos – hemos decidido
c he comenzado – he salido – dejé

44 PRETÉRITO PLUSCUAMPERFECTO DE INDICATIVO (PÁGINAS 100-101)

I
a me había acostado – sonó
b habían salido – recordaron
c había empezado – se cortó
d habíais ido – llamó
e habíamos leído – avisaste

II
a compré – sabía – habías pedido
b conversábamos – se había dormido – oímos – se había despertado
c era – habían regresado
d caminaba – había aconsejado

III
a llegó – había nacido
b fue – había formado – tenían
c llevó – había iniciado
d contrató – trabajaba – se había separado
e murió – realizaba

45 GERUNDIO (PÁGINA 103)

I
a caminando
b sufriendo
c distribuyendo
d invirtiendo
e oyendo
f comprendiendo
g jugando
h muriendo
i viniendo
j trayendo
k leyendo
l pidiendo
m partiendo
n tañendo
ñ pudiendo

II
a Reconociendo su error – anterioridad
b Llevando la tarjeta – condición
c gritando – modo
d Teniendo los mismos intereses – condición
e conociendo los peligros – concesión
f Pensando en llamarte – simultaneidad

III
Saliendo de casa
Viendo a algún desconocido
hablando por el celular
llevándola delante de ti
sujetándola fuertemente
andando en ómnibus
Entrando a una tienda
estando en lugares

46 PERÍFRASIS VERBALES II (PÁGINAS 104-105)

I
a están eludiendo
b Estamos / Estuvimos repartiendo
c Estoy escuchando
d está volviendo
e Estoy escribiendo
f Estáis haciendo

II
a Está viendo
b Está paseando
c Están subiendo
d Están jugando
e Está amaneciendo.
f Están discutiendo.

III
a La ceniza iba cubriendo poco a poco el cielo.
b Estoy llamándote otra vez.
d Anda diciendo que nadie le dio una oportunidad.
f Vengo diciéndole a mi mujer que tenemos que salir de vacaciones.

IV
Jorge: Anda – viene – sigue – van – está
Carlos: vengo – Estoy

47 APÓCOPE DE ADJETIVOS
(PÁGINA 107)

I
a un gran amigo
b hombres grandes
c grandes personalidades
d un chico grande
e un gran luchador

II
a gran muchacha
b tercer esposo
c buena abuela
d mal compañero
e cualquier vecina
f niño santo
g primeros tiempos
h mal necesario
i cualesquiera chicos
j gran verdad
k malos antecedentes
l buen pronóstico

III
a Debes considerar, primero
robo y terceros
bastante grande
cualquier otro gasto
un buen coche
b El santo del trabajo
grandes peregrinaciones
san Cayetano
varios males
otros pedidos cualesquiera

48 COMPARACIONES I (PÁGINA 109)

I
a velocísimo
b bajísimo
c feísima
d respetabilísimo
e sutilísimo
f dificilísimo

II
a más / menos seguro que
b más / menos divertido que
c más / menos cómodo que
d más / menos práctico que
e más / menos aburrido que

III
a es peor que / no es mejor que
b es menos rápido que / no es más rápido que
c es menos emocionante que / no es más emocionante que
d es menor que / no es mayor que

49 COMPARACIONES II
(PÁGINAS 110-111)

I
tanto: apoyo – esfuerzo
tanta: felicidad – calma
tantos: miedos – intentos
tantas: muchachas – veces
tan: tarde – pequeños
tanto: sabes – me gustan

II
a tantos – como
b tanto como
c tantas – como
d tanta – como
e tanto – como
f tan – como

III
a No esperaba un frío tan fuerte como este.
b Mi equipo ha hecho tantos goles como la campaña pasada.
c No conozco ningún hombre tan bueno como él.
d No tengo tanta suerte como tú.
e Este pantalón me va tan grande como ridículo.
f Julia nada tanto como una nadadora profesional.

IV
a tanto
b tanta
c tantos
d tantas
e tan

V
a México no está tan cerca de aquí como Chile.
b Las películas de terror no son tan movidas como las de acción.
c Un coche usado no dura tanto como uno nuevo.
d El piso no se dañó tanto como las paredes.
e Argentina no tiene tantos trenes como España.

50 PREPOSICIONES DE TRANSCURSO I (PÁGINAS 112-113)

I
[1] hasta
[2] hacia
[3] hasta
[4] hacia
[5] hasta

II
a hasta – hacia – hacia – hasta
b hasta
c hasta – hacia – hasta – hacia
d hasta – hasta – hacia
e Hasta – hacia – hacia

III
hacia fines del siglo XX
hasta hoy
hasta en regiones
hacia las estructuras políticas
hasta la de sectores
hacia quienes no comparten

51 PREPOSICIONES DE TRANSCURSO II (PÁGINAS 114-115)

I
a por / en
b a
c por
d en
e por – a

II
[11] [8] [9] [3] [6]
[2] [12] [14] [10] [5]

Hablan de salir a celebrar el éxito de Jorge en el examen de selectividad.

III
[ ] a para
[X] b a / para
[X] c a / para
[X] d a / para
[ ] e a
[X] f a / para

IV
a ha venido a / para – pasando por
b entrar en / a – pasaré por
c Queremos ir a / para – a / para averiguar
d para acá – para allá
e irrumpieron en

52 PREPOSICIONES DE TRANSCURSO III (PÁGINAS 116-117)

I
a en
b en
c de
d en
e de
f de
g en
h en
i de
j de

II
[e] desde Cantabria hasta Madrid en visita turística.
[f] hasta el puente por el margen del Mapocho?
[b] hasta la capital y reivindican más subsidios para la siembra.
[g] desde Cuba.
[a] de un lugar a otro muy frecuentemente.
[d] hasta que fue atendido por el médico?
[c] en coche tardas más; te conviene venir en metro.

III
Sale de Tucumán
traslados en combi
de punta a punta
desde Buenos Aires.
desde Buenos Aires
válida hasta el 20 de marzo

53 ARTÍCULO NEUTRO "LO" I (PÁGINA 119)

I
a Lo mejor de Italia
b La parte grave de la situación
c Lo de hoy en la escuela
d La casa de Gonzalo
e Un peinado a lo Madonna
f Las cosas agradables
g De lo más inesperado

II
a Lo más increíble
b el menor – el más maleducado
c lo mejor
d el más anciano
e Lo bueno

III
me han dejado de lo más curiosa
por lo de que
Por lo visto, la inauguración
por lo pronto, no he decidido
A lo mejor trabajo
porque, de lo contrario,
A lo largo del mes

54 ARTÍCULO NEUTRO "LO" II (PÁGINA 121)

I
a lo – el [b]
b el [e]
c el – lo [c]
d lo – lo [f]
e lo – lo [d]
f Lo – el [a]

II
a ¡Lo complicado que es este ejercicio!
b ¡Lo que más valoro es la verdadera amistad!
c No, no quiero ese cinturón marrón. Quiero el negro que vi hace un rato.
d Solo encuentro este vestido. ¿Es el que querías?
e El asalto del mes pasado es lo único que inquietó a este barrio.
f ¡No sabes lo linda que está la flor del florero!

III
[2] lo – Lo
[5] lo
[1] el
[3] lo
[4] el – el
[6] lo

55 LOCALIZACIÓN ESPACIAL I (PÁGINAS 122-123)

I
[F] a
[V] b
[V] c
[F] d
[F] e

II
a cerca de
b entre
c afuera
d lejos de
e fuera de
f adentro

III
Permanezca adentro
estar afuera.
está adentro
Manténgase lejos de
cerca de usted
en una esquina
cerca de usted
allí afuera

56 LOCALIZACIÓN ESPACIAL II
(PÁGINAS 124-125)

I
- **a** arriba / encima
- **b** abajo del / debajo del / bajo el
- **c** bajo / abajo de / debajo de
- **d** sobre
- **e** arriba de / encima de
- **f** abajo / debajo

II
[F] a [V] b [F] c [F] d [V] e [V] f [F] g

III
1 Hay cuatro platos y cuatro vasos arriba de / encima de la mesa.
2 En el carrito, las tres botellas están abajo.
3 El reloj está sobre la pared.
4 Hay un objeto colgado arriba del / encima del mueble que está sobre la pared.

IV
1 Hay tres objetos encima del / arriba del mueble de la izquierda.
2 Debajo del florero más grande hay un plato.
3 La lámpara está encima de / sobre la mesa.

57 LOCALIZACIÓN ESPACIAL III
(PÁGINAS 126-127)

I
- **a** adelante / delante
- **b** detrás de / atrás de
- **c** tras / atrás de / detrás de
- **d** ante / frente a / delante de
- **e** adelante de / delante de
- **f** atrás / detrás

II
- **a** de – de
- **b** – – –
- **c** de – de
- **d** – – de – de
- **e** – – –
- **f** del – del

III
- **a** adelante / delante
- **b** atrás / detrás
- **c** delante de / adelante de – frente a
- **d** atrás de / detrás de
- **e** tras

58 VERBOS DESCRIPTIVOS I
(PÁGINA 129)

I
- **a** tiene
- **b** hay
- **c** tiene
- **d** tiene
- **e** hay

II
- **a** En Argentina
- **b** Mi futura casa
- **c** La redacción
- **d** En qué grupo
- **e** la sala

III
A: tengo dos hijos.
R: tuvieron / tenían planes
A: teníamos trabajo – tenía empleos – había / hubo dos amigos – no tenían contratación – tenía miedo – hubo una ley – tuvieron suerte

59 VERBOS DESCRIPTIVOS II
(PÁGINA 131)

I
[f/c] mucha hambre.
[c/f] gripe.
[b] mis amigos. ¿Pasa algo?
[a] tengo
[e/c] frío.
[d] está.

II
Había…
- **a** algunos vecinos
- **b** bocadillos deliciosos
- **c** dónde charlar tranquilamente
- **d** dos camareros
- **e** mucho *champagne*
- **f** torta de limón
- **g** unos primos de Andrés

Estaba(n)…
- **a** Andrés
- **b** el jefe de Andrés
- **c** los caseros de la finca
- **d** mis abuelos
- **e** mis hermanos
- **f** todas las compañeras del curso
- **g** Vilma y Eduardo

III
- **a** Tengo
- **b** tiene – está
- **c** hay
- **d** está
- **e** Hace / Hay
- **f** estamos

60 PRONOMBRES COMPLEMENTO III (PÁGINA 133)

I
[X] **c** A vosotras **os** conviene saber el camino.
[X] **d** El tono de voz **les** pareció agresivo a todos.
[X] **f** No sé aún si la cocina también **la** reformaré

II
- **a** nos la
- **b** os lo
- **c** a – se la
- **d** te la
- **e** me lo – a ti
- **f** se lo

III
les molesta
no les importa
ni lo sienten
le gusta una determinada planta
que se la rechaza
si se le da autorización
también la pide
le permitieron
no me lo permiten
explicarle a la
sin pedirle permiso
la conformaría
a su vecina la obliguen
saben disfrutarla.

61 PRESENTE DE SUBJUNTIVO I
(PÁGINAS 134-135)

I
1. c me preste
2. b cene
3. c te entrevisten
4. a abran

II
ESPEREN
CURES
LEÁIS
DESEES
RECETE
MANEJEN
RETIRE
BESE

III
a abras
b intente
c reciba
d amplíen
e leamos
f cantéis
g vendan
h gastes

IV
a sorprenda
b necesitemos
c pinte
d olvides
e invite – acepte
f empecemos – recibamos
g entregue
h recibamos

62 PRESENTE DE SUBJUNTIVO II
(PÁGINA 137)

I
a hagan
b sea
c sintáis
d encuentres
e vaya
f haya
g conduzcamos

II
a durmáis
b digas
c salgamos
d jueguen
e esté
f me sienta

III
a Ojalá sepáis
b puede ser que vuelva
c Quizá tengas
d tal vez pongamos
e Ojalá – sea

63 IMPERATIVO AFIRMATIVO I
(PÁGINA 139)

I
a Añadan
b Haz
c imprima
d preguntad
e Pon

II
a Limpia
b –
c –
d Haz
e –
f Pon

III

	Tú	Usted
b	consigue	consiga
c	convierte	convierta
d	duerme	duerma
e	miente	mienta

	Tú	Usted
f	pide	pida
g	pon	ponga
h	repite	repita
i	sal	salga
j	vuelve	vuelva

64 IMPERATIVO AFIRMATIVO II
(PÁGINAS 140-141)

I
a Escúchelo.
b Visitémoslos.
c Véndanlas.
d Compradla.
e Saludaos.
f Escríbame.
g Obsérvalos.
h Bárranlo.
i Háblennos

II
a póntela
b quedémonos
c envíamelas
d pónsela
e llévatelo – tráemelo

III Combine Procéselos ponga Sírvala

65 IMPERATIVO NEGATIVO
(PÁGINAS 142-143)

I
b No fumes.
c No te adelantes.
d No andes
e No uses
f No pesques.
g No te zambullas.
h No gires
i No avances.
j No pises

II
a **No** enviemos los libros por correo.
b **No** abras todas las ventanas durante el día.
c **No** imprimáis el comprobante de pago.
d **No** vendas todas tus acciones.
e **No** guarde esa información en la computadora.
f **No** compartáis la responsabilidad entre todos.

III
a no suban
b no insistas
c no bebáis
d no lo congele
e Nunca dejes
f Jamás firméis
g no me llames

IV
lleve consulte beba
evite coma olvide

66 PRETÉRITO IMPERFECTO DE SUBJUNTIVO (PÁGINA 145)

I
[b] Quizá actuase de modo irreflexivo.
[d] Tal vez no estuviera en casa.
[e] Quizá a su novia no le gustara la película.
[a] Quizá pudiera dar una vuelta en bici en el parque.
[c] Podía ser que el coche estuviera estropeado.

II
a ¡Ojalá durmiera / durmiese!
b ¡Ojalá supiéramos / supiésemos!
c ¡Ojalá partiéramos / partiésemos temprano!
d ¡Ojalá quisiera / quisiese!
e ¡Ojalá hubiera / hubiese!

III
a Quizá – [fuesen]
b – – [–]
c – – [–]
d Quizá – [aprobasen]

IV
a esperara / esperase
b creyera / creyese
c fuera / fuese
d hiciéramos / hiciésemos

Clave de respuestas

67 PRETÉRITO PERFECTO DE SUBJUNTIVO (PÁGINAS 146-147)

I
1. **b** haya concluido
2. **a** haya hablado
3. **b** hayamos vuelto
4. **c** hayas hecho
5. **c** hayáis traído

II
hasta que hayas automatizado
que haya usado el coche – la haya dejado en primera
ya haya frenado totalmente
quizá te hayas olvidado
Una vez que hayas estacionado – verifica que hayas apagado – la radio no haya quedado conectada

III
[d] ¡Qué bien que no hayas respondido! Lo único que habrías conseguido sería un nuevo disgusto.
[f] Quizás tu novia no quiera esperar y te hayas casado antes de lo que pensaste.
[a] Espero que mañana, a esta hora, ya la hayan recogido.
[c] Ojalá no se haya acabado. Es difícil encontrar gasolineras por allí.
[b] Ojalá no se haya acabado. Es difícil encontrar gasolineras por allí.
[e] Puede ser que hayan sido los perros; mira estas huellas en el piso.

68 REGÍMENES PREPOSICIONALES I (PÁGINA 149)

I
1. **c** haya accedido
2. **b** llegar – sabía
3. **a** rompieron
4. **a** han asistido

II
a ¿Cuándo has viajado a Brasil? Ven a mi casa y cuéntamelo todo.
b El próximo domingo vamos a jugar a la pelota.
c Hay nuevas salas para jugar al *ping-pong* y al futbolín.
d Ha llegado muy temprano a la oficina porque más tarde va a un concierto.
e Se echó a llorar porque no lo habían invitado a la fiesta.

III
a Le creo ciegamente a mi mejor amigo.
b Nadie está a favor de la guerra.
c Mi hijo se parece mucho a mí.
d Muchos ciudadanos asistieron a las celebraciones del Día de la Independencia.
e Los alumnos le tienen mucho respeto a ese profesor.

69 REGÍMENES PREPOSICIONALES II (PÁGINA 151)

I
a en — **b** con — **c** de — **d** de — **e** en — **f** con

II
[d] **en**encontrarnos en el chat a partir de la una para pasarnos recetas.
[e] **con** colgar en la pared carteles informativos.
[c] **de** vacaciones.
[f] **en** tren, puede consultar nuestra página web.
[a] **con** muñecas de trapo.
[b] **de** que es un juego.

III
a Para aprobar el examen, basta con estudiar.
b Quedamos en ir al cine a las 9. Todos iríamos en metro.
c La obra completa está compuesta por / se compone de cuatro tomos.
d Hace un mes estoy de novia con un chico muy guapo.
e Me alegro mucho de tu ascenso. No ceso de decírtelo.
f Estamos en contra de las ideas que ellos defienden.

70 REGÍMENES PREPOSICIONALES III (PÁGINA 153)

I
a ~~que el~~ [al] — **b** ~~a~~ [para] — **c** ~~con~~ [–] — **d** ~~de~~ [por] — **e** ~~por~~ [de]

II
a Brindemos / Brindamos por
b me preocupo por ti
c se interesó / ha interesado por
d Me tienen por chico

III
a Con aumentar un 8% las ventas, aún no alcanzamos las metas.
b Por estar siempre tantas horas delante del ordenador, está llevando gafas.
c Es mentira que en mi rol de obligaciones esté todo por hacer. Pero casi.
d Gane más de $3000 tan solo con invertir $6 al mes.
e De tener la plata, seguro que me compraría aquella computadora.
f Al llegar a casa, prendimos la tele.

71 REGÍMENES PREPOSICIONALES IV (PÁGINA 155)

I
a – — **b** a — **c** a – a — **d** – — **e** a — **f** –

II
a no específica
b específica
c específica
d no específica
e específica
f no específica

III
a Vimos unos perros peleándose en el parque.
b Llamé a mis amigas pero no me escucharon.
c Convocamos al Directorio aunque no es la fecha.
d Recuerdo a aquella profesora por su simpatía.
e He copiado la llave, pero no funciona.
f Compró aquellos *jeans* modernos en el centro.

72 MARCADORES DE TIEMPO III
(PÁGINA 157)

I
a recibí
b terminen
c empiece
d hablabas
e discutís

II
a Me bañaré en cuanto / no bien / apenas me levante.
b Cuando reciban la noticia, se pondrán felices.
c No bien / En cuanto / Apenas salgamos del trabajo, haremos las compras.
d Cuando termine la universidad, se irá a Espãna.
e En cuanto / No bien / Apenas lleguéis a São Paulo, comprad un mapa.

III
a Apenas entró, me dio un beso. – Apenas entre, me dará un beso.
b Cuando se ven, se saludan. – Cuando se vean, se saludarán.
c Cambié de empleo en cuanto encontré otro. – Cambio de empleo en cuanto encuentro otro.
d Se duerme no bien termina de comer. – Se dormirá no bien termine de comer.
e ¿Visitasteis el Cristo Redentor cuando fuisteis a Río? – ¿Visitáis el Cristo Redentor cuando vais a Río?

73 EXPRESIONES DE EXTRAÑEZA Y POSIBILIDAD
(PÁGINAS 158-159)

I
1. [X] a 2. [X] c 3. [X] a

II
a haya hecho
b hayan venido
c haya aumentado
d haya dormido

III
[a] 1. Se irán / Se habrán ido
[d] 2. Dormirá / Habrá dormido
[a] 3. Tendrá / Habrá tenido
[c] 4. Recibirán / Habrán recibido

IV
a haya poco dinero en la billetera. Se me habrá acabado durante el fin de semana.
b mi mejor amigo no me haya llamado para mi cumpleaños. Se habrá olvidado.
c la palabra no esté en el diccionario. No existirá en español.
d el perro no pida que lo saque a pasear. Estará haciendo sus necesidades dentro de casa.

74 PERÍFRASIS VERBALES III
(PÁGINA 161)

I
[d] Tras mucho esfuerzo lo hice.
[b] En poco tiempo lo haremos.
[a] Lo hice hace un momento.
[e] Comencé a hacerlo.
[c] Ya no lo hago más.

II
a dejas de consumir
b acabo de comprarme
c empiezo a hacer
d llegamos a hablar
e me pongo a arreglar
f está por contar
g se echó a andar

III
a Dejé de comer
b llegó a reunir
c Acaban / Acabaron / Han acabado de abrir
d (se) echaron a ladrar.
e Está por aumentar
f nos pusimos a ordenar

75 PERÍFRASIS VERBALES IV
(PÁGINAS 162-163)

I
[d] hay que beber bastante agua.
[f] debéis salir ahora.
[a] tienes que conocer el MASP.
[e] porque tengo que responder a algunos correos.
[i] porque no puede ir a acampar con sus amigos.
[b] deben enviar la solicitud por Internet.
[**M**] hay que aprovecharla.
[h] tenemos que llegar tres horas antes al aeropuerto.
[c] y debo pagarla antes de fin de mes.
[g] hay que tener todos los ingredientes.

II
a Hay
b debo
c hay
d Tenemos
e deben
f tenéis
g tienes

III un candidato debe probar
tiene que llamar y avisar
hay que poseer
Hay que respetarlo
no se deben generar
Hay que prestar atención
deben ser formales

76 EXPRESIONES DE FINALIDAD (PÁGINAS 164-165)

I
a charláramos / charlásemos
b contarais / contaseis
c puedan
d solucionar
e dejara / dejase
f separar
g rechazar

II
1. a producir
2. b que se conocieran
3. a que entre
4. b reparar
5. c haya

III
[5] **a** hablarlo en México.
[4] **b** vivir solos.
[1] **c** que no se enfermen.
[6] **d** cerrar un trato.
[3] **e** que tú la veas.
[2] **f** pagar las cuentas.

77 MARCADORES DE TIEMPO IV (PÁGINA 167)

I
a haber hablado
b llegar
c casarse
d termine
e se hacía

II
a después de vivir durante 10 años en Colombia.
b después de que saquemos los muebles / después de sacar nosotros los muebles.
c después de que te marchaste del país / después de marcharte tú del país.
d después de hacer una hora de natación.
e después de que cortéis el pasto/ después de cortar vosotros el pasto.
f después de dejar a los niños en la escuela.

III
a Marcos vivió durante 10 años en Colombia antes de mudarse para Ecuador.
b Vamos a sacar los muebles antes de que pinten el dormitorio / antes de pintar ustedes el dormitorio.
c Te marchaste del país antes de que tu visa perdiera /perdiese la validez / antes de perder tu visa la validez.
d Hago una hora de natación antes de desayunar.
e Cortaréis el pasto antes de que yo ponga adornos en el jardín / antes de poner yo adornos en el jardín.
f Voy a dejar a los niños en la escuela antes de pasar por el supermercado.

78 CONDICIONAL DE INDICATIVO I (PÁGINA 169)

I
a pensarían – habrían pensado
b sería – habría sido
c veríais – habríais visto
d cenaría – habría cenado
e discutiríamos – habríamos discutido

II
trabajaría
elegiría
Deberías
iría

III
a ¿Me dejaría los papeles del coche?
b ¿Cumplirías los plazos?
c ¿Enviaría los correos con antelación?
d ¿Abrirías la puerta?
e ¿Traerías pan?
f ¿Recogeríais vuestras pertenencias?
g ¿Buscarían mis anteojos? Es que no los encuentro.
h ¿Me entregarías los documentos lo antes posible?

79 CONDICIONAL DE INDICATIVO II (PÁGINA 171)

I
a impondrías
b recuperaríamos
c reharía
d apoyarían
e mantendríamos
f trataríais
g superarías
h serían
i convendría
j convenceríamos
k querríais
l bendeciría

II
a ¿Podría dejarnos su teléfono?
b ¿Podrías poner tu firma aquí?
c ¿Podríais hablar en voz más alta, por favor?
d ¿Podrían esperarme un rato?
e ¿Podrías hacer la comida?
f ¿Podría deletrear su apellido?
g ¿Podríamos pedirte un favor?
h ¿Podríais abrir el libro en la página 12?

III
no querría molestarte
ayer había algunos problemas
¿Sabrías decirme
Me parece que valdría la pena
No perderíamos nada
Los dos que teníamos

80 ORACIONES CONDICIONALES I (PÁGINAS 172-173)

I
a fueras/-ses
b se abrirá / se abre
c fueran/-sen
d nos iremos / nos vamos
e está

II
a se ve – tomara/-se
b sabes – contarías / contabas
c tomas – manejes
d robarán – protegieran/-sen
e divulgamos – conocerían / conocían

III
a consideras – tendrás
b mandas – incluiremos
c haces – sabrás
d dejas – engordarás
e dices – atenderá

IV
a Si leyera/-se el contrato con cuidado, no lo firmaría.
b Si trabajara/-se bien, tendría más clientes.
c Si probara/-se la comida japonesa, le gustaría.
d Si fuera/-se el último día, le devolvería sus cosas.
e Si dijera/-se lo que sabe, no se lo creería.
f Si tuviera/-se las cuentas al día, no pagaría tantos intereses.
g Si siguiera/-se los consejos de su padre, prosperaría en su carrera profesional.

81 VERBOS DE CAMBIO (PÁGINA 175)

I
a te vas a volver millonaria
b me pongo nerviosa
c te pones así
d se ha puesto muy pesada
e se quedó sin un peso
f se puso negro

I
[X] b [X] c [X] e [X] g

III
a se puso / se quedó
b se convirtió en / se hizo / se volvió
c (se) quedó
d se convirtió en / se volvió
e Se hizo
f se convirtió en / se hizo / se volvió
g quedó
h se hizo

82 QUEDAR(SE) (PÁGINAS 176-177)

I
a adecuarse
b resultar
c permanecer
d concertar un encuentro
e restar
f localizarse

II
a te quedó corta
b me quedaron enormes
c le quedaron muy bien
d nos quedó muy ajustado
e me quedaron horribles
f quedó nada en pie
g me quedan largos

III
a (se)
b –
c (se)
d nos
e –
f Se
g nos
h (se)

IV
a en – – – en – a
b en – con – – – a – en
c en – –
d con – en – – – en – a
e a – en
f en – –
g en – en – a

83 FORMAS INTERROGATIVAS Y EXCLAMATIVAS (PÁGINA 179)

I
a Qué – Qué / Cuál
b Qué – qué / cuál – qué – qué / cuáles
c cuál
d qué / cuáles – qué / cuáles
e qué

II
Cuántas preguntas
Cómo eligen
Quiénes de nuestros contactos
cuándo les enviaste
cuántos días
dónde viven

III
[3] –
[5] cómo
[1] –
[4] cuándo
[2] qué

84 DISCURSO INDIRECTO I (PÁGINA 181)

I
a E: aquí D: allí
b P: Estos A: esos
c P: este A: ese

II

	Yo	Tú	Él / Ella
a	Carla Luis	Luis Pedro	Pedro Carla
b	Luisa Silvia	Silvia papá	papá Luisa
c	Dra. Ruiz Sandra	Sandra Sr. Días	Sr. Días Dra. Ruiz

III

	Situación 2 (lugar 2)	Situación 3 (lugar 3)
a	ese – suyo	aquel – suyo
b	me puede	le puede
c	me – se compró	le – se compró
d	me – ahí	Su – le – allá
e	me presta – yo le dejo mi	Su – le presta – él le deja su

85 DISCURSO INDIRECTO II
(PÁGINA 183)

I
a me avisa que
b preguntó – si
c comentó que
d anunciaba que

II
que había "descubierto"
que los vikingos hayan llegado
los fenicios hubieran/-sen conocido
que hubiera/-se llegado

III
a cayó – despidieron – mejore el próximo semestre
b el año anterior había aumentado
c sabe – lo – ahí – va – el mes que viene

86 DISCURSO INDIRECTO III
(PÁGINAS 184-185)

I
a lea
b lleváramos
c se retirara
d prepare
e dejaras
f acompañen
g fueras
h vayamos
i estuviera

II
a exigen – presente
b aconsejó – saliera/-se
c Piden – abrochemos
d solicitó – bajaras/-ses

III
a le pase
b camine
c presentara/-se su
d devolviera/-se – ese / aquel día
e se tome esa / aquella – allí / allá / ahí
f guardara/-se – se lo enviara/-se

87 VERBOS DE ACTITUD I
(PÁGINA 187)

I
a hayas encontrado
b quedarme
c salir
d fueran/-sen
e haber terminado – atrasarme

II
a Preferimos que vivan en la capital porque hay muchos más recursos.
b ¡Querían que fuéramos/-semos a fiestas todas las noches!
c Prefería que compráramos/-semos artículos nacionales para pagar menos.
d ¿Por qué prefirió que te quedaras/-ses en casa durante el feriado?

III
a los mensajeros administren
b la recepcionista vuelva
c las secretarias VIP terminen / hayan terminado
d la eficacia sea
e todos ustedes entiendan

88 VERBOS DE ACTITUD II
(PÁGINA 189)

I
[F] a
[F] b
[P] c
[F] d
[P] e

II
a que llegara/-se
b ir
c salir – tener que llegar
d que andes
e que cenemos

III
a que alguien fume a tu lado?
b reconocer tus errores?
c que te llamáramos/-semos por tu apodo?
d ser el último de la fila?

IV
Qué dice él: que demores en arreglarte – después critiques – y tener que cambiarme – Me importa escucharte – me gustaría que fueras
Qué dice ella: Me encanta que hagas – tener que servirte de ayudante. ¿A ti te gustaría...? – no siempre os gusta

89 EXPRESIONES DE CREENCIA Y DE DUDA
(PÁGINA 191)

I
a creo que se hayan olvidado de pagar la cuenta.
b parece que todos los alumnos deben ser tratados igual?
c pensaban que la timidez del joven tenía origen en su infancia.
d sospechaba (de) que su marido fuese tan maleducado.
e Confío en que tendremos / tengamos buenos resultados.

II
b No sospechan que el problema de la empresa es / sea la falta de control de gastos.
c ¿No crees que actualmente la gente es más tolerante con la diversidad?
d No confío en que los vecinos realmente quieran llegar a un acuerdo.
e ¿No os parece que podemos pedir prórroga dos veces?

III
a la directora atienda a nuestro pedido.
b vosotros hayáis demostrado responsabilidad.
c Ana se postulará / postule para el cargo vacante?
d su padre sabía / supiera/-se tanto sobre sus preocupaciones.
e te habías perdido en la feria.

90 EXPRESIONES DE CONSTATACIÓN (PÁGINA 193)

I

a era obvio para ella que quisimos / hayamos querido ayudarla.
b Estaba claro que la reducción del precio favorecía las ventas.
c Es falso que los únicos interesados en el producto hayan sido los exportadores.
d sé si me conviene hacerlo ahora o esperar un poco más.
e está claro si el ferrocarril pasará por aquí o por el norte.
f Parece evidente que lo conoce, ¿no es verdad?

II

a seguro – correcto – seguro
b cierto – correcto
c seguro – seguro
d correcto – cierto – seguro

III

a Son / Eran evidentes
b Están claros
c Parece obvio
d Es falsa
e Parecen evidentes
f No es segura

91 VERBOS DE PERCEPCIÓN (PÁGINA 195)

I

a estabas
b nos domina
c es
d alcanzó
e da

II

a Veo que el jefe ha sido rudo.
b Vi que todos estaban compenetrados.
c Sentía que era necesario decírselo.
d Escuché que Matías decía / dijo malas palabras.
e Oí que ha habido fiestas estos días.

III

a ¿No escuchaste a Jorge mencionarte / mencionándote?
b Vi que pasabas / pasaste, pero no viste que yo te saludaba / saludé.
c Oí decir que se gastaron / Les oí decir haber gastado millones en el rodaje.
d Disculpadnos; no oímos que pedisteis / pidierais/-seis ayuda.
e Hemos visto / Vimos a algunos arrojar / arrojando basura en el piso.
f Siento que el coche hace un ruido extraño.
g Desde aquí vemos nacer el sol / el sol naciendo.
h Escuchamos decir que van a / Les escuchamos hablar en subir los sueldos.

92 FORMAS PASIVAS E IMPERSONALES (PÁGINA 197)

I

1 [x] b
2 [x] a
3 [x] a
4 [x] b

II

a Muchas huellas de los delincuentes se encontraron allí.
b Las negociaciones sobre fronteras se reiniciaron ayer.
c Esos jugadores se entrenaron bien.
d Esas materias no se enseñaron adecuadamente.
e La novela *Vidas secas* se tradujo a varios idiomas.

III

a Melisa y Érica fueron recomendadas por sus compañeros de sección.
b El puente lo levantarán ustedes mismos.
c El edificio que ven a la izquierda fue construido antes de 1920.
d A Andrés lo crio una tía.
e Esa torre fue destruida por un bombardeo.
f El complejo acuático lo ha diseñado uno de los mejores arquitectos de la ciudad.
g Los materiales serán guardados por la Intendencia.

93 INVOLUNTARIEDAD (PÁGINA 199)

I

a vinieron
b hará
c pase
d fueron
e ocurren

II

a nos
b le
c me
d les
e te

III

a Se les ha ocurrido adoptar un niño.
b Se te han olvidado las llaves del auto.
c Se me ha pasado de punto la carne asada.
d Se os ha roto la caja de cristal.
e Se le ha abierto la maleta en el autobús.

IV

a Se nos rompieron todos los juguetes.
b Se me paró el motor del auto.
c Se le ha estropeado el equipo de música.
d Se te quemó la comida.
e Se les partieron los platos al medio.
f Se os ha pinchado el neumático.

Clave de respuestas

94 EXPRESIONES DE PERTENENCIA SIN POSESIVOS (PÁGINA 201)

I
[f] Me perdieron varias fotos.
[e] Pensó que no era nada, pero se rompió el menisco.
[c] no me han depositado el sueldo.
[a] Me planché varias blusas.
[b] ¿Ya me arreglaron la computadora?
[d] Preferí no pintar me los labios.

II
a te has
b me / nos han
c me has
d se ha
e les han

III
a Llevémonos el negocio al centro.
b Tápense la garganta.
c Cúbrete la cabeza.
d ajustaos el cinturón.
e desátate los cordones.

IV
a Te – el
b me – el
c acortarme la
d le / te – el
e me – el
f te – las

95 ORACIONES CON CONECTORES RELATIVOS (PÁGINA 203)

I
a por donde
b que
c por el que – que
d del cual
e lo que

II
a cuantas – cantidad
b quienes / los que – personas
c en que / cuando – tiempo
d donde / en que – lugar
e en que / como – modo

III
a filmamos
b resulte
c se rompa
d quieras
e me saludan

IV
a lo que
b que
c Los que
d con el que
e en la que
f donde
g como

96 ORACIONES CAUSALES Y CONSECUTIVAS (PÁGINA 205)

I
a Dado que
b porque
c por eso
d por (lo) tanto
e Como

II
a ya que / dado que – Por tanto / Por eso
b Por eso / Por tanto
c dado que / ya que

III
a El avión cayó debido a un desperfecto en la turbina.
b Dejó el empleo porque discutió seriamente con el jefe.
c Se fueron a vivir al campo dado que se habían cansado de la ciudad.
d Ya que hoy tenéis tiempo, venid a visitarme.
e El pasaje en avión es caro; entonces, viajaremos en ómnibus.
f El coche viejo nos estaba dando muchos problemas; por eso, lo cambiamos por uno nuevo.

97 ORACIONES CONDICIONALES II (PÁGINA 207)

I
a hubieras/-ses estudiado
b estaría / estaba
c hubieras/-ses tomado
d te hubieras/-ses puesto
e habríamos esperado
f habría elegido

II
[O] **a**
[NO] **b**
[NO] **c**
[NO] **d**
[O] **e**
[NO] **f**

III
a Si me hubieras/-ses avisado que viajabas hoy, te habría llevado al aeropuerto.
b Si podía / hubiera/-se podido, hacía los ejercicios físicos que indicó el médico.
c Si hubiera/-se querido, hubiera/-se venido a mi cumpleaños.
d Si hubiera/-se tenido dinero, habría viajado más por Europa.
e Si hubiera/-se llegado cinco minutos antes, habría encontrado a su mejor amigo con su exnovia.
f Si os despertabais / hubierais/-seis despertado temprano, veíais el eclipse de sol.

98 ORACIONES CONDICIONALES III (PÁGINA 209)

I
a siempre que / en caso de que
b En caso de que
c salvo que
d siempre que / en caso de que
e Salvo que
f siempre que
g en caso de que
h salvo que

II
- **a** Iba a cualquier lugar con tal (de) que Augusto viniese conmigo.
- **b** Doña Moria se hizo un montón de estiramientos faciales con tal de parecer joven.
- **c** Mi hermano habría dado dinero, si lo hubiese tenido, con tal (de) que lo pusiesen en el desfile.
- **d** Con tal (de) que Laura me disculpara, habría reconocido mi error.

III
con tal de conseguir
mientras que contemplen
Si no los siguen
siempre hacen
a no ser que sean
en el caso de que sea necesario

99 ORACIONES CONCESIVAS
(PÁGINA 211)

I
[NV] **a**
[VC] **b**
[VN] **c**
[VC] **d**
[NV] **e**
[VC] **f**
[VN] **g**

II
- **a** hayas / has estudiado
- **b** gustara / gustaba
- **c** haya / hay
- **d** dan / den
- **e** hubiera dicho

III
- **a** mostramos / mostráramos / mostrásemos
- **b** era / fuera
- **c** hubieras llamado
- **d** he / haya volado
- **e** vives / vivas
- **f** están / estén

100 MARCADORES ARGUMENTATIVOS
(PÁGINAS 212-213)

I
- **a** pero
- **b** sino
- **c** sino
- **d** pero
- **e** sino que

II
[2] No obstante / Sin embargo
[3] No obstante / Sin embargo – no – sino
[1] aunque

III
- **a** El director de la empresa no solo habla en español, sino también en alemán.
- **b** La educación no es un privilegio, sino un derecho.
- **c** La apertura del evento no será este viernes, sino el otro.
- **d** No solo escribí el artículo con objetividad, sino también con honestidad.
- **e** El ministro no solo no renunció, sino (que) tampoco dio explicaciones sobre la denuncia contra él.
- **f** No solo no se vendió el famoso cuadro, sino tampoco la biografía del autor.

1 HETEROGENÉRICOS (PÁGINA 214)

I

Ninguna computadora
la radio
pocas señales
El equipo
la alarma
color rojo
pasaje subterráneo
La orden
un radio
los engranajes
los puentes
necesario mucho coraje
amarga pesadumbre
los equipajes

II

a La sangre pasó por algunos análisis.
b Los cólicos provocan dolores intensos.
c Para mí, esa leche tiene mucha miel.

2 HOMÓNIMOS DE GÉNEROS DIFERENTES (PÁGINA 215)

I

a el cólera
b la pendiente
c la editorial
d el pendiente
e el cura
f el coma

II

la radio
la policía
del clave más antiguo
emitida la orden
El guardia
coma profundo
La orden

3 HETEROTÓNICOS (PÁGINA 216)

I

a *epidemia*
d *hemorragia*
e *terapia*
f *atmosfera*
g *metalurgia*
h *repudiem*
i *licenciem*

II

a anorexia
b anuncien
c micrófono
d plutocracia
e monogamia
f tapian
g esterotipo
h afilian
i disritmia
j influencien
k negocias
l odian

III

a ca - ní - bal
b ce - re - bro
c cón - dor
d dis - par
e e - lo - gio
f fi - lán - tro - po
g im - bé - cil
h im - par
i lí - mi – te
j me - dio - cre
k mé - du - la
l mio - pe
m ni - vel
n o - cé - ano
ñ pan - ta - no
o po - li - cí - a
p sín - to - ma
q bio - ti - po

4 GÉNERO NEUTRO (PÁGINA 217)

I

seleccione el que corresponde
conocer lo que la Municipalidad

II

¿ – qué te dijo?
todo lo que quería
el segundo
El primero
todo lo que ya le deben
era lo esperable

5 CONTRACCIONES POSIBLES (PÁGINA 218)

I

a *pelo menos*
b *ao menos*
c *no mínimo*
d *à moda*
e *pelo contrário*
f *no total*

II

b por los Centros
del gobierno
de la ciudad
en el mes de marzo
en esos centros
a las actividades
a aquellos jóvenes
salir del barrio

6 ORACIONES INTERROGATIVAS Y EXCLAMATIVAS (PÁGINA 219)

I

¿Qué son las dunas?
explicamos cómo
cuál es su papel
por qué aparecen

II

a ¿A cuál de los chicos va a buscar Pancho?
b ¿Cuándo vendrá la gente que conoces?
c ¿Con quién viajará Elías?
d ¿Has visto lo considerados que son tus padres?
e ¡Qué vanidosa es Mariela!

7 VALORES DE ALGUNAS FORMAS VERBALES (PÁGINA 220)

I

b aparecieron – dijo – había aguantado

II

eres ese que ayer
le dijo al profesor
que se había equivocado
yo ya había visto
no lo dije
no me dieron

III
a preguntaron
b dijo
c había visitado
d había sido

8 FORMAS VERBALES AUSENTES EN ESPAÑOL (PÁGINA 221)

I
tengan reclamos para formular
cuando se habilite ese servicio
Si desean comunicarse

II
a que ellos salgan – hables
b viene – entre
c entre

9 COMBINACIONES DE PRONOMBRES Y DETERMINANTES (PÁGINA 222)

I
a – –
b ningún encargo más
c trae una docena más
d alguna otra opción

II
a ambas piernas
b nuestros recuerdos
c vimos dos más
d ambos países
e otro / algún otro coche
f tu trabajo
g sin nadie más
h otro más

10 USO DE DEMOSTRATIVOS (PÁGINA 223)

I
I. a Una postal que estoy escribiendo.
II. b El pantalón que tengo puesto.
III. c El año en curso.
IV. a La playa en que estamos.

II
a ese / aquel irresponsable – esa / aquella grabación – este mes
b esta semana – esta casa – ese / aquel otro departamento – este es un barrio – mejor que aquel

11 VALORES DE ALGUNOS CONECTORES I (PÁGINA 224)

I
I. b tengas novedades. II. a nos la pedían.

II
a De / desde mi casa a la casa de mi novia hay solamente quince cuadras.
b De / desde la ventana de la sala, el puerto de la ciudad casi no se ve.

12 VALORES DE ALGUNOS CONECTORES II (PÁGINA 225)

I
a desde que
b *desde que*
c entretanto / mientras tanto
d *sempre que / cada vez que*

II
a Aunque b sin embargo c Siempre que

13 ALGUNOS USOS DE PREPOSICIONES (PÁGINA 226)

I
está visitando – lo necesitaba – va a realizarlo – no se parece en nada a – llega a todos lados en tren – anda en coche – Le está gustando – va a recorrer – hasta llegar a la frontera

II
[c] a trabajar en el diseño del proyecto.
[e] al depósito unos inspectores.
[d] vistiéndome. Espérame un poco.
[a] en avión que en bus.
[b] saliendo del edificio.

14 ALGUNAS REFERENCIAS SOBRE PRONUNCIACIÓN Y SEPARACIÓN DE SÍLABAS (PÁGINA 227)

I
[V] a
[F] b
[F] c
[V] d
[F] e
[V] f
[V] g
[F] h

II
a 2. *moça*
b 1. *lava*
c 2. *luta*
d 3. *fazer*
e 1. *balsa*
f 1. *avô*

15 PRONOMBRES PERSONALES SUJETO (PÁGINA 228)

I
Desde niña era bastante aficionada
pero no venía porque prefería
Nosotros, en cambio, leíamos poco
es que, cuando crecimos,
nosotros entramos a la universidad
ella prefirió

II
1. a Porque no hay contraste con otros.
2. b Porque el sujeto (el metro) es una cosa.
3. c Para constrastar con lo que otros hicieron.

16 PRONOMBRES PERSONALES COMPLEMENTO

(PÁGINA 229)

I
a Dígale que hoy no puedo.
b Dinero, no teníamos.
c Traje el DVD, pero lo dejé en el cajón.

II
amigos que seguramente nos ayudarán
Hace tiempo que no te escribo a ti.
sin felicitarte

17 ALGUNAS REFERENCIA SOBRE TECNOLOGÍA

(PÁGINA 230)

I
un servicio de banda ancha
esperando un correo electrónico
mandarme un anexo
un post en mi bitácora
usando la tableta
tampoco consigo wasapear
teclear un mensaje / mensajito por un teléfono inteligente
le anexo un *selfie*
recibo la respuesta: me gusta

II
a correos electrónicos / correo basura
b elegir un avatar / ingresar tu clave / contraseña
c libros digitales